그냥 팔지 말라
스마트스토어

NEVER JUST SELL SMARTSTORE

그냥 팔지 말라 스마트스토어

AI 시대, 경제적 자유를 꿈꾸는 온라인 사업가를 위한 스마트스토어 마케팅 교과서

맥작가 지음

환상과 현실 사이의 스마트스토어

저는 블로그와 온라인 셀러 커뮤니티를 통해 수많은 스마트스토어 셀러와 소통하며, 실제 매출에 도움이 되는 실용적인 방법뿐 아니라, 콘텐츠나 책에서는 쉽게 다루지 않는 현실적인 이야기를 공유해 왔습니다. 많은 셀러와 꾸준한 대화를 하면서, 온라인 유통 시장이 외부에 드러내는 화려한 성공 사례와 실제 현장에서 마주하는 현실 사이에 큰 간극이 존재한다는 사실을 깨달았습니다.

코로나19 이후 급성장한 이 시장은 진입 장벽이 낮다는 특성 때문에, 단기간에 수십억 원의 매출을 인증하는 콘텐츠가 넘쳐나고, 누구나 쉽게 따라 하면 성공할 수 있다는 환상이 빠르게 퍼졌습니다. 특히 'N잡러'라는 이름 아래, 직장인부터 전업주부까지 수많은 사람이 경제적 자유를 꿈꾸며 스마트스토어에 도전했습니다.

하지만 정작 스마트스토어를 시작하더라도 대부분 상품을 제대로 팔아보기도 전에 그만두게 됩니다. 실질적인 매출을 만들어 내기까지는 예상보다 훨씬 많은 시간과 노력이 필요하다는 현실에 직면하기 때문입니다. 이런 상황에도 더 쉽고 간편하게 돈을 벌 수 있다는 콘텐츠가 넘쳐 나면서 쿠팡과 같은 플랫폼으로 관심을 옮기거나, 최근에는 AI를 활용한 자동화 숏폼 콘텐츠 제작과 같은 새로운 방식을 선택하는 흐름이 나타나고 있습니다. '월 천'이라는 자극적인 수익 목표와 'N잡'이라는 이미지가 결합된 콘텐츠는 불안정한 경제 상황에 놓인 이들에게 막연한 희망을 불러일으키고 있지만, 실질적 성과로 이어지는 예는 매우 드뭅니다.

흔히 '스마트스토어를 누구나 쉽게 시작할 수 있는 'N잡'의 대표적 예로 들곤 하지만, 잡^{Job}은 단순한 일거리가 아니라 '직업', 즉 전문성을 전제로 한 활동입니다. 따라서 '잡'을 통해 진정한 경제적 자유를 원한다면, 결국은 하나의 영역을 전문 직업으로 받아들이고, 일정 수준의 역량과 경험을 쌓으며 전문성을 갖춘 사람으로 성장해야 합니다. 하지만 많은 사람이 'N잡'이라는 말에 혹하여 충분한 준비 없이 스마트스토어를 시작하면서, 장기적인 전략과 사업 구조를 고민하기보다는 단기적인 요령이나 기술 습득에만 몰두하는 경우가 많습니다. 그렇다 보니 스마트스토어는 어느새 '어려운 플랫폼'으로 인식되기 시작했고, 스마트스토어에 도전했던 수많은 이가 조용히 스마트스토어를 그만두었습니다. 블로그나 카페에서 저와 소통하며 함께 고민을 나누던 분들 역시 브랜드가 형성되는 데 필요한 시간과 인내를 견디지 못하고 대부분 스마트스토어를 접었습니다.

스마트스토어는 어디까지나 사업이며, 그만큼 충분한 준비와 자세가 필요한 일입니다. 제대로 된 구조를 갖추고 임하지 않으면 시장의 변화와 치열한 경쟁 속에서 방향을 잃기 쉽습니다. 그동안 '착한 셀러 길드'라는 네이버 카페를 통해 제 경험과 지식을 전하고자 했지만, 온라인 판매 사업 자체가 정보 몇 줄로 이해할 수 있는 것이 아니었기에 많은 한계를 느꼈습니다. 짧은 온라인 콘텐츠로는 전달할 수 없는 맥락과 본질이 있었고, 그것을 체계적으로 설명하기 위해 결국 책이라는 형식을 택하게 되었습니다.

스마트스토어는 단순히 상품을 파는 공간이 아닙니다. 고객과 신뢰를 쌓고, 브랜드의 방향을 설정하며, 셀러의 철학과 전략이 실제로 작동할 수 있도록 설계해야 하는 비즈니스 플랫폼입니다. 이 책은 그러한 구조를 어떻게 이해하고 구축해 나갈 것인지, 그리고 지속 가능한 운영 기반을 어떻게 만들어 가야 하는지에 관한 실천 전략서입니다.

이 책은 세 개의 흐름으로 구성되어 있습니다. 전반부(1장~3장)에서는 스마트스토어에 대한 흔한 오해와 착각을 바로잡고, 커머스를 하나의 사업으로 바라보는 관점을 제시합니다. 중반부(4장~15장)에서는 고객의 행동을 이해하고, 데이터를 해석하며, 그 통찰을 바탕으로 콘텐츠를 기획하는 전략을 안내합니다. 후반부(16장)에서는 AI 추천 기반 커머스 시대의 변화, 브랜드 철학의 의미, 그리고 개인 셀러가 직면하는 구조적 한계를 어떻게 극복할 수 있을지를 다룹니다.

이 책은 단기 성과를 위한 비법을 제시하지는 않습니다. 대신, 소비자의 구매 심리와 거래가 이루어지는 근본적인 원리를 바탕으로, 셀러 스스로 각자의 상황에 맞는 전략을 설계할 수 있는 토대와 통찰을 제공합니다. 물론 실행 과정은 복잡하고 혼란스럽게 느껴질 수 있지만, 결국 모든 실천은 단순한 출발에서 시작됩니다. 자신의 일을 진심으로 대하고, 좋아하는 마음을 잃지 않는 것. 이 기본이 갖춰질 때, 이 책에서 제시하는 전략과 개념은 머릿속 지식이 아니라 실질적인 행동의 기

준으로 자리 잡게 될 것입니다. 그리고 그 여정이 혼자가 아닌, 누군가
와 함께하는 길이 되었을 때, 우리는 더 멀리 나아갈 수 있다는 사실도
발견하게 될 것입니다.

빨리 가려면 혼자 가고, 멀리 가려면 함께 가라

창밖으로 펼쳐진 드넓은 바다를 바라보며 노트북을 켭니다. 하루의 시
작은 조용하지만, 이렇게 차분하게 집중할 수 있다는 것만으로도 의미
있는 시간입니다. 들뜬 여행객과 조용히 일에 몰두하는 디지털 노마드
가 나란히 앉아 각자의 시간을 보내는, 낯설게만 느껴졌던 이 공간도
어느새 익숙해졌지만, 여전히 저에게는 에너지와 영감을 북돋아 주는
특별한 공간입니다.

오랫동안 성공을 향해 멈추지 않고 달려왔습니다. 직장에서 치열한
날을 보내고, 벤처기업을 이끌며 숨 가쁘게 살아오다 보니, 어느새 삶
의 여백을 잃어 가고 있었습니다. 그러다 코로나19라는 예상치 못한
위기를 극복하기 위해 스마트스토어를 시작했고, 밤을 지새며 생존을
위해 애썼습니다. 성공의 순간도 있었지만, 플랫폼의 변화와 치열한
경쟁 속에서 등 뒤에는 늘 불안이 따라다녔습니다. 하나의 산을 넘으
면 더 큰 도전이 기다리고 있었고, 그 반복 속에서 조금씩 소진되어 가
는 저를 발견했습니다.

이게 내가 원하던 삶이었을까? 무엇을 위해 그토록 바쁘게 살아왔
는지, 나와 가족에게 진정으로 중요한 것이 무엇이었는지를 되돌아보

았습니다. 아내 그리고 딸아이와의 일상이 소중해졌고, 내가 놓치고 살았던 인간다운 삶이 무엇이었는지 서서히 떠오르기 시작했습니다. 그러면서 더는 불안과 시간에 쫓기며 살기보다는 나만의 속도와 방식으로 살아가고 싶다고 결심했습니다.

그전까지 저는 글로벌 의류 브랜드에서 MD로 일했으며, 대기업으로 이직하여 해외 영업 업무를 맡아 세계 일류 기업들과 협업했습니다. 이후에는 직접 제조업체를 운영하며 상품 기획부터 유통, 브랜드 구축에 이르기까지 전 과정을 경험했습니다. 스마트스토어를 시작한 후, 연간 수십억 원의 매출을 만들어 내며 온라인 커머스 생태계가 어떻게 작동하는지 이해할 수 있었고, 그 경험은 스마트스토어라는 플랫폼을 단순한 판매 수단이 아닌, '하나의 비즈니스 구조'로 이해하는 데 큰 자산이 되었습니다.

스마트스토어라는 플랫폼과 위탁판매 시스템은 물리적 공간의 제약을 줄여주었고, 덕분에 더는 장소에 얽매이지 않고 삶의 방식에 따라 일과 일상을 조율할 수 있는 기반이 마련되었습니다. 바다를 바라보며 일하고, 해변을 걷다 문득 떠오른 생각을 메모하고, 카페에서 여유롭게 주문을 확인합니다. 반복되는 도시의 삶에서 벗어난 이곳 제주에서의 나날은 자유롭고, 평화롭고, 느긋합니다. 이렇게 온라인 커머스 사업은 저에게 단순한 생계 수단을 넘어, 내가 진심으로 원하는 삶을 구현해 나가는 하나의 방식이 되었습니다.

"빨리 가려면 혼자 가고, 멀리 가려면 함께 가라." (아프리카 속담)

디지털 노마드로서의 여유 있는 삶은 오히려 일과 삶, 기술과 인간성에 대해 깊이 성찰할 수 있는 기회를 주었습니다. 가상의 세계에서 일어나는 일이 현실에 직접 영향을 미치고 있으며, 기술의 발전은 점점 더 많은 일상 활동을 온라인 공간으로 이끌고 있습니다. 인류의 삶을 근본적으로 변화시킬 수 있는 AI 기술은 눈에 띄게 빠른 속도로 진화하고 있습니다. 이러한 기술의 흐름을 따라잡는 것은 쉽지 않습니다. 오히려 그 본질을 고민하고, 우리가 지향하는 방향을 주체적으로 설계하는 것이야말로 미래를 준비하는 가장 현명한 길이라 생각합니다.

혹독한 약육강식의 자연에서 연약한 존재인 인간이 생존하고 모든 종을 지배하게 된 것은 체계적으로 소통하고 협업하면서 자연을 이용할 줄 알았기 때문입니다. 인류가 생존과 번영의 방식을 찾아냈듯, 셀러 간 연대와 협업을 통해 계속 발전해 나간다면, 다가오는 AI 시대가 위협이 되기보다는 오히려 기회가 될 수 있습니다.

이제 혼자 살아남는 법을 고민할 때가 아니라, 서로 경험과 가치를 나누며 함께 성장하는 길을 선택해야 할 때입니다. 이 책이 그 여정의 첫걸음이 되기를 바랍니다.

2025년 12월 맥작가

3장 | 스마트스토어를 시작하기 전에 알아야 할 것들

4장 | 고객을 먼저 이해해야 잘 판매할 수 있다

7장 │ 공식 매뉴얼에 모든 답이 있다

8장 │ 상품등록 Ⅰ ─ 카테고리

9장 │ 상품등록 Ⅱ ─ 등록정보

1장

맥작가의 일화

첫 직장에서 배운 교훈: 데이터와 스토리

제 첫 직장은 아웃도어 브랜드로 잘 알려진 노스페이스였습니다. 의류 제작에 관심이 있어 생산팀을 희망했지만, 적성 검사 결과에 따라 영업팀에 배치되어 전혀 예상치 못한 업무를 맡게 되었습니다.

처음에는 낯설고 어색했지만, 매장의 요청을 처리하고 본사와 현장을 연결하면서 고객의 반응과 현장의 흐름을 몸소 체득할 수 있었습니다. 정기적으로 담당 지역의 매장을 방문해 현황을 진단하고 보고하면서, 유동 인구, 상권 변화, 착장 스타일, 경쟁 브랜드 현황 등 다양한 요소를 분석해 매장의 성과를 평가하는 기본기를 익히게 되었습니다.

이러한 경험은 온라인 사업에도 큰 도움이 되었습니다. 온라인에서 구매 결정의 본질은 오프라인과 다르지 않으며, 스마트스토어 운영에서도 유사한 구조가 적용됩니다. 키워드는 상권, 검색어 트래픽(유입)은 유동인구, 섬네일은 간판과 쇼윈도, 상세페이지는 진열이나 응대, 리뷰는 시역의 브랜드 평판과 동일합니다. 오프라인 유통의 구조를 온라인 환경에 대응해 보면, 스마트스토어 운영 역시 철저한 분석과 전략이 필요하다는 사실을 알 수 있습니다. 결국 핵심은 고객의 심리와 의사결정 구조를 이해하고, '사람의 마음을 읽는 태도'를 갖추는 것입니다.

공대 출신으로 영업은 낯설었지만, 트렌드를 분석하고 기획하는 일에는 흥미가 있었습니다. 자발적으로 야근하며 쏟아부은 열정을 인정받아 MD 업무를 맡게 되었고, 연간 수천억 원 규모의 기획 업무를 독립적으로 수행했습니다. 덕분에 최고 책임자의 신뢰를 받으며 팀원과 함께 운영을 책임지며 큰 자부심을 느꼈습니다.

재고로 인한 리스크 관리가 무엇보다 중요한 의류업에서 MD는 감보다는 데이터를 기반으로 판단해야 합니다. 당시에는 의류 산업에 전산 시스템이 막 도입된 시기라 데이터 분석은 낯선 개념이었지만, 저는 데이터를 정리하고 이를 토대로 판매 예측 모델을 스스로 구축해 나갔습니다.

당시에 기획한 상품들의 인기는 대단했습니다. 인기 상품은 조기에 품절되었고, 신상품 역시 대부분 시즌 내에 소진되었습니다. 일부 제품은 학생들 사이에서 큰 인기를 끌었고, '등골브레이커'라는 별명이 붙을 정도로 화제가 되기도 했습니다.

강한 브랜드 파워와 유능한 동료들이 있었기에 매출 목표를 달성하는 것은 그리 어렵지 않았습니다. 하지만 저는 무엇보다 재고를 남기지 않는 것을 핵심 과제로 삼았습니다. 시즌 1년 전에 기획 단계에서 미리 수요를 정확히 예측하지 못하면, 남은 재고는 브랜드 이미지를 약화시킬 수 있습니다. 아무리 잘나가는 브랜드도 재고가 쌓이면, 그것을 처분하는 과정에서 브랜드의 가치는 급격하게 떨어집니다.

MD 업무를 맡은 동안은 연속해서 재고 소진율을 130% 이상 달성하며, 시즌 물량은 물론 이전 시즌의 재고까지 완판했습니다. 재고가 남지 않도록 하기 위한 제 노력은 집착에 가까웠습니다. SKU^{Stock}

Keeping Unit(재고관리단위)를 관리 가능한 수준으로 유지하기 위해, 시즌 준비 과정에서 디자인팀과 갈등을 겪으면서도 데이터 분석을 바탕으로 상품 수를 조절했습니다. 트렌드에 따라 달라지는 루즈핏과 타이트핏, 아이템별·컬러별 착용 방식이나 연령대별 착장 선호도와 같은 세부 요소까지 고려해 물량을 결정해야 했습니다.

숫자가 늘거나 줄어드는 것보다 더 중요한 것은 그 숫자의 의미를 이해하는 것입니다. 이를 위해 고객과 상품을 나눠 자세히 살펴보고, 각각의 특성을 구분해서 생각해야 했습니다. 즉, 상품에 관해 깊이 있게 이해하고, 고객이 무엇을 원하는지 체계적으로 파악하려는 태도가 중요했습니다. 이러한 훈련을 통해서 단순한 분석을 넘어 데이터를 통해 사람의 마음을 읽는 법을 익히게 되었고, 지금도 스마트스토어를 운영하는 데 큰 자산이 되고 있습니다.

유통업에서 생존하려면 무엇보다 생산 물량을 효율적으로 관리해야 합니다. 이는 직접 생산이나 자체 브랜드뿐 아니라 위탁판매도 마찬가지입니다. 겉보기에는 재고 부담이 없어 보여도, 공급자가 재고 관리에 실패하거나 경쟁자가 물량을 독점하면 언제든지 리스크가 생길 수 있습니다. 결국, 대량 생산된 물량을 어떻게 배분하고 조정하느냐는 제조부터 소비까지 모든 구성원에게 중요하게 영향을 미치기 때문에, 생산 물량의 흐름을 이해하지 못하면 사업을 지속하는 데 어려움을 겪을 수 있습니다.

1966년 미국 샌프란시스코의 작은 등산용품 가게에서 출발한 노스페이스는 브랜드의 역사만큼이나 다양한 이야기를 간직하고 있습니다. '탐험'이라는 브랜드 아이덴티티 아래 고가의 써밋 시리즈부터 일

상용 제품군까지 아우르며 폭넓게 고객층을 확보할 수 있었는데, 그 중심에는 매력적인 스토리가 있었습니다. 특히 브랜드의 기원과 성장 과정, 그리고 그 바탕이 된 철학은 노스페이스를 찾는 이가 단순히 제품이 아닌 '이야기', 즉 브랜드 서사를 구매하는 효과를 만들었습니다. 노스페이스의 창업자 더글러스 톰킨스와 파타고니아의 창업자 이본 쉬나드가 함께 만든 스토리는 두 브랜드의 정체성을 세우는 데 결정적인 역할을 한 것입니다.

노스페이스가 국내에 처음 진출했을 때는 브랜드 인지도가 낮았고, 아웃도어 의류에 대한 대중적 관심도 낮았습니다. 이때 배우 공효진이 노스페이스 고어텍스 자켓을 착용하고 패션 잡지에 등장한 것이 계기가 되어 '공효진 고어'라는 유행이 형성되었습니다. 이 유행은 단순한 제품 노출을 넘어 노스페이스를 패션 아이템으로 인식하게 하는 전환점이 되었고, 노스페이스는 이를 계기로 대중적 입지를 빠르게 넓혀갔습니다. 이 사례는 브랜드 형성에 있어 트렌드세터의 영향력이 얼마나 중요한지를 잘 보여줍니다.

트렌드세터는 단순히 좋은 상품보다 스토리를 담고 있는 브랜드에 더 큰 가치를 느끼며, 기꺼이 비용을 지불합니다. 그의 선택은 곧 안목의 차이를 만들어 내고, 일종의 사회적 상징처럼 작용합니다. 그를 닮고자 하는 대중의 열망이 유행을 만들어 내고, 결과적으로 브랜드를 구매한 사람은 실제 지불한 금액 이상으로 심리적 가치를 얻게 됩니다.

스토리는 브랜드 이미지를 형성하는 것을 넘어, 고객이 가격 대비 더 큰 가치를 느끼도록 만드는 정서적 기반이 됩니다. 그래서 브랜드는 상품보다 '사람의 이야기'가 더 중요합니다.

02

두 번째 직장에서 배운 교훈: 고객의 욕구와 협업

첫 직장은 자부심도 있고 일이 마음에 들기도 했지만, 더 큰 일을 해보고 싶어 대기업으로 이직했습니다. 그곳에서 과거의 경력과는 무관한 해외영업을 맡게 되었지만, 배정된 부서에서는 담당 품목도 거래처도 정해지지 않은 채, '무엇이든 구해서 어디든 팔아오라'는 식의 막막한 미션이 주어졌습니다. 당시 저희 부서는 한 명의 담당자가 여러 거래처를 독립적으로 관리하며 성과를 내는 구조였고, 그 성과가 급여나 승진을 결정하는 중요한 기준이었습니다. 이러한 환경에서 새로 합류한 저는 기존 거래선도 없이 영업을 시작해야 했고, 모든 것을 스스로 개척해야 했습니다. 가진 것이라곤 '대기업이라는 명함'뿐이었고, 그것이 유일한 출발점이었습니다.

수출 아이템을 확보하기 위해 국내 제조 현장을 직접 방문하면서 생산 구조와 산업 트렌드를 파악했고, 제품별 세일즈 포인트를 정리한 후 타깃 기업을 분석하는 과정을 반복했습니다. 제품 개발이 필요한 단계에서는 협력 제조 공장은 물론 타 부서와의 협업이 필수였으며, 다른 조직 구성원과 긴밀히 협업하면서 스스로 부족한 지점을 보완해 나갔습니다.

그 경험을 통해 저는 협업의 본질에 대해 깊이 성찰하게 되었습니다. 모든 일을 혼자 해결하려는 태도는 오히려 중요한 것을 놓치게 한다는 사실을 체감했고, 자신의 한계를 정확히 인지하고 주저 없이 타인과 협력하는 사람이 더 안정적으로 성과를 이루어 낼 수 있다는 것을 배웠습니다.

이 경험은 당시 선진국을 중심으로 수요가 급증하던 리사이클 제품을 주목하게 했고, 시장 변화 속에서 새로운 기회를 포착할 수 있다는 확신을 갖게 했습니다. 곧바로 시장성, 브랜드 철학, 협력 가능성 등을 기준으로 영업 대상 후보를 검토했습니다. 그리고 지속가능성과 혁신을 동시에 추구하는 글로벌 브랜드를 타깃으로 선정하였습니다. 취업 사이트를 뒤져 구매 책임자를 찾아내 바이어 리스트를 정리했고, 장황한 설명을 피하고 핵심 가치만을 담은 간결한 제안서를 보냈습니다. 이때 브랜드의 방향성과 일치하는 가치를 명확히 제시한 점이 특히 주효하여 아디다스를 비롯해 다수의 글로벌 브랜드와 거래가 성사되었습니다. 이는 결국 고객이 중요하게 여기는 가치를 정확히 파악하고 이를 설득력 있게 제안한 데서 비롯된 결과였습니다. 이 경험을 통해 저는 스마트스토어 운영에서도 고객의 상황과 욕구를 세심하게 이해하고, 그에 맞는 가치를 설계해 제안하는 것이 마케팅의 본질이라는 사실을 깨달았습니다.

아무것도 주어지지 않은 조건에서도 세계적인 기업과 거래를 성사한 경험은 스마트스토어 운영에 큰 영향을 미쳤습니다. 이 경험은 상품을 선정하기 전에는 반드시 다음 네 가지 질문을 스스로 던지게 했습니다.

첫째, 내가 팔고자 하는 제품은 무엇인가?

둘째, 그 제품을 구매하는 결정권자는 누구인가?

셋째, 그들이 처한 상황은 어떠한가?

넷째, 그들이 모여 있는 공간은 어디인가?

이 질문을 바탕으로 시장조사를 시작하고, 고객의 입장에서 제안서(콘텐츠)를 기획해야 '팔리는 상품'을 만들 수 있다는 점을 알게 되었습니다. 단순히 상품의 기능이 아닌, 그 상품이 누구를 위한 것이며 어떤 맥락에서 고객에게 필요한지를 이해하는 데서 출발해야 한다는 사실을 깨달았고, 고객의 욕구를 이해하려는 노력이 뒷받침되지 않으면 어떤 전략도 제대로 작동하지 않는다는 점을 배웠습니다.

이후 제가 속한 부서는 애플의 공식 파트너로 선정되었습니다. 애플의 영업 담당자는 아니었지만, 전문가들의 협업을 중시하는 애플의 정책에 따라 신제품 개발 프로젝트에 참여하며, 애플의 논리적인 문제 해결 방식을 가까이에서 지켜볼 수 있었습니다. 초기 불량률이 50%를 넘는, 사실상 양산이 불가능했던 기술을 혁신적으로 개선해 나가는 과정을 직접 목격했습니다. 그들에게는 '원래 그런 것', '원래 안 되는 것'이라는 개념이 존재하지 않았습니다. 그들은 문제를 임시로 봉합하지 않고, '근본 원인Root Cause'을 집요하게 파악해 이를 구조적으로 해결하는 절차를 설계하고 반복해서 실행했습니다. 이 과정을 통해 문제 해결은 감에 의존하는 것이 아니라, 철저한 분석과 설계, 실행과 반복 속에서 이루어져야 한다는 사실을 실감하게 되었습니다.

이러한 문제 해결 과정을 함께하며, 애플의 혁신적인 협업 방식 또한 직접 체험할 수 있었습니다. 특히 한국 기업에서는 보기 어려운 소통과 협력 문화는 제게 큰 충격으로 다가왔습니다. 그들은 전통적인 부서 중심의 조직이 아니라, 각 분야의 전문 인력이 과제 중심으로 팀을 이루고, 프로젝트가 완료되면 해체되어 원 부서로 복귀하는 방식의 유동적인 조직 구조를 채택하고 있었습니다. 이러한 체계는 변화에 민첩하게 대응하면서도, 각 분야의 전문성을 효과적으로 결합해 높은 수준의 문제 해결력을 발휘할 수 있게 했습니다. 다양한 프로젝트에 참여하며, 협업이 단순한 역할 분담이 아닌, 각자의 역량이 맞물려 창의적인 해결책을 만들어 내는 역동적인 과정임을 몸소 체감했습니다.

스마트스토어처럼 복잡한 환경에서는 개인 셀러가 모든 것을 혼자 감당하기는 어렵습니다. 각자의 전문성을 가진 셀러가 필요할 때 모여 함께 과제를 해결하는 유기적 협업 구조는, 온라인 커머스 사업에도 적용할 수 있는 혁신적인 방식이 될 수 있습니다. 이는 단순한 역할 분담을 넘어, 각자의 역량이 결합되어 더 큰 시너지를 창출하는 방식입니다. 이러한 협업 방식이 당장 실현되기는 어렵겠지만, 언젠가는 제품 개발부터 유통까지 자연스럽게 작동하는 날이 올 것이라 믿습니다.

스타트업 창업으로 배운 교훈: 협력

안정적인 직장을 그만두고 창업에 도전했습니다. 나만의 브랜드를 만들고 싶었고, 아이템에 대한 자신감도 있었습니다. 해외에서 성공한 아이템을 빠르게 도입하면 틈새시장을 선점할 수 있을 것이라 생각했습니다. 그러나 막상 시작해 보니 현실은 훨씬 복잡하고 어려웠습니다.

이전 직장에서는 해외 바이어를 상대로 B2B 수출을 담당했지만, 국내 B2C 시장은 전혀 다른 환경이었습니다. 제품만 잘 만들어서는 고객의 관심을 끌 수 없었고, 스타트업 입장에서는 대기업처럼 마케팅에 예산을 쓸 여유도 없었습니다. 그래서 바이럴 마케팅과 콘텐츠 마케팅에 집중했고, 네이버 블로그를 활용해 브랜드를 알리기 시작했습니다. 하지만 당시에는 검색 알고리즘에 대한 이해가 전혀 없었고 B2C 마케팅 경험도 부족해서, 초기에는 원하는 만큼 고객 반응을 끌어내지 못했습니다.

사업이 지지부진해 포기를 고민하던 어느 날, 블로그를 본 공중파 드라마 소품팀에서 우리 제품을 제공해 달라는 요청이 왔고, 극 중 주요 장면에 제품이 다수 노출되는 기회를 얻게 되었습니다. 방송이 나간 후, 한류 스타가 사용한 제품으로 소문이 나면서 문의가 급증했고, 브랜드 인지도가 빠르게 상승했습니다. 그러나 미리 확보한 재고가 없어 제대로 판매하지 못했고, 대량 생산을 위한 자금도 충분하지 않았습니다.

그때 한 고객이 남긴 문의 하나가 새로운 해결책을 제시했습니다. "먼저 결제를 하고, 생산이 완료될 때까지 기다릴 수 있습니다. 생산을 해주시면 안 되나요?". 이 문의를 계기로 기존에 당연하게 생각했던 방식과 달리, 고객의 선주문을 받고 최소 주문량이 모이면 생산을 진행하는 방식을 도입했습니다. 그러자 생산 비용을 미리 확보할 수 있었고, 희소성과 합리적인 가격 덕분에 고객 반응도 긍정적이었습니다.

이 과정을 거치며 브랜드 인지도는 한층 더 높아졌고, 유통 경로 역시 다양화되었습니다. 우리 제품은 기존의 온라인 채널을 넘어 도매업체와 대기업 유통망에까지 입점하게 되었습니다. 콘텐츠를 매개로 만들어진 하나의 기회가 또 다른 기회를 낳았고, B2C에서 B2B로의 전환 가능성을 확인하게 했습니다.

사업은 순조롭게 성장하는 듯했지만, 곧 위기가 찾아왔습니다. 모두 작다고만 여겼던 시장 규모가 커지자 대기업이 본격적으로 진입했습니다. 이들은 과잉 생산으로 인한 재고를 처리하기 위해 자사 고가 제품에 끼워팔기를 도입했고, 시장은 급격히 붕괴되었습니다. 여기에 이해하기 힘든 정부의 규제 정책까지 더해져 시장은 순식간에 무너졌습니다.

결국, 업계에서 잘 나가던 다수의 메이저 브랜드는 모두 문을 닫았고, 소비자는 굳이 비용을 지불하고 이 제품을 구매할 이유가 없었습니다. 하지만 소수의 매니아 층을 형성한 맞춤형 제품 시장은 여전히 건재했고, 그 시장을 정조준하며 생존의 실마리를 찾아야 했습니다.

다시 초심으로 돌아가, 비록 소수일지라도 진정한 충성 고객과의 신뢰를 바탕으로 견고한 관계를 다지는 데 집중했습니다. 블로그 마케팅에 다시 집중하며 타깃 고객과의 깊은 연결을 시도했습니다.

하지만 네이버의 블로그 알고리즘이 업데이트되면서 예기치 못한 문제가 발생했습니다. 새로운 기준에 따라 검색 시스템 조작을 시도하는 저품질 블로그로 판정을 받게 되었고, 브랜드를 알리던 핵심 마케팅 채널이 사실상 차단되었습니다. 이로 인해 고객 유입 경로가 급격히 줄어들었고, 결국 기존 사업을 정상적으로 유지하는 것이 불가능해졌습니다.

저는 기존 사업이 왜 위기를 맞았는지 냉정하게 분석하고, 어떤 점이 구조적 한계였으며, 무엇이 제가 잘할 수 있는 영역인지 되짚어 보았습니다. 그러고 나서 제가 보유한 역량과 이미 갖춰진 인프라를 최대한 활용할 수 있는 방향으로 사업을 전환하기로 결정했습니다. 전량 하청에 의존하던 생산 방식을 자체 제조로 바꾸고, B2C에서 B2B와 해외 수출 중심 구조로 체질을 개선하는 전략을 선택했습니다.

저는 단순히 제품 제조에 그치지 않고 고객사의 브랜드 운영을 지원하는 위탁 배송 프로그램을 새롭게 도입했습니다. 고객사의 운영 부담을 줄이고 사업 비용을 절감할 수 있도록, 바이어 전용 포장, 메시지 삽입, 발송지 지정 등의 기능을 포함한 일괄 포장·발송·교환 시스템을 구축해 제공했습니다. 나아가 반품과 교환도 대행함으로써 고객사는 CS 부담을 획기적으로 줄일 수 있게 되었습니다. 제품을 공급 받는 고객사는 마치 자체 물류 시스템을 갖춘 것처럼 사업을 운영할 수 있었고, 이 맞춤형 서비스는 단순한 물류 지원을 넘어 브랜드 경험을 함께 설계하는 방식으로 진화했습니다. 고객사의 운영 효율을 높이는 동시에 브랜드 가치를 유지하려는 니즈를 충족시키며, 고객사와 단순한 공급 관계를 넘어 장기적인 협력 관계로 발전할 수 있는 기반을 마련하게 된 것입니다.

하지만 예기치 못한 변수는 계속해서 등장했습니다. 각종 법적 분쟁, 거래처의 지식재산권 침해 시도, 사기, 내부 직원의 배임 등 창업 전에는 상상하지 못한 일이 반복됐습니다. 경찰서, 검찰청, 법원, 변호사 사무실을 오가며 많은 시간을 소진해야 했고, 직장인 시절과 달리 시스템의 보호 없이 모든 문제를 혼자 해결해야 했습니다.

무엇보다 자금 조달이 가장 큰 어려움이었습니다. 좋은 기회는 많았지만 투자 유치는 쉽지 않았고, 그렇다 보니 자금이 부족해 번번이 기회를 놓칠 수밖에 없었습니다. 대기업과의 계약을 앞두고도 생산 설비 확충 자금이 부족해 계약이 무산되기도 했고, 수많은 특허를 보유하고 있었지만 자금 문제로 연구 개발을 포기해야 했던 순간도 많았습니다.

온라인 유통 사업이라 해서 제조업과 다를 바 없습니다. 처음에는 위탁판매로 시작하더라도, 매출이 증가하면 자연스럽게 직접 매입이나 자체 제품 생산을 고려하게 됩니다. 매출이 증가하면 재고 확보와 물류 운영에 필요한 비용이 급격히 증가하면서 자금 부담도 함께 커지게 됩니다. 충분한 자금이 뒷받침되지 않으면 사업 확장은 물론 필요한 시점에 적절한 투자조차 어렵습니다.

저는 일련의 스타트업 창업과 운영 경험을 통해 사업의 지속성을 갖추는 것이 사업에 있어서 그 무엇보다 중요하다는 것을 절감했습니다.

단기 매출보다 중요한 것은 시장 변화에 유연하게 대응하고, 리스크를 줄이며, 장기적으로 살아남을 수 있는 구조를 갖추는 것이었습니다. 그리고 그 구조를 만들기 위해 반드시 필요한 조건이 있다는 것을 깨달았습니다.

무엇보다 절실하게 느낀 것은 혼자서는 모든 문제를 해결할 수 없다는 사실입니다. 스타트업을 운영하는 동안 과도한 경쟁과 예측하기 어려운 변수를 마주하며, 개인의 역량만으로는 명백한 한계가 있다는 점을 실감했습니다. 따라서 소규모 사업자가 이 한계를 극복하려면, 서로 협력하고 강점을 나눌 수 있는 협업 체계가 반드시 필요합니다.

더 알아두기 ▶ B2C, B2B

B2C는 'Business to Consumer'의 줄임말로, 기업이 개인 소비자를 대상으로 상품이나 서비스를 기획·판매·마케팅하는 형태를 말합니다. 제품을 선택하는 기준이 가격·디자인·편의성처럼 감정과 경험에 크게 영향을 받기 때문에, 브랜드 이미지와 사용 후기, 구매 경험 설계가 특히 중요합니다.

B2B는 'Business to Business'의 줄임말로, 기업이 다른 기업이나 기관을 대상으로 상품이나 서비스를 제공하는 형태입니다. 구매 과정에 여러 의사결정자가 관여하고 계약 단위가 크며 거래 기간이 길어 신뢰도, 기술적 인징싱, 사후 지원 같은 요소가 핵심 경쟁력이 됩니다.

04

스마트스토어 사업은 어떻게 망하는가?

코로나 팬데믹은 사업을 하며 겪은 가장 큰 시련이었습니다. 해외 주요 거래처가 폐업하고 내수 거래까지 중단되며, 사업 지속 여부를 고민해야 할 상황이었습니다. 그런 가운데 한 거래처의 제안으로 KF94 마스크 유통을 시작하게 되었고, 이를 계기로 스마트스토어를 열게 되었습니다. 처음 해 보는 스마트스토어 판매였지만, 위기 속에서 기회를 찾아야 한다는 절박함으로 결정한 그 선택은, 결과적으로 2년간 매년 수십억 원의 매출로 이어지며 다시 일어설 수 있는 계기가 되었습니다.

저는 이전까지 스마트스토어에서는 제품을 구매하기만 했지, 이를 본격적인 판매 채널로 활용해 사업을 확장할 계획은 없었습니다. 수년 전 자사몰 운영 경험이 있었기에 상세페이지 제작에는 익숙했지만, 네이버쇼핑의 검색 시스템이나 상품등록 방식은 생소했고, 광고나 마케팅에 관해서도 아는 것이 거의 없었습니다.

처음 KF94 마스크를 등록하면서도 과연 이 상품이 판매될 수 있을지 의구심이 들었습니다. 당시 코로나19로 급증한 수요에 맞춰 많은 제조업체가 마스크 생산에 뛰어들면서 공급이 과잉되고, 방역 조치가 완화되면서 가격도 하락하고 있었기 때문입니다. 하지만 예상을 깨고 등록 직후부터 매출이 발생하기 시작했고, 곧바로 가격 비교 페이지에 노출되면서 'KF94 마스크' 키워드의 검색 순위가 점차 상승하며 판매량 또한 급격히 증가했습니다.

매출은 검색 순위 상승과 함께 가파르게 증가했고, 주문이 늘어남에 따라 리뷰 역시 빠르게 쌓였습니다. 월간 검색량 100만 건이 넘는 'KF94 마스크' 키워드의 검색 결과에서 첫페이지에 진입하면서, 초보 셀러였음에도 프리미엄 셀러, 빅파워 셀러와 어깨를 나란히 하며 최상위 노출을 달성했습니다.

회사 직원을 모두 투입해 포장과 고객 응대를 지원할 만큼 물류와 운영 업무가 폭주했습니다. 날마다 쏟아지는 주문과 문의, 오배송 및 교환 처리에 대응하는 것도 벅찼고, 기업체의 대량 주문과 위탁판매를 요청하는 셀러들의 문의도 끊이지 않았습니다. 광고나 프로모션 없이 단순히 상품을 등록했을 뿐인데, 매출이 증가하는 현상을 보며 놀라지 않을 수 없었습니다.

그러나 기쁨은 오래가지 않았습니다. 상위 노출 이후, 검색 시스템의 허점을 악용하는 어뷰징 셀러들이 등장했습니다. 이들은 땡처리 상품을 매입해 카탈로그(가격 비교 페이지)에 전혀 다른 상품을 매칭한 후, 매크로 프로그램을 이용해 가격을 실시간으로 조정하며 항상 최저가를 유지하는 방식으로 고객을 빼앗아 갔습니다. 저는 이늘의 실체를 모른 채, 수말과 밤낮을 가리지 않고 수동으로 가격을 관리하며 대응하다, 제대로 된 수익은커녕 체력과 정신력이 모두 소진되고 말았습니다.

어뷰징 셀러의 공격은 단순히 가격 싸움에 그치지 않았습니다. 네이버 고객센터에 이들의 부당 거래를 신고하여 상품을 삭제하더라도, 여러 개의 사업자를 동원해 곧바로 다른 스토어에서 동일 상품을 다시 등록하는 방식으로 네이버의 규제 시스템을 우회했습니다. 고객센터에 반복되는 신고와 삭제 요청은 실질적 문제 해결로 이어지지 못했고, 저는 점점 한계를 느꼈습니다.

하지만 그 과정에서 네이버쇼핑 검색 알고리즘의 작동 원리를 더 깊이 이해하게 되었습니다. 고객이 어떤 키워드에서 유입되고, 어떤 심리로 클릭과 구매를 결정하는지를 파악할 수 있었고, 특히 어뷰징 셀러들이 브랜드가 쌓아온 가치에 무임승차하려는 방식으로 경쟁 구조를 왜곡시키고 있다는 점도 알게 되었습니다. 이들의 전략을 분석하면서, 검색 상위 노출을 위해서는 고객의 기대 심리를 반영한 설계와 함께 브랜드 자산을 전략적으로 보호할 필요가 있다는 점을 절감하게 되었습니다.

수많은 시행착오와 현장 경험을 통해 고객의 기대 심리, 경쟁자의 움직임, 플랫폼 시스템의 규칙과 빈틈을 동시에 고려해야 한다는 점을 체득했고, 판매 상품이 속한 산업 전반에 대한 구조적 이해야말로 사업의 지속 가능성을 좌우하는 핵심임을 깨달았습니다.

매출이 증가하면서 판매하는 브랜드 상품 수가 늘어났고, 그만큼 상품 매입에 필요한 자금 부담도 커졌습니다. 당시에는 지금처럼 빠른 정산이 이루어지지 않아, 정산 지연으로 인한 자금 압박이 점차 심각해졌습니다. 매출은 많았지만, 현금 흐름이 막히면서 상품 공급에 차질이 생겼고, 이는 배송 지연으로 이어졌습니다. 고객 불만의 증가는 네이버 알고리즘에 반영되어 검색 순위가 떨어졌고, 결국 매출도 급감하게 되었습니다.

　자금을 어렵게 융통해 사업을 재개했지만, 이미 순위가 많이 하락한 상품은 다른 셀러들이 검색 상위를 차지해 버린 상태라 검색 순위를 되돌리기란 쉽지 않았습니다. 어차피 떨어진 검색 순위를 다시 끌어올려야 했기에, 기존에 알고 지내던 제조사의 상품에 대해 네이버쇼핑 유통 독점권과 상표 전용 실시권을 확보하고 마케팅을 본격화했으며, 경쟁이 덜한 유명 브랜드 상품도 발굴해 병행 판매했습니다.

　이 전략으로 매출은 빠르게 회복되었지만, 수개월 후 정부의 마스크 착용 권고가 완전히 해제되면서 수요가 줄어들기 시작했고, 브랜드 독점 유통 계약을 체결했던 제조사는 무리한 설비 투자로 인한 경영 악화로 사업을 중단하며 공급이 끊겼습니다. 동시에 유명 브랜드 상품에는 다른 셀러가 몰려들었고, 다수의 셀러가 동일 상품을 판매하게 되었습니다. 결국, 광고 입찰 단가가 급격히 상승하면서 수익성은 다시 악화되었습니다.

　결정적으로 브랜드 본사가 직접 네이버쇼핑에 진입하면서 상황은 급변했습니다. 브랜드 본사는 막대한 예산을 투입해 대행업체를 통해 광고를 독점적으로 집행하는 한편, 경쟁 셀러의 검색 순위를 인위적으로 떨어뜨리고, 자사 상품의 노출 순위를 끌어올리는 트래픽 조작 행위도 서슴지 않았습니다. 중소 셀러는 이런 환경에서 브랜드 본사와의 경쟁에서 살아남을 수 없습니다. 일부 브랜드는 자사 직접 판매를 위해 기존 유통망에 판매 금지를 통보하거나, 공급 자체를 중단하면서 공급망이 붕괴되는 사태까지 발생했습니다.

　그 결과 확보해 둔 재고는 모두 손실로 이어졌고, 마케팅에 들인 자금 역시 회수하지 못했으며, 손익분기점을 넘기기도 전에 주요 브랜드 상품의 공급이 완전히 끊기게 되었습니다. 이처럼 복잡하고 예측 불가능한 변수 속에서 스마트스토어라는 플랫폼 안에서 살아남기 위해서는 훨씬 더 근본적이고 본질적인 전략이 필요하다는 사실을 절실히 깨달았습니다.

원래 교통량을 의미하는 트래픽Traffic은 온라인 커머스에서 스토어로 유입되는 방문자의 흐름을 뜻합니다. 특히 검색 플랫폼에 있어 트래픽은 검색 키워드 입력, 상품 클릭, 페이지 체류 등 순위 결정에 있어 중요한 판단 지표가 됩니다. 플랫폼은 이와 같은 사용자 행동 데이터를 수집하여 상품의 인기도와 적합도를 평가하며, 이는 검색 결과의 노출 순위에 지대한 영향을 미칩니다.

05

과거의 경험에서 얻은 교훈

지금은 위탁 판매 사업을 하면서 시간과 장소에 구애받지 않는 디지털 노마드의 삶을 살고 있습니다. 노트북 하나면 어디서든 업무를 처리할 수 있어, 아름다운 자연 속에서 가족과 함께하는 소중한 시간을 누리고 있습니다. 더불어 시간의 여유를 갖고 나만의 라이프스타일을 즐기며 살아가고 있습니다.

디지털 노마드 생활을 가능하게 만드는 가장 중요한 조건은 '안정적인 수익'입니다. 현재의 수익이 안정적이지 않고 미래의 수익이 명확하지 않다면, 지속되기 어렵습니다. 누군가는 위탁판매는 누구나 쉽게 도전할 수 있는 기회라고 말합니다. 반면에 또 다른 누군가는 가격경쟁이 일상인 위탁판매로는 수익을 낼 수 없고, 결국 자체 브랜드를 갖추지 않으면 장기적인 성장에 한계가 있다고 지적합니다. 두 관점 모두 일리가 있지만, 저는 고객과의 거래가 성립되는 본질을 이해한다면 상품을 공급받는 방식은 전혀 중요하지 않다고 생각합니다.

직장생활과 창업, 그리고 현재의 디지털 노마드 삶에 이르기까지의 여정은 단순히 상품을 사고파는 기술을 넘어서, 온라인 유통이라는 환경에서 어떤 전략과 태도를 가져야 할지를 깊이 고민하게 한 시간이었습니다. 단기 트렌드나 편법에 기대기보다는 고객과 브랜드, 가치 전달의 전체 흐름을 이해하고, 장기적으로 지속 가능한 구조를 설계하는 것이 중요하다는 사실을 깨닫게 했습니다.

무엇보다 어떤 방식으로든 사업의 중심에는 항상 고객이 있다는 사실을 분명하게 깨달았습니다. 내 수익은 결국 고객이 원하는 가치를 정확히 전달했을 때에만 발생하며, 이를 위해서는 고객의 시각에서 문제를 바라보고, 고객의 기대와 니즈를 세밀하게 파악해야 한다는 점입니다. 한마디로 고객 관점이야말로 스마트스토어 운영의 출발점이자 장기적인 경쟁력을 좌우하는 핵심 요소라고 믿습니다.

스마트스토어를 처음 시작했을 당시, 막연한 기대감과 불안 사이에서 방향을 잡지 못했던 기억이 새삼스럽게 떠오릅니다. 처음에는 고객의 반응을 어떻게 해석하고, 어떤 전략으로 이어가야 할지 감이 잡히지 않았습니다. 그러다가 광고 없이 매출이 오르고, 큰 비용 없이 상위 노출이 반복되는 경험을 하며 '운이 좋았다'라고 생각한 적도 있었습니다. 시간이 흐르며 플랫폼의 작동 원리를 이해하게 되었고, 검색 상위 노출을 전략적으로 통제하며 브랜드를 구축하는 방법 또한 익혀갔습니다. 그러나 시장에서 발생하는 핵심적인 문제는 단지 기술적이거나 전략적인 것이 아니라, 플랫폼 외부의 변수와 구조적 불확실성에서 비롯된다는 사실을 알게 되었습니다. 실력과 노력만으로는 극복할 수 없는 장벽 앞에서, 시장에서의 생존은 보다 복합적인 전략과 깊이 있는 이해를 필요로 한다는 것을 절감하게 되었습니다.

이 깨달음은, 단순한 기술 습득이나 요령으로는 해결할 수 없는 구조적 문제를 극복하려면, 보다 근본적인 사고와 태도가 필요하다는 자각으로 이어졌습니다. 이는 결국 변화무쌍한 플랫폼 생태계에서 내 브랜드를 구축하여 살아남기 위해서는 다음과 같은 원칙이 필요하다는 확신으로 이어졌습니다.

1. 데이터는 지도이다

온라인 유통에서 직감에만 의존한다면 시장이라는 광대한 영토에서 길을 잃고 헤매게 됩니다. 데이터는 그럴 때 필요한 지도로써, 현재의 위치를 파악하게 하고 목적지까지의 경로를 설계할 수 있게 해줍니다. 고객의 검색어, 유입 경로, 체류 시간, 구매전환율 등의 지표는 지도의 좌표처럼 우리에게 중요한 단서를 제공합니다. 단순히 검색량이 많은 키워드를 사용하는 것이 아니라, 그 키워드에 담긴 맥락과 고객의 니즈를 이해함으로써 진정으로 필요한 길을 찾는 것이 중요합니다.

2. 고객의 관점에서 생각하라

제품을 만들고 파는 것은 셀러의 몫이지만, 제품을 선택하는 건 언제나 고객입니다. 고객은 제품 사양보다 자신의 문제를 해결해 줄 수 있는 가치를 더 중요하게 여깁니다. 구매 여정의 어느 단계에서든 고객의 기대를 충족시키고, 고객의 언어로 대화하지 않는다면 그 상품은 선택받기 어렵습니다.

3. 차별화는 가격이 아니라 '의미'에서 시작된다

수많은 실패 경험을 통해 확실히 깨달은 것은 가격이나 품질만으로는 결코 생존할 수 없다는 사실입니다. 상품에 남긴 의미와 고객이 공감할 수 있는 스토리가 얼마나 중요한지, 그리고 그러한 요소가 브랜드의 가치를 어떻게 형성하는지를 이해하는 것이 필수적입니다. 고객의 기억에 남는 것은 구매한 제품이 자신에게 어떤 가치를 주었느냐입니다. 따라서 제품의 의미와 가치를 고객이 공감할 수 있는 메시지로 전달하는 것이 바로 브랜드를 차별화하는 핵심입니다.

4. 혼자 가지 말고 함께 가라

혼자만의 역량으로는 치열한 시장에서 살아남기 어렵습니다. 시장의 변화와 예기치 못한 외부 변수는 물론, 자금이나 인력, 정보 등 자원이 부족한 상황에서도 지속적인 수익을 내려면 협력의 힘이 필요합니다. 산업 구성원과의 관계는 단순한 공급과 구매의 차원을 넘어, 공동의 미래를 설계하는 파트너십으로 발전해야 합니다. 협업은 단기적인 분업이 아니라, 지속 가능성을 높이는 전략적 선택입니다.

이 네 가지 원칙은 스마트스토어 성공의 핵심이자, 이 책 전반에서 다룰 전략의 기초입니다. 원칙이 어떻게 실제 사례 속에서 작동했는지를 함께 살펴보며, 독자 여러분이 각자의 상황에 맞는 실천적 통찰을 얻을 수 있기를 바랍니다.

스마트스토어
사업에 대한 오해

| 01 |

누구나 쉽게 돈을 벌 수 있다

많은 사람이 손쉽게 돈을 벌 수 있다는 생각으로 온라인 판매 사업을 시작합니다. 온라인 판매 사업은 사업자 등록과 통신판매업 신고만으로 자본금 없이 창업할 수 있고, 위탁도매(도매몰) 서비스를 활용하면 제조나 재고 부담 없이 상품을 소싱할 수 있습니다. 또한 도매몰은 고품질 이미지와 상세페이지를 제공하므로, 별도의 촬영 장비나 전문 디자이너 없이도 판매를 시작할 수 있습니다. 그래서 누구나 온라인 판매를 쉽게 시작할 수 있다고 생각하는 경향이 있습니다.

그러나 현실은 전혀 다릅니다. 수십억 개의 상품이 등록된 플랫폼에서 내 상품이 검색될 확률은 극히 낮습니다. 이를 극복하기 위해 일부 셀러는 자동 등록 프로그램을 활용하여 수천, 수만 개의 상품을 '닥등(닥치는 대로 등록하기)'하는 전략을 사용합니다. 도매몰 또한 상품등록을 손쉽게 해주는 자동 연동 기능을 제공하기 때문에, 네이버쇼핑에서는 수천 명의 닥등 셀러가 활동하는 것으로 추정됩니다. 이 때문에 닥등 전략 관련 강의와 자동화 프로그램 판매도 하나의 시장을 형성하고 있을 정도입니다.

치음에 마법처럼 보이는 닥등 전략은 참여자가 늘어날수록 효과가 감소하고 경쟁은 더욱 격화됩니다. 수천 명이 동일한 방식으로 상품을 등록하면 개별 상품이 검색될 확률은 오히려 낮아지고, 노출 기회는 희박해지며, 실질적인 매출로 이어지기도 어렵습니다.

결국, 상품등록만으로는 한계에 부딪힌 셀러는 광고에 의존하게 됩니다. 네이버쇼핑의 검색광고는 누구나 손쉽게 설정할 수 있으며, 경쟁 입찰 방식으로 운영되고, 광고주는 클릭당 비용^{CPC, Cost Per Click}을 지불하게 됩니다. 문제는 검색 상위 노출을 위한 입찰 경쟁이 치열해질수록 광고 단가가 상승하고, 이로 인해 과도한 광고비로 수익을 남기기 어렵다는 점입니다.

그럼에도 많은 사람이 여전히 '누구나 온라인 판매로 쉽게 돈을 벌 수 있다'는 메시지에 끌립니다. 평범한 사람도 성공할 수 있다는 동질감을 강조하며, 복잡한 과정을 단순화해 누구나 할 수 있다는 착각을 유도합니다. 많은 유튜버와 강사는 이 심리를 이용해 희망과 두려움을 동시에 자극하는 고도의 심리학 기법을 사용합니다. 그들은 인지 편향을 적극적으로 활용해 합리적인 판단을 흐리게 하고, 고가의 강의 프로그램이나 자동 등록 프로그램을 판매하기도 합니다.

하지만 이 같은 마케팅 메시지는 극히 일부의 성공 사례를 과장하여 일반화한 것입니다. 중소기업연구원이 2022년에 발표한 〈소상공인 온라인 유통 실태조사〉에 따르면, 온라인 쇼핑몰은 90% 이상 창업 후 1년 이내에 폐업하는 것으로 나타났습니다. 이 수치는 온라인 유통에서 성공하기가 얼마나 어려운지를 보여주는 지표입니다.

온라인 판매에서 수익을 내려면, 쉽고 간단하게 접근할 수 있다는 환상을 버리고 철저한 전략과 시장에 대해 깊은 이해를 바탕으로 차별화된 방향을 설정해야 합니다. 누구나 쉽게 시작할 수 있는 방식은 경쟁이 치열해질 수밖에 없으므로, 플랫폼의 편의성에만 의존하지 말고 고객에게 본질적인 가치를 제공하는 데 집중해야 합니다.

더 알아두기 ▸ CPC Cost Per Click (클릭당 비용)

CPC는 '클릭당 비용'을 의미하며, 사용자가 광고를 한 번 클릭할 때마다 광고주가 지불하는 금액입니다. 광고가 단순히 노출되는 것만으로는 비용이 발생하지 않고, 클릭이 일어날 때만 과금됩니다. 네이버 스마트스토어의 경우, 키워드별 입찰 경쟁을 통해 CPC 단가가 결정됩니다.

02

알고리즘이 답이다

지금 우리는 과거 그 어느 때보다도 빠르게 변화하는 시대에 살고 있습니다. 소비자의 생각과 소비 방식, 그리고 취향은 하루가 다르게 바뀌고 있으며, 이에 발맞추기 위해 네이버쇼핑이나 쿠팡과 같은 온라인 유통 플랫폼 역시 계속해서 진화하고 있습니다. 이러한 변화는 점차 더 자주, 더 강하게 일어나고 있습니다.

어제까지 유효했던 기준이 어느 순간 의미를 잃는 일은 이제 더는 낯설지 않습니다. 이 책의 내용도 역시 시간이 지나 전혀 달라진 현실 속에서는 유효하지 않을 수 있습니다. 소비자의 변화 속도는 날로 빨라지고 있으며, 플랫폼은 이러한 흐름에 대응하기 위해 끊임없이 진화하고 있습니다. 특히 검색 알고리즘이나 그 결과에 영향을 미치는 규제와 기준이 수시로 바뀌고 새로운 요소가 계속 더해지고 있습니다.

대다수 셀러가 빠르게 변화하는 플랫폼 환경에 적응하기 위해 다양한 전략을 시도합니다. 검색 시스템의 원리를 분석하고 자사 상품이 경쟁자보다 더 많이 노출되도록 노력하지만, 플랫폼은 공정성과 검색 품질 향상을 명분으로 규정과 기준을 자주 변경하면서, 이러한 전략의 효과를 제한하기도 합니다. 자연 검색만으로는 충분한 노출이나 판매를 기대하기 점점 더 어려워지고 있으며, 많은 셀러가 광고에 의존하지 않고서는 생존이 어려운 구조 속에 놓여 있습니다. 결국 사업체의 존속과 생계를 위해 이러한 변화에 꾸준히 적응해야 하며, 계속 시간과 자원을 투자하지 않으면 안 됩니다.

예측할 수 없는 변화 속에서 방향을 잃지 않으려면, 눈앞의 기술 변화보다 유통의 본질적 원칙에 집중해야 합니다. 검색 알고리즘은 결국 고객이 원하는 가치를 얼마나 정확하게 전달하느냐에 따라 반응이 달라집니다. 따라서 고객에게 노출되고 선택받기 위한 핵심은 검색 알고리즘이 아니라, 고객이 제품의 가치를 얼마나 쉽게 인식할 수 있게 하느냐에 달려 있습니다. 이때 중요한 역할을 하는 것이 바로 브랜드입니다.

브랜딩은 사업을 진지하게 운영해 온 사람에게는 익숙한 개념입니다. 하지만 많은 셀러가 단기적인 노출 증가나 매출 상승에만 집중한 나머지 장기적인 성장에서 가장 중요한 브랜딩을 간과하는 경우가 많습니다.

브랜딩, 즉 고객이 필요로 하는 가치를 파악하고 그 가치를 원하는 이에게 효과적으로 전달하는 일은 단순해 보이지만, 실제로는 다양한 마케팅 채널과 도구, 그리고 끊임없이 변하는 시장 환경에 관해 깊은 이해를 요구합니다. 따라서 셀러에게는 지속해서 브랜딩을 학습하고, 실험하고, 현실에 적용하는 자세가 필요합니다.

03

검색광고만 잘하면 된다

일부 셀러는 브랜딩과 마케팅을 낯설고 어렵게 느끼며 어디서부터 시작해야 할지 몰라 주저하는 경우도 많습니다. 그 결과 많은 셀러가 검색광고나 검색최적화^{Search Engine Optimization, SEO}에만 의존해 스마트스토어를 운영하려고 합니다.

이는 큰 착각입니다. 오프라인 유통업체의 구매 담당자^{MD}는 판매 가능성을 최우선으로 고려합니다. 매출을 극대화하기 위해 인기 상품을 우선 입점시키고, 고객 동선이나 접근성이 좋은 위치에 진열합니다. 온라인 비즈니스도 마찬가지입니다. 실제 검색 결과를 보면 브랜드 인지도가 높거나 마케팅 활동이 활발한 상품이 상위에 노출되는 경우가 많습니다. 검색 알고리즘이 단순한 키워드 매칭이 아니라, 이미 다양한 요소를 종합해 판매 가능성이 큰 상품을 우선시하기 때문입니다. 결국 온라인에서도 "브랜드 인지도와 판매 가능성"을 기준으로 상품을 선택·배치한다는 동일한 원리가 작동합니다. 따라서 검색최적화만으로 상위 노출을 기대하는 것은 분명 한계가 있습니다.

네이버쇼핑의 검색 알고리즘도 당연히 인기 상품이 검색 상위에 노출되도록 설계되어 있습니다. 그렇다면 인기 상품이란 무엇일까요? 그것은 트렌드에 부합하거나 현재 유행하고 있는 제품을 말합니다. 과거에는 트렌드를 파악하기 위해 유동 인구가 많은 거리나 판매가 많은 매장을 직접 방문해 사람의 움직임을 관찰해야 했지만, 현재는 인터넷과 SNS의 발달로 소비자가 온라인에서 많이 언급하고 검색하는 상품이 트렌드, 즉 인기 상품이 됩니다.

네이버쇼핑은 검색 기반의 쇼핑 플랫폼으로, 검색엔진의 궁극적인 목표는 사용자에게 가장 정확하고 유용한 검색 결과를 제공하는 것입니다. 이를 위해 네이버쇼핑은 검색어(키워드), 클릭 수, 구매전환율 등 다양한 데이터를 수집하고 분석합니다. 즉, 고객이 내 상품을 얼마나 많이 검색하고 클릭하며 구매하는지가 검색 결과에 절대적인 영향을 미칩니다.

따라서 고객이 내 상품을 인지하고 검색을 통해 유입되도록 하려면, 단순히 상품을 등록해 두는 것만으로는 부족합니다. 외부 마케팅을 통해 인지도를 높이고, 브랜딩을 통해 신뢰성과 차별성을 확보해야 합니다.

> **더 알아두기 ▶ 검색최적화** Search Engine Optimization
>
> 검색최적화는 네이버나 구글과 같은 검색엔진에서 내 콘텐츠나 상품이 더 잘 노출되도록 구조와 내용을 조정하는 전략입니다. 핵심은 검색엔진이 콘텐츠를 신뢰할 만하다고 판단하게 만드는 것입니다. 스마트스토어에서는 상품명과 키워드 구성, 상세페이지의 텍스트와 이미지, 리뷰 수, 클릭률, 체류시간 등이 검색최적화에 직접적인 영향을 미칩니다. 즉, 광고비를 들이지 않고도 상위 노출을 이끌어 내는 무료 노출 전략이 바로 검색최적화입니다

04

검색최적화만 잘하면 된다

일반 키워드(예: "사과")로 검색할 경우, 플랫폼은 고객 신뢰도가 높은 브랜드와 상품을 상단에 우선 노출하므로 신생 셀러의 상품은 눈에 띄기 어렵습니다. 검색최적화 전략을 통해 상품 정보를 완벽하게 등록하더라도, 일반 키워드의 검색 결과가 첫 페이지인 상위 40위에 진입하는 예는 드뭅니다. 흔히 상위 2페이지(40~80위) 정도면 괜찮다고 들 하지만, 실제 소비자 행동을 분석해 보면 대다수 소비자는 첫 페이지 상위 10위에 들지 못하는 상품은 클릭조차 하지 않는 경향이 있습니다. 소비자가 대부분 수많은 상품을 일일이 비교하지 않고, 눈에 먼저 들어오는 몇 개의 상품 중에서 선택을 끝내기 때문입니다.

그래서 대다수 초보 셀러는 경쟁이 적은 세부 키워드(예: 흠집 사과, 못난이 사과)를 활용하여 검색 노출을 시도합니다. 검색량이 상대적으로 적은 중소형 키워드를 발굴하여 경쟁 강도를 낮추려는 전략이지만, 이 전략도 현실적으로 여러 한계가 있습니다.

우선, 경쟁이 적은 세부 키워드를 찾아내는 것 자체가 매우 어렵습니다. 네이버 데이터랩, 판다랭크, 아이템스카우트와 같은 키워드 분석 도구를 활용하더라도, 해당 키워드는 검색량 자체가 적어 실제 판매 성과로 이어지기 어렵습니다. 게다가 대부분 초보 셀러가 비슷한 전략을 시도하고 있어, 결과적으로 경쟁 강도가 올라가면서 판매 가능성도 함께 낮아집니다.

또한, 키워드를 잘 선택해 일시적으로 매출이 발생하더라도, 상위 셀러가 이를 빠르게 포착해 동일 키워드를 선점하면서 초보 셀러의 상품은 다시 검색 순위에서 밀려나게 됩니다. 특히 요즘은 검색 데이터를 실시간으로 추적하는 자동화 도구를 활용하는 셀러가 많아 매출이 발생하는 키워드는 곧 상위 셀러의 경쟁 무대가 됩니다.

물론 예외적인 경우도 있지만, 경쟁이 거의 없는 키워드는 애초에 구매 수요 자체가 낮은 경우가 많습니다. 결국 많은 시간과 노력을 들이더라도 대부분 기대한 만큼의 성과로 이어지지 않는 때가 많습니다.

세부 키워드를 통한 유입이 일반 키워드의 검색 순위를 높여줄 것이라는 기대는 현실과 다릅니다. 인기 상품은 이미 브랜드 키워드와 일반 키워드를 통해 많은 유입을 확보하고 있으며, 소수의 세부 키워드 유입만으로는 알고리즘이 해당 상품을 인기 상품으로 판단할 가능성이 매우 낮습니다.

따라서 지속 가능한 성장을 이루기 위해서는 검색최적화 전략에만 의존하기보다 브랜드 구축과 마케팅 역량 강화에 집중할 필요가 있습니다. 검색최적화 전략의 한계를 인식하고, 브랜딩 중심으로 생각을 전환할 필요가 있다는 점은 다양한 디지털 마케팅 전문가도 강조하고 있습니다.

05

키워드만 잘 잡으면 된다

스마트스토어와 같은 오픈 플랫폼은 누구나 상품을 등록할 수 있지만, 고객의 선택은 검색 알고리즘에 의해 상위 노출된 소수의 상품에 집중됩니다. 결국 수많은 셀러가 제한된 노출 영역을 놓고 싸우게 되며, 이는 셀러에게 끊임없는 압박과 긴장감을 불러일으킵니다.

많은 셀러가 검색량이 높고, 구매 수요가 크며, 경쟁이 적은 세부 키워드를 통해 상위 노출을 노립니다. 실제 사용자 검색량이 많은 키워드를 찾다 보면, 그런 키워드가 상당히 많이 보입니다. 그러나 그런 키워드 중 상당수는 상표권이나 저작권 등 타인의 지식재산권과 관련되어 있으며, 이미 상표권에 등록되어 있거나 출원 중인 경우가 많습니다.

문제는 다수의 초보 셀러가 일상적으로 사용하는 일반 명사처럼 보이는 키워드를 꼼꼼하게 알아보지 않고 사용했다가 상표권과 관련된 법적 분쟁에 휘말리는 예가 적지 않다는 점입니다. 예를 들어, '그립톡', '기절베개'는 흔히 쓰이는 일반 명사처럼 보이지만 실제로는 법의 보호를 받는 등록 상표이며, 이 사실을 모르고 사용했다가 민사소송과 합의금 문제로 이어진 사례가 속출했습니다.

법적 분쟁은 상표권 문제에만 국한되지 않습니다. 온라인 유통은 KC인증, 전기용품안전인증, 생활화학제품 안전확인 등 복잡한 법적 규제 체계를 포함하고 있으며, 규제를 준수하지 않으면 경쟁자에 의해 의도적으로 신고당할 수 있습니다. 특히 대량 등록을 통해 수천 개 상품을 올리는 이른바 '닥등(닥치는 대로 등록하기)' 방식을 사용하는 셀러는 상품 정보를 정확하게 관리하기가 어려워 법적 리스크에 노출되기 쉽습니다.

과거에는 규제 위반을 발견하면 네이버 권리보호센터를 통한 상품 정보 수정이나 상품 삭제로 처리하는 경우가 많았습니다. 하지만 최근에는 경쟁자의 사업 지속 의지를 없애기 위해 네이버가 아닌 경찰이나 행정기관에 직접 고발하는 예가 늘고 있습니다.

개인 정보 관련 규제는 위수탁 구조로 운영되는 판매 방식에서 특히 민감한 문제가 될 수 있습니다. 셀러가 직접 배송을 하지 않고 도매몰 공급 업체가 위탁 배송을 담당할 때는, 공급자의 정보를 상세페이지에 명시하고 위수탁 계약서를 보관해야 하는 의무가 발생합니다. 그러나 수백 개의 상품을 대량으로 등록하는 닥등형 셀러의 입장에서는 해당 요건을 일일이 충족하기가 현실적으로 매우 어려워, 규제를 위반한 상태로 상품이 운영되다가 경쟁자의 표적이 되어 피해를 입는 일이 자주 발생합니다.

위수탁 구조의 허점을 노린 고발은 실제로 형사 고발이나 합의금 수령을 목적으로 반복해서 이뤄지는 때도 많습니다. 개인정보보호법 위반 혐의로 친 명이 넘는 셀러가 한꺼번에 고발된 사건 역시 그 대표적인 예로, 고발의 주체가 일반 소비자가 아니라 온라인 셀러와 스마트스토어 강사였다는 사실이 알려지면서 셀러 사이에 큰 경각심을 불러일으켰습니다.

과장 광고 문제 역시 셀러 간 분쟁의 주요 수단으로 활용되고 있습니다. 건강보조식품, 의약외품 등 인체에 영향을 미칠 수 있는 민감한 품목은 특히 규제가 엄격하며, 경쟁 셀러 사이에서 상호 신고가 빈번하게 이루어집니다. 경우에 따라 네이버에 신고하는 것으로 그치지 않고 행정관청에 지속적으로 문제를 제기함으로써 벌금 처분을 받거나 심지어 영업정지 처분을 받는 사례도 발생합니다. 특히 도매 공급자가 제공하는 상세페이지에는 종종 비전문적이거나 과장된 문구가 포함되어 있어, 이를 확인하지 않고 그대로 사용하면 자신도 모르는 사이에 법을 위반하게 되는 결과로 이어질 수 있습니다.

네이버는 국내 최대의 IT 기업임에도, 스마트스토어의 상품등록 시스템은 여전히 허술한 측면이 많습니다. 등록 과정에서 규제 준수 여부를 자동으로 검토하거나 사전 경고하는 장치가 부족한 반면, 규정 위반이 확인되면 검색에서 제외하거나 상품을 삭제하는 사후 제재 중심으로 시스템을 운영하고 있습니다. 초보 셀러가 규제를 정확히 인지하지 못한 상태에서 상품을 등록했다가, 규제에 관한 세부 규정과 규제 위반 사례에 정통한 베테랑 셀러에게 신고당해 상품이 삭제되는 예도 적지 않습니다.

누군가 좋은 세부 키워드를 찾아내 판매를 잘하고 있다면, 그것은 실력이 좋아서라기보다는 베테랑 셀러의 눈에 띄지 않아 '운 좋게' 살아남은 것일 수도 있습니다. 하지만 이 또한 판매량이 증가하면 일반 키워드에서 검색 순위가 올라가며 자연스럽게 베테랑 셀러의 눈에 띄게 될 수밖에 없습니다.

이렇게 수단과 방법을 가리지 않는 경쟁이 일상이 된 오픈 마켓 시장에서 셀러로 살아남으려면, 정면 승부보다는 규칙 자체를 바꾸는 전략이 필요합니다. 즉, 독자적인 브랜드 정체성을 수립하여 시장에서 유일무이한 위치를 점하고, 지식재산권과 법적 규제를 철저히 준수함으로써 경쟁자의 법적 견제에 효과적으로 대응해야 합니다. 그래야만 사업의 안정성과 신뢰성을 확보할 수 있습니다. 나아가 고객 중심의 마케팅 전략으로의 전환을 통해 고객 만족도를 높이고 충성 고객을 확보해야 경쟁자의 영향력을 상대적으로 약화시킬 수 있습니다.

06

무자본 창업이다

유튜브를 중심으로 확산된 '무자본 창업'에 관한 콘텐츠가 유행하고 코로나19 팬데믹으로 인한 비대면으로의 전환과 N잡러 트렌드가 함께 맞물리면서, 스마트스토어는 초기 자본 없이도 누구나 시작할 수 있는 손쉬운 창업 아이템으로 인식되기 시작했습니다. 유튜버와 온라인 강사는 아무 자본금 없이 스마트스토어를 시작해 인생을 바꾸었다고 말하며, 사업자 등록과 통신판매업 신고만 마치면 누구나 부자가 될 수 있다는 식으로 우리의 마음을 흔들어 놓곤 합니다. 심지어 어떤 이는 단순한 정보 전달을 넘어 극심한 생계 불안 속에 놓인 사람의 심리를 자극하며, '나도 할 수 있다'는 희망을 부추깁니다. 그가 전하는 감동적인 성공 서사는 스마트스토어 창업을 절호의 기회로 포장하고, 고액 강의 수강이나 상품 자동 등록 프로그램 구매, 심지어 판매가 어려운 상품의 재고 매입까지 결심하게 만듭니다.

하지만 지나치게 과장된 수익성과 검증되지 않은 정보, 그리고 이런 말만 믿고 무작정 창업했다 금전적 손해를 입은 사례는 꾸준히 문제로 제기되어 왔습니다. 스마트스토어는 단순한 부업이 아니라 마케팅, 브랜딩, 고객 분석, 물류 관리 등 복합적인 전문 역량이 요구되는 유통 사업입니다. 얼핏 보면 온라인 위탁 판매는 재고 부담이 없고 물류 인프라 없이도 운영할 수 있으며, 주문이 들어오면 공급업체가 직접 배송을 처리해 주기 때문에 자본금 없이도 쉽게 시작할 수 있는 것처럼 보입니다. 그러나 실제 운영 단계에 들어서면 상황은 달라집니다. 도매몰에 주문을 넣고 배송이 완료되기까지는 보통 1~2일이 소요되지만, 대다수 고객은 상품을 받은 뒤 자동 구매 확정일인 약 8일이 지나야 결제를 확정해 줍니다. 이로 인해 실제 판매대금 정산은 평균적으로 10일 이상 지연됩니다. 예를 들어, 마진율 20% 기준으로 월 1,000만 원의 이익을 목표로 할 경우, 월 매출은 5,000만 원이 되어야합니다. 이는 하루 약 165만 원의 매출과 132만 원가량의 매입 비용을 의미하는데, 만약 정산이 제때 되지 않는다면, 유동성 위기가 발생할 수 있습니다. 그리고 사업이 본격화되면 반품, 교환, 정산 지연 등 다양한 문제가 발생하면서 자금 순환 부담이 더 가중될 수 있습니다.

게다가 고객 기반이 확보되어 있지 않은 대다수 셀러는 검색광고를 활용하게 되는데, 이 때 광고비는 하루 수만 원에서 수십만 원까지 발생합니다. 광고비는 판매가 발생하기 전에도 선지출되는 비용입니다. 여기에 반품·교환까지 처리해야 하는 상황이 생기면, 자금 부담은 더욱 심각해집니다.

스마트스토어를 무자본 창업으로 인식하게 만든 대표적인 근거 중 하나는 '빠른 정산 서비스'입니다. 이 서비스는 상품 집화 다음 날 정산이 이루어지기 때문에, 일반 정산보다 5~6일 빠르게 현금을 회전시킬 수 있다는 점에서 소규모 셀러에게는 큰 장점으로 작용합니다. 다만, 이 혜택을 받으려면 최근 3개월 연속 20건 이상의 주문과 20% 미만의 반품률을 유지해야 하므로, 초기 창업자는 일정 기간 버틸 자금을 갖추고 있어야 합니다.

실제로 많은 셀러가 유동성 문제로 인해 대출을 활용하고 있는 현실은 무자본 창업이라는 인식이 실제와는 거리가 있음을 단적으로 보여줍니다. 일부 유튜버는 도매몰에서 상품 매입 시 신용카드로 결제할 수 있다는 점을 들어 무자본으로 창업할 수 있다고 주장하지만, 신용카드는 명백한 부채이므로 본질적으로 무자본이라 보기 어렵습니다.

많은 셀러가 온라인 위탁판매로 사업을 시작합니다. 그러나 시간이 지남에 따라 위탁판매의 구조적 한계를 체감하게 됩니다. 품절 위험, 낮은 검색 노출, 가격 경쟁 심화 등 반복되는 문제를 해결하기 위해, 점차 상품을 직접 매입하거나 사입을 통해 재고를 확보하고, 더 나아가 자체 브랜드[PB] 상품을 기획·출시하는 방식으로 전환하게 됩니다. 하지만 이러한 전환은 유통을 넘어 제품 기획과 생산이라는 제조업의 영역으로까지 사업 범위가 확장된다는 의미이며, 그런 만큼 성격이 다른 과제를 새롭게 맞닥뜨리게 합니다. 제조는 유통과 달리 초기 생산비용, 최소 생산 수량[MOQ], 품질 관리, 불량 대응 등에서 훨씬 복잡하고 큰 비용 위험을 수반하기 때문에, 단순히 상품을 판매하는 것과는 전혀 다른 자금 운영 전략이 요구됩니다.

결국 온라인 위탁판매는 초기 진입은 쉽지만, 일정 수준을 넘어 매출을 지속적으로 유지하고자 한다면 자금 운영과 사업 역량이 필요합니다. 특히 재고 관리, 마케팅, 반품·교환 처리 등 운영 전반에 걸쳐 다양한 비용이 발생하기 때문에, 이를 고려한 철저한 자금 계획도 필요합니다.

07

그래픽 편집 능력이 없어도 괜찮다

온라인 유통 사업에서 고객이 구매 과정에서 직접 접하는 요소는 상품명, 가격, 상점명 그리고 이미지입니다. 특히 섬네일은 고객의 클릭 여부를 결정짓는 핵심 요소이기 때문에 절대 간과해서는 안 됩니다.

도매몰에서는 고품질의 섬네일 이미지를 제공해 줍니다. 그래서 겉으로 보면 셀러가 직접 제품 이미지를 촬영하거나 꾸밀 필요가 없어 보이지만, 중대한 문제가 있습니다. 도매몰에서 제공하는 섬네일은 나뿐만 아니라 다른 셀러도 동일하게 사용하는 경우가 많기 때문입니다.

고객 입장에서 섬네일의 디자인이 동일하거나 유사한 상품은 같은 제품으로 인식할 수밖에 없습니다. 검색 결과에 비슷한 이미지가 여러 개 보이면, 고객은 자연스럽게 가장 저렴한 상품을 선택하게 되며, 이는 가격 경쟁을 유도하고 수익성을 악화시키는 결과로 이어집니다.

더불이 네이비쇼핑은 섬네일이 동일한 상품을 하나의 가격 비교 페이지로 묶어 노출하는 구조입니다. 따라서 섬네일이 동일하면 검색 알고리즘에 의해 같은 상품으로 분류되어 일반 검색 노출에서 가격 비교 페이지로 이동하면서, 치열한 가격 경쟁을 피할 수 없게 됩니다.

네이버는 섬네일에 대해 다양한 규정을 적용하고 있으며, 로고 삽입이나 홍보 문구 사용도 제한하고 있습니다. 도매몰에서 제공받은 이미지가 이러한 규정을 위반할 경우, 경쟁자가 신고를 하면 상품이 삭제될 수 있습니다. 만약 규정 위반이 반복되면 스토어 운영이 정지될 수도 있어서 섬네일 이미지를 편집할 수 있는 능력은 기본으로 갖추고 있어야 합니다.

상세페이지는 섬네일과 달리 비교적 자유롭게 구성할 수 있으며, 텍스트와 이미지, 영상 등을 활용해 더 풍부한 정보를 전달할 수 있습니다. 하지만 대다수 고객은 긴 글을 읽는 데 부담을 느낍니다. 더구나 스마트폰 중심의 쇼핑 환경에서는 이미지조차 주의 깊게 보지 않는 때가 많습니다. 따라서 상세페이지 역시 고객이 짧은 시간에 핵심 정보를 파악할 수 있도록 시각적으로 잘 구성하는 능력이 필요합니다. 텍스트는 최소화하고, 시선을 끄는 이미지나 GIF(움짤/움직이는 이미지) 등을 활용해 메시지가 직관적이고 간결하지 않으면 고객의 시선을 사로잡을 수 없기 때문입니다.

다행히 최근 AI 기술이 발전하면서 누구나 손쉽게 이미지를 편집하고 고품질의 결과물을 만들 수 있는 환경이 조성되었습니다. 과거에는 포토샵과 같은 전문 툴의 복잡한 기능을 익혀야 해서, 전문 디자이너가 아닌 일반인이 이러한 툴을 사용하기가 매우 어려웠습니다. 그러나 이제는 미리캔버스, 캔바 등과 같은 온라인 툴이 등장하면서 그래픽 편집 부담이 크게 줄었습니다. 더불어 AI 기반의 이미지 생성 및 편집 기술은 비전문가도 전문가 수준의 결과물을 만들 수 있도록 지원해, 온라인 유통 사업에서 큰 어려움 중 하나였던 디자인 문제를 상당 부분 해결해 주고 있습니다.

온라인 커머스 사업의 본질은 그래픽 디자인 연출이라고 할 수 있을 정도로, 이미지를 다루는 능력은 이 사업의 성패를 좌우하는 핵심 역량입니다. 좋은 셀러가 되기를 원한다면 기본적인 이미지 편집 능력을 반드시 갖춰야 합니다.

> **더 알아두기 ▸ GIF** Graphics Interchange Format (그래픽 교환 형식)
>
> GIF는 여러 장의 이미지를 연속적으로 재생해 움직이는 효과를 내는 파일 형식입니다. 동영상보다 용량이 작고, 별도의 플레이어 없이 웹페이지나 SNS에서도 자동으로 재생된다는 장점이 있습니다. 다만, 색상 수가 제한되어 있어 고화질 표현에는 적합하지 않습니다. 스마트스토어에서는 상세페이지나 광고용 배너에서 제품의 사용 모습을 짧게 보여주는 '움짤' 형태로 활용하면 고객의 시선을 끌고 체류시간을 늘리는 데 도움이 됩니다.

08

스마트스토어는 영상과 무관하다

고객은 점점 더 짧은 시간에 핵심 정보를 파악하길 원합니다. 그러나 정지된 사진만으로는 이러한 기대를 충분히 충족시키기 어렵습니다. 한 컷의 이미지가 전하는 정보에는 한계가 있기 때문입니다. 이를 보완하기 위해 GIF의 활용이 늘어나고 있으며, 네이버도 셀러가 사진뿐 아니라 동영상을 적극적으로 활용할 수 있도록 기능을 보강하고 있습니다.

예를 들어, 스마트스토어에 상품등록을 할 때 추가 이미지와 함께 동영상을 등록할 수 있으며, 이 영상은 상세페이지의 시작 부분에 자동으로 재생됩니다. 고객은 클릭하지 않아도 자연스럽게 상품 정보를 영상으로 접할 수 있게 되었고, 보다 직관적이고 몰입도 높은 쇼핑을 경험할 수 있게 되었습니다. 동영상을 등록할 때 입력한, 설명에 포함된 키워드는 일반 검색 결과에도 반영되므로 콘텐츠 노출 확률을 높이는 데도 효과적입니다.

한편, 온라인 유통 시장 전반에서는 숏폼 콘텐츠의 영향력이 날로 커지고 있습니다. 소비자는 점점 더 짧고 강렬한 콘텐츠를 통해 빠르게 정보를 습득하길 원하며, 이는 플랫폼의 이용 방식 자체를 변화시키고 있습니다. 틱톡, 인스타그램 릴스, 유튜브 쇼츠 등은 이러한 소비 패턴을 반영해 짧은 시간 내에 시각적 정보를 전달할 수 있는 구조로 진화하고 있으며, 실제로 많은 브랜드가 이 포맷을 활용해 상품 소개와 마케팅에 성공하고 있습니다.

네이버 역시 자사 쇼핑 검색 결과에 '숏클립' 영상을 바로 재생할 수 있도록 지원하고 있습니다. 고객은 짧은 영상을 통해 제품의 핵심 정보를 빠르게 파악하고, 관심이 생기면 상품 페이지로 이동해 결제까지 이어지게 됩니다. 숏클립은 단순한 정보 전달을 넘어, 시각적 경험을 통해 고객과의 접점을 넓히는 중요한 수단이 되고 있습니다.

이처럼 영상은 단순한 보조 수단이 아닌, 상품의 경쟁력을 결정짓는 주요 콘텐츠입니다. 특히 사용 장면이나 제품 분위기를 실감 나게 보여줄 수 있어서 고객의 구매 결정에 훨씬 더 강력한 영향을 미칩니다.

영상 콘텐츠의 효과를 극대화하려면 몇 가지 핵심 포인트에 주목해야 합니다. 먼저, 단순히 제품 정보를 나열하는 것에서 벗어나 소비자의 공감을 이끌어 낼 수 있는 스토리를 담는 것이 중요합니다. 예를 들어, 제품이 해결하고자 하는 문제 상황이나 사용자의 일상 속 변화를 영상 스토리로 구성하면, 브랜드 이미지 구축에도 효과적입니다. 또한, 숏폼 콘텐츠는 보통 30초 내외로 구성되기 때문에, 핵심 메시지를 빠르고 명확히게 전달하는 것이 관건입니다.

그동안 영상은 일반인이 다루기 어려웠지만, 최근에는 영상 편집 앱과 AI 기술 발전으로 영상 편집이 한층 간편해졌으며, 일반인도 쉽게 수준 높은 영상을 제작할수 있게 되었습니다. 이제는 전문적인 장비나 고도의 기술 없이도 누구나 콘텐츠를 직접 제작할 수 있으며, 스마트폰 하나만으로도 훌륭한 결과물을 만들어 낼 수 있는 환경이 조성되

고 있습니다. 이는 상품의 강점을 효과적으로 전달하는 데 있어 더는
'기술 부족'이 걸림돌이 되지 않음을 의미합니다. 따라서 영상을 제작
할 때 완벽함을 추구하기보다는 반복해서 시도하며 개선하는 전략이
효과적일 수 있습니다.

09

셀러는 상품만 판매한다

'콘텐츠 크리에이터'는 많은 사람이 선망하는 직업 중 하나입니다. 이는 단순히 인기나 수입 때문만이 아니라, 높은 수익 잠재력, 자유로운 일과 삶의 구조, 자아 표현의 기회, 사회적 영향력 확보, 그리고 개인의 취향과 성장을 실현할 수 있는 다양한 가능성이 복합적으로 작용하기 때문입니다. 콘텐츠 크리에이터는 이미지, 영상, 텍스트 등 여러 형식의 콘텐츠를 기획하고 제작하여 자신의 메시지를 표현하며, 대중과 소통하는 과정에서 가치를 창출합니다. 단순한 정보 전달을 넘어 콘텐츠를 통해 수익을 창출하고, 스스로 브랜드를 구축하는 디지털 시대의 새로운 경제 주체로 자리매김하고 있습니다.

온라인 셀러 또한 고객과의 소통을 위해 상품을 설명하고, 감정을 이끌어 내며, 구매를 유도하는 콘텐츠를 끊임없이 만들어 내야 하는 존재입니다. 콘텐츠 크리에이터처럼 자신의 취향과 철학을 반영한 상품을 기획하고, 그것을 효과적으로 콘텐츠화하여 수익을 창출해야 하는 것입니다.

온라인 셀러는 온라인 스토어를 통해서 오프라인 매장과 달리 물리적 제약 없이 판매를 무한히 확장함으로써 큰 매출을 만들어 낼 수 있을 뿐 아니라, 디지털 생태계 내에서 창의적 자율성과 브랜드 영향력을 동시에 추구할 수 있는 직업적 장점도 함께 누릴 수 있습니다. 이는 온라인 셀러가 단순한 셀러가 아니라, 콘텐츠 기반의 브랜드 운영자이자 스스로 자신의 삶을 설계하는 주체임을 의미합니다.

온라인 셀러는 고객이 상품을 실제로 접하기 전까지 오직 디지털 콘텐츠를 통해 상품의 가치를 전달합니다. 상세페이지, 리뷰, 섬네일, 응대 메시지 등은 단순한 설명이 아니라 고객의 감정과 인식을 설계하는 콘텐츠이며, 이 전 과정을 통해 고객은 상품의 신뢰도와 매력을 판단하게 됩니다.

이처럼 온라인 셀러와 콘텐츠 크리에이터는 활동하는 공간이 다를 뿐, 실제 역할과 본질을 들여다 보면 매우 비슷합니다. 예를 들어, 다음과 같이 온라인 셀러와 유튜브 크리에이터의 역할을 비교해 보면, 이런 사실을 잘 알 수 있습니다.

항목	스마트스토어 셀러	유튜버 크리에이터
역할 본질	상세페이지를 통해 가치 전달 및 선택 유도	영상을 통해 가치 전달 및 선택 유도
가치의 형태	문제 해결, 편리함, 만족감 등	정보, 공감, 영감, 재미 등
주요 콘텐츠	섬네일, 상세페이지, 제목, 리뷰	섬네일, 영상, 제목, 댓글
수익 구조	상품 판매 (B2C)	광고, 협찬 (B2B)
플랫폼 확장	콘텐츠 중심 기능 강화 (라이브, 리뷰 영상 등)	커머스 기능 강화 (유튜브 쇼핑 등)
고객의 행동	콘텐츠를 보고 구매	콘텐츠를 보고 구독

온라인 셀러와 유튜브 크리에이터의 역할 비교

온라인 셀러는 수익화 방식이 다를 뿐, 콘텐츠 기획과 전달 방식에 있어서는 콘텐츠 크리에이터와 매우 유사합니다. 상세페이지는 고객이 얻을 수 있는 '미래의 가치'를 상상하게 하는 콘텐츠이며, 고객은 자신이 기대하는 가치에 반응하고 비용을 지불합니다. 이는 유튜브나 블로그 콘텐츠를 통해 가치를 느끼고 후원하거나 구독하는 방식과 본질적으로 다르지 않습니다.

이러한 관점의 전환은 셀러의 정체성에 중요한 변화를 요구합니다. 온라인 셀러는 스스로를 브랜딩하고, 자신의 콘텐츠를 통해 정체성과 전문성을 설계해야 하는 창작자이며, 신뢰와 팬덤을 만드는 커뮤니케이터입니다. 오늘날 온라인 셀러와 콘텐츠 크리에이터의 경계는 점점 희미해지고 있으며, 두 영역의 활동은 하나의 통합된 고객 경험을 중심으로 융합되고 있습니다. 온라인 셀러는 상품을 소개하기 위해 콘텐츠를 만들고, 크리에이터는 자신의 콘텐츠를 활용해 상품을 판매합니다. 이러한 흐름에 따라 플랫폼도 빠르게 진화하고 있습니다. 유튜브, 인스타그램, 틱톡과 같은 콘텐츠 플랫폼은 쇼핑 기능을 강화하고 있으며, 네이버 또한 쇼핑라이브를 전면에 내세우며 크리에이터 친화적으로 변화하고 있습니다. 플랫폼의 정체성 자체가 융합되고 있는 지금, 온라인 셀러는 더는 단순한 상품 셀러가 아닌 콘텐츠 크리에이터가 되어야 합니다.

10

경쟁자만 신경쓰면 된다

온라인 유통 사업은 겉으로 보기에는 단순한 클릭 몇 번으로 운영되는 쉬운 구조처럼 보이지만, 실제로는 다양한 외부 변수에 민감하게 반응하며 복잡한 시스템 안에서 움직이고 있습니다. 계절 변화, 정부 정책, 사회적 이슈, 플랫폼의 정책 변경 등은 매출과 수익성에 직결되므로 민첩하고 유연한 대응 전략이 필요합니다.

과거 아이폰이 세상에 등장하면서 수조 원 규모의 스마트폰 액세서리 시장이 갑자기 만들어진 것처럼, 외부 환경의 변화는 신제품 수요를 빠르게 만들어 냅니다. 코로나 팬데믹 이후에는 야외 활동에 대한 수요가 증가하며 캠핑 용품에 대한 관심이 급격히 높아지기도 했습니다. 변화하는 트렌드를 빠르게 읽고 이에 맞춰 상품을 구성한 셀러는 매출 상승이라는 성과를 이루어 냈습니다.

예기치 못한 계절적 요인이나 기후 변화는 곧바로 수요의 급감으로 이어질 수 있습니다. 겨울철 이상 고온으로 인해 난방기기나 다운 재킷 등의 판매가 부진해지면서 매출에 큰 타격을 주기도 합니다. 날씨의 변화는 사람의 활동에도 영향을 주기 때문에, 여행 수요가 집중되는 봄·가을에는 쇼핑 수요가 줄어들기도 하고, 폭설이나 수해 등으로 인해 배송 지연과 함께 구매 활동이 일시적으로 위축되는 현상도 발생합니다. 이러한 변화에 대한 대비가 미흡하면, 재고가 누적되거나 자금 흐름에 문제가 생겨 스토어 운영에 불안정성이 커질 수 있습니다.

사회적 이슈나 대형 뉴스에 따른 소비자 심리의 급격한 변화도 주시할 필요가 있습니다. 사회 전반에 불안감이나 우울감이 퍼지는 뉴스나 사건이 발생하면, 소비 심리가 위축되어 전반적인 구매 활동이 급감하는 현상이 나타나기도 합니다. 특히 온라인 쇼핑은 오프라인보다 소비자의 감정 변화에 더 빠르고 민감하게 반응하는 경향이 있으며, 외식·패션·여가 상품과 같은 비필수 소비 영역에서 그 영향이 두드러집니다.

한편, 유명 인물이 자연스럽게 사용하는 모습이 공개되거나 뉴스 사진 한 장으로 알려지기만 해도 관련 제품의 수요가 급증하는 사례도 자주 목격됩니다. 뉴스 기반의 수요 변화는 예측이 어렵지만 파급력이 크기 때문에, 일정 수준의 위기 감지와 대응 시나리오도 마련해야 합니다.

또한, 플랫폼의 정책 변화는 상품의 검색 결과에 큰 영향을 미치기도 합니다. 검색 알고리즘의 업데이트, 카테고리의 개편, 새로운 규제의 추가 등으로 기존에 노출되던 상품이 갑작스레 검색 순위에서 밀리거나 아예 노출되지 않기도 하며, 이에 따라 매출이 급락하는 사례도 적지 않습니다. 특히 이러한 변화는 사전 공지 없이 적용되는 경우도 많아, 꾸준히 모니터링하고 빠르게 대응하지 않으면 치명적인 결과로 이어질 수 있습니다.

이처럼 온라인 유통 사업은 계절 변화, 사회적 이슈, 정책 변경 등 외부 변수에 따라 크게 영향을 받기 때문에, 단순한 상품 판매 능력만으로는 지속적인 성장을 기대하기 어렵습니다. 변화에 민첩하게 대응하는 것만큼 중요한 것이 사전 기획입니다. 계절성과 시장 변동성을 고려한 장기적인 상품 기획과 물류 전략은 예측 가능한 리스크를 줄이는 핵심 수단입니다.

온라인 유통은 정해진 틀을 반복하는 사업이 아니라, 끊임없이 바뀌는 환경에 유연하게 적응해야 하는 사업입니다. 기술의 변화, 소비자 행동의 변화, 경쟁 환경의 변화, 정보 확산의 속도 등 거의 모든 요소가 매우 빠르게 움직이고 있어서, 유통 환경은 오프라인보다 훨씬 더 큰 불확실성과 급격한 변화를 동반합니다. 따라서 온라인 셀러는 이러한 불확실성이 피할 수 없는 현실이자 사업의 본질이라는 사실을 직시해야 합니다. 변화는 언제나 존재하지만, 그것을 어떻게 이해하고 대응하느냐에 따라 결과는 달라질 수 있습니다.

11

틈새시장이 기회다

네이버는 리뷰 수, 누적 판매량, 브랜드 신뢰도 등 다양한 요소를 반영하여 인기 상품을 상단에 노출합니다. 따라서 신규 상품이나 인지도가 낮은 브랜드는 검색 상위에 노출되기 어렵습니다. 이런 이유로 많은 초보 셀러는 경쟁을 피해 상대적으로 검색량이 적은 키워드를 선택하거나, 틈새시장(니치마켓)을 공략하기도 합니다.

검색량이 적은 키워드를 공략하는 것은 시장의 규모가 작고 수요가 제한적일 수 있다는 점에서 매출에 한계가 있을 수 있습니다. 반대로 경쟁이 치열하더라도 고객이 많은 대형 시장에서는 낮은 점유율만으로도 의미 있는 수익을 기대할 수 있습니다. 특히 검색량이 많은 키워드라도 수요를 충족하는 상품이 부족한 상황이라면, 오히려 새로운 진입 기회가 될 수 있습니다. 결국, 중요한 것은 단순히 키워드 검색량이 아니라, 키워드에 대한 수요와 판매하려는 상품 간의 적합성입니다. 따라서 상품을 선택할 때는 키워드 검색량이라는 단편적인 지표보다, 해당 키워드가 속한 시장의 구조와 성장 가능성, 고객군의 다양성, 경쟁의 강도 등을 종합적으로 고려하는 '시장 중심'의 관점이 필요합니다.

틈새시장(니치마켓)은 특정 고객층이나 수요에 맞춘 시장으로, 경쟁이 적고 진입 장벽이 높다는 장점이 있으나 반드시 시장 자체가 작다는 의미로 이해해서는 안 됩니다. 친환경 상품이나 유기농 식품은 한때 틈새시장으로 여겨졌지만, 지금은 대중적인 수요를 지닌 대형 시장으로 성장했습니다. 특정한 필요를 충족하는 상품이라 하더라도 넓은 고객층에게 어필할 수 있다면 그 시장은 절대 작다고 말할 수 없습니다.

시장의 가능성은 단순히 규모나 검색량만으로 판단해서는 안 됩니다. 오히려 고객의 충족되지 않은 니즈에 주목하는 것이 중요합니다. 혁신적이고 창의적인 기획을 통해 기존 시장 안에서도 새로운 수요를 창출할 수 있으며, 기존의 수요와 요소를 새로운 방식으로 연결하거나 세밀하게 파악하여 고객의 욕구에 부응하는 차별화된 상품을 제안한다면 경쟁이 치열한 시장에서도 충분히 성장할 수 있습니다. 예를 들어, 임산부를 위한 유해 성분이 없는 고체 치약은 특정한 니즈를 충족하는 제품이지만, 남녀노소 누구나 사용할 수 있는 특성 덕분에 일반 시장에서도 충분히 경쟁력을 발휘할 수 있습니다. 이처럼 특정 타깃을 고려한 상품이라도 전체 시장을 겨냥한 확장 전략을 함께 고려한다면 더 넓은 수요를 흡수할 수 있습니다.

특정한 타깃의 니즈를 출발점으로 삼는 전략은 결국 '차별화된 가치 제안'으로 이어집니다. 이는 고객의 충족되지 않은 요구를 파악하고, 그에 맞는 특별한 제품이나 서비스를 제공함으로써 경쟁이 치열한 시장에서도 독자적인 입지를 구축하는 전략입니다. 그런데 이 전략을 실제로 실행하려면 시장을 새로운 관점으로 바라볼 필요가 있습니다. 즉, 시장을 단순히 검색량으로만 판단하지 않고, 키워드별 경쟁 강도나 고객 반응, 구매전환율 등의 데이터를 깊이 있게 분석해야 합니다. 그래야 큰 시장에서도 의미 있는 세부 타깃을 찾아 전략적으로 접근할 수 있습니다.

단기적인 생존을 위해 경쟁이 적은 시장을 선택하는 전략도 의미가 있지만, 장기적인 사업의 성장 가능성은 결국 시장의 크기와 시장 안에 내재된 다양성에서 비롯됩니다. 핵심은 단지 진입 장벽이 낮은 시장을 찾는 것이 아니라, 충분한 수요가 존재하는 큰 시장 안에서 어떻게 차별화된 가치를 제공할 수 있는지를 고민하는 데 있습니다.

더 알아두기 ▶ 구매전환율 Conversion Rate

구매전환율은 스토어를 방문한 고객 중 실제로 상품을 구매한 비율을 의미합니다. 일반적으로 '(구매 수 ÷ 방문 수) × 100'으로 계산하며, 고객이 클릭 이후 얼마나 쉽게 결제까지 이어졌는지를 보여주는 핵심 지표입니다. 전환율이 낮다면 상세페이지의 신뢰도, 상품 가격, 리뷰, 배송비, 결제 과정 등에서 이탈 요인이 존재할 가능성이 높습니다. 따라서 유입을 늘리는 것보다 전환율을 높이는 것이 광고 효율과 매출을 개선하는 가장 직접적인 방법입니다.

12

자질은 중요하지 않다

우리가 마주하는 온라인 판매 환경은 예측이 어렵고, 책임의 범위가 넓으며, 모든 것을 스스로 계획하고 실행해야 합니다. 일반적인 직업에서는 정해진 시스템과 지시에 따라 주어진 역할을 수행하지만, 온라인 셀러는 시장의 불확실성, 치열한 경쟁, 끊임없이 변화하는 고객의 니즈에 맞서 스스로 판단하고 방향을 설정해야 합니다.

경쟁은 치열하고 시장의 변화 속도도 빠릅니다. 살아남기 위해서는 단순히 유행을 좇는 것에 그치지 않고, 새로운 상품을 발굴하거나 기존 상품에 새로운 가치를 부여하려는 창의적인 태도가 필요합니다. 차별화된 마케팅 방식과 새로운 시도를 멈추지 않으려는 자세가 곧 경쟁력으로 이어집니다.

고객의 목소리에 귀 기울이고 고객의 입장에서 생각하는 공감력도 필수적입니다. 고객의 니즈와 불편함을 깊이 이해해야만 고객이 원하는 상품이나 서비스를 제공할 수 있기 때문입니다. 특히 고객과의 직접적인 대면이 없는 온라인 환경에서는 명확하고 친절한 소통 능력이 더욱 중요합니다. 고객의 질문에 빠르고 정확하게 응대하고, 불만 사항을 경청하며 해결책을 제시하는 과정은 고객 신뢰를 구축하고 재구매를 유도하는 핵심입니다.

판매 과정에서는 예기치 못한 여러 문제가 발생할 수 있습니다. 따라서 배송 문제, 상품 불량, 고객 불만 등 다양한 상황에 직면했을 때 침착하게 문제를 분석하고 해결하는 능력이 필요합니다. 또한 고객과 시장의 변화에 능동적으로 대응할 수 있는 유연성 역시 필수적인 자질입니다.

온라인 셀러로서 성공에 이르기까지는 상당한 시간과 노력이 필요하며, 크고 작은 실패를 경험합니다. 하지만 시행착오 속에서도 포기하지 않고, 배움을 지속하며 점진적으로 성장하려는 끈기와 인내, 그리고 단기적인 성과에 일희일비하기보다는 장기적인 관점에서 목표를 설정하고 꾸준히 방향을 조정해 나가는 태도가 중요합니다.

온라인 판매 환경은 기술과 플랫폼의 변화 속도가 매우 빠릅니다. 판매 채널과 서비스 환경이 계속해서 진화하고 마케팅 기법이 끊임없이 업데이트되는 환경에서는, 새로운 정보와 기술에 대한 개방적인 태도와 함께 이를 적극적으로 배우고 자신의 비즈니스에 적용하려는 지속적인 학습 의지가 필요합니다. 한마디로 새로운 정보와 기술에 대한 학습 의지는 온라인 시장에서 경쟁력을 유지하는 핵심 요소입니다.

상품만 등록해 놓고 팔리기를 기다리는 자세, 상세페이지 하나 만들어 놓고 끝나는 운영 방식, 반복된 실패에도 아무런 피드백 없이 그대로 밀어붙이는 방식으로는 생존할 수 없습니다. 결국 스마트스토어의 성패는 알고 있는 지식의 양이 아니라, 그것을 실제 운영에 적용하고 실행에 옮길 수 있는 셀러의 자질에 달려 있다고 할 수 있습니다.

자질 항목	설명 요약
창의력	트렌드 변화에 유연하게 대응하고 차별화된 기획을 할 수 있는 감각
공감력과 소통	고객의 니즈를 파악하고 신뢰를 쌓을 수 있는 응대 태도
문제 해결과 유연성	돌발 상황에서의 침착함과 전략적 전환 능력
끈기와 인내심	반복된 실패 속에서도 지속적으로 시도할 수 있는 자세
자기 주도성	외부 지시 없이도 계획, 실행, 책임까지 스스로 할 수 있는 실행력
꼼꼼함	실수 없이 전 과정을 관리할 수 있는 세밀함과 집중력
시간 관리	다양한 업무를 스스로 스케줄링하고 병행 처리할 수 있는 능력
재정 감각	수익 구조를 이해하고 운영 자금을 관리할 수 있는 책임감 있는 판단력
학습 의지	변화하는 시장과 기술을 받아들이고 끊임없이 배우려는 태도

온라인 셀러의 자질 항목

　누구나 처음부터 모든 자질을 갖춘 채 시작하는 것은 아닙니다. 어떤 사람은 타고난 감각으로 빠르게 성과를 내는 반면, 누군가는 노력해도 뜻대로 되지 않는 경우도 있습니다. 중요한 것은 자신의 약점을 정확히 인식하고, 필요한 자질을 의식적으로 훈련하며, 끊임없이 개선해 나가려는 태도입니다. 스스로를 단련하고 성장시킬 줄 아는 사람만이 고객의 신뢰를 바탕으로 지속 가능한 성장을 이뤄낼 수 있습니다.

스마트스토어를 시작하기 전에 알아야 할 것들

01

산업을 이해하는 것이 먼저

스마트스토어 운영에 익숙한 셀러는 대부분 '터널링 현상'에 빠지기 쉽습니다. 터널링 현상이란 온라인 플랫폼이라는 좁은 틀 안에 시야가 갇혀, 상품이 속한 산업의 구조나 흐름을 보지 못하는 상태를 말합니다. 셀러는 주로 플랫폼의 알고리즘, 노출 순위, 광고 효율 등에 집중하면서도, 정작 자신이 다루는 상품이 속한 산업의 본질적인 특성과 변화에는 무관심한 경향이 있습니다. 시야가 제한되면 단기적인 성과에 집착하게 되고, 결국 변화에 유연하게 대응하지 못해 사업의 지속 가능성이 위협받게 됩니다.

온라인 플랫폼 안에서는 클릭률이나 구매전환율처럼 즉각적인 반응을 수치로 보여주는 단기 지표를 활용해 상황에 민첩하게 대처할 수 있습니다. 하지만 단기 지표만으로는 산업의 구조나 기술 변화, 법·제도와 같은 장기적인 흐름을 반영해 전략을 수립하는 데는 한계가 있습니다. 플랫폼 안에서의 검색량이나 구매전환율의 변화는 실제로는 플랫폼 바깥의 거대한 산업 구조나 소비 트렌드 움직임의 일부일 뿐입니다. 그러나 셀러는 보통 통계 집계가 가능한 플랫폼 내부 수치에만 의존해 판단하기 때문에 본질적인 변화의 신호를 놓치기 쉽습니다.

플랫폼은 단지 상품을 판매하기 위한 도구일 뿐입니다. 따라서 운영 전략은 플랫폼뿐 아니라 상품이 속한 산업의 구조와 흐름을 고려해야 합니다. 경쟁력 있는 상품을 선정하려면 산업의 트렌드와 경쟁자의 전략을 함께 분석해야 하며, 어떤 품목이 주목을 받고 있는지, 경쟁 셀러는 어떤 키워드와 고객층을 공략하고 있는지 살펴보아야 합니다.

상품의 시장 수명 주기에 따라 전략이 달라져야 한다는 점은 중요한 원칙입니다. 도입기와 성장기, 성숙기, 쇠퇴기의 차이를 인식하고, 각 단계에 적합한 접근 방식을 선택해야 합니다. 나아가 산업별 평균 마진율이나 수익 구조를 이해하지 않고 몇 퍼센트의 마진을 기계적으로 설정하는 방식은 현실과 괴리될 수 있으므로 산업과 상품의 특성을 반영한 유연한 가격 전략이 필요합니다. 즉, 구조나 조달 단계에 따라 가격 경쟁력이 달라진다는 점과 규제, 인증 요건까지 함께 고려해야 합니다. 건강식품, 유아동 제품 등은 KC 인증이나 식약처 신고 등 법적 절차가 필수적이므로, 미리 파악하지 않으면 심각한 손실로 이어질 수 있습니다.

산업 구조를 파악하지 못하면 마케팅 전략 수립은 물론, 경쟁력 있는 상품을 확보하는 데에도 문제가 생깁니다. 예를 들어, 전자제품이나 생필품처럼 대량생산을 기반으로 제품을 안정적으로 공급해야 하는 산업은 규모의 경제가 필수적이기 때문에, 개인 셀러가 자금이나 인력 등 필요한 기반 없이 단기간에 유통에 진입하기는 현실적으로 어렵습니다. 그렇지만 유통 단계가 길고 마진이 여러 단계에서 분산되는 구조라면, 중간 단계에 적절히 개입해 수익을 얻을 수 있는 기회도 존재합니다. 반면, 신선도가 중요한 신선식품 산업이나 맞춤형 상품 시장은 생산자와 소비자 간의 직거래가 일반화되어 있어, 유통 단계

자체가 생략되기도 합니다. 따라서 산업의 구조에 따른 유통의 차이를 고려하지 않고 플랫폼 내부의 관점에서만 상품을 기획한다면, 좋은 성과를 거두기 어려울 수 있습니다.

산업 분석은 단순한 정보 수집이 아니라 시장규모, 경쟁 구도, 공급망 구조, 규제 환경, 소비자 트렌드 등 주요 요소를 통합적으로 파악하는 작업이자, 어떤 상품을 언제, 어떻게 판매할지를 결정하는 전략 수립의 기반입니다. 상품 선정, 입점 채널, 마케팅 전략 등 모든 판단은 결국 산업 구조 속에서 조율되어야 하며, 이를 간과하면 고객 이해와 전략 방향이 모두 흐트러질 수밖에 없습니다.

> **더 알아두기 ▶ 터널링 현상** Tunneling Effect
>
> 터널링 현상은 사람들이 한 가지 목표나 자극에 집중할 때, 주변의 다른 정보나 기회를 인식하지 못하게 되는 현상을 말합니다. 마치 어두운 터널 안에서는 출구만 보이는 것처럼 시야가 좁아지는 심리적 상태입니다. 비즈니스 현실에서는 시간·돈·에너지 등 자원이 부족할수록 이 현상이 심해질 수 있습니다. 예를 들어, 매출이 급감한 셀러가 오직 단기 매출 회복에만 몰두해 장기적인 브랜딩이나 상품 개선을 놓지는 경우가 이에 해당합니다. 즉, 터널링 현상은 집중이 아니라 시야의 제한늘 뜻합니다.

02

네이버쇼핑은 온라인 유통 플랫폼이다

'흐르고(流) 통한다(通)'는 뜻의 '유통'은 상품이 소비자에게 도달하는 전 과정을 의미하는 것으로 단순히 상품을 진열하는 수준을 넘어서, 소비자의 구체적인 필요와 셀러가 제공하는 상품이 마치 물이 흐르듯 자연스럽게 연결되는 과정을 말합니다. 실제 마케팅과 유통 업계에서는 이러한 흐름 구조를 '파이프 라인', 즉 수요와 공급이 정교하게 맞물리도록 설계된 유통 경로를 의미합니다.

상품과 소비자를 연결하는 핵심은 상품을 어떤 '단어'로 정의하느냐에 달려 있으며, 이 단어는 온라인 유통에서 검색 키워드 역할을 합니다. 여기서 키워드는 단순히 상품을 설명하는 언어가 아니라, 하나의 시장을 여는 입구이자 파이프라인의 시작점이라 할 수 있습니다. 고객이 검색창에 입력하는 단어는 수요 그 자체이며, 그 단어에 정확히 연결된 상품이 노출될 때 거래로 이어집니다. 검색어와 상품이 정밀하게 일치할수록 파이프라인이 매끄럽게 연결되어 수요의 흐름이 막힘없이 이어지고, 곧바로 판매 성과로 직결됩니다. 결국 플랫폼의 주요 역할은 이 연결을 정확하고 빠르게 실현해 내는 것입니다.

이 구조를 제대로 이해하게 되면 키워드에서 구체성과 정밀도가 얼마나 중요한지를 잘 알 수 있습니다. 예를 들어, '텐트'라는 검색어는 매우 넓고 포괄적인 시장을 의미하지만, '원터치 차박 텐트'나 '4인용 감성 돔텐트'처럼 구체적인 키워드를 사용하면, 보다 세분화된 시장을 직접적으로 겨냥하게 되어 소비자의 필요와 더욱 정밀하게 맞닿게 됩니다. 그 결과, 노출 효과 또한 극대화될 수 있습니다. 노즐이 가는 샤워기에서 물살이 더욱 강해지듯, 세분화된 키워드는 시장을 선명하게 겨냥해 고객이 빠르고 직접적으로 반응하게 합니다.

정확한 키워드는 수요를 유입시키는 관문이며, 상품이 고객의 필요에 얼마나 정밀하게 부합하느냐가 거래 성사의 핵심입니다. 가격은 중요하기는 하지만, 수요와 상품 간의 연결이 선명하고 정교할 때 비로소 의미를 갖습니다. 따라서 파이프라인이 수요의 흐름과 성격에 맞게 설계되어야만 상품과 고객이 서로 연결되고, 그 끝에서 자연스럽게 거래로 전환된다는 사실이 유통 전략의 본질임을 제대로 이해해야 합니다.

온라인 유통은 소비자 접근에 물리적 제약이 없으므로, 일시에 제한 없이 많은 고객 유입을 확보할 수 있습니다. 그런 만큼 고객 유입을 확보하기 위한 경쟁은 치열합니다. 쏟아지는 검색의 흐름 속에서 수많은 상품이 저마다의 깔때기(퍼널)를 파이프라인의 입구에 연결하기 위해 경쟁하고 있으며, 이때 깔때기의 크기와 위치—즉, 노출된 검색어의 범위와 순위—에 따라 확보할 수 있는 고객 수요의 흐름은 크게 달라집니다. 결국, 어떤 키워드에서 상단에 노출되느냐에 따라 파이프라인으로 유입되는 흐름의 양과 질이 결정됩니다. 여기에 상품이 제대로 연결되지 않으면 아무리 품질이 뛰어난 제품이라도 소비자의 선택지에서 자연스럽게 멀어지게 됩니다. 반대로, 검색 후순위처럼 흐름이 약한 말단에 위치한 상품은 고객 유입 가능성이 매우 낮습니다. 따라서 이 유입 지점을 정밀하게 설계하고 최적화하는 작업, 즉 검색최적화는 단순한 마케팅 기술이 아니라, 전체 유통 흐름의 입구를 설계하고 그 흐름을 효과적으로 주도하는 핵심 전략이라 할 수 있습니다.

이처럼 유통에서 상품이 '흐른다'는 것은 상품과 수요가 얼마나 정확하게 연결되느냐를 뜻합니다. 그런데 상품과 수요의 연결 흐름은 유통 구조, 즉 파이프라인을 따라 이동합니다. 따라서 이 파이프라인을 어떻게 설계하고 관리하느냐에 따라 매출의 지속성과 확장성이 결정됩니다. 그렇다면 어떻게 파이프라인을 강화할 수 있을까요? 여기에는 세 가지 방법이 있습니다.

첫째, 검색어와 상품을 더욱 정밀하게 연결하여 유입의 정확도를 높이는 것으로, 이는 검색 최적화를 통해 실현됩니다.

둘째, 파이프라인 자체를 확장하는 것으로, 스마트스토어에만 의존하지 않고 쿠팡, 오픈마켓, 자사몰, 오프라인 유통 등 다양한 채널을 연동하는 방식입니다.

셋째, 검색과 노출, 구매, 재방문에 이르는 전 과정을 브랜드 중심의 일관되고 명확한 흐름으로 구성하는 것입니다.

온라인 유통 사업의 성패는 유통의 본질을 이해하고, 상품과 수요가 물이 흐르듯 자연스럽게 연결되고 통하는 방식을 정확히 파악하는 데 달려 있습니다. 따라서 수요가 어디서 발생하고 어떤 경로를 따라 흘러야 상품과 만나는지를 찾고, 그 흐름이 멈추지 않고 자연스럽게 구매로 이어지도록 설계하는 것이 바로 온라인 유통 사업 성공의 핵심입니다.

03

온라인과 오프라인은 다르지 않다

온라인 유통이 어렵게 느껴지는 이유는 익숙한 활동을 낯선 시각으로 다시 바라보아야 한다는 점에서 비롯됩니다. 이를 조금 더 구체적으로 살펴보면 크게 두 가지 경우로 나누어 볼 수 있습니다.

첫째, 온라인 쇼핑 경험이 거의 없는 경우입니다. 이 유형은 특히 연령대가 높은 분에게서 자주 보이는데, 상품 검색부터 결제까지의 과정이 익숙하지 않아 진입 장벽을 높게 느낍니다.

둘째, 소비자로서 온라인 쇼핑에는 익숙하지만, 셀러의 시선으로 바라볼 때 낯설게 느껴지는 경우입니다. 친숙했던 행동이 데이터를 분석하고 전략을 세워야 하는 일로 바뀌면서 심리적 거리감이 생기기 때문입니다.

현대인에게 소비는 떼려야 뗄 수 없는 활동이며, 하루에도 수차례 이루어지는 만큼 자연스럽고 당연하게 여겨집니다. 그러나 익숙한 소비 경험의 이면에 어떤 구조와 의도가 숨어 있는지를 생각해 본 적은 많지 않습니다. 평소 장을 보거나 옷을 구매할 때 우리가 자주 마주하는 상품 진열, 고객 동선, 구색 구성, 할인 방식, 포장 단위 같은 요소는 모두 소비자의 심리와 행동을 유도하기 위해 정교하게 설계된 전략적 장치입니다. 예를 들어, 자주 팔리는 생필품을 매장 깊숙한 곳에 배치하거나, 마진이 높은 상품을 고객의 시야에 먼저 들어오는 위치에 두는 방식 등은 모두 계획된 전략입니다.

온라인 유통이라고 해서 오프라인 소비 활동과 본질적으로 큰 차이가 있는 것은 아닙니다. 온라인 쇼핑이 대중화되기 시작한 모바일 시대 초기에, 온라인과 오프라인의 연결이라는 흐름을 설명하기 위해 'O2O$^{Online\ to\ Offline}$'라는 용어가 널리 사용되기도 했습니다. 이 용어는 오프라인에서 이루어지던 소비자 행동을 온라인 환경에 옮겨왔다는 점을 강조한 표현입니다. 실제로 우리가 경험하는 쇼핑의 흐름은 문제 인식, 정보 탐색, 대안 평가, 구매 결정, 구매 후 행동의 단계를 거치게 되는데, 이는 겉으로 보이는 환경만 다를 뿐, 오프라인과 온라인에 모두 동일한 방식으로 작동합니다.

소비자의 구매 과정은 문제를 인식하고, 관련 정보를 탐색하며, 여러 대안을 평가한 뒤, 구매 결정을 내리고, 구매 후 만족 여부에 따라 다음 행동으로 이어집니다. 이 흐름은 오프라인과 온라인을 가리지 않고 동일하게 작동하며, 이론적으로는 복잡하게 느껴질 수 있지만 실제로는 누구나 일상 속에서 반복해 온 경험입니다. 자신이 어떤 계기로 상품에 관심을 가지게 되었는지(문제 인식), 어떤 정보를 통해 확신을 얻었는지(정보 탐색과 신뢰 형성), 어떤 선택지를 고민했는지(대안 평가), 무엇이 결정적이었는지(구매 결정), 이후 어떤 리뷰를 남기거나 재구매를 고려했는지(구매 후 행동)를 되짚어 보면, 유통 전략은 낯설거나 어려운 개념이 아니라는 점을 실감하게 됩니다.

결국 소비 흐름을 정확히 이해하기 위해 가장 필요한 능력은 고객의 입장에서 생각하고 느껴보는 '공감력'입니다. 이는 단순한 감정 이입이 아닌, 소비자의 행동을 분석하고 그 배경을 이해하려는 지적 활동입니다. 온라인 유통은 처음엔 낯설게 느껴지지만, 실제로는 누구나 경험한 소비 과정을 다른 시선으로 바라보는 일에서 출발합니다. 익숙했던 행동에 의미를 부여하고 그 구조를 인식하는 순간, 온라인 유통에 대한 통찰은 자연스럽게 따라오게 됩니다.

04

네이버냐 쿠팡이냐 그것이 문제로다

초보 셀러는 대개 네이버와 쿠팡 중 어디에서 시작해야 할지를 두고 많이 고민합니다. 두 플랫폼 모두 국내 시장에서 높은 점유율을 보이고 있으며 각기 다른 특성과 운영 방식을 지니고 있어, 이 선택은 단순한 출발점 이상의 의미를 갖습니다. 단순히 판매 채널을 고르는 것을 넘어 자신의 사업 전략 전체를 좌우할 수 있는 결정입니다. 따라서 무엇이 더 나은 선택인지 단정하기보다는 초기 비용, 정산 속도, 운영의 유연성 등 사업 전략에 직접적인 영향을 주는 요소를 어떻게 점검하고 고려해야 할지를 먼저 이해하는 것이 중요하며, 각 플랫폼이 이러한 요소에 어떤 영향을 주는지 면밀히 살펴보는 과정이 필요합니다.

많은 셀러가 네이버는 검색 노출이 어렵고 매출 발생이 더디다고 느끼는 반면, 쿠팡은 상품을 등록하는 것만으로도 빠르게 매출이 발생하는 것처럼 보여 쿠팡을 선호하는 경향이 있습니다. 하지만 이런 인식은 온라인 유통 사업에서 브랜드 중심의 신뢰 형성이라는 핵심 전략을 충분히 인식하지 못한 데서 비롯된 착각일 수 있습니다.

쿠팡의 운영 방식과 정책을 충분히 이해하지 못한 상태에서 입점하게 되면 예상치 못한 운영상의 문제에 부딪히기 쉽습니다. 쿠팡의 무료 반품 정책과 간편한 주문 시스템은 고객 만족도를 높이는 반면, 셀

러에게는 반품 처리 비용, 재고 손실, 고객 응대 부담을 안겨주며 거래
가 많아질수록 그 부담도 커집니다. 특히 쿠팡의 구조는 외부 셀러에
게 불리한 방향으로 작동하는 때가 많습니다. 쿠팡 자사 브랜드[PB] 및
직매입 상품과의 경쟁뿐 아니라, 검색 결과에서 자사 상품이 우선 노
출되는 점 등은 셀러에게 구조적 불이익으로 작용할 수 있습니다.

쿠팡은 판매 수수료가 약 10%인 반면, 스마트스토어는 약 3% 수준
으로 쿠팡보다는 스마트스토어가 초기 자금 운용에 유리한 환경을 제
공합니다. 쿠팡보다 상대적으로 낮은 스마트스토어의 수수료 조건은
초보 셀러가 자금 흐름을 안정적으로 관리하고, 재고 확보와 마케팅
에 필요한 유동성을 확보하는 데 실질적인 도움을 줍니다. 더욱이 스
마트스토어는 콘텐츠 구성과 상세페이지 제작, 고객 리뷰 관리 등 셀
러가 직접 통제할 수 있는 요소가 많아 브랜드의 방향성을 능동적으
로 설계하고 구축하기에 적합한 플랫폼입니다.

이러한 점을 종합적으로 고려할 때, 사업 초기 단계에는 네이버를
출발점으로 삼는 것도 전략적으로 유의미한 선택이 될 수 있습니다.
네이버는 가격보다는 품질과 브랜드 가치, 스토리를 중시하는 고객이
많아서 중장기적으로 브랜드 신뢰를 구축하기에 유리합니다. 네이버
에서 안정적으로 사업을 운영하고 브랜드 인지도를 확보한 후에 쿠팡
에 입점하게 되면, 반품이 잦은 쿠팡에서 반품률을 낮출 수 있습니다.
이는 브랜드에 대한 고객의 신뢰가 실제 구매 이후 행동에도 영향을
미치기 때문입니다.

네이버에서 브랜드의 기반과 신뢰를 다진 후 쿠팡이나 다른 플랫폼
으로 확장하는 멀티채널 전략은, 고객과의 신뢰 관계를 중심에 둔 점

진적이고 안정적인 성장으로 이어질 수 있습니다. 브랜드는 플랫폼을 초월해 고객과의 신뢰를 형성하고, 다양한 채널 간의 경험을 일관되게 이어주는 전략적 기반이며, 멀티채널 전략은 브랜드의 힘을 더욱 확대하는 수단이 됩니다. 즉, 멀티채널 전략은 브랜드 인지도를 높이고, 각 플랫폼의 고유한 충성 고객층에 접근할 수 있는 기회를 만듭니다. 특히 네이버와 쿠팡은 고객의 구매 성향이 뚜렷하게 구분되기 때문에, 브랜드가 성장할수록 멀티채널 전략은 선택이 아닌 필수가 됩니다. 다만, 멀티채널 전략은 운영의 복잡성과 리스크를 수반합니다. 한 채널에서의 성공이 그대로 이어지지 않을 수 있고, 반품률 상승이나 고객 응대와 같은 문제가 새롭게 발생할 수 있으므로 멀티채널 전략은 철저한 계획과 관리가 뒷받침될 때 실행해야 합니다.

05

스마트스토어를 해야 하는 이유 I

우리는 현실 세계에 살고 있다고 느끼지만, 실제로는 하루의 시간을 대부분 온라인이라는 또 다른 공간에서 보내고 있습니다. 문자, 사진, 영상을 주고받으며 소통하고, 필요한 물건이 생기면 쇼핑 앱을 열어 찾아보고, 무엇을 살지 결정할 때도 주변 사람의 조언보다는 리뷰나 평점을 먼저 확인합니다. 심지어 바로 옆에 있는 사람과도 카톡으로 대화하는 모습이 자연스러울 정도로 온라인은 우리의 일상 깊숙이 스며들어 있습니다.

이 변화는 개인의 삶을 넘어서 업무 환경에도 동일하게 적용됩니다. 재택근무의 보편화, 디지털 노마드의 확산, 오프라인 광고의 쇠퇴 등은 경제 활동의 중심이 오프라인에서 온라인으로 옮겨가고 있음을 보여줍니다. 유통업 역시 예외가 아니며, 이제는 온라인상에서 정보를 제공하고 고객과 소통할 수 없다면 사업을 유지하기조차 어려운 시대가 되었습니다.

오프라인 유통 구조 전반에도 이 흐름은 깊은 영향을 주었습니다. 과거에는 유동 인구가 많은 상권을 선점하고, 입지를 잘 골라 유명 프랜차이즈 매장을 런칭하는 것만으로도 어렵지 않게 수익을 거둘 수 있었으며, 입지는 곧 경쟁력의 핵심이었습니다. 소비자는 어디서나 동일한 서비스를 받을 수 있다는 이유로 프랜차이즈 매장을 선호했고, 브랜드 인지도만으로도 고객을 유입할 수 있었습니다.

하지만 SNS의 확산은 소비자의 선택 기준에도 변화를 가져왔습니다. 어디서나 볼 수 있는 프랜차이즈보다는 브랜드 고유의 이야기나 감각적인 비주얼로 차별화된 매장이 더 큰 주목을 받고 있습니다. 지금은 대다수의 소비자가 오프라인 공간을 방문하기 전에 온라인에서 정보를 먼저 탐색하고, 상품을 인지하며, 구매 결정을 내리는 시대입니다. 유동 인구는 점차 줄고 있으며, 소비자 접점은 오프라인에서 온라인으로 이동하면서 과거 입지가 가지던 전략적 가치도 점차 희미해지고 있습니다.

예전에는 특정 지역에서 쌓은 입소문이 사업의 성패를 좌우했지만, 이제는 네이버 플레이스, 블로그 리뷰, SNS 등 온라인 공간을 통해 평판이 실시간으로 형성되고 공개적으로 평가받는 구조로 바뀌었습니다. 검색 상단에 노출되는 리뷰 한 줄이 수년간 쌓은 지역 내 신뢰보다 더 큰 영향을 미치는 시대가 도래한 것입니다. 이는 평판이 시간과 공간의 제약을 넘어서 형성되며, 사업 운영의 중심이 오프라인에서 온라인으로 전환되었음을 보여줍니다.

가상 세계에서 형성되는 평판과 유입 구조는 상위 노출된 소수의 매장에 소비가 집중되도록 만들며, 그렇지 못한 매장은 유입이 줄어드는 상황을 맞이하기도 합니다. 과거처럼 상권 내 유동 인구에 기대는 방식으로는 생존조차 어려운 시대가 온 것입니다.

변화된 환경에서 스마트스토어는 오프라인 사업에 비해 초기 자본 부담이 적고, 임대료나 인건비와 같은 고정비가 거의 들지 않아 소규모로 시작하기에 유리합니다. 시간과 장소의 제약이 적고, 혼자서도 충분히 관리할 수 있어 직장이나 육아와 병행하는 데도 무리가 없습니다. 실패하더라도 손실이 크지 않아 사업 시도에 대한 부담이 적고, 다양한 상품을 비교적 자유롭게 실험할 수 있다는 점에서 창의적이고 유연한 방식으로 사업을 할 수 있습니다. 이 장점들이 결합되면서, 스마트스토어는 디지털 환경에서 개인이 자립적이고 지속 가능한 수익 기반을 만들 수 있는 현실적인 대안이 되고 있습니다.

하지만 스마트스토어를 선택해야 하는 이유는 잘 알려진 실용적인 장점에만 있지 않습니다. 디지털 환경에서 자신이 가진 역량과 가치를 효과적으로 전달할 수 있는 능력, 즉 디지털 리터러시는 더는 선택이 아닌 생존을 위한 필수 조건이 되었습니다. 스마트스토어는 이러한 역량을 단순히 배우는 데 그치지 않고, 실제 시장에서 실험하고 검증하며 수익화하기 가장 좋은 플랫폼입니다.

송길영 작가는 『시대예보: 핵개인의 시대』에서 디지털 기술과 인공지능의 발전이 촉발한 변화로 인해 더는 조직에 의존할 수 없는 '개인 중심 사회'가 본격화되고 있다고 진단합니다. 그는 이 시대를 살아남기 위해 개인이 반드시 갖추어야 할 역량으로 디지털 리터러시를 강조하며, 기술 환경을 주도적으로 이해하고 활용하는 개인이 새로운 경제 구조에서 주도권을 가질 수 있다고 말합니다. 스마트스토어는 이러한 변화에 대응할 수 있는 가장 효과적이고 현실적인 수단이라 할 수 있습니다.

06

스마트스토어를 해야 하는 이유 II

대한민국의 경제 환경 속에서 각 세대가 마주한 문제는 상이하지만, 그 본질에는 공통된 구조적 한계가 자리하고 있습니다. 2030세대는 사회 진입부터 치열한 경쟁에 직면합니다. 불안정한 고용 구조와 자산 양극화, 줄어드는 기회 속에서 대학 졸업 이후에도 취업의 문턱을 넘기 어려워, 경제활동의 출발선에조차 서지 못하는 경우가 많습니다. 4050세대는 양육과 생계, 경력의 균형을 동시에 감당하며 '긴 세대'로 불립니다. 자녀 교육, 노후 준비, 주거 비용이라는 삼중 부담 속에서 자기 자신을 실험하거나 새로운 기회를 모색할 여유조차 없는 것이 현실입니다. 60 이후 세대는 일찍 퇴직한 뒤 일할 곳이 없고, 여전히 부양의 책임은 남아 있는 구조 속에 놓여 있습니다.

모든 세대가 공통으로 겪는 본질적인 문제는 자신의 역량을 사회에 기여할 수 있는 구조가 없다는 데 있습니다. 다시 말해, 각자의 방식으로 살아온 경험을 통해 얻은 통찰과 가치를 사회에 연결할 통로가 차단되어 있다는 것입니다. 그 결과, 누구도 자신만의 브랜드를 구축할 기회를 갖지 못하고 존재 자체가 대체 가능한 무명으로 취급됩니다.

특히 2030세대에게 이 문제는 더욱 구조적인 모순으로 다가옵니다. 최근 이들 사이에서는 "요즘 기업은 30년 경력 가진 25세 미만의 신입을 원한다."는 자조 섞인 농담이 퍼지고 있습니다. 이는 단순한 취업난을 넘어, 기업이 표면적인 경력보다 '실전 문제를 해결해 본 경험'을 더 중요하게 여기는 현실을 반영합니다. 그러나 이런 역량은 제도권 교육이나 스펙 경쟁만으로는 만들어지지 않습니다. 자신이 직접 시장에 나서 보고, 고객을 이해하며, 자신의 언어로 문제를 정의하고 해법을 제시하는 경험을 통해서만 형성됩니다.

기업이 요구하는 통찰은 관찰과 깊이 있는 고민의 결과물이지만, 그 관찰의 출발점은 결국 '직접적인 경험'입니다. 그런데 사회 진입 자체가 어려운 청년 세대에게는 경험의 기회가 주어지지 않습니다. 사회와 산업이 작동하는 방식을 가까이에서 목격하거나 참여할 수 있는 통로가 차단되어 있어서, 단지 정보를 많이 알고 있는 것만으로는 지식에 도달할 수 없습니다. 결국 정보는 넘쳐나지만, 지식은 축적되지 않는 역설 속에 놓이게 된 것입니다.

이러한 상황에서 스마트스토어는 현실의 문제를 경험으로 전환할 수 있는 매우 유효한 훈련장이 될 수 있습니다. 단순히 물건을 판매하는 것이 아니라, 상품 기획, 고객 타깃 설정, 콘텐츠 설계, 피드백 수용, 개선과 반복의 전 과정을 경험함으로써, 셀러는 자신의 브랜드를 스스로 구축해 나가게 됩니다. 스마트스토어는 진입 장벽과 리스크가 낮아, 실험과 실패의 경험을 축적하기에 적합한 구조를 갖추고 있습니다. 그 과정에서 얻는 경험은 매출 이상의 가치를 지니며, 나라는 사람을 '특정 문제를 해결할 수 있는 사람'으로 정립하게 해줍니다. 이 경험은 단순한 실행을 넘어, 사고력을 길러 주는 훈련 과정이기도 합니다. 상품 기획에서부터 고객의 반응을 분석하고 전략을 수정하는 전

과정은 문제를 구조화하고, 맥락을 해석하며, 반복 속에서 본질을 추론해 내는 일련의 사고 훈련을 요구합니다. 스마트스토어는 현실의 문제를 통해 생각하는 힘을 기르는 매우 실용적인 훈련장이 되는 셈입니다. 즉, 스마트스토어를 통해서 경험은 지식으로 정제되고, 지식은 브랜드라는 형태로 외부 세계와 연결됩니다.

아무리 뛰어난 실력과 깊이 있는 통찰을 지닌 사람이라 하더라도 성공이 항상 보장되는 것은 아닙니다. 사업의 결과는 개인의 능력뿐 아니라 타이밍, 운, 그리고 각자가 처한 환경과 조건에 따라 많이 달라질 수 있습니다. 스마트스토어의 경험이 반드시 높은 매출로 이어지지 않더라도, 그 과정에서 획득한 역량과 통찰은 삶의 다른 영역으로 확장될 수 있으며, 이는 곧 사회와 연결된 개인으로 성장하는 밑거름이 됩니다.

따라서 스마트스토어는 단순히 판매 채널을 넘어 나라는 사람이 세상과 직접 연결되고 소통할 수 있는 창구가 됩니다. 반복과 시행착오 속에서 셀러는 타인의 입장을 이해하고, 자신의 언어로 사회에 말을 걸며, 통찰을 정제해 나갑니다. 고객을 설득한다는 것은 곧 나를 설명하는 일이며, 그 과정을 통해 우리는 사회가 필요로 하는 브랜드를 지닌 개인으로 자리잡게 됩니다. 브랜드를 가진 개인은 어떤 맥락에서도 사회와 연결될 수 있으며, 이는 스마트스토어의 매출로 이어질 수도, 혹은 전혀 다른 분야에서의 성과로 이어질 수도 있습니다. 우리는 팔기 위해 존재하는 사람이 아니라, 세상과 대화하기 위해 존재하는 사람입니다. 스마트스토어는 그 대화를 시작할 수 있는 가장 작고도 강력한 무대가 될 수 있습니다.

07

불변의 공식은 없다. 무턱대고 믿지 마라

유튜브나 여러 광고 매체에서 접하는 크리에이터나 스마트스토어 강사는 스마트스토어를 통해서 누구나 쉽게 돈을 벌 수 있다며 특별한 비결을 알려주겠다고 말합니다. 하지만 실제로 그들이 전하는 내용은 대부분 스마트스토어 셀러라면 기본적으로 알고 있어야 할 상식 수준에 그치거나, 네이버에서 공식적으로 제공하는 검색 알고리즘 점수 책정 방식을 반복해서 설명하는 예가 많습니다.

정말 '불변의 공식'이 존재할까요? 사업에 대해, 유통에 대해 아무것도 모르는 초보자도 절대 공식을 알아내면 성공할 수 있을까요?

스마트스토어의 본질은 네이버쇼핑이라는 '검색 기반 플랫폼'에 있다는 사실을 정확히 이해해야 합니다. 고객의 검색어와 내 상품 정보가 얼마나 정확하게 일치하고, 얼마나 상위에 노출되는지가 가장 큰 성공 요소라는 뜻입니다. 대다수 스마트스토어 셀러가 검색최적화에 집중하는 이유는 바로 이 때문입니다. 하지만 네이버에서 공식적으로 제공하는 '네이버쇼핑 검색최적화 가이드'를 참고해 검색 조건을 충족하더라도, 그것만으로 상위 노출이나 매출을 보장받을 수는 없습니다.

검색엔진의 궁극적인 목표는 사용자의 의도, 즉 원하는 것을 정확하게 파악해 그에 맞는 결과를 제안하는 데 있습니다. 그런데 사용자의 관심사와 필요는 끊임없이 변화합니다. 네이버는 판매량, 리뷰 수, 클릭률, 구매전환율 등 다양한 평가 요소를 공개하고 있지만, 이 평가 요소들이 변화하지 않는 기준에 따라 평가된다고 명시한 적은 없습니다. 오히려 네이버는 평가 점수 산정에 머신러닝과 같은 인공지능 기술을 적용하고 있다고 밝힌 바 있습니다. 그럼에도 많은 강의나 콘텐츠는 여전히 절대적인 기준이 존재하는 것처럼 설명하면서, 단순한 점수 누적 방식으로 오해를 불러일으키곤 합니다.

우리는 오랫동안 하나의 정답을 찾고 점수를 쌓아가는 통일된 시험 방식에 익숙해져 있기에 절대적인 비법을 갈망하는 것일지도 모릅니다. 하지만 절대적인 기준을 알아낼 수 없는 네이버 검색 알고리즘 구조는 많은 셀러에게 실망과 혼란을 안겨줍니다.

일부 셀러는 네이버 검색 알고리즘이 정기적으로 개편되고 있다고 생각하며, 이로 인해 자신의 매출이 하락했다고 말하기도 합니다. 이렇게 생각하는 이유는 검색 체계가 일정한 절대 기준에 따라 작동하고 있다는 전제를 깔고 있기 때문입니다. 그러나 네이버는 수년 전 대규모 검색 알고리즘 개편을 공지한 이후, 별도의 공식 발표 없이 기존 구조를 유지해 오고 있습니다. 제 경험상 네이버의 검색 알고리즘은 비교적 일관된 구조를 지니고 있으며, 소비자의 검색 의도의 변화를 최대한 정확하게 읽어내도록 정교하게 설계되어 있는 것으로 보입니다.

소비자의 관심사와 행동은 시시각각 변화하며, 이러한 흐름에 따라 시장도 끊임없이 재편됩니다. 매일 새로운 상품이 등장하고, 트렌드는 빠르게 바뀌며, 계절이나 사회적 이슈, 경쟁 상황에 따라 고객의 선택 기준 역시 달라집니다. 네이버의 검색 체계가 이러한 변화를 반영하도록 설계되어 있다면, 진짜 문제는 알고리즘 자체가 아니라 그 변화를 따라가지 못하고 정체되어 있는 셀러의 대응 방식일 수 있습니다.

'수확 체감의 법칙'은 어떤 자원을 계속 투입하면 처음에는 큰 효과가 나타나지만, 일정 시점이 지나면 추가 투입에 따른 성과가 점점 줄어든다는 경제학 이론입니다. 이 법칙은 온라인 판매 전략에도 그대로 적용됩니다. 누군가 알려주는 절대적인 공식이 처음에는 효과를 낼 수 있지만, 널리 퍼지고 다수가 따라 하면 그 전략은 곧 효율을 잃게 됩니다. 다시 말해 전략이 대중화되면 누구나 그 전략을 쓰게 되고 플랫폼도 이에 대응해 그 전략의 실효성은 곧바로 떨어질 수밖에 없습니다.

08

상대평가

많은 셀러가 분명 네이버에서 공개한 쇼핑 검색 랭킹 구성 요소에 따라 모든 조건을 충족했음에도 자신의 상품이 상위에 노출되지 않아 "모든 것을 제대로 했는데도 왜 내 상품은 보이지 않을까?" 하는 의문을 갖습니다. 그런데 만약 모든 셀러가 동일하게 그 조건을 충족했다면 어떻게 될까요? 이는 곧 검색 노출의 핵심이 검색 랭킹 구성 요소의 절대적인 충족 여부가 아닌, 비교와 차이, 즉 상대적인 평가 구조에 있다는 점을 시사합니다.

네이버의 주요 평가 요소 중 하나인 '인기도'는 클릭 수, 구매 수, 리뷰 수처럼 구매자의 실제 행동 데이터를 기반으로 합니다. 따라서 오랜 기간 판매되어 많은 유입과 리뷰를 누적한 상품일수록 자연히 높은 점수를 받게 됩니다. 이로 인해 축적된 데이터를 기준으로 평가하는 구조에서는 신규 상품이 출발점에서 불리한 위치에 놓일 수밖에 없습니다. 이미 상위에 노출된 상품과 경쟁해야 하는 상황에서, 새로 등록된 상품이 더 높은 순위를 차지하기란 쉽지 않아 보입니다. 그러나 네이버는 검색 알고리즘을 통해 소비자 반응의 흐름을 지속적으로 추적하며, 평가 기준을 고정된 절대값이 아닌 변화하는 지표의 속도와 방향에 따라 유연하게 조정하고 있습니다.

네이버는 검색엔진을 통해 끊임없이 변화하는 소비자의 의도를 정확하게 반영하며, 유통 플랫폼으로서 성장 가능성이 높은 유망한 상품을 발굴하고, 대기업으로서 스마트스토어 참여 업체에 공정하고 합리적인 기회를 제고하는 것으로 보입니다. 그런데 만약 검색 순위를 절대적인 평가 기준으로만 정한다면, 자금력과 기존 실적이 뛰어난 일부 기업이 검색 상위 노출을 독식하게 되고, 유망한 가능성을 가진 중소형 셀러는 기회를 얻기 어렵게 됩니다. 이러한 문제를 보완하기 위해 네이버는 고정된 기준이 아닌, 변화하는 환경 속에서 비교 우위의 차이를 평가하는 방식, 즉 상대 평가 구조를 채택하고 있는 것입니다.

상대 평가 구조는 '인기도' 항목에만 적용되는 것이 아니라, '적합도'나 '신뢰도'와 같은 항목에도 반영되고 있는 것으로 추정됩니다. 네이버의 검색 알고리즘은 검색어의 변동 추이, 새롭게 등록되는 상품 정보, 경쟁 상품 구성의 변화 등을 복합적으로 분석하여 소비자 트렌드를 파악하려는 방향으로 작동하고 있는 것으로 보입니다. 특히 '검색어 × 유입 수'와 같은 평가 방식은 단순히 클릭 수가 많은 상품보다는, 현재 변화 중인 검색 흐름에 얼마나 민감하고 적절하게 반응하고 있는지를 파악하려는 지표로 기능할 수 있습니다. 즉, 과거의 누적된 데이터보다는 실시간으로 변화하는 흐름과의 관련성에 더 주목하려는 구조로 해서할 수 있습 1다.

2022년부디 네이버는 일종의 인공지능인 머신러닝 기반의 검색 알고리즘을 도입해 운영하고 있습니다. 기존의 방식이 고정된 평가 항목에 일정한 가중치를 부여해 검색 순위를 결정하던 구조였다면, 머신러닝 기반 알고리즘은 다양한 변수 간의 상호작용을 실시간으로 분석하고 반영하는 방향으로 발전한 것으로 추정할 수 있습니다. 이는 단순히 기술의 발전이라는 차원을 넘어, 소비자의 관심사를 반영하고 브랜드 간 경쟁력을 평가하는 방식으로 진화하려는 네이버의 전략 방향과도 맞닿아 있습니다.

따라서 단기적으로 리뷰 수나 판매량이 부족하더라도 현재 소비자의 관심 주제와 직접적으로 연결되는 명확한 키워드 설정, 구매 흐름을 고려한 상세페이지 구성, 설득력 있는 가격 제안 등이 어우러진다면 검색 상위 노출의 기회를 확보할 수 있습니다. 검색 결과는 단지 과거 데이터의 양이 아니라, 변화하는 검색 트렌드 속에서 소비자의 의도에 얼마나 정밀하게 부합하느냐에 따라 얼마든지 달라질 수 있기 때문입니다. 따라서 단순한 수치 경쟁보다는 키워드와 콘텐츠의 연관성과 시점의 적절성을 잘 반영하는 전략이 요구됩니다. 나아가 가변적인 평가 체계와 검색 의도 변화에 대한 민감도를 이해하고, 이를 바탕으로 상품 구성과 키워드 조합, 콘텐츠 기획을 신속하고 정교하게 조정하는 역량이 중요합니다.

결국 성공적인 판매를 위해서는 검색 알고리즘이라는 기술적 구조만을 파고들기보다 검색 알고리즘이 구현하고자 하는 네이버의 철학과 운영 원칙을 먼저 정확히 이해해야 합니다. 네이버가 강조하는 브랜드 중심, 사용자 중심의 플랫폼 선략에 부합하는 방식으로 브랜드를 설계하고, 일관된 콘텐츠 전략을 구축해 나가는 과정이야말로 검색 상위 노출을 실현할 수 있는 가장 현실적인 방법이기 때문입니다.

09

파레토 법칙

파레토 법칙은 19세기 이탈리아의 경제학자 빌프레도 파레토가 한 사회에 부가 어떻게 분포하는지를 연구하던 중, 부의 대부분이 소수에게 집중되어 있다는 사실을 발견하면서 제안한 개념입니다. 이후 이 법칙은 경제학을 넘어 경영, 마케팅, 생산 관리 등 다양한 영역에서 '80:20 법칙'이라는 이름으로 널리 확산되었으며, '결과는 대부분 소수의 원인에 의해 발생한다'는 불균형 분배의 원리를 설명하는 데 사용됩니다. 실제로 유통 산업 전반에서도 상위 판매 상품 20%가 전체 매출의 80%를 차지하는 현상이 나타나는데, 이는 파레토 법칙이 그대로 적용된 대표적 사례입니다.

파레토 법칙은 데이터의 양이 많을수록 특징이 더욱 선명하게 드러나는 경향이 있으며, 검색량이 방대한 네이버와 같은 플랫폼에서는 그 경향이 더욱 뚜렷하게 나타납니다. 실제로 전체 검색량의 대다수는 소수의 인기 키워드에 집중되는 경향이 있으며, 상위 약 20%의 인기 키워드가 전체 검색량의 80% 이상을 차지하는 경우가 많습니다. 이로 인해 인기 키워드에서 상위 노출을 확보하지 못하면 유의미한 매출을 만들기 어려울 수 있습니다.

검색 결과 내 유입에서도 비슷한 양상이 나타납니다. 고객이 쇼핑을 위해 검색했을 때, 1페이지를 넘어가는 상품을 찾는 예는 드뭅니다. 심지어 1페이지에 노출되는 40개의 상품을 모두 살펴보는 것조차 현실적으로 어렵습니다. 실제로 검색 결과에서 유입이 일어나는 비율을 보면, 일반 상품 40개와 광고 상품 11개를 포함한 총 51개 중 상위 약 20%인 10개의 상품에 전체 유입의 80%가 집중되는 현상이 관찰됩니다. 특히 네이버쇼핑 검색에서 광고 상품이 상단 1~4개 자리를 선점하고 있어, 일반 상품이 유의미한 유입을 얻기 위해서는 최소한 자연 검색 상위 5위 안에 들어야 합니다.

검색량과 클릭 유입의 집중이 작동하는 구조는 파레토 법칙이 네이버쇼핑의 검색 시스템 전반에서 매우 명확하게 구현되고 있음을 보여 줍니다. 검색 상위 노출은 곧 고객 유입의 집중을 의미하며, 이는 파레토 법칙이 플랫폼 구조 안에서 더욱 선명히 작동하는 이유이기도 합니다.

모든 상품이 고르게 잘 팔리는 경우는 드뭅니다. 주문은 대부분 일부 인기 상품에 집중되며, 그 강도도 매우 강합니다. 따라서 무턱대고 많은 상품을 등록해 관리가 소홀해지면 자원만 낭비하게 되고, 운영 효율도 떨어집니다. 그렇다고 한두 개의 상품에만 의존하는 전략도 위험합니다. 특정 상품의 판매가 정체되거나 시장 환경이 바뀌면, 전체 사업이 큰 타격을 입을 수 있기 때문입니다.

키워드 전략 또한 상품 전략과 밀접하게 연결되어야 합니다. 상품을 등록할 때 여러 키워드를 사용할 수 있지만, 처음부터 모든 키워드에서 상위 노출을 기대하기는 어렵습니다. 키워드별 검색량, 구매전환율, 경쟁도를 고려해 우선순위를 정하고, 효과적인 키워드에 집중할 필요가 있습니다.

　제한된 자원을 가장 효율적으로 쓰기 위해서는 어디에 집중하고 어떻게 분산할지를 전략적으로 판단해야 합니다. 검색 상위 노출이 가능한 상품에 마케팅 자원을 집중하되, 새로운 가능성을 가진 상품도 꾸준히 발굴해 리스크를 분산해야 합니다. 그래야 시장 변화에 유연하게 대응하고, 불확실한 상황에서도 효율성과 안정성 사이에서 균형을 잡으며 장기적인 성장을 도모할 수 있습니다.

4장

고객을 먼저 이해해야
잘 판매할 수 있다

| 01 |

고객이 되어 본 적이 없는 사람은
좋은 셀러도 될 수 없다

누군가의 제안이 터무니없게 느껴질 때 "당신이라면 그렇게 하겠습니까?"라고 되묻곤 합니다. 상대방의 관점을 전혀 고려하지 않은 제안이 거절되듯이, 우리가 판매하는 상품 또한 고객의 관점을 배제한 채 판매하면 고객의 선택을 받기가 쉽지 않습니다. 많은 초보 셀러가 빠지는 흔한 오류는 '고객 관점'의 부재입니다.

축구를 한 번도 해 본 적이 없는 사람이 프로 축구 선수가 되기 어려운 것처럼, 온라인 쇼핑을 제대로 경험해 본 적이 없는 사람이 좋은 셀러가 되기는 어렵습니다. 고객의 입장에서 스마트스토어를 직접 이용해 보며 구조와 흐름을 체험해 보는 일은 반드시 필요합니다.

고객은 구매 전 검색, 비교, 질문, 결제에 이르기까지 다양한 판단을 거칩니다. 원하는 상품이 보이지 않거나 정보가 부족하면 구매를 포기하게 됩니다. 상세페이지에서 어떤 정보가 필요한지, 리뷰에서 어떤 점을 확인하는지, 결제 직전 무엇을 망설이는지 등과 같은 수많은 고민과 판단의 과정을 체감해 보지 못하면, 고객 이탈의 원인을 이해할 수 없고 문제 해결의 실마리도 찾기 어렵습니다. 그 결과 매출은 기대에 미치지 못하게 되고 맙니다.

스마트스토어는 네이버 검색과 밀접하게 연동되어 있어서 네이버 사용자의 심리와 행동을 이해하지 못하면 효과적인 운영은 불가능합니다. 네이버 사용자의 심리와 행동은 실제 구매 과정 속에서 가장 분명하게 드러납니다. 따라서 네이버쇼핑에서의 구매 경험은 단순한 체험이 아니라, 실질적인 판매 전략을 설계하는 데 필수적인 기반이 됩니다.

실제로 고객 경험을 중심에 둔 스토어는 유입률, 구매전환율, 리뷰 반응률 등 주요 지표에서 우수한 성과를 보입니다. 반대로 섬네일이 직관적이지 않거나 상세페이지에 필요한 정보가 부족하면 구매전환율은 급격히 떨어지고, 배송 중 불편함은 낮은 리뷰 점수와 재구매율 저하로 이어집니다. 이러한 문제는 단기적인 실적뿐 아니라 브랜드 신뢰도와 검색 순위에도 부정적인 영향을 미칩니다.

최신 마케팅 기법이나 네이버 검색 알고리즘을 이해한다고 해도 실전에서 제대로 적용하지 못하는 셀러가 많습니다. 그 이유는 고객에 대한 이해가 부족하기 때문입니다. 고객 관점이 결여되어 있다면 전략의 구조나 맥락을 해석할 기반이 부족해, 아무리 들어도 실감이 나지 않고 글을 읽어도 감을 잡기 어렵습니다. 이는 고객 여정을 실제로 경험해 보지 않았거나, 고객의 입장에서 깊이 고민해 본 적이 없어서 생기는 문제입니다.

특히 빠른 배송과 반품의 편리함 때문에 쿠팡만을 이용해 온 사람이, 스마트스토어는 한 번도 사용해 본 적이 없으면서 네이버 스마트스토어를 운영하겠다고 나서는 경우를 많이 보곤 합니다. 이는 평소에 야구만 좋아하던 사람이 축구 국가 대표 선수가 되어 월드컵 무대에 서고 싶다고 말하는 것과 크게 다르지 않습니다.

네이버쇼핑을 통해 고객이 되어 보는 경험은 전략을 이해하고 실행할 수 있는 사고의 틀을 다지는 훈련이며, 성공 가능성을 높이는 가장 빠른 방법입니다. 일상에서 자주 구매하는 상품을 네이버쇼핑에서 직접 체험해 보는 것은 그만큼 중요합니다. 단순한 구매 행위가 아니라, 검색 → 비교 → 질문 → 결제 → 리뷰 → 교환·반품에 이르는 전 과정을 경험하면서 고객의 언어, 감정, 그리고 내 스토어의 약점을 발견할 수 있어야 합니다.

02

네이버에서 판매되는 상품의 특징

네이버쇼핑은 개방형 검색 기반 플랫폼으로, 다양한 셀러가 자유롭게 입점할 수 있어서 상품의 종류와 수가 매우 다양합니다. 그리고 스마트스토어 상품뿐만 아니라 쿠팡, G마켓, 자사몰 등 외부 플랫폼의 상품도 함께 검색되어 노출됩니다. 이로 인해 고객은 단순히 가격 비교를 넘어서 조건, 리뷰, 배송 방식 등 여러 기준을 종합적으로 고려해 상품을 선택하게 됩니다.

스마트스토어의 가장 큰 장점은 낮은 판매 수수료와 빠른 정산입니다. 이는 운영 비용이 낮고 자금 회전이 원활하다는 뜻으로, 특히 중소 셀러에게 유리한 환경을 제공합니다. 스마트스토어의 낮은 운영 비용 구조는 셀러가 상품 가격을 보다 유연하고 공격적으로 설정할 수 있게 함으로써 스마트스토어 상품이 소비자에게 더 매력적인 가격으로 제공되도록 합니다. 반면 쿠팡은 높은 수수료와 느린 정산 주기로 인해 셀러에게 부담을 주며, 로켓그로스나 검색광고와 같은 추가 비용이 필수적으로 발생합니다. 게다가 무료 반품 정책으로 인해 반품률이 높고, 그 결과 비용 구조는 결국 상품 가격 상승으로 이어집니다.

실제로 쿠팡에서는 중소 셀러보다 쿠팡 자체 브랜드[PB] 상품이나 중국 현지 공급 업체의 상품이 주요 공급원 역할을 합니다. 국내 생산 제품이라 하더라도 제조사에서 직접 판매하는 경우가 많습니다. 이유는 높은 운영 비용을 감당할 수 있기 때문입니다. 반면 네이버 스마트스토어는 중소 셀러나 개인 브랜드에 유리한 구조를 갖추고 있어, 상품 구성의 다양성과 접근성 측면에서 쿠팡보다 경쟁 우위를 가집니다.

이런 구조적 차이는 네이버의 검색 알고리즘에도 반영됩니다. 네이버는 모든 상품을 동일한 기준으로 평가하지 않습니다. 고객의 검색 의도에 부합하는 상품을 선별하여 상단에 노출하기 위해 가격, 리뷰 수, 판매 실적 등 다양한 요소를 종합적으로 분석합니다. 중요한 차이는 바로 데이터 통합의 수준입니다. 스마트스토어 상품은 네이버 시스템과 완전히 연동되어 있어, 리뷰 수, 구매전환율, 찜 수, 반품률 등 신뢰도 높은 지표를 정밀하게 수집하고 평가할 수 있습니다. 반면 네이버쇼핑에 연동된 외부 쇼핑 플랫폼 상품은 시스템 간 연동이 불완전해서 데이터를 수집하기가 어렵고 데이터를 정확하게 해석하기도 어렵습니다. 네이버 알고리즘은 동일한 조건이라도 외부 상품보다는 스마트스토어 상품을 더 정확하게 평가할 수 있으며, 결과적으로 스마트스토어 상품이 상위에 더 자주 노출되는 경향이 생깁니다.

하지만 모든 상황에서 스마트스토어 상품이 상위에 노출되는 것은 아닙니다. 특정 키워드에서 스마트스토어 상품이 상위에 노출되지 않고 다른 플랫폼 상품이 먼저 보일 때가 있습니다. 이는 해당 키워드에서 경쟁력 있는 스마트스토어 상품이 부족하다는 신호일 수 있습니다. 즉, 고객이 원하는 상품이 스마트스토어 내에 아직 충분히 공급되지 않았다는 뜻이며, 오히려 셀러에게는 경쟁이 덜한 키워드를 선점할 수 있는 기회가 될 수 있습니다.

03

네이버 사용자들의 특성

네이버는 하루 평균 3,000만 명이 방문하는 국내 최대의 플랫폼으로, 국내 온라인 플랫폼 사용자의 정보 탐색 습관과 소비 행동에 지대한 영향을 끼쳐 왔습니다. 특히 '검색 중심 플랫폼'인 네이버의 특성을 반영한 네이버쇼핑에서는 단순한 구매가 아니라 '발견과 탐색의 여정'을 통해 소비가 이루어지면서, 사용자가 자연스럽게 신뢰할 수 있는 셀러를 가려내게 됩니다. 그 결과 다른 온라인 플랫폼과 구별되는 네이버쇼핑 사용자만의 독특한 소비 스타일이 만들어집니다.

네이버쇼핑 사용자는 단순히 상품을 구매하는 데서 그치지 않고, 블로그 리뷰나 카페 후기를 통해 다양한 정보를 비교·검토한 후 신뢰할 수 있는 셀러를 선택하는 경향을 보입니다. 실제로 많은 네이버쇼핑 사용자가 구매 전에 리뷰를 2~3개 이상 살펴보고, 셀러 정보나 유사 상품 리뷰를 참고하여 보다 합리적인 소비 결정을 내리고 있습니다. 또한 고객 분의에 신속히 대응하는 스토어가 고객에게 더 신뢰를 받으며 구매전환율 측면에서도 유리하다는 분석이 반복적으로 제시되고 있습니다. 이는 네이버쇼핑 사용자가 단순히 가격이나 조건보다는 정보 탐색과 신뢰 형성을 중시하는 소비 성향을 가졌다는 점을 뒷받침합니다.

아울러 네이버쇼핑 사용자는 플랫폼 내 콘텐츠와의 연계성 측면에서도 다른 플랫폼과 차별화된 특징을 보입니다. 네이버쇼핑은 블로그, TV, 쇼핑라이브 등 다양한 콘텐츠 채널과 유기적으로 연결되어 있어, 사용자는 이러한 콘텐츠를 통해 정보를 탐색하고, 그 흐름 속에서 상품 구매로 자연스럽게 이어지게 됩니다.

네이버쇼핑 사용자의 소비 성향은 단순한 가격이나 조건보다 '신뢰'를 핵심 가치로 삼는 방향으로 진화해 왔습니다. 이들은 리뷰의 진정성, 셀러의 응대 방식, 반품 처리 속도 등 구매 이후의 경험까지 고려하며, 상품 자체뿐 아니라 셀러의 태도, 대응 방식, 스토어의 일관성 있는 운영 철학까지 종합적으로 평가합니다.

이러한 네이버쇼핑 사용자의 성향은 스마트스토어에 입점한 셀러의 구성과도 밀접하게 연결됩니다. 스마트스토어에는 중소기업 브랜드나 1인 셀러의 상품 또한 많아서, 셀러와 심리적으로 가깝다고 느끼는 사용자가 많습니다. 이들은 스토어에서 사용하는 문구나 상품 소개 방식, 상세페이지의 구성, 리뷰에 대한 답변 등에서 운영자의 개성이 드러난다고 느끼며, 제품 문의를 위해 직접 셀러와 소통할 수 있다는 기대를 갖기도 합니다. 리뷰를 통해 셀러의 태도를 유추하려는 경향도 있으며, 이러한 요소가 단순한 가격이나 상품 조건을 넘어 '셀러와의 소통 가능성'이라는 구매 기준으로 확장되곤 합니다.

한마디로 네이버쇼핑 사용자는 단순한 상품 구매자가 아니라, 검색을 통해 나온 정보를 탐색하고 비교하며 자신에게 가장 적합한 솔루션을 찾는 신중한 소비자입니다. 이들은 상품 자체보다 상품을 판매하는 사람의 운영 태도, 응대 방식, 리뷰에 대한 반응 등 눈에 보이지 않는 요소까지도 평가 기준으로 삼습니다.

네이버쇼핑 사용자의 이러한 특성은 셀러에게 '단순 판매자'가 아닌 '신뢰 기반 관계 형성자'로서의 역할 전환을 요구한다는 점에서 중요한 시사점을 줍니다. 즉, 단순한 가격 경쟁이나 제품 사양만으로는 이들을 설득하기 어렵다는 점을 의미하며, 그 결과 브랜드를 인위적으로 꾸미기보다는 셀러의 진정성 있는 태도와 고객 응대 방식이 더욱 중요하다는 사실입니다. 따라서 셀러는 단순히 상품을 등록하는 데 그치지 않고, 자신의 정체성을 드러내며 고객과 신뢰를 구축하는 주체로서 역할을 수행해야 합니다.

이때 브랜딩과 스토리텔링은 고객과 감정적으로 연결되는 가장 효과적인 수단입니다. 셀러의 경험, 철학, 상품에 담긴 진정성 있는 메시지를 스토리로 전달할 때, 고객은 단순 구매자가 아닌 '신뢰하는 팬'으로 전환됩니다. 이러한 감정적 연결은 재구매와 자발적인 구전 마케팅으로 이어지며, 장기적인 고객 기반 형성에 핵심적인 역할을 합니다. 네이버라는 플랫폼은 단순한 쇼핑 공간이 아니라, 셀러와 고객이 공감하고 함께 성장해 나가는 생태계입니다.

내가 잘 안다고 고객도 잘 알 것이라는 오해

'지식의 저주^{Curse of Knowledge}'는 어떤 정보를 이미 알고 있는 사람은 그 정보를 모르는 사람의 입장을 쉽게 이해하지 못하는 심리적 편향을 의미합니다. 이 현상은 셀러가 자신의 전문 지식과 제품 이해를 기준으로 고객도 같은 수준의 인식을 갖고 있다고 가정할 때 자주 나타납니다. 하지만 이렇게 되면 고객과의 오해와 충돌이 반복될 수밖에 없습니다.

셀러에게는 너무나 익숙하고 상식적인 정보이지만, 고객에게는 오히려 낯설고 이해하기 어려운 정보일 수 있습니다. 셀러의 설명 방식이 셀러 자신에게는 명확하게 느껴지더라도, 고객의 입장에서는 배경지식이나 맥락이 생략된 불친절한 정보로 인식될 가능성이 높습니다. 특히 고객이 상품을 처음 접하거나 유사한 제품군에 대한 사전 경험이 부족한 때에는, 제품의 적절한 사용법이나 제한 사항을 인지하지 못한 채 제품을 사용하는 일이 발생할 수 있습니다. 그렇게 되면 상품을 본래의 용도와 전혀 다른 방식으로 사용하거나, 무리한 환경에 노출시켜 고장이 발생하고, 고객은 이를 제품의 문제로 인식하게 됩니다.

또한 옵션 선택, 배송 조건, 반품 기준처럼 실제 구매와 직결되는 핵심 정보가 복잡하게 설계되거나 눈에 잘 띄지 않는 방식으로 전달되면, 고객은 이를 놓치거나 오해하게 됩니다. 그 과정에서 고객은 자신의 기대와 다른 상품을 받게 되면서 고객 만족도는 크게 떨어집니다.

실제 셀러 커뮤니티에서는 고객이 이미 안내된 내용을 확인하지 않거나, 제품을 부적절하게 사용하고도 이를 제품 하자로 간주하며 항의하는 사례에 대한 불만이 자주 공유됩니다. 또한 제공되지 않는 기능을 기대하며 클레임을 제기하는 때도 많아, 단순한 소통 오류가 반복적인 응대와 비용 부담으로 이어지곤 합니다. 결국 셀러는 정신적인 피로가 누적되고 점차 사업 의욕이 떨어지게 됩니다. 경우에 따라서 일부 셀러는 지속되는 스트레스를 견디지 못하고 사업을 포기하기도 합니다.

이러한 문제를 줄이려면 셀러가 고객의 인지적 한계를 사전에 인식하고 상세페이지나 상품 설명, 동봉 안내문을 통해 오용 가능성, 주의사항, 자주 묻는 질문 등 고객이 정말 알아야 할 정보를 명확하고 간결하게 전달해야 합니다.

제품에 관해 모호한 정보 제공 못지않게 고객이 원하지 않거나 이해하기 어려운 정보를 제공하는 것 또한 문제가 될 수 있습니다. 일부 셀러는 자신의 전문성을 통해 고객에게 신뢰를 얻고자 어려운 전문 용어나 기술적인 설명을 의도적으로 활용하기도 합니다. 하지만 고객은 전문 용어나 개념에 익숙하지 않아서 내용을 거의 이해하지 못하며, 오히려 혼란을 느끼게 됩니다.

검색 경험이 쌓일수록 검색 능력과 함께 경쟁자의 가격 정책, 혜택 제공 방식 등을 비교하는 안목도 함께 향상되면서, 경쟁 상품에 민감하게 반응하는 셀러도 많습니다. 하지만 대다수의 고객은 단순한 키워드만 입력하고, 검색 결과 첫 페이지에 노출된 일부 상품만 확인한 뒤 빠르게 구매를 결정합니다. 실제로 네이버 사용자 중 70%는 검색 키워드를 정확히 입력하지 못할뿐 아니라, 평균 탐색 시간은 30초도 채 되지 않는다는 조사 결과도 있습니다. 다시 말해 대다수의 고객은 최저가격과 최고 혜택을 주는 상품을 거의 찾아내지 못합니다. 그러나 검색에 능숙한 셀러일수록 이러한 조건 변화에 민감하게 반응하며, 고객이 인지하지 못할 수준의 가격 차이나 혜택 차이에도 위기의식을 느끼고 일일이 대응하려는 경향이 있습니다. 그렇게 되면 무리하게 가격을 인하하거나 과도하게 혜택을 제공하다 수익 구조가 점점 취약해지고 장기적으로는 사업을 유지하기 어려운 상태에 이르게 됩니다.

따라서 매끄러운 구매 경험을 통해 고객에게 신뢰를 주고 더불어 셀러 또한 스트레스를 받지 않으며 사업을 장기간 지속하려면, 고객의 인지 부하를 이해하고 이를 고려해 정보 구조를 단순화하고 핵심 정보를 명확히 전달하는 자세가 필요합니다. 간혹 일부 셀러는 고객의 인지적 한계를 악용하여, 불리한 조건을 숨기거나 핵심 정보를 흐리게 배치하는 방식으로 상세페이지를 설계하기도 합니다. 이러한 기만적인 설계 방식은 '다크 패턴Dark Pattern'이라 불리며, 실제 가격 비교가 쉬운 네이버쇼핑 환경에서는 최저가 노출 등을 목적으로 고객의 판단력을 흐리는 방식이 자주 활용됩니다. 하지만 이런 방법으로는 단기적인 이익은 얻을 수 있을지 몰라도, 고객의 신뢰를 쌓을 수 없어 사업을 지속할 수 없습니다.

다크 패턴이란 사용자가 의도하지 않은 행동을 하도록 교묘하게 설계된 정보 구조나 시스템을 말합니다. 이는 상품 상세페이지나 구매 과정에서 핵심 정보를 숨기거나, 불리한 조건을 알아보기 어렵게 배치하는 등 소비자의 인지적 한계를 악용하는 모든 기만적인 설계를 포괄합니다. 겉보기에는 정상적인 정보 제공 방식처럼 보이지만, 실제로는 사용자의 심리와 습관을 이용해 판매자가 원하는 방향으로 유도하는 '조작적 설계'입니다.

다음과 같은 것들이 대표적인 다크 패턴의 예입니다.

- **숨겨진 추가 비용**: 상세페이지나 섬네일에는 최저가를 크게 노출한 후, 구매 직전 단계에서 특정 옵션(색상, 사이즈 등)을 선택할 때 추가금이 붙는 경우. (최저가 옵션은 실제 재고가 없거나 구매가 불가능한 경우가 많음)
- **오인 유도형 상품 정보**: 실제 판매하는 상품 구성이 아닌 다른 상품이나 사은품 이미지를 주된 이미지로 사용하거나, 허위성 높은 과장 문구를 삽입하여 소비자가 상품을 오인하도록 유도하는 경우.
- **불리한 조건 은폐**: 교환/반품이 불가능한 상품이거나, 일반 배송일보다 훨씬 오래 걸리는 상품임에도 해당 조건을 상세페이지 하단에 눈에 띄지 않게 작은 글씨로 배치하여 고지 의무를 소홀히 하는 경우.

이러한 다크 패턴은 단기적으로는 구매전환율을 높일 수 있지만, 네이버쇼핑 SEO의 신뢰도 지표(낮은 평점, 불만족 리뷰, 높은 반품/취소율)에 부정적인 영향을 미치며, 장기적으로는 브랜드 신뢰를 훼손하고 고객 이탈을 가속화시키는 요인이 됩니다.

고객의 구매 여정

고객은 상품이나 브랜드를 처음 인식하는 순간부터 탐색, 비교, 구매, 사용 후 관계 형성에 이르기까지 여러 단계를 거쳐 최종 구매 결정을 내리게 됩니다. 일반적으로는 탐색 → 평가 → 결정 → 구매 → 경험의 순서를 따르며, 각 단계에서 고객은 감정, 정보, 주변 영향이 복합적으로 작용하는 판단 과정을 거칩니다. 이 일련의 흐름은 감정과 정보가 반복적으로 교차하며 형성되는 '고객의 구매 여정'이라 할 수 있습니다.

다수의 초보 셀러가 '좋은 제품을 저렴하게 파는 것'을 성공의 조건으로 오해하는 경향이 있습니다. 그러나 이러한 접근은 구매 여정이 실제로는 복잡하고, 감정과 망설임, 직관이 얽힌 다층적인 과정이라는 점을 간과하고 있습니다. 고객은 검색을 시작으로 상품을 탐색하고, 상세 정보를 확인하고, 리뷰를 검토하며, 다른 제품과 비교하고, 구매를 망설이다가 마침내 결제를 결정하는 과정을 거칩니다. 이 과정은 정보의 흐름이 아니라, 감정과 직관, 피로감과 기대감, 신뢰와 불안이라는 감정의 연쇄입니다.

따라서 고객이 상품을 선택하는 과정을 단순한 가격 비교나 성능 평가로만 보아서는 안 됩니다. 실제로 많은 고객이 정보 그 자체보다 주변에서 받은 인상, 짧은 리뷰 몇 줄, 이미지에서 느껴지는 분위기와 같은 감각적 요소에 따라 구매 결정을 내리는 때가 많습니다. 예를 들어, 동일한 상품이라도 리뷰 사진의 분위기나 첫 화면에서 주는 시각적 인상이 고객의 판단에 미치는 영향은 생각보다 훨씬 큽니다. 고객은 자신이 어떤 정보에 집중할지를 의식적으로 선택하지 않습니다. 오히려 무의식적으로 눈에 먼저 들어오는 정보, 감정적으로 끌리는 문장, 주변의 평가 등에 따라 판단을 형성해 갑니다.

이처럼 고객의 선택은 논리적인 분석보다는 감정적 직관에 기반하는 경우가 많으며, 특히 시각적 요소나 분위기가 초기 판단에 결정적인 역할을 합니다. 따라서 셀러는 정보의 전달보다 정보가 어떻게 받아들여질지를 고민해야 하며, 구매 여정의 초입부터 고객의 감정 곡선을 세심하게 설계하는 노력이 필요합니다.

이때 중요한 점은 고객이 상품을 '선택'하는 것이 아니라, 불안과 피로를 줄이기 위해 '배제하고 남은 것'을 고르는 경향이 강하다는 사실입니다. 누적된 리뷰는 상품이 뛰어나다는 증거라기보다는 '문제가 없을 것 같다'는 안도감을 주는 역할을 합니다. 상세페이지의 디자인, 정보의 배치, 리뷰의 위치와 내용은 고객이 중간에 이탈하지 않고 여정을 계속 이어가게 만드는 안내 표지판 역할을 합니다.

고객의 구매 여성은 검색 행위에서 출발합니다. 고객은 처음부터 무엇을 살지 정하지 않은 채 키워드를 입력하고, 상단에 노출된 상품을 눌러보고, 블로그나 카페의 글을 찾아보며 정보의 조각을 모읍니다. 어떤 사람은 가격을 비교하다가 포기하고, 또 어떤 사람은 리뷰를 읽다 혼란을 느끼고 다른 상품으로 넘어가기도 합니다. 이 여정은 언제든지 멈출 수 있고, 애초의 의도와 다른 결과로 끝날 수도 있습니다.

고객의 행동을 이해하는 것은 단순히 마케팅 기법을 배우는 것이 아니라 고객의 마음을 따라 걷는 일입니다. '좋은 제품'이라는 정의는 셀러가 결정하는 것이 아니라, 고객의 맥락, 즉 고객이 처한 상황과 생각의 흐름 속에서 성립하는 것입니다. 따라서 상품 설명, 콘텐츠, 이미지, 리뷰, 배송 조건 등 모든 요소는 고객이 구매 여정에서 '이탈하지 않도록' 설계되어야 하며, 고객이 원하는 순간에 신뢰할 만한 근거를 제시해야 합니다. 고객이 브랜드나 상품과 만나는 각 접점은 단순히 정보를 소비하는 장면이 아니라, 고객의 심리 상태에 따라 구매로 이어질 수도 있고, 반대로 이탈로 이어질 수도 있는 '결정의 순간'이며, 이는 곧 '서비스 접점'으로 작용합니다. 이렇게 구매 여정의 흐름을 분석하면, 고객이 어디에서 불편을 느끼고 무엇에 매력을 느끼는지를 파악할 수 있으며, 이는 셀러가 자신의 서비스와 정보 구조를 최적화하는 데 실질적인 도움을 줍니다.

네이버 블로그와 네이버 카페를 무시하지 말라

고객에게 '노출'되고 '발견'되는 것은 온라인 사업에서 셀러가 가장 어려워하는 부분입니다. 아무리 상품이 뛰어나도 고객의 눈에 띄지 않으면 아무런 성과도 만들 수 없습니다. 이는 온라인 판매의 본질적인 어려움이며, 검색 알고리즘의 복잡성과 높은 광고 비용, 리뷰 부족, 브랜드 인지도 미비 등의 장벽으로 인해 더욱 심화됩니다. 이때 네이버 블로그와 카페는 '노출'과 '발견'을 위한 유용한 대안이 될 수 있습니다. 셀러는 블로그와 카페를 통해 '노출'의 허들을 낮추면서도 고객과의 관계를 강화하고 신뢰를 확보함으로써 브랜드를 구축할 수 있습니다. 많은 사람이 블로그와 카페의 시대는 지나갔다고 말하며, 지금은 유튜브와 인스타그램이 중요하다고 주장하지만, 실제 구매로 이어지는 정보 탐색 단계에서는 여전히 블로그와 카페 게시물이 중요한 역할을 수행합니다.

네이버는 검색 기반 정보 탐색에서 여전히 높은 영향력을 유지하고 있으며, 상품이나 브랜드 구매 후기를 찾을 때 네이버를 활용하는 비율이 여전히 높습니다. 블로그는 이러한 검색 흐름에서 신뢰성과 정보 접근성을 모두 만족시키는 채널로, 단순한 구매 후기를 넘어 브랜딩 효과를 창출합니다. 따라서 블로그는 셀러의 전문 지식, 상품 개발 배경, 창업자의 철학 등을 바탕으로 브랜드의 스토리텔링을 강화하고, 깊이 있는 정보 제공을 통해 고객의 신뢰를 얻는 데 유리합니다.

카페는 블로그와는 또 다른 방식으로 특정한 관심사를 공유하는 고객군과 깊이 있게 연결될 수 있는 공간입니다. 공통의 취향이나 관심사를 가진 사람이 자발적으로 모여 있으므로, 타깃 고객군이 뚜렷하게 형성되어 있다는 것이 큰 장점입니다. 이러한 구조는 셀러가 자신의 제품과 잘 맞는 고객 집단을 정밀하게 파악하고, 그들과 직접 소통하거나 피드백을 반영해 제품과 마케팅을 개선하는 데 매우 유리합니다. 또한 카페 회원이 자발적으로 생성하는 콘텐츠는 고객에게 상업적 의도가 옅고 진정성 있는 정보로 인식됩니다. 나아가 제품에 대한 자유롭고 솔직한 의견은 제품이나 서비스에 대한 통찰을 제공하기도 합니다.

카페의 또 다른 강점은 가공되지 않은 고객 피드백을 직접 수집할 수 있다는 점입니다. 카페 안에서는 블로그보다 훨씬 자유로운 분위기 속에서 불만이나 개선 요구, 칭찬 등이 여과 없이 표현되며, 고객의 정제되지 않은 목소리는 시장 조사보다 훨씬 실질적이고 가치 있는 통찰을 제공합니다.

또한 블로그와 카페는 단순한 홍보 채널을 넘어 콘텐츠 기획 능력과 고객 언어에 대한 감각을 키우는 실전 훈련장이기도 합니다. 블로그에 상품의 차별점이나 가치를 효과적으로 서술하려면 어떤 메시지가 고객에게 통할지를 실험해야 하며, 이는 진제적인 콘텐츠 전략의 정교함으로 이어집니다. 카페 활동을 통해 고객의 질문과 반응을 관찰하다 보면, 구매 결정에 실제로 영향을 미치는 핵심 요소가 무엇인지 알 수 있습니다. 이를 바탕으로 상세페이지를 보다 정확하고 설득력 있게 구성할 수 있으며 효과적인 CS 전략을 수립할 수 있습니다.

회원 수가 많은 대형 카페는 홍보성 게시물을 엄격하게 규제하기 때문에 셀러 입장에서는 진입 장벽이 높게 느껴질 수 있습니다. 하지만 많은 대형 카페가 수익을 목적으로 운영하므로, 운영자와의 유료 광고 계약을 통해 효과적인 방식으로 상품을 홍보할 수 있습니다. 반면, 중소형 카페나 지역 기반 커뮤니티, 혹은 특정 관심사 중심의 소규모 커뮤니티는 비교적 자유롭게 접근할 수 있어서, 상업적 의도가 과하지 않다면 자연스러운 콘텐츠 노출을 통해 고객과의 신뢰를 형성하는 데 유리합니다.

유튜브와 인스타그램은 네이버에 비해 사용자 수가 압도적으로 많이 더 큰 마케팅 효과를 낼 수 있다는 인식이 널리 퍼져 있습니다. 하지만 단순한 노출이나 사용자 수가 곧 효과적인 마케팅으로 이어지는 것은 아닙니다. 블로그의 댓글 소통이나 카페의 게시판, 설문 기능 등은 고객과의 밀도 높은 상호작용을 가능하게 하며, 이러한 깊이 있는 교류가 브랜드에 대한 신뢰와 장기적인 고객 관계를 형성하는 데는 더 중요한 역할을 합니다. 블로그와 카페는 단순히 정보를 전달하는 공간을 넘어 브랜드의 철학과 서사를 진정성 있게 공유할 수 있는 채널입니다. 지금처럼 수치보다는 관계의 질이 중요한 마케팅 환경에서 블로그와 카페는 여전히 의미 있고 효과적인 선택지입니다.

5장

판매보다
먼저 알아야 할 것들

네이버쇼핑은 스마트스토어가 아니다

많은 셀러가 네이버쇼핑과 스마트스토어를 동일한 서비스로 혼동합니다. 두 서비스는 모두 네이버에서 운영하지만, 목적, 기능, 운영 방식, 운영 주체 등에서 명확히 구분되는, 서로 다른 시스템입니다.

'플랫폼'은 원래 기차역의 승강장을 뜻하는 말로, 사람들이 열차를 타기 위해 모이는 장소입니다. 네이버쇼핑은 상품 탐색, 리뷰, 쇼핑 랭킹 등의 기능을 강화하며 발전해 온 대표적인 쇼핑 플랫폼입니다. 이 플랫폼에 모인 소비자는 각자 원하는 제품을 찾기 위해 '키워드 검색'이라는 열차에 올라탑니다. 그리고 그 여정의 최종 목적지는 자신이 찾고자 하는 상품 페이지입니다.

네이버쇼핑에서 출발한 고객이 자신의 여정에서 도착하는 스마트스토어는 쇼핑몰 운영에 필요한 기능을 하나로 묶어 제공하는 '솔루션'입니다. 솔루션이라는 말의 사전적인 의미는 문제 해결입니다. 여기서 알 수 있듯이, 스마트스토어는 상품등록부터 결제, 배송, 고객 응대까지 전 과정을 통합하여 운영할 수 있는 기능을 제공함으로써, 기술적 이해가 부족한 개인도 손쉽게 온라인 판매를 시작할 수 있도록 설계된 서비스입니다.

두 서비스는 각자의 역사만 살펴봐도 성격이 전혀 다르다는 점을 알 수 있습니다. 쇼핑 검색 플랫폼인 네이버쇼핑은 2002년 '지식쇼핑'으로 시작해 2014년 '네이버쇼핑'으로 명칭을 변경한 이후 현재까지 그 명칭과 기능을 유지하고 있습니다. 반면, 쇼핑 솔루션인 스마트스토어는 2012년 '샵N'으로 시작해 2014년 '스토어팜', 그리고 2018년 지금의 이름으로 개편되며 서비스가 유지되고 있습니다.

네이버는 구글과 같이 개방된 정보를 광범위하게 수집하여 보여주는 일반적인 '검색엔진'과는 달리, 자체적인 기준에 따라 정보를 선별하고 검색 정보를 제공하는 '어그리게이터'입니다. 마치 기차가 안전하게 도착지까지 가기 위해서는 규격화된 철로에서만 운행을 하듯, 네이버가 설정한 정보 제공 기준을 충족한 상품만이 이 플랫폼에 연결될수 있습니다. 중요한 점은 네이버쇼핑이 '스토어 단위'가 아닌 '상품 단위'로 운영이 된다는 사실입니다. 이 말은 곧 스마트스토어를 운영할 때는 스토어보다는 개별 상품 관리가 더 중요하다는 뜻입니다. 즉, 셀러는 '내 스토어를 알리는 것'보다 '개별 상품의 경쟁력과 정보 완성도'를 높이는 데 집중해야 합니다.

상품 단위 검색 기반의 개방형 플랫폼인 네이버쇼핑은 외부 쇼핑몰의 상품까지 통합하여 소비자에게 노출할 뿐 아니라 다양한 출처의 상품 정보를 동일한 기준으로 배열하여 제공합니다. 따라서 셀러는 스마트스토어뿐 아니라 자사몰이나 쿠팡 등 다양한 외부 쇼핑 서비스를 병행해 판매할 수 있습니다.

많은 셀러가 스마트스토어는 유입 수수료가 없고, 네이버쇼핑 내에서 별도 신청 없이 자동으로 상품이 노출되는 구조처럼 보이므로 두 시스템을 구분하지 않습니다. 하지만 네이버쇼핑과 스마트스토어는 구조적으로 독립된 시스템으로, 스마트스토어에 상품을 등록했다고 해서 무조건 네이버쇼핑에 노출되는 것은 아닙니다. 네이버쇼핑에 노출되려면 스마트스토어 상품등록 페이지에서 별도로 연동 설정을 해야 합니다.

셀러는 스마트스토어의 설정 기능을 활용하여 네이버쇼핑에서의 검색 노출을 필요에 따라 의도적으로 차단해 운영할 수도 있습니다. 할인 행사가 브랜드 이미지에 부정적인 영향을 줄 수 있는 경우나, 동일 상품을 여러 개 등록하면서 규정 위반으로 인한 검색 제한 문제가 발생할 수 있는 상황에서는 이 기능을 활용해 검색 노출을 사전에 차단할 수 있습니다. 이를 잘 활용하면 마케팅 시점과 타깃에 따라 보다 유연하고 정교한 프로모션 및 가격 전략을 펼칠 수 있습니다.

또한 스마트스토어용 상품명과 네이버쇼핑 노출용 상품명은 각각 다르게 설정할 수도 있습니다. 즉, 검색 효율을 위한 키워드 중심의 검색용 상품명과 스토어 방문 시 고객이 상품을 한눈에 이해할 수 있도록 구성된 간결한 상품명을 함께 설정함으로써, 정보 전달의 명확성과 사용자 경험을 동시에 개선할 수 있습니다.

네이버쇼핑과 스마트스토어가 구조적으로 분리된 서비스라는 점을 충분히 이해하지 못한 일부 셀러는 스마트스토어 내 유입이 네이버쇼핑의 검색 순위에도 영향을 준다고 믿습니다. 이로 인해 검색 상위 노출을 노리고 상품 방문 링크를 서로 공유하거나 찜하기를 맞교환하는 이른바 '품앗이'를 시도하기도 합니다. 그러나 네이버쇼핑에 입점한 쿠팡이나 오픈마켓 상품이 자사 서비스에서 유입이 많다고 해서 네이버쇼핑 내 검색 노출에 영향을 주지 않는 것처럼, 스마트스토어에서 발생한 유입 또한 네이버쇼핑의 검색 결과에 직접적인 영향을 주지는 않습니다.

이처럼 네이버쇼핑과 스마트스토어는 겉으로 보기엔 하나의 시스템처럼 보이지만, 실제로는 구조, 기능, 노출 방식 등에서 명확히 구분됩니다. 따라서 셀러는 각 시스템의 특성과 작동 원리를 정확히 이해하고, 그에 맞는 검색 노출 전략과 마케팅 방식을 수립해야만 실질적인 매출 성과를 기대할 수 있습니다.

더 알아두기 ▶ 네이버쇼핑과 스마트스토어

구분	네이버쇼핑	스마트스토어
정의	다양한 온라인 쇼핑몰의 상품을 한데 모아 보여주는 상품 검색·비교 플랫폼(어그리게이터)	개인이나 기업이 네이버 안에서 직접 상품을 등록하고 판매할 수 있는 솔루션
운영 주체	네이버(연동)	셀러
역할	소비자에게 상품을 비교·검색할 수 있는 통합 창구 제공	실제 결제·배송·CS 가 이루어지는 판매 채널 역할
노출 기준	네이버가 정한 상품 정보 품질·가격·리뷰 등 알고리즘 기준에 따라 노출	스마트스토어 내에서는 특정한 기준이나 제한 없이 노출
유사 개념	'구글 쇼핑'과 유사한 검색형 서비스(검색엔진인 구글 검색과 나름)	'자사몰'과 동일하지만, 판매자 편의성을 고려하여 단순화

네이버쇼핑과 스마트스토어의 비교

중요한 것은 스토어가 아니라 상품이다

스마트스토어를 처음 세팅하면서 '스토어 디자인'에 지나치게 공을 들이는 셀러가 많습니다. 물론 브랜드를 장기적으로 구축하려는 관점에서 보면 의미가 있지만, 대다수의 온라인 고객은 스토어 자체에 큰 관심을 두지 않습니다. 따라서 초기 단계에서 스토어 디자인이나 진열 구성에 과도하게 많은 시간과 노력을 들이는 것은 적절하지 않습니다.

고객은 스마트스토어라는 솔루션을 방문해서 상품을 둘러보는 것이 아니라, 네이버쇼핑이라는 플랫폼에서 상품을 검색하고, 검색 결과 페이지에서 마음에 드는 상품을 클릭하는 방식으로 쇼핑을 진행합니다. 고객의 구매 여정 전반에서 스토어의 로고나 디자인은 고객에게 거의 노출되지 않으며, 고객은 오직 상품의 섬네일 이미지, 상품명, 가격, 리뷰 수 등만 확인할 수 있습니다. 상세페이지에서도 스토어 정보는 눈에 띄지 않으며, 고객은 상품 정보가 얼마나 신뢰할 수 있고 설득력이 있느냐를 기준으로 최종 구매 결정을 하게 됩니다.

이렇듯 네이버쇼핑에서 고객이 보는 것은 '누가 파는가'가 아니라, '무엇을 파는가'입니다. 이는 온라인 판매의 구조적인 특성이며, 특히 네이버 플랫폼에서는 더욱 두드러지게 나타나는 현상입니다. 실제로 많은 고객은 상품을 검색하고 선택하는 과정에서, 스토어의 이름조차 인지하지 못한 채 구매를 결정합니다. 따라서 스토어의 정체성이나 브랜딩보다 먼저 신경 써야 할 것은 상품 자체의 경쟁력입니다. 좋은 상품, 설득력 있는 상세페이지, 신뢰를 줄 수 있는 리뷰와 평점, 그리고 합리적인 가격과 혜택이야말로 고객의 클릭을 유도하고 구매로 이어지게 하는 핵심 요소입니다.

브랜딩은 장기적인 관점에서 매우 중요합니다. 다만, 네이버쇼핑은 스마트스토어와는 독립적으로 운영되는 검색 기반 플랫폼이기 때문에, 스토어 전체를 브랜드로 인식시키려는 전략은 네이버쇼핑에서는 효과를 기대하기 어렵습니다. 반복 구매와 고객 충성도를 통해 장기적으로 브랜드가 구축되더라도, 그 과정은 네이버쇼핑에서는 개별 상품 단위로 이루어질 수밖에 없습니다. 따라서 하나의 상품이 독립적인 브랜드처럼 기능할 수 있도록 설계하는 '상품 단위 브랜딩 전략'이 네이버쇼핑에 적합한 접근 방식이라 할 수 있습니다. 나아가 이처럼 축적된 상품 단위 브랜드를 어떻게 전체 사업의 정체성과 연결할지는 별도로 고민해야 할 과제입니다.

내 상품이 팔리지 않는 이유는
일을 거꾸로 하기 때문

스마트스토어 운영에 관한 도서나 강의는 대부분 상품 정보를 등록하는 방법에 초점을 맞추고 있으며, 중급 단계부터는 광고 집행에 관한 설명으로 이어집니다. 하지만 상품등록과 광고 중심으로만 접근해서는 의미 있는 성과를 거두기 어렵고 사업을 지속하는 데에도 한계가 있습니다.

네이버의 공식 가이드를 충실히 따르고 최신 마케팅 기법을 활용했음에도 성과가 나오지 않는 이유는, 본질적으로 선행되어야 할 기획과 전략 없이 실행부터 시작하는 '순서의 착오' 때문입니다. 실제로 "계획 없는 시작은 빠른 실패를 부른다."라는 평가와 함께, "브랜딩 없이 판매를 시작하면 가격 경쟁에 내몰리고, 고객 분석 없이 상품을 등록하면 경쟁사에 밀리게 된다."라는 경고가 다수의 전문가에게서 공통적으로 제기되고 있습니다.

따라서 철저한 기획과 전략 없이 판매를 시작하면, 제품의 우수성만으로는 소비자의 선택을 받기 어렵습니다. 고객은 단순한 상품이 아닌, 그 이면에 담긴 신뢰와 일관된 메시지, 가치를 함께 고려합니다. 네이버쇼핑의 검색 알고리즘 역시 이러한 고객의 판단 기준을 반영하여 설계되었기 때문에 잘못 준비된 판매 방식은 결국 가격 경쟁에 빠지기 쉽습니다.

다음은 스마트스토어를 제대로 운영하고 실질적인 성과를 내기 위해 반드시 확인해야 할 실행 순서입니다.

단계	핵심 질문	실행 내용 요약
1 단계 자기 정의	나는 누구인가? 왜 이 사업을 하는가?	내 철학과 가치를 정리해 브랜드 방향성과 메시지의 출발점을 마련
2 단계 고객 정의	누구를 위한 사업인가?	페르소나: 셀러가 목표로 삼는 이상적인 고객을 구체적으로 묘사 STP: 목표 시장 세분화(S), 핵심 고객을 설정(T), 마케팅 전략 구축(P)
3 단계 상품 기획	고객에게 무엇을 제공할 것인가?	고객의 문제를 해결하고 기대를 만족시킬 수 있는, 셀러의 철학이 반영된 상품을 기획
4 단계 고객과의 접점 설계	어떻게 알릴 것인가? 어떻게 신뢰를 얻을 것인가?	고객의 인지부터 재구매까지 이어지도록 설계된 마케팅 전략을 실행
5 단계 운영과 개선	어떻게 지속 가능하게 만들 것인가?	고객 반응과 데이터를 바탕으로 상품, 콘텐츠, 운영 방식을 지속적으로 개선하여 장기적인 성장을 도모

스마트스토어 실행 순서

장기적인 성공을 원한다면 '급할수록 돌아가라'는 말처럼 지금 당장의 판매보다 올바른 순서와 전략적 준비가 반드시 우선되어야 합니다. 이는 단지 형식적인 절차가 아니라, 소비자 심리와 시장 구조에 대한 본질적 이해를 바탕으로 실질적인 경쟁력을 확보하는 전략적 행위입니다. 무엇보다 초기 단계에 자기 정의와 고객 정의를 제대로 해야 합니다. 그래야 단기적으로는 검색 최적화를 통해 빠르게 매출을 증대할 수 있을 뿐 아니라, 장기적으로는 브랜드 구축을 통해 안정적으로 성장할 수 있습니다.

무엇을 팔아야 할지 모르겠다

스마트스토어를 운영하는 대다수 셀러가 판매할 상품을 선정하는 데 많은 어려움을 느낍니다. 도매몰에 등록된 수많은 상품이나 다양한 소싱 경로를 통해 구할 수 있는 상품의 종류가 너무 광범위하고, 각 상품의 매력 포인트를 파악하기도 어렵기 때문입니다. 게다가 소비자가 납득할 만한 적정 판매가격을 설정하는 것조차 막막하게 느껴지는 때가 많습니다.

이미 판매할 상품이 정해져 있는 제조업체라면 상황이 다르겠지만, 제조업체의 제품을 유통해야 하는 셀러에게는 판매가 잘될 만한 상품을 선정하는 일이 무엇보다 중요합니다. 상품을 잘못 선정하면 이후 마케팅이나 가격 책정 과정에서 많은 어려움을 겪게 됩니다. 비용을 들여 검색광고를 해도 클릭률이 나오지 않고, 상세페이지를 공들여 만들어도 구매전환이 일어나지 않습니다

따라서 사전에 철저한 준비를 통해서 상품을 정해야 합니다. 이때 무엇보다 중요한 것은 누구에게 어떤 가치를 제공할지를 먼저 제대로 정의하는 일입니다. 그리고 그 정의는 시장이나 상품 중심이 아니라 반드시 고객 관점에서 출발해야 합니다. 이유는 고객이 누구이며 그들에게 이 상품을 통해서 어떤 가치를 제공할 수 있는지를 명확히 정의

해야 '무엇을 팔아야 하는가'에 대한 고민을 어렵지 않게 해결할 수 있기 때문입니다. 상품은 고객의 문제를 해결하고 삶을 개선하는 도구입니다. 그러므로 상품 그 자체보다는 상품이 제공하는 가치와 혜택에 집중해야 합니다.

하버드 경영대학원 교수 테오도어 레빗Theodore Levitt은 "사람들은 4분의 1인치 드릴을 원하는 것이 아니라, 4분의 1인치 구멍을 원한다."라고 말했습니다. 이 말은 고객이 실제로 원하는 것은 제품 자체가 아니라, 제품이 가져다주는 해결책과 가치임을 명확히 보여주는 통찰입니다.

결국 무엇을 팔아야 할지 모를 때 가장 먼저 해야 할 일은, '누구에게 어떤 가치를 제공할 것인가'를 정의하는 것입니다. 이는 상품 기획, 마케팅 전략, 가격 책정 전반에 있어 가장 중요한 출발점이 됩니다.

| 05 |

권위를 가진 내 안목과 취향을 팔아라

소비자라면 누구나 가장 좋은 상품을 가장 저렴한 가격에 사고 싶어 합니다. 하지만 내가 판매하는 상품이 객관적으로 품질이 최고이거나, 가장 저렴하거나, 가성비가 최고이기를 바라는 것은 희망고문에 가깝습니다. 시장에는 항상 경쟁자가 존재하며, 지금 이 순간에도 그들은 더 나은 제품과 더 낮은 가격을 위해 끊임없는 개선과 혁신을 시도하고 있기 때문입니다.

세상의 모든 상품을 객관적으로 분석하고 수치화해 완벽하게 비교할 수 있다면, 가장 좋은 상품이나 가장 가성비 좋은 상품을 이론적으로는 찾아낼 수 있을지도 모릅니다. 그러나 이는 시간과 정보, 관점의 제약으로 인해 실현되기 어렵습니다. 특히 경쟁자를 죽이고 시장을 독식하기 위한 출혈 경쟁, 런칭 초기 리뷰 확보를 위한 가격 덤핑, 또는 사업 정리 단계에서의 땡처리 상품 앞에서는 어떤 셀러라 하더리도 가격 경쟁 우위를 확보하기 어렵습니다. 그럼에도 많은 셀러가 여전히 상품력과 가격에서 경쟁 우위를 점하려 애씁니다.

여기에서 주목해야 할 사실이 있습니다. 고객은 실제로 가장 좋은 상품이나 가장 저렴한 상품을 구매하는 것처럼 보이지만, 그 이면에는 전혀 다른 메커니즘이 작동하고 있다는 점입니다. 고객은 최고의 상품보다는 자신의 상황과 요구에 가장 잘 맞는, 차별화된 가치가 있는 상품에 매력을 느낍니다. 쇼핑을 할 때 먼저 자신의 필요나 맥락을 떠올리고, 이에 적합한 해결책을 찾기 위해 검색을 시작합니다. 이때 상품은 단순한 물건이 아니라 고객의 일상과 취향, 문제 상황 속에서 어떤 역할을 할 수 있는지를 기준으로 평가받게 됩니다. 마치 같은 음식도 어떤 날, 어떤 식탁 위에, 어떤 분위기에서 제공되느냐에 따라 전혀 다른 인상을 주듯, 상품도 고객의 환경과 감정, 맥락 속에서 다르게 받아들여지고 평가됩니다.

대다수의 고객은 구매하고자 하는 상품에 관해 전문적인 지식을 갖추고 있지 않으며, 상품을 객관적이고 냉철하게 비교할 역량도 부족합니다. 이런 이유로 고객은 누군가 자신을 대신해서 상품을 평가하고 선택해 주기를 기대하게 됩니다. 이때 고객이 의지하는 것은 신뢰할 수 있는 누군가의 깊이 있는 안목과 취향입니다. 따라서 셀러에게 판매란 단순히 정보를 전달하는 것을 넘어 고객의 관점에 맞춰 상품을 해석하고 대안을 제안하는 과정으로, 셀러는 자신의 상품에 대한 기준과 철학, 사용 경험이 이 과정 속에 자연스럽게 녹아들게 해야 합니다.

셀러는 어떻게 자신의 안목과 권위를 고객에게 신뢰감 있게 전달할 수 있을까요?

가장 먼저 해야 할 일은 셀러 자신이 왜 이 상품을 선택했는지에 대한 명확한 설명입니다. 단순히 상품 정보를 나열하는 것이 아니라, 선택의 기준과 셀러 자신만의 관점으로 상품에 대한 스토리를 풀어내야 합니다. 예를 들어, 다음과 같은 상품 설명은 고객에게 신뢰를 줍니다.

"저는 1년 동안 소재와 디자인이 서로 다른 20개 이상의 수면 안대를 직접 사용했습니다. 흔히 가벼운 제품이 좋다고 하지만, 제 선택 기준은 '완벽한 차광'과 '피부 자극 최소화'였습니다. 유독 이 제품만이 코 주변의 미세한 빛샘까지 완벽히 차단하면서도, 안구에 압박을 주지 않고 속눈썹이 닿지 않도록 설계된 깊이감을 갖췄습니다. 이 수면 안대는 바쁜 일상 속 깊고 회복력 있는 수면을 보장해 줄 것입니다."

이처럼 셀러의 경험, 안목, 그리고 생활 철학이 담긴 설명은 고객이 셀러의 기준을 이해하고 신뢰하는 데 중요한 역할을 합니다.

또한 고객이 평소 쉽게 접하지 못하는 독특한 상품을 제안하거나, 미적 기준 또는 생활 철학이 반영된 큐레이션을 통해 셀러만의 차별화를 만들어 낼 수 있습니다. 같은 상품이라도 어떤 시선으로 고르고 어떤 메시지를 담아 전달하느냐에 따라 고객의 인식은 완전히 달라질 수 있기 때문입니다. 그리고 상품에 얽힌 제작 배경, 개선 과정, 고객 피드백을 반영한 기획 의도 등을 진정성 있는 이야기로 풀어내면, 그 상품은 단순한 정보의 집합을 넘어 '감정적 가치'를 지닌 콘텐츠로 변화합니다. 이러한 과정을 통해 셀러는 단순한 '판매자'를 넘어, 고객을 대신해 상품을 검토하고, 해석하고, 더 나은 선택을 돕는 '가이드'로 고객에게 인식될 수 있습니다.

고객과의 소통 역시 빼놓을 수 없습니다. 리뷰나 문의 응답을 통해 고객의 의견을 경청하고, 그에 대한 생각과 소언을 진정성 있게 전달하는 자세는 신뢰 구축의 핵심입니다. 예를 들어, "배송이 느렸어요."라는 리뷰에 단순히 "불편을 드려 죄송합니다."라고 답하는 것과, "오래 기다리시느라 많이 답답하셨죠? 많은 분이 찾아주신 덕분에 추가 생산 및 입고 과정에서 배송이 지연되었습니다. 너그럽게 기다려 주셔서 진심으로 감사드리며, 다음 구매에서는 고객님의 소중한 시간을 헛되이 하지 않도록 더 빠르게 준비하여 보내드릴 것을 약속드립니다.”라고 답하는 것은 전혀 다른 인상을 줍니다. 이렇게 단순 응답을 넘어 고객의 상황에 공감하고 실질적인 도움이 되는 방식으로 접근해야 합니다.

마지막으로, 셀러의 판단과 제안을 뒷받침할 수 있는 객관적인 근거도 갖추어야 합니다. 업계 활동, 전문 교육, 자격 등의 경력은 상품 추천의 신뢰도를 높이는 역할을 합니다. 고객은 이 모든 요소를 통해 셀러의 안목을 신뢰하고, 상품보다 사람을 기준으로 선택하게 됩니다.

셀러는 고객에게 의미 있는 선택지를 제안하는 해석자이자 큐레이터입니다. 고객은 가격이 아니라, 자신에게 맞는 방향성과 기준을 제시해 줄 수 있는 사람을 원합니다. 따라서 우리가 팔아야 할 것은 단순한 상품이 아니라, 내가 그 분야에 대해 얼마나 깊이 알고 있고, 얼마나 신중하게 상품을 골랐는지에 대한 믿음입니다. 그 안에는 내 경험과 기준, 고객에 대한 깊은 이해, 그리고 쌓아온 신뢰가 담겨 있어야 하며, 그 기반 위에서 고객은 가격이 아닌 신뢰를 기준으로 내 제안을 선택하게 됩니다.

06

화성에서 온 셀러, 금성에서 온 고객

존 그레이의 『화성에서 온 남자, 금성에서 온 여자』는 남성과 여성의 사고방식과 감정 표현이 서로 다르다는 점을 통해 커뮤니케이션의 본질을 해석한 책입니다. 상대가 '틀린 것'이 아니라 '다른 존재'임을 인정해야 관계가 풀린다는 이 책의 메시지는, 서로 다른 방식의 사고와 표현을 이해하고 존중해야 비로소 진정하게 소통을 할 수 있다는 점을 강조합니다. 이는 셀러와 고객 사이의 커뮤니케이션에서도 마찬가지로 적용될 수 있습니다.

셀러와 고객은 마치 서로 다른 행성에서 온 것처럼 전혀 다른 감각과 논리를 기반으로 사고하고 행동합니다. 셀러는 객관적인 정보, 기능적 우위, 논리적 설득을 통해 고객을 납득시키려 하지만, 고객은 그러한 기준으로 사고하지 않습니다. 예를 들어, 셀러는 상품 설명에 'A사보다 용량이 20% 더 크고, 가격은 15% 저렴하다'는 내용을 상세히 설명하지만, 고객은 '그냥 별로'라는 이유로 아무 고민 없이 이탈해 버립니다.

셀러 입장에선 설명도 충분했고 가격도 경쟁력이 있는데 왜 안 사는지 이해가 되지 않고, 고객 입장에선 '설명이 너무 많아서 귀찮다'고 느끼는 겁니다. 서로 사고방식이 다르면 다를수록 대화는 실패하고 설득은 오히려 저항을 유발하게 됩니다. 이 현상을 단순한 마케팅의 실패로 보기보다는 '이해할 수 없는 존재와의 소통'을 시도하는 '진짜 소통의 과제'로 받아들여야 합니다.

고객에게 '이 제품은 얼마나 성능이 좋은가?'라는 메시지가 잘 전달되지 않는 이유는 고객이 궁금해 하는 건 "이 제품이 내 생활에 얼마나 잘 맞고, 내 고민을 얼마나 덜어줄 수 있느냐"이기 때문입니다. 예를 들어, 고객은 '이 가습기가 몇 시간 동안 작동되는지'보다 '이걸 틀어 놓고 자면 아침에 목이 덜 칼칼할까?', '애기 방에 두면 감기 덜 걸릴까?'와 같은 질문을 떠올립니다. 결국 고객이 실제로 알고 싶어 하는 것은 '이 제품이 내 상황과 감정을 얼마나 잘 이해하고 반영하고 있는가'입니다.

특히 금전과 관련된 선택 앞에서는 평소에 논리적으로 사고하던 사람도 감각적이고 방어적인 심리 상태에 놓이기 쉽습니다. 이때 고객은 자신의 감정과 불안, 욕망과 기대라는 내면의 흐름 속에서 상품을 선택하게 됩니다. 기능이나 수치 같은 논리적 정보는 뒷전으로 밀려나고, 쇼핑은 마음의 안정을 찾기 위한 감정의 과정으로 전환되는 경우가 많습니다.

그렇다면 셀러는 어떻게 해야 할까요? 고객을 있는 그대로 인정하고, 고객의 감정 구조를 해석하며, 판단이 아닌 이해를 바탕으로 관계를 형성해야 합니다. 셀러는 단순한 정보 제공자가 아니라, 고객의 감정 세계를 안내하는 조력자이자 '감정 설계자'여야 합니다. 감정 설계자란 고객조차 명확히 표현하지 못하는 감정의 실체를 대신 언어화하고 그 감정의 흐름을 정리해 주는 사람입니다. 고객의 판단은 때로는 정보나 기능보다 말로 설명하기 어려운 분위기나 인상에 좌우되기도 합니다. 감정 설계자는 이런 반응이 생길 수 있는 지점을 사전에 인지하고 상품 기획이나 콘텐츠 설계에 반영함으로써, 고객이 심리적으로 더 편안하게 선택할 수 있도록 돕습니다.

감정 설계자의 핵심 역량인 공감력은 단순한 감정의 동조가 아니라 인지적 공감(고객의 입장에서 사고하기), 감정적 공감(고객의 감정을 함께 느끼기), 동정적 공감(고객의 어려움을 덜어주려는 태도)까지 아우르는 다차원적 능력입니다. 셀러는 이 공감 능력을 바탕으로 고객의 감정적 니즈를 발견하고, 그것이 충족될 수 있도록 상품의 메시지와 맥락을 설계해야 합니다.

감정 설계자의 역할은 일회성 설득이 아니라 '관계의 문법'을 새롭게 쓰는 행위에 가깝습니다. 고객은 자신을 해석해 줄 누군가를 찾고 있고, 그 해석이 진정성 있게 다가올 때 비로소 신뢰하기 시작합니다. 감정 계약은 말로 맺는 것이 아니라 "이 사람은 나를 이해한다"는 직감으로 시작되며, 구매는 그 직감에 대한 반응으로 나타납니다.

셀러는 고객과의 소통에서 논리와 이성만을 강조해서는 안 됩니다. 고객의 감정을 존중하고, 감정이 만들어 내는 흐름에 민감하게 반응하며, 인간적인 이야기를 통해 정서적 연결을 만들어 내야 합니다. 고객이 불안해하거나 망설일 때는 그 감정을 읽고 언어화해 주고, 가벼운 공감이 아니라 의미 있는 이해를 제시해야 합니다.

07

내가 판매하는 것은 고객의 나아진 삶

고객의 욕구를 깊이 있게 이해하는 일은 생각보다 훨씬 복잡합니다. 대다수의 온라인 셀러는 고객에 대한 데이터가 부족하거나 분석할 시간도, 사람도 턱없이 부족한 때가 많습니다. 또한 고객마다 관심사와 반응이 달라서 고객을 제대로 이해하려면 일정 수준의 심리학적 감각과 경험이 필요합니다.

고객은 상품이 자신의 삶과 어떤 관련이 있는지를 직관적으로 따집니다. 셀러가 아무리 열정적으로 제품의 기능이나 성능을 설명해도 자신의 삶에 어떤 긍정적인 변화를 줄 수 있다고 느껴지지 않으면 관심을 두지 않습니다. 고객이 진정으로 알고 싶은 것은 단순한 정보가 아니라 '이 제품이 내 삶을 어떻게 더 나아지게 만들 수 있는가'입니다.

고객은 제품 자체보다 건강, 편리함, 자신감, 혹은 자아 실현 등과 같이 제품이 가져다줄 변화의 가능성에 집중합니다. 이런 기대는 고객의 상상력과 감정을 자극하며, 셀러는 이 지점에서 출발해야 합니다. 제품의 기능보다는 고객이 제품을 통해 어떻게 더 나은 상태로 이동할 수 있을지를 상상하게 만들어야 합니다. 예를 들어, '이 신발은 방수 기능이 뛰어납니다.'보다는 '비 오는 날에도 자신 있게 걸을 수 있는 하루를 만들어 드립니다.'처럼 고객의 상상력과 감정을 자극하는 표현이 더 효과적입니다. 이런 이유로 어떤 브랜드는 제품의 기능보다 고객의 일상에 긍정적인 변화를 주는 메시지를 강조해 소비자의 공감을 이끌어 내기도 합니다.

셀러가 진심으로 고민해야 하는 것은 고객의 구체적 삶 속에 들어가 다음 장면을 함께 구상하고 제안하는 일입니다. '이 제품이 고객의 하루를 어떻게 바꿔줄 수 있는가?'를 중심으로 상세페이지를 구성하거나, 고객 사용 후기에 나오는 삶의 변화 사례를 정리해 콘텐츠로 활용하는 것이 그 시작일 수 있습니다. 이렇게 구체적인 장면과 맥락이 담긴 기획은 고객이 진심으로 기대할 수 있는 미래를 상상하게 만들어 줍니다.

고객은 설득보다는 상상에 반응합니다. 그러나 그 상상이 현실적으로 가능하다고 느껴지지 않으면 오히려 신뢰를 잃게 되므로, 고객이 떠올리는 '가능한 미래'는 일상 속에서 쉽게 그려질 수 있을 만큼 구체적이고 현실적이어야 합니다. 따라서 실제 사용 사례나 감각적인 이미지, 라이프스타일 연출 등을 활용하는 것은 고객의 상상력을 자극하는 데 효과적입니다.

고객의 상상력을 자극하려면 어떻게 해야 할까요? 무엇보다 고객의 욕구를 구조적으로 이해할 필요가 있습니다. 고객의 생리적 욕구, 안전 욕구, 소속 욕구, 존중 욕구, 자기실현 욕구는 서로 다른 방식으로 작동하지만, 공통점은 '더 나은 상태로의 이동'에 대한 갈망입니다. 우리가 제안해야 하는 것은 바로 이 이동의 시작점입니다. '이 제품은 고객의 어떤 결핍을 채워줄 수 있는가?', '이 서비스를 통해 고객은 어떤 문제에서 벗어날 수 있는가?', 그리고 궁극적으로 '이 브랜드와 함께할 때 고객의 삶은 어떻게 나아질 수 있는가?'를 질문해야 합니다.

또한 셀러는 자신의 상품이 고객의 일상 어디에, 어떻게 닿을 수 있을지 직접 시뮬레이션을 해 봐야 합니다. '누가', '언제', '어디서', '무엇을 위해', '어떻게 사용하는가?'라는 질문을 통해 구체적인 사용 시나리오를 짜고 이를 마케팅 프로모션과 상세페이지에 반영해 봐야 합니다. 내가 먼저 상상하지 않은 미래는 고객에게도 보이지 않는 법입니다.

08

네이버 블로그와 인스타그램

온라인 판매는 오프라인과 달리 고객이 셀러의 존재를 자연스럽게 인식하기 어렵습니다. 오프라인 매장은 지나가다 우연히 들를 수 있지만, 온라인 스토어는 검색되지 않으면 존재조차 인식되지 않습니다. 특히 스마트스토어는 네이버쇼핑 검색 결과에서 상위에 노출되지 않으면 유입이 거의 이루어지지 않으며, 검색광고를 집행하지 않는 한, 상위 노출은 현실적으로 어렵습니다. 고객에게 상품을 알릴 방법은 외부 마케팅 외에는 사실상 존재하지 않습니다. 따라서 온라인 마케팅은 선택이 아닌 필수입니다.

하지만 온라인 마케팅은 단순히 내 상품의 존재를 알리는 데 그쳐서는 안 됩니다. 검색광고처럼 눈에 띄게 하는 것도 중요하지만, 궁극적으로는 고객과 신뢰를 형성하고, 그 신뢰가 구매 행동으로 이어지게 해야 합니다. 그렇게 하려면 마케팅으로 '무엇을 알릴 것인가'보다 '누구에게 어떤 행동을 유도할 것인가'를 먼저 정의해야 합니다. 이때 이렇게 정의한 목표를 가장 효과적으로 실현하는 구체적인 방법 중 하나가 바로 랜딩페이지입니다. 랜딩페이지는 단순한 제품 소개 페이지가 아니라, 고객이 클릭한 후 바로 '이 상품이 나에게 필요하다'는 확신을 갖도록 설계된 첫 관문이기 때문입니다.

랜딩페이지Landing Page란 광고나 콘텐츠를 통해 유입된 고객이 도달하는 지점으로, 구매나 상담 신청과 같은 하나의 명확한 목표에 초점을 맞춘 콘텐츠 전달 공간입니다. 랜딩페이지는 단순히 제품 소개 웹페이지가 아니라, 블로그나 SNS 등 고객의 행동을 유도할 수 있는 다양한 디지털 채널을 포괄하는 개념입니다. 이러한 랜딩페이지 전략을 가장 효과적으로 실현할 수 있는 플랫폼이 바로 네이버 블로그와 인스타그램입니다.

앞서 고객의 입장에서 생각할 수 있는 공감 능력, 이성이 아닌 감정적 판단의 중요성, 상품이 실제로는 고객의 달라진 삶이라는 점, 그리고 설득에 있어 권위와 전문성이 콘텐츠의 핵심이라는 사실을 확인했습니다. 이는 섬네일이나 상세페이지 제작처럼 단순한 상품등록을 넘어서, 상품 기획 단계에서부터 타깃 고객을 정의하고 그들의 관심사와 라이프스타일, 가치관을 이해하려는 노력과 맞닿아 있습니다. 이런 기반 위에서 설계된 콘텐츠라야 비로소 블로그와 인스타그램이라는 플랫폼을 통해 설득력을 갖게 됩니다.

블로그는 키워드 기반 검색을 통해 고객에게 선제적으로 접근할 수 있고, 인스타그램은 해시태그와 알고리즘을 통해 관심 있는 주제에 끌리는 고객에게 자동으로 콘텐츠를 노출시킬 수 있습니다. 셀러는 이 과정을 통해 고객의 관심 흐름에 맞춰 콘텐츠를 기획하고 발행 시점을 조정할 수 있습니다. 블로그와 인스타그램은 댓글, DM, 좋아요, 공유 등을 통해 고객 반응을 실시간으로 파악할 수 있으며, 그에 따라 콘텐츠의 방향이나 표현 방식을 유연하게 조정할 수 있습니다. 그래서 블로그와 인스타그램은 랜딩페이지로써의 탁월한 기능을 수행할 수 있는 매체로, CTA^{Call to Action}(행동 유도 문구)를 중심으로 콘텐츠를 설계하면, 고객이 구매, 클릭, 문의, 구독 등의 구체적인 행동을 자연스럽게 이어가도록 유도할 수 있습니다.

두 플랫폼은 각각의 특성에 따라 강점을 발휘합니다.

블로그는 깊이 있는 정보와 체계적으로 정리된 설명을 제공할 수 있는 장점이 있습니다. 따라서 고가의 가전제품, 건강기능식품, 보험처럼 꼼꼼한 비교가 필요한 상품이나, 상담·교육·시술처럼 신뢰가 중요한 서비스에 효과적입니다.

인스타그램은 이미지와 영상 중심의 감성 설계를 통해 감정적 반응과 직관적인 유입을 유도하는 데 효과적입니다. 예를 들어, 제품을 단순히 보여주는 것이 아니라 '햇살 좋은 아침, 커피와 함께 놓인 원목 테이블'처럼 감성을 자극하는 장면 속에 상품을 자연스럽게 녹여내면, 고객은 정보를 넘어서 분위기와 라이프스타일에 반응하게 됩니다.

중요한 것은 블로그와 인스타그램의 특성에 맞게 고객의 관심사와 감정에 공감하고 신뢰를 쌓을 수 있는 콘텐츠를 설계하는 역량입니다. 단순히 많이 노출하고 넓게 퍼뜨리기보다 깊이 있게 연결되고 진정성 있는 관계를 형성하는 전략이 더 효과적입니다. 그렇게 하면 블로그와 인스타그램은 단발적인 노출을 넘어 고객과의 관계를 점진적으로 쌓아가며 신뢰와 브랜드 이미지를 축적할 수 있는 강력한 도구가 될 수 있습니다.

콜투액션이란 고객이 특정 행동을 하도록 유도하는 문구를 말하는 것으로, 온라인 마케팅에서 고객이 상품을 보고 실제로 클릭하거나 구매, 구독으로 이어지게 만드는 핵심 장치입니다. '지금 구매하기', '무료로 시작하기', '자세히 보기'처럼 명확하고 즉각적인 행동을 유도하는 표현이 대표적입니다. 콜투액션의 효과는 문구의 명확성, 시각적 강조, 그리고 고객의 심리 상태와의 일치에 따라 크게 달라집니다. 예를 들어, '지금 사면 10% 할인'처럼 긴급성과 혜택을 함께 제시하면 전환율이 높아집니다. 결국 좋은 콜투액션은 고객이 다음 단계로 나아가야 할 이유를 명확히 제시하는 설득의 언어입니다.

09

가장 먼저 해야 하는 것은 나를 먼저 정의하는 것

고객과의 관계를 더욱 깊게 만들기 위해 블로그나 인스타그램과 같은 콘텐츠 채널을 운영해야겠다는 필요성을 절감하지만, 막상 시작하려고 하면 현실적으로 생각보다 많은 장애물에 직면하게 됩니다. 무엇을 올려야 할지 막막하고, 수준 높은 콘텐츠를 제작하는 이들을 보며 위축되거나 압도되기도 합니다.

몇 번 시도는 해 보지만 곧 아이디어가 고갈되고, 빠른 성과에 대한 조급함에 콘텐츠가 점점 광고성으로 흐르기 시작합니다. 본업만으로도 바쁜 상황에서 SNS 운영까지 병행하는 것이 부담스럽게 느껴지고, 사진 편집이나 디자인 감각 부족 등 기술적 한계 역시 장벽으로 작용합니다.

하지만 콘텐츠 제작과 운영을 지속하지 못하는 보다 근본적인 이유는 '내가 누구인지'에 대한 정의가 명확하지 않기 때문입니다. 자기에 대한 정의가 분명하면, 어떤 이야기를 해야 할지 자연스럽게 떠오르고 콘텐츠도 내 철학과 가치에 기반해 일관되게 구성할 수 있습니다. 진짜 출발점은 플랫폼이나 상품이 아니라, 바로 '나 자신'에 대한 정의입니다.

자기 정의, 즉 내가 어떤 가치관과 소통 방식을 지니고 있는지를 명확히 정의하는 일은 상품 기획(소싱), 콘텐츠 구성, 고객 대응 등 모든 판단의 출발점이 됩니다. 자기 정의는 단순히 자기 소개가 아니라, 어떤 가치를 누구에게 어떻게 전달할 것인지를 설계하는 전략의 뼈대입니다. 이 뼈대가 없으면 유행을 따라가거나 경쟁자를 흉내 내는 데 그치게 되고, 많은 노력을 들여도 지속적인 효과를 내기 어려워집니다.

그렇다면 모든 전략의 중심 뼈대라고 할 수 있는 자기 정의를 어떻게 정리할 수 있을까요? 그 답은 바로 다음 4가지 관점에서 정리해 보는 것입니다.

- **존재 이유**: 단순한 이익이 아니라, 고객에게 어떤 문제를 해결해 주고 싶은가?
- **핵심 가치**: 내 사업이 어떤 철학 위에 서 있는가?
- **차별화된 역량**: 내가 가진 기술, 경험, 자원 중 무엇이 특별한가?
- **지향하는 미래**: 내 브랜드가 장기적으로 어떤 모습이 되기를 바라는가?

예를 들어, 육아 스트레스를 줄여주는 제품을 판매하는 셀러는 핵심 가치라는 관점에서 '부모의 시간과 감정을 덜어주는 것'으로 자기 정의를 할 수 있고, 인스타그램에서는 '육아 스트레스 완화 팁'을, 블로그에서는 '육아 환경 개선 제품 비교 글'을 중심으로 콘텐츠를 구성할 수 있습니다. 폐플라스틱을 재활용한 상품을 판매하는 셀러는 존재 이유라는 관점에서 '환경 문제 해결사'로 자기 정의를 할 수 있고, 인스타그램에서 '제로웨이스트 라이프스타일 이미지'를, 블로그에서는 '재활용 공정과 환경 효과 분석'을 중심으로 콘텐츠를 구성할 수 있습니다. 자기 정의는 '이 제안이 내 가치에 부합하는가?', '이 제품이 내 철학과 연결되는가?'와 같은 질문을 통해 방향성을 잃지 않고 핵심 역량에 집중할 수 있게 함으로써, 콘텐츠 기획과 마케팅 전략의 출발점이자 기준이 됩니다.

나아가 자기 정의는 고객과의 연결을 구체화하는 중요한 출발점입니다. 셀러의 철학이 분명해질수록 자신에게 공감하고 반응하는 고객층과 자연스럽게 연결됩니다. 결국 판매의 본질은 '상품'이 아니라 고객의 문제를 해결하는 '가치 전달'에 있습니다. 따라서 자기 정의를 통해서 내 사업이 지향하는 가치가 고객의 삶에 어떤 방식으로 기여할 수 있는지를 명확히 드러내야 합니다. 그래야 단순한 판매를 넘어 신뢰에 기반한 장기적인 관계를 형성할 수 있습니다.

자기 정의를 조금 더 기술적으로 접근하는 방법 중 하나로 '캐릭터화'가 있습니다. 캐릭터화란 자신의 정체성을 구체화하고 명확히 한 다음, 그 내용을 시각적 요소나 말투, 행동 양식으로 일관되게 표현하는 것입니다.

캐릭터화를 할 때 중요한 것은 그럴듯하게 꾸며내는 것이 아니라, 내 철학과 일상에 기반하고 진정성이 담겨 있어야 한다는 점입니다. 그래야만 고객과 정서적 연결을 강화할 수 있고 콘텐츠 제작의 지속성과 효율성을 위한 강력한 도구가 됩니다. 즉, '이 캐릭터라면 이런 콘텐츠를 만들 것'이라는 기준이 생겨 아이디어가 고갈되는 것을 막고 일관된 톤앤매너를 유지할 수 있게 도와줍니다. 예를 들어, 늘 따뜻한 말투와 손글씨 느낌의 이미지를 사용하는 셀러는 감성적 공감대를 형성하는 사람으로 기억됩니다.

캐릭터화로 꾸준히 진솔한 콘텐츠를 공유하면 구독자는 그 사람을 신뢰할 수 있는 조언자로 인식하게 됩니다. 다시 말해, 이렇게 캐릭터화된 정체성이 반복 노출되면, 고객은 단순한 정보가 아니라 안정감 있고 믿음이 가는 이미지를 자연스럽게 느끼게 되고, 나와 고객 사이에 형성된 감정적 유대는 궁극적으로 신뢰에 기반한 팬덤으로 발전하게 됩니다.

자기 정의는 콘텐츠 제작과 고객 소통에만 국한되는 개념이 아닙니다. 나에 대한 정의는 상품을 어떻게 기획할지, 어떤 고객을 핵심 타깃으로 삼을지, 그리고 어떤 마케팅 수단에 자원을 집중할지를 판단하는 데 중요한 기준이 됩니다. 한마디로 자기 정의는 콘텐츠 전략의 출발점이자 사업 전체를 어떤 방향으로 설계해 나갈지를 결정짓는 핵심 프레임이며, 모든 전략적 판단의 중심축이라고 할 수 있습니다.

더 알아두기 ▶ 톤앤매너 Tone & Manner

톤앤매너란 브랜드나 콘텐츠가 전달하는 메시지의 전반적인 분위기와 태도를 일관성 있게 유지하는 방식을 말합니다. 마케팅이나 커뮤니케이션에서 고객에게 특정 감정이나 인상을 심어주기 위한 핵심적인 디자인 및 언어 전략입니다. '친근하고 유머러스하게', '전문적이고 신뢰감 있게', '세련되고 고급스럽게' 등 브랜드가 추구하는 이미지에 따라 톤앤매너가 결정됩니다. 톤앤매너의 효과는 메시지의 진정성, 고객의 공감도, 그리고 브랜드의 일관성에 따라 크게 달라집니다. 예를 들어, 친환경 생활용품 브랜드는 '깨끗함'과 '책임감'을 전달하기 위해 과장된 표현을 줄이고 담백하고 진정성 있는 톤을 유지해야 합니다. 결국 좋은 톤앤매너는 브랜드의 철학과 가치관을 고객의 감각과 심리에 자연스럽게 각인시키는 섬세한 전략입니다.

10

자존감과 공감력

마케팅과 고객 소통의 필요성은 알지만, 이를 제대로 실행하지 못하는 근본적인 이유는 자존감과 공감력이 부족해서인 때가 많습니다. 자존감이 부족하면 '내가 올리는 글이 과연 가치 있을까?', '사람들이 나를 어떻게 볼까?' 하는 불안감에 압도되어 시작조차 하지 못합니다. 반면 공감력이 부족하면 고객의 감정이나 니즈를 제대로 파악하지 못해 콘텐츠의 방향이나 메시지가 고객의 관심을 받지 못하고, 상세페이지 구성 역시 고객 입장에서 설계되지 않아 핵심 정보를 제대로 전달하지 못합니다.

온라인 매체에서 접하는 인플루언서의 화려한 외모, 두드러진 재능과 세련된 콘텐츠는, 나는 그처럼 할 수 없을 것 같다는 심리적 위축감을 불러일으킬 수 있습니다. 하지만 고객의 신뢰는 외적인 요소만으로는 얻기 어렵습니다. 진정한 차별성은 겉모습이 아니라 식자의 경험 속에서 형성된 고유한 시선과 관점에서 비롯됩니다.

누구나 삶 속에서 겪은 경험을 바탕으로 자신만의 이야기를 가지고 있으며, 이는 온라인 셀러에게 진정성 있는 콘텐츠와 브랜딩 자산으로 작용합니다. 이러한 '나다움'은 단순한 자기 표현을 넘어 브랜드의 진정성과 설득력을 형성하는 핵심 기반이 되며, 고객과의 관계에서 신뢰와 유대감을 만들어 냅니다. 따라서 나에 대한 정의를 세우고 고유한 서사와 강점을 발견하여 그것을 적극적으로 활용하는 것이 중요합니다. 그렇지 않으면 타인의 겉모습을 따라 하거나 피상적인 콘텐츠에 그쳐, 고객과의 진정한 연결을 만들지 못하고 외면받을 수 있습니다.

자존감은 판단력과 꾸준한 실행력을 유지하게 하는 심리적 기반입니다. 타인의 평가에 휘둘리지 않고 자신의 생각을 명확히 표현할 수 있게 해주며, 고객의 불만 앞에서도 침착하고 일관되게 대응할 수 있도록 돕습니다. 또한 실패를 회피하지 않고 학습의 기회로 삼게 하며, 새로운 시도와 아이디어를 실행으로 옮기는 추진력을 제공합니다.

많은 사람이 "고객의 입장에서 생각하라"라는 말을 알고는 있지만, 실제로 실천하지 못하는 이유는 고객의 감정을 머리로는 이해해도 마음으로는 느끼지 못하기 때문입니다. 고객이 불편을 호소했을 때, "그건 네가 예민한 거야." 혹은 "그건 우리 상품을 잘 몰라서 그래."라고 반응하는 것은 공감 부족에서 비롯된 태도입니다. 반면 진정한 공감은 '내가 저 입장이라면 얼마나 불편했을까?' 하고 고객의 감정을 자기 일처럼 받아들이는 데서 출발합니다. 나아가 공감력은 그 감정이 형성된 배경까지 이해하려는 태도에서 비롯됩니다. 공감력은 고객의 불편함이나 기대감을 단순히 감정적으로 느끼는 것을 넘어 그것이 왜 발생했는지를 함께 고민하고 반응하는 능력입니다. 공감은 고객의 관점에서 상품을 바라보는 통찰로 이어지며 상품 기획, 상세페이지 구성, 응대 매뉴얼, 마케팅 전략 등에서 '고객이 진짜 원하는 것'을 파악할 수 있는 실질적인 단서를 제공합니다.

고객의 감정은 데이터나 설문만으로는 온전히 파악하기 어렵습니다. 겉으로 보기엔 긍정적인 리뷰 속에도 불편함이나 아쉬움이 숨어 있을 수 있습니다. 공감력은 이러한 숨겨진 감정을 민감하게 감지하고 이해하는 능력이며, 자존감은 그런 감정을 흔들림 없이 받아들이고 더 나은 방향으로 나아가려는 태도를 만들어 줍니다.

자존감은 반복된 성취 경험과 긍정적인 자기 대화를 통해 형성되며, 타인의 감정을 있는 그대로 받아들이고 공감할 수 있는 심리적 여유로 이어집니다. 자존감이 낮으면 타인의 감정보다 자신의 불안에 더 집중하게 되지만, 자존감이 높으면 타인의 감정을 편견 없이 받아들이는 여유가 생깁니다. 공감력은 이런 높은 자존감의 심리적 안정감을 바탕으로 타인의 입장에서 생각하고 반응하는 힘으로 발전합니다.

현실에서는 많은 셀러가 자존감과 공감력 부족으로 전략을 제대로 실행하지 못하고 결국 광고 기법이나 상위 노출 전략에만 의존하다 사업을 포기합니다. 현대인의 자존감과 공감력 부족의 원인으로 여러 전문가가 공동체의 해체를 꼽고 있습니다. 즉, 도시화와 개인주의, 디지털 기술의 보편화로 인해 인간 관계가 느슨해지고 소속감과 감정 교류의 기회가 줄어듦으로써, 자존감과 공감 능력을 형성하기가 힘들게 됐다는 분석이 제기됩니다.

온라인 셀러는 혼자 모든 문제를 감당해야 하는 때가 많아서 심리적 고립과 자존감 저하를 겪기 쉽습니다. 하지만 셀러 커뮤니티 활동을 통해 비슷한 어려움을 겪는 이들과 공감대를 형성하며 심리적 안정감을 얻고, 성공 사례를 벤치마킹하여 동기를 부여받으며, 서로 질문과 답변을 주고받는 과정에서 실무적 문제 해결 능력을 키울 수 있습

니다. 자신의 경험을 공유하고 피드백을 주고받는 활동이 쌓이면 자존
감과 공감력은 점진적으로 강화되고, 이는 고객과의 깊은 소통과 신뢰
로 이어집니다. 결국 혼자 버티는 셀러보다, 함께 성장하는 셀러가 더
오래 살아남을 수 있습니다.

11

검색을 못하는 사람은 판매도 못한다

네이버는 검색을 핵심 정체성으로 삼는 플랫폼입니다. 하지만 정작 고객처럼 검색해 본 경험이 없는 셀러가 의외로 많습니다. 그래서 고객에 대한 공감의 필요성은 잘 알고 있으면서도, 실제로 공감력이 어떻게 구체적으로 업무에 적용되는지 떠올리기가 쉽지 않습니다.

고객은 언제나 문제를 해결하려고 검색을 시작합니다. 검색어 속에는 필요, 불안, 기대와 같은 다양한 감정이 담겨 있습니다. 검색은 많은 사람이 생각하는 것처럼 단순한 정보 탐색이 아니라, 적절한 키워드를 선택하고 수많은 검색 결과 중에서 유의미한 정보를 골라내는, 정신적으로 에너지를 많이 써야 하는 과정입니다. 이런 이유로 검색에 담긴 고객의 언어를 제대로 읽어내는 일이 셀러의 중요한 과제입니다. 셀러에게 검색은 고객의 심리와 삶의 맥락을 이해하는 출발점이자 고객의 요구에 반응하는 복합적인 사고 활동입니다.

따라서 고객의 검색 과정과 검색에 담긴 의미를 깊이 이해하려면, 셀러 스스로 고객이 되어 직접 검색을 해 보는 경험이 필수적입니다. 조보 셀러는 어떤 키워드를 입력해야 할지, 경쟁자의 전략은 무엇인지, 내 상품이 노출되지 않는 이유는 무엇인지 등을 파악하는 데 어려움을 겪을 수도 있습니다. 그렇지만 다양한 키워드로 검색을 시도하고 어떤 콘텐츠가 상위 노출되는지, 어떤 표현이 고객과 잘 연결되는지를 반드시 경험적으로 파악해야 합니다. 이는 고객의 심리를 책으로 공부하는 것이 아니라 고객의 여정을 직접 걸어보는 일입니다.

고객에 대한 공감력 향상뿐 아니라 판매 상품의 경쟁 강도를 파악하는 데 있어서도 실제 검색을 해 보는 것이 가장 빠르고 명확한 접근입니다. 이때 경쟁 상품의 섬네일 구성, 상세페이지의 정보 전달력, 활용 중인 키워드, 그리고 어뷰징abusing(검색 결과나 평가를 조작하는 행위) 여부까지 확인할 수 있습니다. 경쟁 상품 정보를 분석하지 않으면, 내 상품이 시장에서 어떤 위치에 있으며 전략적으로 보완해야 할 점이 무엇인지를 파악하기 어렵습니다.

섬색의 구조나 원리를 충분히 이해하지 못한 채, 스마트스토어가 자동으로 매출을 만들어 줄 것이라는 기대만으로 무작정 온라인 판매를 시작하는 사람이 많습니다. 그러나 검색엔진은 단순히 키워드를 매칭하는 수준을 넘어서 노출하고자 하는 콘텐츠를 추가로 색인 처리하고(인덱싱), 고객이 입력한 검색어와 매칭시키는 과정을 복합적으로 수행합니다. 이 과정을 이해해야만 내 상품을 보다 효과적으로 노출시킬 수 있습니다. 많은 셀러가 알고리즘의 결과에만 집착하고 정작 색인 처리나 검색어 자체에 대한 이해는 소홀히 함으로써 실전에서 오류를 반복하곤 합니다.

네이버는 2022년 6월부터 GBDT^{Gradient Boosting Decision Tree}라는 머신러닝 기반의 알고리즘을 도입하여 사용자의 검색 패턴과 데이터를 학습시킴으로써 검색 결과의 정밀도를 높이고 있습니다. 하지만 변화무쌍한 알고리즘을 단순한 이론 학습만으로는 쉽게 파악할 수 없습니다.

중요한 것은 세부 작동 원리를 완벽히 이해하려 애쓰는 것이 아니라, 네이버가 왜 이런 복잡한 구조를 도입했는지 취지를 이해하는 일입니다. 네이버가 이런 구조를 도입한 이유는 사용자가 원하는 정보를 정확하고 빠르게 제공하기 위해서입니다.

결국 셀러는 검색 수요자의 입장에서 '검색자가 어떤 결과를 기대할까'를 끊임없이 상상하고 분석해야 하며, 그에 맞춰 상품 정보를 구성하고 마케팅 전략을 조정해야 합니다. 알고리즘의 작동 방식에 대한 이론적 이해도 필요하지만, 이보다는 키워드별로 반복 검색을 수행하면서 그 결과와 그 안에 담긴 의도를 체험을 통해서 파악하는 편이 훨씬 효과적입니다.

예를 들어, 여름철 더위로 수면에 어려움을 겪는 고객은 냉감 이불, 여름 이불, 숙면 이불 등 자신의 상황과 필요를 담은 키워드로 검색합니다. 그런데 상품명이 단지 '차렵이불'이라고만 되어 있다면, 고객의 검색 의도가 제대로 반영되지 않아 검색을 하더라도 노출이 되지 않습니다. 이는 고객 언어와 셀러 언어 사이의 단절이 있다는 것을 보여주는 대표적인 사례입니다. 고객은 자신의 문제와 감정을 반영한 언어로 검색하기 때문에, 셀러는 그 언어에 맞춰 상품 정보를 정비해야 합니다.

검색최적화의 핵심은 기술보다 사용자의 의도를 파악하는 데 있다는 점을 가상 먼저 이해해야 합니다. 알고리즘은 끊임없이 변화하지만, 사용자의 기본적인 검색 행태는 크게 변하지 않습니다. 사용자는 문제를 해결하기 위해 검색하며, 플랫폼의 역할은 그 해답을 제공하는 것이라는 사실은 상품 판매를 위해 무엇을 어떻게 해야 하는지를 잘 알려줍니다.

어뷰징은 온라인 플랫폼의 검색 유입, 주문 수, 리뷰 등 핵심 지표를 인위적으로 조작하여 부당하게 노출을 높이거나 고객의 구매를 유도하는 모든 부정 행위를 말합니다. 특히 네이버쇼핑에서 엄격하게 다루는 행위는 거래 조작, 리뷰 조작, 그리고 검색 조작입니다.

거래 조작은 실제 구매 없이 허위 주문이나 반복적인 구매 후 취소 등을 통해 판매 실적을 인위적으로 높이는 행위로, 네이버 제재의 가장 강력한 대상입니다. 리뷰 조작은 금전적 대가를 통한 허위 리뷰나 조작된 평점을 대량 등록하는 것이며, 검색 조작은 특정 키워드 반복 유입 등으로 알고리즘을 속여 부당하게 상위 노출을 시도하는 것입니다.

이러한 부정 행위는 플랫폼 신뢰를 훼손하고 정직한 셀러의 기회를 박탈하는 불공정 경쟁으로 간주되며, 플랫폼은 이를 확인하면 해당 상품의 검색 노출 중단, 스토어 폐쇄 등 강력한 제재를 가합니다.

12

키워드의 이해

특정한 상품을 구매할 의도로 쇼핑하는 것을 '목적성 쇼핑', 명확한 구매 목표 없이 단순히 흥미나 시간을 보내기 위해 쇼핑하는 것을 '비목적성 쇼핑'이라고 합니다. 네이버는 '네이버 검색'이라는 강력한 진입점을 통해 이미 구매 의사가 있는 사용자가 유입되는 구조로, 기본적으로 목적성 쇼핑 경향이 매우 강한 플랫폼이라고 볼 수 있습니다. 따라서 네이버에서 쇼핑을 시작하는 순간, 사용자의 의도는 키워드에 매우 강하게 반영됩니다. 즉, 사용자가 어떤 키워드를 검색하느냐에 따라 그 사람의 구매 의도와 관심사를 유추할 수 있으며, 고객의 상황과 필요를 파악하는 중요한 실마리가 됩니다.

키워드는 사용자의 생각과 욕구를 반영하는 강력한 단서이므로, 키워드를 효과적으로 분석하면 고객을 더 깊이 이해하고 더 나은 서비스와 상품을 기획할 수 있습니다. 키워드는 단순히 고객의 의도를 담은 단어가 아닙니다. 플랫폼 안에서 수요와 공급이 만나고, 경쟁이 벌어지며, 가격이 형성되고, 트렌드가 반영되는 하나의 시장으로 작동합니다. 이처럼 하나의 키워드에는 다양한 목적과 수요가 담겨 있으며, 이들이 모여 하나의 시장을 형성합니다. 키워드를 시장 단위로 바라보는 관점은 마케팅 전략 수립, 상품 기획, 시장 진입 여부 결정 등 비즈니스 전반에서 보다 정교하고 효과적으로 의사결정을 할 수 있게 합니다. 키워드를 시장 단위로 바라보는 관점은 단순히 고객의 검색 의도를 파악하는 것을 넘어 특정 키워드와 연관된 수요·공급, 경쟁, 가격 형성 등의 흐름을 하나의 시장처럼 바라볼 수 있게 해줍니다.

키워드 분석에서 가장 중요한 것은 단순히 검색량이 많은 단어를 찾는 게 아닙니다. 검색량은 시장의 크기와 관심도를 보여줄 수 있지만, 그것만으로는 고객의 의도를 정확하게 파악할 수 없습니다. 예를 들어, '답례품 쿠키'라는 검색어 뒤에는 단순히 간식을 찾는 걸 넘어 감사의 마음을 전하기 위한 선물을 찾는 심리적 이유와 특별한 맥락이 작동합니다. 검색량은 참고 지표일 뿐, 진정으로 중요한 것은 특정 키워드에 담긴 고객 의도와 맥락을 파악하는 것입니다.

네이버의 검색 알고리즘은 고객이 검색할 때, 그 기대에 부합하는 결과를 제공하도록 설계되어 있습니다. 따라서 상품명을 작성할 때는 고객이 실제로 입력할 법한 단어와 그 단어에 담긴 기대와 감정을 신중히 고려해야 합니다.

검색량은 말 그대로 얼마나 많은 사람이 특정 키워드를 검색했는지를 나타내는 수치입니다. 검색량이 많다는 것은 그만큼 많은 사람이 해당 주제나 상품에 관심이 있다는 뜻이기도 합니다. 네이버 데이터랩, 아이템스카우트, 판다랭크 같은 도구를 활용하면 키워드별 검색량을 쉽게 파악할 수 있습니다. 하지만 검색량이 많다고 해서 반드시 주문이 많이 발생하는 것은 아닙니다. 어떤 키워드는 검색량은 적더라도 구매전환율이 높거나 거래 단가가 커서 오히려 더 큰 매출을 만들어내는 경우도 있습니다. 따라서 검색량은 참고 지표로 활용하되, 절대적인 판단 기준으로 삼지 않아야 합니다.

검색 사용자가 '구매를 목적으로 검색했는지'를 나타내는 '쇼핑성'은 해당 키워드가 실제 구매로 이어질 가능성이 높은지를 판단하는 지표입니다. 예를 들어, 어떤 키워드를 검색했을 때 네이버쇼핑탭에 먼저 노출된다면, 이 키워드는 쇼핑성과 연결될 가능성이 높습니다. 반면 해당 검색 결과에서 뉴스, 블로그, 카페 게시물이 먼저 노출된다면, 그 키워드는 정보 탐색 목적이 강하다는 뜻입니다. '다이어트'라는 키워드는 건강이나 체중 감량에 관해 정보를 얻기 위해 사용하는 때가 많기 때문에 쇼핑성은 낮다고 볼 수 있습니다. 하지만 체중 감량을 원하는 사람이 검색할 만한 '샐러드 도시락'은 실제 구매를 목적으로 입력된 키워드일 가능성이 높아 쇼핑성이 강한 키워드입니다.

수식어는 일반 명사 앞에 붙는 단어로, 고객의 기대를 더 구체적으로 표현해 줍니다. 예를 들어, '이어폰'보다는 '골전도 이어폰', '귀걸이형 이어폰', '러닝 이어폰'과 같이 수식어가 붙은 키워드가 검색에서 더욱 효과적일 수 있습니다. 수식어가 구체적일수록 고객이 원하는 제품의 조건이 명확해지므로, 검색 결과에 노출될 확률도 높아지고 구매 전환율도 향상됩니다.

상품 해석은 키워드를 효과적으로 설정하기 위한 핵심 과정입니다. 셀러는 상품 해석을 통해 내 상품이 어떤 기능을 가지고 있고, 어떤 사람에게 필요하며, 어떤 상황에서 유용한지를 명확히 이해해야 합니다. 이를 위해서는 고객이 검색할 때 실제 사용하는 표현과 조합을 분석해야 하며, 단어 하나하나에 담긴 의미를 해석할 수 있어야 합니다. 예를 들어, '여성용 검은색 친환경 마라톤 러닝화'라는 상품은 성별(여성),

색상(검은색), 품질/가치(친환경), 용도(마라톤)라는 네 가지 수식 키워드로 구성되어 있으며, 각각은 고객의 검색 의도와 직결됩니다. 상품 해석을 통해 이런 키워드를 추출하고 조합하면, 고객이 검색창에 입력할 법한 문장을 선제적으로 구성할 수 있습니다. 하나의 상품이라도 어떤 관점에서 해석하느냐에 따라 키워드 전략은 전혀 달라질 수 있습니다. 키워드는 단순한 텍스트를 넘어 고객에게 전달하는 메시지이자 브랜드 철학이 응축된 표현입니다. 따라서 키워드를 효과적으로 활용하려면 고객의 언어를 이해하고 그들의 검색 여정을 설계할 수 있어야 합니다.

키워드 추출 능력을 기르기 위한 실용적이고 일상적인 방법 중 하나가 바로 블로그 운영입니다. 블로그 글쓰기는 단순히 콘텐츠 제작을 넘어 고객의 심리와 감정, 상황에 대한 깊은 통찰로 이어지는 작업입니다. 예를 들어, 탈취제를 판매한다고 할 때, '무향', '안심 성분', '휴대용' 같은 키워드를 중심으로 글을 구성하고, '탈취제 사용 후기', '아이와 함께 안심할 수 있는 탈취제 사용법', '여름철 냄새 관리 팁' 등 다양한 맥락에서 콘텐츠를 만들어 보면, 고객이 실제 사용하는 언어와 민감하게 반응하는 요소를 체득할 수 있습니다.

블로그에 반복해서 글을 쓰는 과정에서 셀러는 단지 키워드를 나열하는 데 그치지 않고, 그 안에 담긴 의미와 감정을 읽어내는 역량을 키울 수 있습니다. '초경량 캠핑 의자'에는 '편안함', '휴대성', '자연 속의 쉼'이라는 욕구가, '빨래 냄새 제거'에는 생활 속 불편을 해소하려는 심리가, '답례품', '기념일 선물'과 같은 키워드에는 감사나 축하의 감정이 응축되어 있습니다. 블로그 글쓰기를 통해 키워드에 담긴 고객의 심리를 이해하고 반영하는 과정에서 정서적 공감 능력은 자연스럽게 훈련됩니다.

또한, 블로그는 언어적 감각을 키우는 데도 탁월한 도구입니다. 키워드 선정과 문장 구성 과정은 단어의 뉘앙스, 어순, 맥락에 민감해지도록 하며, 시대의 흐름과 문화를 반영하는 유행어와 신조어를 만들어내는 능력까지 훈련할 수 있게 합니다. 이런 언어적 훈련은 고객이 실제로 사용하는 키워드를 포착하게 함으로써, 내 상품이 검색 결과에 자연스럽게 노출되도록 하는 데 결정적인 역할을 합니다.

더 나아가 블로그를 운영하며 어떤 주제를 다룰 지, 어떤 메시지를 담을지를 고민하는 과정은 결국 '왜 이 제품을 팔아야 하는가?', '어떤 삶의 가치를 고객에게 제안하고 싶은가?'와 같은 본질적인 질문으로 확장됩니다. 이는 단순한 키워드 전략을 넘어서 셀러 스스로 비즈니스 태도와 방향성을 정립하는 계기가 되기도 합니다.

'열 길 물속은 알아도 한 길 사람 속은 모른다'라는 속담이 있습니다. 고객의 마음을 알아내는 것은 그만큼 어려운 일입니다. 하지만 온라인에서는 키워드를 통해 고객의 마음을 비교적 쉽게 엿볼 수 있고, 블로그 운영을 통해 키워드에 대한 통찰을 키울 수 있습니다. 이는 결국 사람에 대한 통찰, 나아가 시장에 대한 통찰을 넓히는 일이기도 합니다.

13

브랜딩은 네이버쇼핑과 상생할 수 있는
유일한 방법

검색 기반 쇼핑 플랫폼이 결국 브랜드 중심으로 재편될 수밖에 없다는 주장은 온라인 커머스 전문가 사이에서 꾸준히 제기되어 왔으며, 실제로 다양한 플랫폼에서 변화의 흐름이 감지되고 있습니다. 이는 단순한 기능 개선이나 트렌드가 아니라, 사용자 행동의 변화와 플랫폼의 수익 구조 재편이라는 구조적인 요인에서 비롯된 것입니다.

상품 공급이 폭발적으로 증가한 상황에서 사용자는 더는 '가성비'만으로 제품을 선택하지 않습니다. 수많은 검색 결과 속에서 정보를 선별하고 비교하는 데 피로감을 느끼기 시작했으며, 그 결과 검증된 브랜드에 대한 선호도가 높아지고 있습니다. 이런 상황에서 브랜드는 일정 수준 이상 품질과 서비스를 보장하며 사용자에게 심리적 안정감을 제공합니다.

더불어 플랫폼 입장에서도 브랜드는 높은 충성도와 마케팅 여력이 있으며, 더 많은 광고비를 지출할 중요한 파트너입니다. 그래서 플랫폼은 자연스럽게 브랜드에 더 많은 노출 기회를 부여하고 브랜드 스토어, 브랜드형 광고, 브랜드 스토리 중심의 노출 구조를 강화하게 됩니다.

특히 네이버쇼핑에서는 키워드를 넘어서 브랜드에 대한 네이버의 구조적 변화를 이해하고 이에 적응하는 것이 더욱 중요해졌습니다. 현재 네이버는 통합검색 결과, 상단에 브랜드스토어를 배치하고 브랜드 콘텐츠를 노출하며 AI 기반의 개인화 알고리즘으로 브랜드 상품을 추가로 추천하고 있습니다. 이러한 변화는 플랫폼의 구조가 '브랜드 중심'으로 재편되고 있음을 명확히 보여줍니다.

네이버는 2020년 브랜드스토어를 출범하면서 줄곧 브랜드 데이, 쇼핑 브랜드형 광고, 브랜드 패키지 등 브랜드 전용 프로모션 시스템을 구축해 왔습니다. 이는 단순히 대기업을 유입시키기 위한 시도가 아니라, 전체 커머스 생태계를 브랜드 중심으로 전환하려는 전략적 조치입니다. 실제로 공식 판매처라는 신뢰 라벨을 부여받은 브랜드는 가격 비교 상위 노출, 전용 콘텐츠 등록, AI 기반 추천 시스템의 혜택을 받으며 소비자에게 일관된 신뢰 이미지를 제공합니다.

블로그, 카페, 지식인 등 다양한 채널을 가진 네이버가 '브랜드 중심 플랫폼'으로 발전한 건 어찌 보면 당연한 흐름입니다. 이곳은 정보가 오가고, 사용자 리뷰가 끊임없이 공유되는 공간입니다. 그 과정에서 브랜드 평판과 명성이 자연스럽게 쌓입니다. 축적된 정보의 흐름은 브랜드가 성장하기 좋은 환경을 만들어 줍니다. 데이터 흐름에 밝은 네이버는 소비 트렌드가 브랜드 중심으로 바뀌는 걸 누구보다 빨리 읽었습니다. 그리고 이에 맞춰 브랜드 강화 정책을 차근차근 추진했습니다. 이 전략 덕분에 네이버는 비교적 늦게 쇼핑 시장에 뛰어들었음에도 빠르게 성장할 수 있는 기반을 마련했습니다.

반면 경쟁 플랫폼인 쿠팡은 자체 브랜드[PB] 중심의 폐쇄적 운영 구조를 유지하면서 개별 브랜드보다는 '쿠팡' 자체 브랜드 이미지를 강조합니다. 외부 브랜드는 주로 검색광고와 제한된 판매 채널에 의존해야 해서 소규모 사업자가 브랜드를 성장시키고 고객 신뢰를 쌓는 데는 한계가 존재합니다. 반면, 네이버는 브랜드가 자연스럽게 성장할 수 있는 토대를 제공하고 있습니다.

브랜드의 중요성은 네이버에만 국한된 것이 아니라 전 세계적으로 가속화되고 있는 추세입니다. 브랜드의 가치관, 지속 가능성, 윤리성을 중시하는 Z세대를 중심으로 한 소비문화의 변화는 브랜드가 더욱 중요시되는 흐름을 주도하고 있습니다. 나아가 정보와 상품이 넘쳐나는 온라인 환경 속에서 상품을 고르는 데 피로감을 느끼는 소비자는 브랜드를 더욱 신뢰의 기준으로 삼고 있습니다. 이러한 대세적 흐름에 맞춰 아마존과 같은 글로벌 커머스 기업이 강화하고 있는 브랜드 중심의 유동 구조 재편은 플랫폼의 신뢰도 확보를 위한 필수 전략이 되고 있습니다.

브랜딩은 이제 '선택'이 아닌 '생존'의 조건입니다. 실제 키워드 검색량 통계만 확인해 봐도 브랜드 키워드 검색량이 압도적으로 많습니다. 자연스럽게 브랜드를 보유하지 않은 셀러는 경쟁력을 확보하지 못하고 점점 더 불리한 위치에 놓이게 되며, 결국에는 시장에서 퇴출될 가능성이 점점 더 높아지고 있습니다.

14

네이밍의 힘

과거의 유통업은 유동 인구가 많고 접근성이 좋은 곳에 매장을 열면 고객이 자연스럽게 유입되는 구조였습니다. 이후 온라인 유통이 일반화되면서 한동안 광고와 마케팅 중심의 시대가 이어졌습니다. 하지만 지금은 광고 효과가 점차 한계에 이르며 브랜드에 기반한 신뢰와 공감이 더욱 중요한 시대가 되었습니다. 넘쳐나는 광고 콘텐츠에 소비자는 피로감을 느끼고 있으며, 단순한 마케팅만으로는 고객의 마음을 사로잡기 어려운 상황입니다. 이제 고객을 설득하고 유지하려면 명확한 정체성과 스토리를 갖춘 브랜드가 필수적입니다. 그래서 지금을 명확한 정체성과 스토리를 담은 '브랜드의 시대'라 할 수 있습니다.

고객의 마음을 읽고, 셀러의 가치와 철학을 전달하고, 고객과 꾸준히 소통을 이어가며 브랜드를 구축하는 일은 이제 사업을 시작하는 많은 이에게 당연한 과제로 여겨집니다. 그러나 브랜드의 핵심 요소인 '네이밍'은 여전히 낯설고 어렵게 느끼는 경우가 많아서 강력한 브랜드 네임의 중요성을 진지하게 인식하는 셀러는 의외로 드뭅니다. 특히 '나이키', '애플'과 같은 글로벌 기업의 성공 사례를 접하면, 그들의 네이밍 전략이 거창하고 복잡하게만 보여 일반 셀러는 현실과 동떨어진 일처럼 느끼곤 합니다.

사실 '브랜드Brand'라는 단어는 옛날 자신의 가축을 다른 농장의 가축과 구분하기 위해 불에 달군 쇠로 낙인을 찍던 데서 유래했습니다. 따라서 브랜드의 본질은 '다른 것과 구별되도록 하는 것'입니다. 브랜드란 내가 누구인지, 무엇을 하는 사람인지, 어떤 상품을 파는지를 명확히 드러내는 일이며, 그 핵심은 바로 '이름'입니다. 브랜드 네임은 브랜드의 정체성을 농축하여 전달하는 가장 압축적인 표현이자, 고객과 처음 마주하는 가장 핵심적인 메시지라 할 수 있습니다.

브랜드 네이밍에서 중요한 것은 내 상품을 다른 것과 어떻게 다르게 보이게 하느냐입니다. 멋진 뜻이나 외래어일 필요는 없습니다. 쉽게 떠올릴 수 있고, 곧바로 구별될 수 있으며, 고객의 머릿속에 명확히 남는다면 그것만으로도 훌륭한 이름입니다. 예를 들어, '꼬꼬면'은 이름만 들어도 닭을 재료로 하는 라면임을 바로 떠올리게 하고, '물먹는 하마'는 많은 양의 습기를 제거한다는 것을 직관적으로 떠올리게 합니다. 좋은 네이밍은 복잡한 마케팅 프로모션보다 빠르고 직접적으로 고객의 인식을 사로잡습니다.

SNS와 각종 인터넷 매체를 통해 정보가 실시간으로 빠르게 퍼지는 오늘날, 브랜드가 추구하는 가치와 철학을 담아 사람들 사이에 신뢰와 공감을 쌓는 것은 여전히 중요합니다. 그러나 그보다 먼저 고려해야 할 것은 누구나 쉽게 이해하고 기억할 수 있으며 자연스럽게 입소문이 날 수 있는 이름을 만드는 일입니다. '우유베개', '마약베개', '기절베개'와 같은 이름은 제품의 특징을 직관적으로 드러내며 고객의 머릿속에 강한 인상을 남깁니다. 이처럼 네이밍은 거창함보다 직관과 차별성, 기억에 남는 언어의 힘에서 출발합니다.

온라인 셀러에게 네이밍이 중요한 이유는 단순히 상품을 판매하는 것을 넘어 셀러 자신이 어떤 기준과 관점으로 상품을 큐레이션하는지를 보여주는 역할을 하기 때문입니다. 수많은 셀러가 동일하거나 유사한 상품을 판매하는 환경에서는 가격 경쟁만으로는 한계에 부딪히고 맙니다. 이때 중요한 것이 바로 '셀러 브랜드'입니다. 고객은 특정 상품뿐 아니라 해당 셀러에 대한 신뢰를 기반으로 재구매를 결정합니다. 신뢰의 핵심이 바로 셀러 개인의 이름(닉네임)이며, 이는 곧 그 셀러가 추구하는 가치를 상징합니다.

좋은 이름은 입소문이나 SNS에서 더 쉽게 알려지고, 더 널리 퍼지며, 고객의 기억 속에 강하게 남아 반복 구매로 이어지게 합니다. 초기에는 단순한 상점명이나 닉네임처럼 보일 수 있지만, 고객의 긍정적인 경험이 누적되면 하나의 브랜드로 인식되고 장기적으로는 자체 브랜드 상품의 개발이나 특정 분야의 전문 유통사로 성장할 수 있는 기반이 됩니다.

물론, 브랜드 이름을 만들고 소비자에게 자연스럽게 퍼지도록 하는 일은 생각만큼 쉽지 않습니다. 이는 단순히 아이디어를 떠올리는 것을 넘어 상품을 꼼꼼히 분석하고 글로 정리한 뒤, 다른 사람과 공유하고 피드백을 받으며 수차례 다듬는 과정을 거치며 완성됩니다. 좋은 이름은 혼자 머릿속에서 완성되는 것이 아니라, 사람들과 소통하며 현실적으로 검증되고 조율되며 만들어지는 것입니다. 이 과정을 가장 효과적으로 뒷받침해 주는 도구가 바로 텍스트 기반으로 생각을 정리하고 사람들과 연결되는 블로그입니다.

이제는 누구나 자신만의 브랜드를 만들어 가는 시대입니다. 막상

‘브랜드’라고 하면 거창하게 들릴 수 있지만, 사실 브랜드의 출발점은 사람들 사이에서 쌓이는 신뢰와 호감입니다. 어린 시절 함께 놀고 다투며 감정을 주고받았던 이웃집 친구 철수처럼, 브랜드도 친근하고 익숙하게 느껴져야 합니다. 그 친근함은 내가 판매하는 상품을 직접 사용하고, 분석하며, 다른 사람에게 소개하고 이야기를 나누는 과정 속에서 자연스럽게 형성됩니다. 이렇게 쌓인 경험과 관계가 결국 철수처럼 오래 기억에 남는 브랜드를 만들어 줍니다.

15

경쟁 강도와 상위 노출에 대한 오해

많은 셀러가 검색 결과에 표시된 상품 수가 많을수록 경쟁이 치열하다고 생각하지만, 실제 경쟁 구간은 상위 5위로 한정됩니다. 이 구조는 파레토 법칙처럼 상위 소수가 대다수의 클릭과 매출을 차지하는 구조에서 비롯됩니다.

그럼에도 유튜브나 블로그에서는 경쟁 강도를 '검색량 ÷ 상품 수'로 계산하는 방식이 여전히 널리 사용되고 있으며, 아이템스카우트 같은 도구 역시 이를 기준으로 경쟁 강도를 제시합니다. 하지만 이 계산법은 검색 환경을 단순히 숫자로만 해석하는 것으로, 실제 고객의 행동 방식이나 구매 결정 과정을 제대로 반영하지 못합니다.

고객은 상품을 구매하기까지의 과정에서 서로 다른 행동 양상을 보입니다. 예컨대, 어떤 고객은 상세페이지와 리뷰를 꼼꼼히 비교하고 며칠 후에 구매 결정을 내리며, 또 다른 고객은 익숙한 브랜드를 바로 검색하고 곧바로 구매하기도 합니다. 고객의 구매 여정은 다양하기 때문에 단순 수치로는 그 흐름을 완전히 이해하기 어렵습니다.

경쟁 강도 분석에서 검색량은 시장 규모를 가늠하는 데 참고가 되지만, 실질적인 매출이 발생하는지를 가늠하는 데에는 클릭 수가 더 본질적인 지표입니다. 클릭은 고객이 실제로 상품에 관심을 보이고 행동으로 옮긴 결과로, 구매 전환 가능성을 가늠하는 가장 직관적인 지표입니다. 네이버 데이터랩에서 제공하는 클릭 수 정보는 고객의 구매 여정 중 실제 반응 지점을 알려주는 결정적인 데이터입니다.

특히 검색 최상단에 위치한, 쇼핑 검색광고에 대한 유입률을 나타내는 평균광고클릭률CTR은 최상단에 노출되었을 때 예상 유입량을 추정할 수 있게 해줍니다. 고객이 처음 관심을 갖는 시점에서의 반응을 보여주는 평균광고클릭률은 해당 키워드로 상위 노출되었을 때의 실질적 유입 규모를 파악하는 데 매우 유용합니다.

경쟁 강도는 단순히 경쟁자 수로 판단해서는 안 됩니다. 중요한 것은 상위에 노출된 상품의 실제 경쟁력이며, 내가 상위에 노출된 다른 상품과 비교해 더 나은 점을 갖고 있어야 고객의 선택을 받을 수 있습니다. 이를 위해서는 상위 노출 상품의 리뷰, 평점, 이미지, 상품명과 상세페이지 구성 등을 세밀하게 분석하고, 배송 속도나 사은품 같은 추가 서비스 요소까지 함께 고려하여 차별화 전략을 수립해야 합니다.

하지만 경쟁 강도 분석보다 더 중요한 것은 애초에 다른 셀러와 직접적인 경쟁을 피할 수 있는 전략을 구축하는 것입니다. 예를 들어, 동일한 상품을 취급하더라도 특정 고객층을 겨냥한 콘셉트 설정이나 차별화된 패키지 구성만으로도 경쟁에서 벗어날 수 있습니다. 이런 전략은 단순 가격 경쟁에서 벗어나 고객에게 독립된 선택 기준을 제공한다는 점에서 의미가 있습니다.

상위 노출 경쟁은 피할 수 없더라도 가격 인하를 통한 동일 상품 간 경쟁은 장기적으로 셀러에게 모두 손해를 초래합니다. 따라서 가격 경쟁을 피하려면 브랜딩, 제품 기획, 독자적 콘텐츠 설계를 통해 고객에게 가격이 아닌 차별적 가치로 선택받는 구조를 만드는 것이 중요합니다.

온라인 판매에서는 고객과 직접 대면하지 않기 때문에 고객을 한 명의 '사람'이 아닌 단순한 클릭 수로 인식하는 실수가 자주 발생합니다. 경쟁자에 대해서도 마찬가지입니다. 상품명, 섬네일, 상세페이지처럼 겉으로 드러난 정보만 보고 경쟁자를 단순히 '데이터'로 판단하는 오류에 빠지기 쉽습니다. 하지만 경쟁자 또한 나처럼 고객을 유입시키고 선택받기 위해 치열하게 전략을 수립하는 '사람'입니다. 따라서 경쟁자의 전략을 결과물만으로 평가할 것이 아니라, 그 이면에 담긴 판단 기준과 기획 의도를 함께 읽어내야 합니다.

16

무성의한 대다수 때문에 해 볼 만한 스마트스토어

복잡하고 불확실한 문제를 피하고 단순하고 익숙한 선택지를 선호하는 성향을 심리학에서는 '인지적 구두쇠Cognitive Miser'라고 합니다. 스마트스토어처럼 누구나 쉽게 시작할 수 있는 환경에서는 인지적 구두쇠 성향이 더욱 두드러지게 나타납니다. 경제적 자유나 부업 콘텐츠를 접하고 유입된 초보자는 스마트스토어를 장기적인 직업이 아니라 부업 개념으로 접근하는 경향이 강합니다. 따라서 '인지적 구두쇠' 성향을 보이며, 마케팅이나 검색 시스템에 관해 체계적으로 학습하기보다는 자동 등록 프로그램을 이용하여 다른 상품과 유사한 상품명, 이미지, 상세페이지를 그대로 업로드하는 방식에 의존하는 경우가 많습니다.

반면, 마케팅·유통 관련 산업 경력자나 전공을 한 셀러는 소비자 심리와 유통 구조를 이해하고 이를 토대로 전략적이고 체계적으로 사업을 운영합니다. 이렇게 준비된 운영 방식은 상품 기획, 브랜딩, 광고 효율, 고객 관리 등에서 초보 셀러와 뚜렷한 차이가 있으며, 당연히 성과에서도 큰 격차가 있습니다.

그렇다고 반드시 관련 업계 경력이 있거나 배경지식이 풍부해야만 성공할 수 있는 것은 아닙니다. 마케팅 지식이 부족하더라도 생계를 걸고 반복적인 시도와 시행착오를 거치면서 고객에게 도달하고, 마침

내 브랜드를 구축해 내는 셀러도 있습니다. 이들은 실전에서 신뢰를 축적하고, 장기적으로 성과를 만들어 냅니다.

온라인 강의나 실전 경험을 통해 전문성을 갖춘 후 스마트스토어에 진입해 성공하는 사례도 있습니다. 그러나 코로나19 팬데믹 이후 온라인 커머스가 급격히 성장하고 온라인 커머스에 대한 강의 수요가 팽창하면서, 많은 사람이 제대로 준비도 되지 않은 채, 검증되지 않은 강의만을 듣고 온라인 커머스에 무작정 입점 하기 시작했습니다. 그 결과 스마트스토어에는 전문성이 부족한 셀러가 대거 포진하게 되었습니다.

2023년 6월 기준, 네이버 스마트스토어에 등록된 셀러는 약 57만 명으로 사실상 전 국민 100명 중 1명이 스마트스토어 셀러인 셈입니다. 하지만 이 중 연매출 1억 원 이상을 기록한 셀러는 약 4만 5천 명으로 전체의 7.9%에 불과합니다. 이 수치는 스마트스토어를 사업으로 운영하며 성과를 내는 사람이 얼마나 적은지를 잘 보여줍니다. 단순한 숫자처럼 보이지만, 아무 전략 없이 시작한 다수가 만들어 낸 구조적 결과이자, 스마트스토어에 전문적인 셀러보다 부업형 셀러가 절대적으로 많다는 현실을 잘 보여줍니다.

막상 스마트스토어를 시작해 보면 배워야 할 것도 많고 해야 힐 일도 많이, 많은 셀러가 '인지적 구두쇠' 성향을 드러내며 난순하고 익숙한 상품등록 업무에만 머무르게 됩니다. 소비자는 이런 상품을 금방 알아봅니다. 특히 브랜드가 중요한 네이버쇼핑에서는 상품의 완성도, 스토리, 브랜드력에서 나타나는 격차가 뚜렷하게 드러나며, 이 격차가 곧 매출과 성장 속도의 차이로 이어집니다.

결국, 스마트스토어에서의 성공은 얼마나 깊이 있는 전략과 성실한 태도로 시장을 분석하고 대응하는가에 달려 있습니다. 경쟁자가 소홀히 하는 부분을 세밀하게 파고드는 셀러가 소비자의 선택을 받을 수밖에 없습니다. 진정한 성실함은 단순히 시간을 많이 쓰는 것이 아니라, 고객의 관점에서 반복적으로 고민하고 실행하는 역량입니다. 매출을 만들어 내기 위해서는 시장 조사, 상품 기획, 경쟁 분석, 적절한 상품 소싱, 재고 관리, 광고 운영, 고객 응대, 콘텐츠 제작에 이르기까지 서로 유기적으로 연결된 업무에 대한 전략적인 판단이 요구되며, 각 과정은 정교한 실행력과 반복적인 개선 노력이 수반되어야 합니다.

겉으로 보기에는 이미 수많은 셀러가 활동하고 있어서 새로운 도전자기 들어갈 틈이 없어 보일 수 있습니다. 하지만 등록된 상품과 셀러를 자세히 들여다보면, 전략적으로 접근하는 셀러에게는 여전히 수익을 창출할 수 있는 여지가 충분합니다. 결국 전문성과 전략 운영 능력을 갖춘 셀러라면, 아무리 경쟁 상품이 많더라도 좋은 성과를 만들어 낼 수 있습니다.

'인지적 구두쇠'는 인간이 사고할 때 최소한의 노력과 에너지만 사용하려는 경향을 뜻하는 심리학 개념입니다. 사람은 복잡한 정보를 깊이 분석하기보다 직관이나 익숙한 판단 기준에 의존해 빠르게 결정을 내리려는 성향이 있습니다. 셀러 입장에서는 익숙한 방식이나 과거의 경험에 의존해 동일한 전략을 반복하는 경향으로 나타납니다. 그러나 시장과 고객의 환경은 끊임없이 변하기 때문에, 이런 태도는 성장의 한계를 불러올 수 있습니다. 인지적 구두쇠 개념을 이해하면 셀러 스스로 사고의 자동화를 경계하고, 더 깊이 있는 분석과 학습으로 차별화된 전략을 세울 수 있습니다.

6장

가장 중요한 것은 상품 소싱

국내 제조업체와의 협업은 새로운 기회

제품이 소비자에게 도달하기까지의 공급망은 원재료 조달에서 시작되어 제조, 유통, 마케팅, 고객 서비스에 이르는 여러 단계를 거칩니다. 공급망은 흐르고 연결되면서 각 단계마다 주체와 역할이 뚜렷하게 구분됩니다.

공급망의 전반부는 원자재를 공급하고 제품을 생산하는 단계로, 이를 업스트림Upstream이라고 합니다. 여기에는 원자재 공급업체, 부품업체, 제조업체 등이 포함되며, 생산의 효율성과 품질이 결정되는 중요한 구간입니다. 반면, 제품이 소비자에게 전달되는 유통, 마케팅, 고객 응대 등은 다운스트림Downstream이라고 하며, 유통업체, 소매점, 마케터, 온라인 셀러 등이 이 영역을 담당합니다.

온라인 셀러는 제품과 가치가 원료에서 소비자에게까지 흘러가는 하나의 연속된 흐름Stream 속에서 단순한 소비재 유통자가 아니라 다운스트림의 마지막을 책임지는 핵심 연결자라 할 수 있습니다. 상품등록을 넘어 고객의 시선에서 적절한 제품을 제안하고, 구매 여정을 설계하며, 마케팅과 서비스까지 주도하는 유통의 최종 접점을 담당하기 때문입니다.

다운스트림의 핵심적인 역할을 수행하는 셀러가 제조업체와 협업을 할 때 가장 먼저 마주하는 현실적인 문제는 MOQ^{Minimum Order Quantity}(최소 주문 수량)입니다. 이는 제조업체가 생산을 시작하기 위해 요구하는 최소한의 주문 수량으로, 생산 효율성과 비용 구조에 직결됩니다. 규모의 경제와 고정비 분산을 통해 단가를 낮출 수 있다는 점에서 제조사에는 필수적인 조건이지만, 셀러에게는 초기 비용과 재고 부담이라는 높은 진입 장벽이 되기도 합니다. 수요를 정확히 예측하지 못할 때는 재고 과잉과 손실로 이어질 수 있기 때문입니다.

셀러가 제품 개발과 생산을 직접 수행할 수 있다면 이상적이지만, 대다수 셀러에게는 현실적으로 쉽지 않은 일입니다. 해외에서 제품을 소싱하면 MOQ 부담은 줄어들 수 있으나, 인증이나 통관 과정에서 시간과 비용이 발생하며, 그에 따른 리스크도 존재합니다. 게다가 이러한 제품이 국내 유통망을 통해 들어오면서 중간 마진이 더해질 경우 가격 경쟁력을 확보하기 어려워, 이미 자리 잡은 셀러와의 경쟁에서도 불리할 수 있습니다.

과거에 비해 중국 대비 경쟁력이 다소 약화된 측면이 있지만, 기술력이나 제품 신뢰도 측면에서 여전히 세계적으로 인정받는 국내 제조업체가 많습니다. 특히 최근에는 온라인 유통 환경에 맞춰 변화하고 있는 곳도 증가하고 있습니다. 일부 국내 제조사는 100~500개 수준의 소량 주문을 수용하거나 테스트용 샘플 생산을 지원하면서 셀러에게 재고 부담 없이 판매를 시작할 수 있는 기회를 제공합니다. 경우에 따라 기획 단계부터 협업이 가능해 생산 과정에 대한 이해를 넓힐 수 있고, 마케팅 자료도 직접 지원받을 수 있습니다. 온라인 유통을 잘 이해하고 있는 일부 제조사는 주문 정보를 전달하면 상품을 대신 발송해 주거나 C/S까지 처리해 주는 위탁배송 서비스 업무를 제공하기도 합니다. 단가 측면에서는 여전히 중국산이 국산보다 유리합니다. 하지만 통관 지연, 인증 리스크, 품질 불량 등 숨은 비용까지 고려하면 국산이 오히려 더 안정적인 선택이 될 수 있습니다.

위탁 공급이 가능한 제조업체(브랜드) 중에는 자사 브랜드 관리를 중요시하는 곳도 있습니다. 이런 업체는 온라인 셀러 간의 과도한 가격 경쟁으로 시장 가격이 무너지는 것을 막기 위해 온라인에서 검색되는 가격을 수시로 모니터링하면서 철저하게 가격을 관리하고 통제합니다. 덕분에 셀러는 유통 마진이 안정적으로 보장되는 환경에서 활동할 수 있습니다.

국내 제조업체가 시장의 흐름에 따라 변화하고 있는 환경에서 초기 셀러는 대형 셀러와 정면으로 경쟁하기보다는, 국내 제조사의 소량 맞춤 생산 역량을 활용하여 프리미엄 시장이나 틈새 고객층을 공략하는 전략이 유효합니다. 예를 들어, 지역 특산품, 특수시장 상품, 기능성 제품 등에서 차별화된 상품을 기획하여 독자적인 시장 포지셔닝을 확보할 수 있습니다.

이제 제조사와 셀러는 단순한 거래를 넘어 공급망 전과정에서 시너지를 창출하는 관계로 발전하고 있습니다. 셀러가 전달하는 시장 반응과 소비자 피드백은 제조사의 제품 기획과 생산 방향을 최적화하는 데 기여하는 등 양측이 '분업'이 아닌 '공동 책임'을 지는 파트너 관계로 발전하고 있습니다.

한국 화장품 산업은 제조사와 셀러 간 협업 구조의 가능성을 보여주는 대표 사례입니다. 한국콜마와 코스맥스와 같은 제조기업은 온라인 커머스 기반 브랜드와 협력하여 소량 맞춤 생산, 빠른 제품 기획, 마케팅 자료 지원, 글로벌 유통 연계 등 종합적인 서비스를 제공합니다. 이러한 기반 위에서 K-뷰티 브랜드는 세계 시장에 진출하고 있습니다. 이렇게 제조사와 협업을 통해 차별화된 브랜드 가치를 구축한 대표적인 브랜드를 소개하면 다음과 같습니다.

- **조선미녀**: 전통 한방 콘셉트와 디지털 마케팅 결합 → 아마존 선크림 부문 1위
- **티르티르**: 틱톡 마케팅과 빠른 제품 확장 → 미국 시장 진출로 매출 성장
- **코스알엑스**: 민감성 피부용 저자극 스킨케어
- **디어달리아**: 비건 콘셉트로 프리미엄 시장 공략

화장품 산업에서 시작된 온라인 유통에 적합한 제조 협업 모델은 다른 산업으로 확대되고 있습니다. 예를 들어, 푸드테크 스타트업 유통사도 국내 식품 제조사와 활발하게 협력하며 새로운 식문화와 라이프스타일을 제안하는 간편식, 비건 식품, 대체 식품 등으로 시장을 확장하고 있습니다. 안경 산업 역시 젠틀몬스터 사례를 통해 제조와 유통의 새로운 협력 가능성을 보여주고 있습니다.

결론적으로, 국내 제조사와의 협업은 단순한 상품 확보를 넘어, 셀러가 브랜드를 구축하고 성장할 수 있는 실질적인 기반이 됩니다. MOQ에 유연하게 대응하고 생산부터 마케팅까지 다양한 영역에서 협업할 수 있는 국내 파트너 제조사가 존재한다는 사실은 창의적인 기획과 고객 소통을 중시하는 셀러에게 큰 기회를 제공합니다.

02

공급처도 유통이 어렵기는 마찬가지

제조업체는 생산 단가를 낮추고 효율성을 높이기 위해 대량 생산을 기본 전략으로 삼습니다. 반면, 시장에서 소비자는 다양한 제품을 필요에 따라 소량으로 구매합니다. 이런 구조적 차이로 인해 생산과 소비 사이에는 본질적인 간극이 생기며, 제조업체는 자금 회전의 안정성을 확보하기 위해 정교하고 민첩한 유통망을 갖추려 합니다. 제조와 소비 사이에서 생기는 규모의 불일치를 조율하고 연결하는 것이 유통의 본질적 기능이기 때문입니다.

실제로 유명 브랜드 상품은 유통사가 대량으로 매입해 재고를 운영하며, 시장에 신속하게 공급하는 체계를 갖추고 있습니다. 이러한 구조는 생산과 소비 사이의 간극을 최소화할 뿐 아니라, 재고가 빠르게 순환되면서 자금 회전에도 유리하게 작용합니다. 그러나 브랜드 인지도가 낮은 신생 기업이나 소규모 제조업체는 유통망을 확보하기 어려워 시장 진입 자체가 큰 장벽이 됩니다. 일부 제조업체는 자율성과 수익률을 확보하기 위해 직접 소비자에게 판매하는 D2C[Direct-to-Consumer] 방식을 시도하지만, 이는 쇼핑몰 구축, 고객 응대, 물류 시스템, 결제 관리 등 운영 전반에 걸쳐 상당한 부담을 수반합니다. 특히 마케팅 전략의 부재, 브랜드 인지도 부족, 내부 인력과 자원의 제약은 현실적으로 D2C 전략을 실행에 옮기기 어렵게 합니다.

제조업체가 온라인 유통 시장에 진입한다는 것은 단순히 기술적 전환이 아니라, 자신과는 전혀 문화가 다른 디지털 생태계에 진입하는 일입니다. 문화적 낯섦과 운영 환경의 차이로 인해 제조업체는 제품을 안정적으로 판매하고 시장 점유율을 확보할 가능성이 낮아질 수밖에 없습니다. 이때 셀러는 단순한 판매 대행을 넘어 검색 최적화, 콘텐츠 제작, 고객 응대 등 온라인 운영 전반을 실무에서 수행하는 실행 파트너로서의 역할을 할 수 있으며, 제조업체는 셀러의 실전 역량을 통해 자신의 디지털 시장 환경에 대한 약점을 효과적으로 보완할 수 있습니다.

그러나 협업은 말처럼 간단하지 않습니다. 제조업체가 다수의 소규모 셀러와 연결될 경우, 주문 예측의 어려움, 판매 지속성에 대한 불안정성 등 다양한 문제를 직면하게 됩니다. 반대로 셀러 입장에서도 안정적인 공급과 명확한 커뮤니케이션 체계, 신뢰 기반의 협력 구조가 갖춰지지 않는다면 파트너십은 쉽게 무너질 수밖에 없습니다.

공급자(제조업체) 입장에서 B2B 도매몰은 셀러와 간편하게 연결되고 소량으로도 거래할 수 있다는 점에서 분명 장점이 있습니다. 그러나 실제로는 기대했던 만큼의 유통 효과를 얻기 어려운 경우가 많습니다. 그 이유는 많은 제조업체가 온라인 유통의 구조와 운영 원리를 충분히 이해하지 못해, 셀러가 필요로 하는 수준의 상품 정보 구성, 마케팅 자료 제공, 고객 피드백 대응 등을 제대로 지원하지 못하기 때문입니다. 제조업체의 유통에 대한 이해 부족과 실행 역량의 부재는 셀러의 부담을 가중시키며, 결과적으로 판매 성과는 전적으로 셀러 개인의 역량과 활동에 크게 의존하게 됩니다.

　제조업체와 셀러 간 협업의 구조적 한계를 극복하려면, 제조업체와 셀러가 단순한 공급－판매 관계를 넘어 전략적 파트너십을 모색해야 합니다. 즉, 제조업체와 셀러는 각자의 강점을 살려 협력 구조를 구축해야 합니다. 제조업체는 셀러의 디지털 역량을 활용해 상품 기획과 운영 전략을 정교화하고, 셀러는 공급처를 공동 기획 파트너로 인식함으로써 고객 피드백과 콘텐츠 운영, 재고 관리를 유기적으로 연계할 수 있습니다. 유통 전략의 성공 여부는 단순히 '어디에 입점하느냐'가 아니라 '누구와 연결되고, 어떤 전략을 함께 실행하느냐'에 달려 있습니다.

03

상거래의 기본은 신용과 신뢰

종합 B2B 도매몰은 사업자 인증 절차를 거치지만, 실제로는 누구나 쉽게 판매할 수 있는 개방형 시스템을 운영하고 있습니다. 그렇다 보니 공급자와 셀러가 직접 대면하거나 소통할 필요가 없이 거래가 이루어지면서, 정보의 비대칭성이 심화되고 다양한 부작용이 발생합니다.

대표적으로 셀러는 공급업체의 품질 관리나 재고 운용 능력을 정확히 파악하기 어렵고, 제공되는 상품 정보가 부족하거나 부정확한 경우도 많아 상세페이지 구성에 어려움을 겪게 됩니다. 그 결과 셀러는 고객 응대에 실패하거나 클레임을 초래할 가능성이 높아지며, 이는 셀러 입장에서 고객의 신뢰를 잃는 주요 원인이 됩니다. 특히 이런 구조를 악용하는 셀러도 적지 않은데, 자신과 아무 관련이 없는 온라인에 있는 상품 정보를 무단으로 가져와 도매몰에 등록하고 다른 셀러에게 주문을 받는 경우입니다. 또 다른 문제는 이미지를 도용하거나 상표권을 침해하는 등 지식재산권 이슈가 빈번하게 발생한다는 점입니다. 여기에 일부 셀러가 허위 광고를 하거나 지나친 가격 경쟁으로 브랜드 이미지에 심각한 타격을 주는 예도 많습니다. 나아가 품질 문제나 고객 불만이 발생했을 때 책임 소재가 모호해지면서, 결국 브랜드에 대한 신뢰 하락으로 이어질 수 있습니다.

이러한 이유로 브랜드 관리를 중시하는 제조사는 도매몰에 입점한 불특정 다수의 셀러와 직거래를 꺼리며 자신을 대신해 도매몰에 제품을 판매하는, 신뢰할 만한 중간 유통업체와의 협업을 선호하기도 합니다. 이 경우 도매몰에 등록된 상품은 유통 단계를 거치면서 최종 도매몰 상품의 가격경쟁력이 약화되는 경향이 있습니다. 설령, 중간 유통 없이 제조업체가 직접 도매몰에 입점한다 하더라도, 이미 하락한 판매 가격 때문에 가격 경쟁력을 유지하기 어려운 현실에 직면하게 됩니다. 반면에 유통 전략이 체계적으로 수립된 제조사들은 공급 가격과 공급 방식에 대해 명확한 정책을 세워 운영하고, 시장 모니터링을 통해 브랜드 이미지를 적극적으로 관리합니다. 이들은 판매 파트너와 정가 판매 원칙을 공유하거나, 고가 전략을 통해 유통망의 마진을 보장하는 구조를 설계하기도 합니다.

B2B 도매몰과는 별개로 제조사와 셀러 사이에는 협력 과정에서 갈등이 빚어질 수 있는 지점도 적지 않습니다. 제조사는 브랜드 광고 및 마케팅에 투자한 성과를 셀러와 공유하는 데 소극적입니다. 셀러는 자신의 노력으로 확보한 고객 반응이나 브랜드 인지도를 제조사가 아무런 기여도 없이 자신의 것으로 여긴다고 느끼기도 합니다. 이 같은 인식 차이는 협력 구조를 불안정하게 만들며, 판매 정책 혼선과 유통 경로의 변동성을 초래하게 됩니다. 눈앞의 이익에 따라 제조사는 상표권이나 저작권 침해를 근거로 기존 판매 파트너의 활동을 제한하거나 중단시키는 일도 발생합니다. 이런 불합리한 상황에 법적으로 대응할 수도 있지만, 많은 시간과 비용이 들고 업무에 차질이 생기기 때문에 대부분 포기하고 맙니다.

공급자와 셀러 간에 생기는 모든 문제의 본질에는 정보 비대칭과 소통의 부재에서 비롯된 신뢰 부족이 자리 잡고 있습니다. 위탁 기반의 유통 구조에서는 셀러가 자체 브랜드를 구축하기 어렵고 고객과 장기적인 관계를 형성하는 것도 제한적입니다. 실시간 재고 파악이나 배송 품질에 대한 통제도 여의치 않습니다. 공급자와 셀러 간 책임 소재가 불명확한 상태에서 발생하는 각종 문제는 일방적으로 셀러에게 전가되기 쉽습니다. 공급자의 사업 전략 변화로 인한 예상치 못한 품절 문제 또한 셀러 입장에서는 예측 불가능한 리스크로 작용합니다. 결국 이는 모두 상호 간 신뢰 부족과 협력 구조의 부재에서 비롯된 문제입니다.

상품 경쟁력은 유통의 출발점일 뿐입니다. 제조부터 판매까지 성공적인 흐름을 유지하려면, 공급자와 셀러 간 신뢰에 기반한 긴밀한 협력이 우선되어야 합니다. 상품 기획부터 제조, 입고, 마케팅, 판매, 사후 관리까지 이어지는 상품 전개 전 과정에서의 일관성과 신뢰는 브랜드에 대한 소비자의 기억과 이미지, 즉 브랜드 인식을 좌우합니다. 특히 품절, 물류 사고, 공급가 변동, 최소 발주 수량 변경 등 공급 구조에서 발생하는 다양한 변수는 유통 생태계 전반의 신뢰도와 직결됩니다. 다시 말해, 제조업체와 셀러 간 협력 과정에서 발생하는 문제가 상황에 따라 브랜드뿐 아니라 전체 유통 생태계의 평판과 신뢰를 흔들 수 있다는 점을 잊어서는 안 됩니다.

예로부터 사업에서 가장 중요한 가치는 신뢰라고 했습니다. 유통도 마찬가지입니다. 결국 유통의 성공을 위해서는 사람과 사람 사이의 신뢰가 핵심입니다. 셀러와 제조사 모두 단기적인 이익을 넘어 장기적인

관계를 염두에 둔 유통 전략을 설계할 때 비로소 안정적인 수익 구조
를 형성할 수 있습니다.

온라인 B2B 도매몰은 사업자 간 상품 거래를 위한 전용 플랫폼으로, 소매 셀러가 제조사나 도매업체로부터 상품을 대량 혹은 개별 단위로 공급받을 수 있는 곳입니다. 대표적인 B2B 도매몰에는 도매매&도매꾹, 오너클랜, 온채널 등이 있습니다. 이곳에서는 상품의 도매가, 최소 주문 수량, 배송 조건 등을 한눈에 비교할 수 있어 효율적으로 상품을 소싱할 수 있습니다. 특히 일부 플랫폼은 스마트스토어와 연동되어, 재고 관리나 상품등록이 자동화됩니다.

04

좋은 상품을 구할 수 있는 여러 경로

B2B 도매몰은 누구나 접근할 수 있는 유통 채널이라는 특성 때문에 공급자와 셀러 간 긴밀한 관계를 형성하기가 어려워 여러 부작용이 발생할 수 있습니다. 브랜드 관리와 가격 정책을 중시하는 제조사는 도매몰 유통을 기피하는 경향이 있으며, 그 결과 상품성이 높은 인기 상품일수록 공급이 제한되는 예가 많습니다. 따라서 인지도와 상품성이 높은 상품을 확보하고자 한다면, 도매몰뿐만 아니라 다른 경로를 통한 접근이 필요합니다. 경쟁력의 핵심은 복수의 소싱 경로를 확보해 유망 상품을 선제적으로 확보하는 데 있습니다.

대기업의 브랜드 상품을 공급받고자 할 때에는, 해당 기업의 공식 홈페이지나 고객센터를 통해 전국 단위 공식 유통망이나 대리점을 확인한 후, 이들과 직접 접촉하여 제품 공급을 협의하면 안정적으로 상품을 공급받을 수 있습니다.

또 다른 경로는 중소 제조업체의 상품을 발굴하는 것입니다. 대중에게 널리 알려지지는 않았지만, 품질과 상품성이 뛰어난 제품을 생산하는 업체가 많습니다. 이들은 대체로 유통 조직이 잘 갖춰져 있지 않아 필요한 정보를 얻기가 쉽지 않지만, 발 빠르게 발굴하여 협업할 경우 경쟁자보다 한발 앞서 상품성 있는 제품으로 시장에 진입할 수 있습니다. 이러한 업체는 전시회에서 자주 만나볼 수 있습니다. 따라서 전시회 현장을 직접 방문하여 담당자와 대면 상담을 하면, 신뢰를 쌓을 수 있고 제품도 직접 검토할 수 있어 이후 안정적인 공급 관계로 발전시키는 데 유리합니다. 만약 전시회에 직접 방문하기 어렵다면, 전시회 홈페이지에서 참가업체 목록을 참고해 온라인이나 전화로 먼저 접촉을 시도해 볼 수 있습니다.

SNS와 온라인 쇼핑 플랫폼을 통해 유망한 상품을 발굴하는 방법도 있습니다. 인스타그램이나 네이버쇼핑 등에서 독창적이고 반응이 좋은 제품을 발견했다면, 해당 업체의 공식 채널을 통해 협업 가능성을 타진해 볼 수 있습니다. 상황에 따라서는 제품에 표시된 제조사 정보를 통해 직접 연락을 시도하는 것도 좋은 방법입니다.

이외에도 크라우드 펀딩 플랫폼은 혁신적인 아이디어 상품을 사전에 파악할 수 있는 좋은 창구입니다. 예를 들어, 유통망이 확보되지 않은 잠재력 있는 제품이 다수 올라오는 와디즈, 텀블벅 등은 제품의 공급처와 조기에 협업을 시작할 수 있는 중요한 통로입니다.

제조업체에 직접 연락했을 때, 이미 해당 상품의 유통을 담당하고 있는 총판이나 대리점과 연결되는 때도 많습니다. 특히 총판은 제조사보다 유통 조건이 유연한 경우가 많고, 다른 브랜드의 인기 상품이나 신제품에 대한 정보를 먼저 제공받을 수 있는 기회를 얻을 수도 있습니다. 제조업체의 총판이나 대리점과의 접점은 단순히 거래를 넘어 장기적 파트너십으로 발전할 수 있으므로, 열린 자세로 정보를 주고받으며 관계를 구축하면 큰 도움이 될 수 있습니다.

셀러 입장에서 다양한 상품 소싱 경로를 전략적으로 활용하는 것은 상품을 확보하는 차원을 넘어 전체 유통 산업 속에서 자신만의 네트워크를 구축해 나가는 과정이라 할 수 있습니다. 셀러는 공급자와 신뢰 형성, 정보 교류, 트렌드 선점이라는 측면에서 유기적으로 연결되어야 합니다. 그래야만 장기적인 경쟁력을 확보할 수 있습니다. 셀러는 다양한 접점을 기반으로 자신만의 유통 생태계를 설계해 나가야 하며, 그 안에서 축적된 관계와 정보는 시간이 지날수록 더욱 큰 자산이 될 것입니다.

05

검색만 잘해도 수익률이 달라진다

매출을 견인할 만한 상품을 발굴하고 안정적으로 확보하는 과정은 온라인 셀러라면 누구나 반복해서 겪는 어려움입니다. 상품 정보는 넘쳐나지만 정작 신뢰할 수 있는 것은 드뭅니다. 찾고자 하는 상품은 분명 있을 것 같은데, 손에 닿지 않는 거리 너머에 숨겨져 있는 듯 막연하기만 합니다. 상품 소싱의 어려움은 단순히 공급자의 태도나 플랫폼 구조 때문만은 아닙니다. 그 이면에는 검색 시스템의 제약, 불완전한 공급자 정보, 그리고 셀러 자신의 전략 부족 등 여러 요인이 얽혀 있습니다.

예를 들어, 사업자등록증만 있으면 누구나 상품등록을 할 수 있는 도매몰에는 진짜 도매업체도 있지만 단순 셀러도 적지 않으며, 등록된 상품 정보의 품질이나 검색 최적화 수준 또한 제각각입니다. 그 결과 일반적인 검색 방법으로는 경쟁력 있는 상품을 효과적으로 찾아내기 어렵습니다. 따라서 도매몰을 효율적으로 활용하려면 검색 능력과 정보 해석력이 반드시 뒷받침되어야 합니다.

위탁판매를 한다고 해서 반드시 도매몰에서만 상품을 구해야 하는 것은 아닙니다. 제조업체나 도매업체에 대한 정보를 얻을 수 있는 경로는 매우 다양합니다. 특히 도매몰에 입점하지 않고 자체 웹사이트를 운영하는 곳도 많기 때문에, 네이버나 구글과 같은 외부 검색엔진을 활용하면 훌륭한 상품성과 가격 경쟁력을 갖춘 업체를 발견할 수 있습니다. 이 중에는 CS 대응 등 부가적인 서비스도 제공해 안정적으로 거래를 지속할 수 있는 곳도 많습니다.

하지만 모든 공급처를 온라인에서 쉽게 찾을 수 있는 것은 아닙니다. 도매몰에 입점하지 않고 별도의 웹사이트도 운영하지 않는 도매처나 제조업체도 많습니다. 이 유형은 특히 연령대가 높은 대표나 직원이 있어 검색 기반 시스템을 활용하기 어려운 업체가 대표적입니다. 이들은 주로 카카오톡 오픈채팅방, 밴드 등 메신저 중심의 비공식 채널을 통해 셀러와 접점을 마련하려 하지만, 이 채널들은 실시간 정보 공유에는 유리해도 체계적인 검색이 어렵고, 정보가 곧바로 사라져 버리는 구조적인 한계가 있습니다. 이처럼 구조화되지 않은 채널에서는 공급자가 게시글 작성 시 검색 최적화를 고려하지 않기 때문에 셀러 입장에서 원하는 상품이나 업체 정보를 찾기 어렵습니다. 특히 도매업체 커뮤니티나 자유 게시판도 유사한 문제가 있어서 셀러가 필요한 정보를 체계적으로 찾으려면 많은 시간과 인내심이 요구됩니다.

온라인에 노출된 정보는 우리나라 전체 유통산업의 일부에 불과합니다. 특히 도매몰에는 무수하게 많은 상품과 공급자가 존재하지만, 실제로 많은 제조업체나 1차 도매업체는 도매몰에 입점하지 않고 자체적인 유통망이나 협력 관계를 통해 상품을 유통하는 예가 많습니다. 즉, 온라인에 노출된 정보만으로는 유통 시장 전체를 파악하기 어렵습니다.

유통 사업의 본질은 고객이 필요로 하는 상품을 정확히 파악하고, 적절한 시기에 적절한 방식으로 연결하는 데 있습니다. 그런 점에서 검색 능력과 정보 해석력을 바탕으로, 일반적인 접근 방식으로는 발견하기 어려운 상품을 발굴하고 제안하는 일은 고객에게 실질적인 가치를 제공하는 활동이라고 할 수 있습니다. 이는 단순한 중개 행위를 넘어 차별화된 경쟁력과 수익을 창출할 수 있는 중요한 기반이 됩니다.

06

검색을 잘하면 도매몰에서도
좋은 상품을 구할 수 있다

B2B 도매몰에서 경쟁력 있는 상품을 찾아내는 것은 쉽지 않습니다. 원하는 상품은 대부분 판매가 어려워 보이는 가격대이며, 네이버 최저가보다 훨씬 비싼 경우도 자주 발견됩니다. 이로 인해 도매몰 상품은 가격 경쟁력이 떨어지므로, 중국에서 직접 상품을 소싱하거나 제조업체로부터 직접 공급받아야 한다고 주장하는 셀러도 많습니다.

그뿐 아니라 방대한 상품을 취급하는 B2B 도매몰의 검색엔진은 네이버와 마찬가지로 알고리즘을 기반으로 작동합니다. 하지만 많은 도매업체가 키워드 최적화에 대해 이해가 많이 부족해서 상품을 등록할 때 중요한 키워드를 누락하거나, 부적절한 키워드를 사용하거나, 오타가 있는 경우가 많습니다. 이런 이유로 누구나 쉽게 떠올리는 일반적인 키워드로 상품을 검색해도 원하는 상품이 제대로 검색되지 않습니다.

검색 결과 상품이 상단에 노출되도록 키워드를 잘 설정하고 상세페이지를 꼼꼼하게 작성하는 도매업체도 있지만, 상세페이지를 무단으로 가져와 등록한 뒤 마진을 붙여 판매하는 곳도 적지않습니다. 문제는 이러한 방식은 사실상 소매 셀러가 또 다른 소매 셀러에게 판매하는 구조이기 때문에 가격이 높을 수밖에 없다는 점입니다. 또한 도매몰 메인 화면에 노출되기 위해 검색광고를 집행하는 도매처라면, 그

비용이 가격에 반영되어 가격 경쟁력이 떨어질 가능성이 큽니다.

이렇듯 검색 최적화로 노출을 늘리는 '가짜 상품'이나 '광고 상품' 때문에 좋은 상품을 찾기가 쉽지는 않지만, 검색 체계를 잘 이해하고 기능을 제대로 활용하면 도매몰에서도 충분히 경쟁력 있는 상품을 찾아낼 수 있습니다. 네이버에서도 가성비 좋은 최저가 상품이 있듯이, 도매몰에서도 마찬가지입니다. 분명 가격 경쟁력 있는 상품이 존재합니다. 하지만 검색 체계를 잘 이해하지 못하면 이런 상품을 찾아내기가 어렵습니다. B2B 도매몰에 가격순 정렬과 같은 조건부 검색 기능이 있음에도 이를 제대로 활용하지 못하면, 높은 가격의 검색에 최적화된 소매 셀러의 가짜 상품이나 광고 상품이 검색되기 쉽습니다.

대다수 셀러는 개별 상품 단위로 상품을 검색하는 데는 익숙하지만, 특정 상품 카테고리에서 전문성을 갖춘 공급처를 탐색하는 데에는 익숙하지 않습니다. 그러나 잘 검색되지 않는 전문 공급처가 오히려 경쟁력 있는 상품을 다수 보유한 경우가 많습니다. 도매몰에 등록된 공급처라 하더라도 업체와 직접 소통함으로써 경쟁력 있는 상품을 더 나은 조건으로 공급받을 수 있는 기회를 만들 수 있지만, 대다수 셀러는 단순히 상품 정보만 보고 판단하는 경우도 많습니다. 특히 제품의 재고 상황, 단가 조정 가능성, 독점 유통 여부 등은 직접 업체와 커뮤니케이션을 통해서만 파악할 수 있는 경우가 많기 때문에, 셀러는 상품 검색을 넘어 능동적으로 경쟁력 있는 제품을 발굴하기 위해 노력해야 합니다.

이때 상품의 라이프사이클을 이해하면 검색 과정에서 더 좋은 기회를 잡을 수 있습니다. 도매몰 또한 네이버쇼핑과 마찬가지로 상품의 라이프사이클이 존재합니다. 도입기 상품은 공급가가 높지만, 성숙기나 쇠퇴기에는 가격이 내려갑니다. 처음에는 가격이 맞지 않아 포기했던 상품도 시간이 지나 다시 검색해 보면, 도매업체 간 경쟁으로 인해 충분한 마진을 확보할 수 있는 수준이 되기도 합니다.

검색 체계를 이해하지 못하고 상품을 등록하면 고객에게 선택받지 못하듯, 검색 체계를 이해하지 못한 채 검색을 시도하면 나에게 필요한 경쟁력 있는 상품을 찾기 어렵습니다. 내 판매 상품을 등록할 때는 고객의 관점에서 생각해야 하는 것처럼, 판매할 상품을 소싱할 때에는 공급자의 관점에서 접근할 줄 알아야 합니다. 결국 공감력은 판매를 위해서도, 소싱을 위해서도 셀러에게 필요한 가장 중요한 역량입니다.

07

품절의 일상화

도매몰을 이용하는 셀러가 공통으로 느끼는 가장 큰 불만은 바로 상품의 잦은 품절입니다. 어렵게 경쟁력 있는 상품을 발굴해 광고와 마케팅에 투자한 끝에 첫 주문이 들어왔지만, 막상 주문을 넣으려고 하면 재고가 없는 경우가 빈번합니다. 지나치게 높은 공급가격 못지않게 '예상치 못한 품절'은 도매몰을 신뢰하지 못하게 하는 핵심 원인 중 하나입니다.

잦은 품절은 겉으로는 단순해 보이지만, 그 이면에는 현실적으로 다양한 이유가 존재합니다.

먼저, 도매몰에 상품을 등록하는 다수의 공급자가 제조업체가 아니라 도매업체인 경우가 많습니다. 이들은 자금 회전이 중요한 상황에서 재고가 쌓이는 것 자체가 위험이기 때문에 수요를 보수적으로 예측하여 최소한의 재고만을 보유합니다. 특히 도매몰에 등록된 상품 중에는 비인기 상품이거나 브랜드 인지도가 낮은 상품이 많습니다. 이러한 상품은 판매 속도가 느려 일시적으로 품절이 되더라도 추가 재고를 확보하지 않고 그대로 판매를 종료해 버리는 때도 많습니다. 그리고 브랜드 파워가 약하거나 유통망이 안정되지 않은 상품은 재고가 소진되었을 때 제조업체가 추가 생산을 결정하는 데 상당한 부담이 따릅니다. 특히 초기 생산 물량이 소진된 이후 수요가 확실하지 않다면, 추가 생산을 결정하기가 어렵습니다.

어떤 경우에는 도매몰에 등록된 상품 자체가 이미 단종되었거나, 사업 철수 과정에서 땡처리된 재고일 수도 있습니다. 제조업체가 야심차게 기획한 상품이 시장에서 기대만큼 반응을 얻지 못해 대량 재고로 남는 일도 적지 않습니다. 이러한 상품은 일반 도매 유통망이나 땡처리 전문 업체로 흘러들어가 도매몰에 등록됩니다. 이 경우 셀러가 노력하여 재고를 모두 소진하더라도, 그 상품은 다시 생산되지 않기 때문에 장기적으로 판매를 이어갈 수 없는 일회성 상품이 되고 맙니다.

문제는 여기서 끝나지 않습니다. 네이버쇼핑 등에서 온라인 최저가로 검색되는 상품 정보를 그대로 베껴 도매몰에 상품을 등록하는 업체들도 있습니다. 이들은 실제 재고와 유통망이 없으면서 마치 도매업자인 것처럼 활동합니다. 이들은 주문이 들어오면 다른 온라인 쇼핑몰에서 동일 상품을 대신 주문해 발송하는 방식을 쓰는데, 이 과정에서 이미 다른 거래에 사용된 운송장 번호를 주문한 셀러에게 전달합니다. 이 경우 정상적인 배송 추적이 되기 때문에 겉보기에는 출고가 된 것처럼 보이지만, 셀러가 배송 정보 등록 시 이미 다른 스마트스토어에서 발송된, 중복된 운송장 번호라며 배송 정보가 정상 반영되지 않는 일이 발생하기도 합니다. 이는 단순히 시스템의 허점이라기보다는 근본적으로 도매몰이라는 개방형 플랫폼이 갖는 구조적 한계라고 볼 수 있습니다.

마케팅이 활발한 상품일수록 품절 속도는 빨라집니다. 연예인을 활용한 광고나 SNS를 통한 바이럴 마케팅이 성공한 상품은 순식간에 판매가 집중되며 재고가 바닥나는 일이 빈번합니다. 때로는 셀러가 직접 마케팅을 통해 브랜드 인지도를 형성했음에도, 그 인지도를 노리고 다른 셀러가 공급처의 재고를 먼저 전량 매입하거나 독점 계약을 체결해 버리는 경우도 있습니다. 결과적으로 애써 구축한 시장이 하루아침에 다른 이의 몫으로 돌아가는 어이없는 상황이 벌어질 수도 있다는 의미입니다.

이러한 문제는 겉으로는 '단순한' 품절 현상으로 보이지만, 실제로는 유통 구조의 한계, 공급처의 운영 방식, 플랫폼의 구조적 취약점, 경쟁자의 전략적 움직임 등이 복합적으로 얽혀 발생하는 결과입니다. 이는 단순히 상품 정보와 도매몰 플랫폼 간의 연결 문제를 넘어서 상품을 공급하고 소싱하는 과정에서 사람과 사람 사이의 문제로 이해해야 합니다. 결국 상품의 품질이나 가격만으로 거래가 성사되는 것이 아니므로, 서로 신뢰 기반의 파트너십으로 원활하게 소통할 때 각종 돌발 상황을 사전에 예방하고 손실도 최소화할 수 있습니다.

08

전시회는 최고의 소싱 경로

2023년 전국사업체조사에 따르면 국내 제조업 사업체 수는 50만 개가 넘는다고 합니다. 하지만 모두가 B2B 도매몰에 입점한 것은 아니기 때문에 도매몰에서 모든 상품을 찾을 수는 없습니다. 따라서 유통 분야 출신이 아니거나 제조 분야 네트워크가 부족한 셀러에게는 전시회가 초기 단계에서 매우 효과적인 소싱 경로가 됩니다.

전시회에서는 다양한 공급처를 한자리에서 직접 만나고, 제품의 특성과 경쟁력을 현장에서 확인할 수 있습니다. 일부 제조업체와는 현장에서 브랜드에 맞춘 OEM/ODM 협의가 가능하며, 독특한 소재나 디자인을 반영한 공동 개발 논의를 통해 독점적인 상품 라인을 기획할 수도 있습니다. 따라서 셀러 입장에서는 전시회가 차별화된 상품 전략을 세울 수 있는 절호의 기회가 될 수 있습니다.

전시회 중에는 품목을 구분하지 않는 소비재가 출품되는 일반 유통 전시회도 있지만, 특정 분야에 대해 전문성이 있는 전시회도 많이 있습니다. 전시회는 서울·수도권에서 주로 개최되며, 지방 대도시에서는 지역 특산품과 지방 제조업체 생산품 중심의 전시회가 열리는 경우가 많습니다. 전시회라고 해서 반드시 대규모 박람회만을 뜻하는 것은 아닙니다. 전국 각지의 지방자치단체가 주최하는 지역 축제 역시 신상품을 선보이고 바이어를 만날 수 있는 기회를 제공하며, 전시회와 비슷한 유통·홍보 기능을 합니다.

전시회 현장은 제품 상담을 넘어 짧은 대화를 통해 공급업체의 공급 정책과 태도, 비즈니스 매너 그리고 진정성을 파악할 수 있는 기회를 제공합니다. 예를 들어, 가격뿐만 아니라 업체의 생산 과정이나 제조사의 고민을 함께 듣고 공감하는 방식은 '라포르'Rapport(신뢰 관계) 형성의 출발점이 됩니다. 여기서 라포르는 짧은 대화 속에서 자연스럽게 형성되는 서로에 대한 신뢰 분위기를 의미합니다. 라포르는 첫 거래에서 '믿을 수 있는 파트너'라는 인상을 주어 신뢰를 쌓는 데 도움이 되고, 이후 가격을 협상하거나 주문 조건을 협의할 때도 유리하게 작용할 수 있습니다. 실제로 전시회에서 서로 신뢰가 형성된 공급업체는 MOQ(최소 주문 수량) 완화, 납기 일정 조정, 독점 계약 우선권 등에서 보다 유연하게 협상에 응하는 예가 많습니다. 한마디로 전시회를 통해 형성된 신뢰는 제품 구매를 넘어 협상을 유리하게 이끄는 실질적인 힘이 됩니다.

또한 전시회에서는 제조업체와의 진지한 대화를 통해 상품에 대한 전문 지식이 축적되고, 좋은 상품을 구별하는 안목도 기를 수 있습니다. 이는 셀러의 역량 향상으로 이어져 이후 소싱이나 큐레이션 전략에도 큰 자산이 됩니다. 특히 전시회에서 접하게 되는 상품 중 차별성이 뛰어난 경우, 즉석에서 협상하여 독점 유통 기회를 확보하거나 방문객의 반응을 보면서 시장성을 사전에 테스트할 수 있다는 점에서 과잉 경쟁을 피하는 데에도 유리합니다. 그리고 전시회에서 형성된 신뢰와 유대는 장기적 파트너십으로 이어질 수 있어 공급망 안정성 확보와 차별화 전략 수립에 중요한 기반이 됩니다.

09

부지런한 자가 돈을 번다

세계 곳곳에서 매일 새로운 생산자가 등장하고, 품질이 뛰어난 상품이 쏟아져 나오며, 이에 대한 수요도 끊임없이 생겨납니다. 소비자의 관심사와 구매 기준 역시 빠르게 변하고 있습니다. 문제는 공급과 수요에 관한 정보가 SNS, 뉴스, 커뮤니티 등 다양한 경로를 통해 쏟아졌다가 금세 사라진다는 점입니다. 이 흐름을 제때 포착하지 못하면 눈앞의 수익 기회를 경쟁자에게 빼앗기기 쉽습니다. 실제로 많은 셀러가 정보 조사 과정에서 피로를 느끼고 포기하고 맙니다. 일부 셀러는 이미 시장이 포화된 상태에서 기존 강자를 이기기 어렵다고 단정하며 새로운 기회를 찾으려는 노력조차 하지 않습니다.

변화의 신호는 꼭 거창한 분석이나 복잡한 통계에서만 나타나는 것이 아닙니다. 오히려 고객 리뷰, 경쟁사의 상세페이지 변화, 갑작스러운 SNS 밈처럼 일상 속 사소한 움직임에서 먼저 드러나는 경우가 많습니다. 부지런한 셀러는 사소하고 작은 신호를 민감하게 관찰하고, 그 의미를 실행 가능한 아이디어로 연결하는 감각을 꾸준히 훈련합니다. 이런 태도가 결국 시장 변화 속에서도 기회를 선점하게 만드는 힘이 됩니다.

부지런한 셀러는 새롭게 출시되는 상품을 주의 깊게 살피고, 고객의 취향 변화에 빠르게 대응하여 소비자에게 꼭 맞는 제품을 연결합니다. 이는 단순히 판매가 아니라, 공급자와 소비자를 연결해 가치를 창출하는 전략이자 치열한 경쟁 속에서 입지를 확보하는 방법입니다.

시장 조사와 소비자 분석은 단지 참고용 데이터가 아니라, 상품 개발과 마케팅 전략 수립의 방향을 결정짓는 핵심 자산입니다. 어떤 상품이 새로 나왔는지, 소비자가 무엇에 관심이 있는지, 경쟁사가 어떻게 대응하는지를 끊임없이 관찰하고, 다양한 정보를 융합해 새로운 기회를 창출하는 중요한 활동입니다.

새로운 마케팅 채널을 적극적으로 활용하는 것도 시장 진입 장벽을 낮출 수 있는 좋은 방법입니다. 예를 들어, SNS 영상 마케팅, 인플루언서 협업, 라이브 커머스 등은 적은 비용으로 고객의 관심을 끌고 구매 전환을 유도할 수 있어 초기 자본이 부족한 셀러에게 유리합니다.

하지만 무엇보다 중요한 것은 타이밍입니다. 트렌드를 먼저 읽어도 실행이 늦으면 기회를 놓칩니다. 부지런한 셀러는 빠르게 실행하고, 작게라도 실험하고 결과를 검증하면서 시장 변화에 대응합니다. 익숙한 방식에 안주하거나 새로운 시도를 두려워하는 태도는 변화의 흐름을 빠르게 포착하고 대응해야 하는, 중요한 타이밍을 놓치게 만듭니다.

부지런한 셀러는 고정관념에 사로잡히지 않고, 낯선 변화 앞에서도 능동적이고 유연하게 대응합니다. 트렌드는 언제나 기존의 틀 밖에서 시작되며, 열린 마음이야말로 새로운 트렌드를 가장 먼저 감지하는 조건입니다.

부지런함은 단지 손과 발이 빠르다는 뜻이 아닙니다. 변화의 징후를 읽고, 새로운 정보를 지속적으로 탐색하며, 실패를 두려워하지 않고 실험을 반복하는 태도입니다. 이러한 태도는 날카로운 관찰력과 논리적 사고력을 바탕으로 형성됩니다. 단순히 정보를 수집하는 데 그치지 않고, 정보를 연결하고 해석해 실행 가능한 전략으로 전환하는 능력이야말로 부지런한 셀러의 진짜 경쟁력입니다. 소비자를 깊이 이해하고 지속해서 학습함으로써 변화하는 환경에 능동적으로 대응한다면, 강력한 경쟁자들 사이에서도 충분히 성과를 낼 수 있습니다.

10

내 브랜드 만들기

온라인 유통 사업에서 상품의 브랜드 파워는 사업의 성패를 좌우하는 매우 중요한 요소입니다. 문제는 이미 유명한 브랜드는 안정된 유통망을 갖추고 있어, 초보 셀러가 이 상품을 처음부터 공급받기란 쉽지 않다는 점입니다. 이런 이유로 대다수 온라인 셀러는 주로 이름이 알려져 있지 않은 상품을 취급할 수 밖에 없어, 무명의 상품에 브랜드 가치를 부여하는 일은 셀러의 몫이 되기도 합니다. 하지만 셀러 입장에서는 타인이 개발한 상품에 자신의 시간과 자원을 들여 브랜딩을 대신해 주는 일은 비합리적으로 느껴질 수 있으며, 노력의 결실이 온전히 제조업체에 돌아가는 상황을 기꺼이 받아들일 셀러는 많지 않을 것입니다.

더구나 판매 상품에 대한 독점 판매권을 보유하고 있지 않다면, 내가 애써 쌓아 올린 브랜드 가치에 무임승차하는 다른 셀러가 반드시 생기기 마련입니다. 그들은 아무런 노력 없이 혜택을 누릴 뿐 아니라, 때로는 가격 경쟁을 유도해 전체 수익성을 떨어뜨리곤 합니다. 제조업체 입장에서는 빠른 재고 소진이 우선이므로, 셀러 간 경쟁으로 인한 시장 가격 교란을 적극적으로 제어하지 않는 예도 많습니다.

판매 경험이 많지 않은 셀러는 당장 몇 개의 상품을 판매하는 것이 급하므로, 장기적인 브랜드 전략이나 무임승차와 같은 문제까지 고려할 여유가 없습니다. 반면, 판매와 브랜딩에 대한 감각을 가진 셀러는 이런 상황을 대비하기 위해 제품 기획과 상표권 등록을 통해 자체 브랜드를 만들려는 방향으로 나아갑니다.

많은 온라인 유통 전문가가 자신만의 브랜드 상품을 개발해 판매해야 한다고 조언합니다. 그러나 제품 개발, 포장, 물류 관리까지 전 과정을 직접 책임지는 일은 현실적으로 벅차며, 재고 부담 역시 초보 셀러에겐 큰 리스크로 작용합니다. 결국 이와 같은 벽에 부딪혀 적지 않은 셀러가 사업을 접기도 합니다.

온라인 유통에서 브랜드의 힘은 절대적이므로 브랜드를 제대로 이해하는 것은 매우 중요합니다. 브랜드에 대해 이해가 부족한 사람은 생산 제품에 부착된 상표나 로고만이 브랜드라고 오해할 수 있습니다. 하지만 브랜드란 다른 상품과 구별되고 쉽게 알아볼 수 있도록 해주는 상징이나 이름을 의미합니다.

브랜드의 이러한 근본적인 의미를 이해한다면 위탁판매 상품을 취급하더라도 판매에는 전혀 문제가 없습니다. 자신의 특별한 안목으로 남들이 미처 알지 못한 상품의 고유한 가치를 찾아낸 다음, 고객이 쉽게 이해하고(차별화) 기억할 수 있는(식별) 이름으로 만들어 판매하면 됩니다. 내가 소싱한 위탁판매 상품이 유명한 브랜드가 아니라면, 어차피 고객은 상품의 원래 이름(브랜드)이 아닌 내가 지어낸 이름으로 인지하게 됩니다. 따라서 제품 개발이나 생산품 재고에 대한 책임은 공급자가 부담하지만, 가장 중요한 브랜드는 완전히 내 것이 되어 입소문에 의한 시장 확장의 혜택도 온전히 내가 취할 수 있습니다. 또한 위탁판매의 가장 큰 문제인 단종이나 경쟁 셀러의 독점 등으로 공급이 끊기는 문제도 유연하게 대처할 수 있습니다.

11

앞으로 뜰 키워드를 선점하면 돈을 벌 수 있다

온라인 판매에서 내 상품이 어떤 키워드로 검색되는지가 구매전환율을 높이는 데 가장 중요합니다. 특히 네이버쇼핑과 같은 플랫폼에서는 소비자가 입력하는 검색어에 따라 상품 노출이 결정되므로 적절한 키워드를 선택하고 선점하는 것이 필수적입니다.

일반적인 키워드를 검색하면 상위에는 이미 판매가 잘되고 리뷰가 많은 상품이 자리하고 있어, 새로 등록한 상품이 고객에게 노출되기는 쉽지 않습니다. 세부 키워드 또한 수요가 적거나 이미 경쟁이 치열한 경우가 많아 진입 장벽이 높습니다. 언뜻 보면 기회를 얻을 만한 틈이 없어 보이지만, 꾸준히 성과를 내는 셀러들이 여전히 존재합니다. 그들은 온라인 커머스 시장을 정체된 구조로 보지 않고 끊임없이 변화하고 확장되는 흐름으로 인식합니다.

실제로 검색어는 소비자의 기대와 욕구를 반영하며 시장의 변화에 따라 새롭게 등장하거나 소멸하기도 합니다. 하지만 많은 초보 셀러가 변화를 인식하지 못하고 검색어를 고정된 것으로 착각하는 경우가 많습니다.

현재 인기 있는 상품도 시간이 지나면 수요가 줄어들 수 있으며, 반대로 새롭고 차별화된 가치를 지닌 상품이 갑자기 유행을 타고 급격한 수요 증가로 이어질 수 있습니다. 특히 SNS의 발달은 상품의 변화 속도와 범위를 과거보다 훨씬 더 빠르고 넓게 확산하고 있습니다.

지금 당장 주목받지 않는 상품이라도 가치가 드러나는 순간, 소비자의 관심이 몰릴 수 있습니다. 이 흐름을 누구보다 먼저 포착해 상품을 준비하고 노출시킨다면 상위 노출과 판매 확대, 나아가 실질적인 수익 창출로 연결될 수 있습니다. 많은 셀러가 이미 경쟁이 치열한 키워드에 집중하는 사이, 새로운 키워드를 먼저 잡은 사람은 비교적 경쟁이 덜한 시장에서 확실한 우위를 점할 수 있습니다.

키워드를 선점하는 전략은 단순히 수요를 먼저 확보하게 하는 데 그치지 않고 플랫폼 내 리뷰, 검색 노출, 고객 신뢰, 기능 활용 경험 등에서 축적된 성과로 구조적인 차이를 만들어 낼 수 있게 합니다. 여기서 구조적 차이란 초기 판매 데이터와 리뷰를 기반으로 한 검색 알고리즘 우위, 고객의 신뢰와 재구매를 이끌어 내는 브랜드 인지도, 플랫폼 기능을 효율적으로 활용하는 운영 노하우, 그리고 쉽게 무너지지 않는 시장 점유율과 같은 지속적인 경쟁 우위를 의미합니다. 네이버쇼핑과 같은 플랫폼에서는 이 효과가 더욱 분명하게 나타납니다. 초기 진입자는 선점자 우위First-mover advantage' 전략으로 키워드를 선점함으로써 브랜드 인지도를 먼저 확보하고, 누적된 운영 경험을 바탕으로 후발 주자가 쉽게 따라잡기 어려운 경쟁력을 쌓을 수 있기 때문입니다.

키워드를 선점할 때는 소비자의 가치관이 담긴 메시지를 스토리에 담아내는 것도 중요합니다. 특정 키워드가 유행하는 데에는 소비자 취향뿐 아니라 기술의 발전, 사회적 이슈, 세대별 심리 등 다양한 요인이 복합적으로 작용하기 때문입니다. 예를 들어, Z세대의 자기 표현 욕구는 ‘Y2K 패션’과 같은 키워드가 빠르게 주목받는 배경이 되며, 단순한 유행을 넘어 하나의 문화적 코드로 자리 잡기도 합니다.

소비자의 가치관이 담긴 메시지를 스토리에 담아내면, 여기에서 도출된 키워드는 소비자의 감성을 자극하면서 자연스럽게 확산될 수 있습니다. 예를 들어, ‘지속 가능한 패션’이나 ‘친환경 생활용품’ 같은 키워드는 제품 정보를 넘어 소비자의 가치관과 정서에 깊이 와닿는 연결 고리가 됩니다.

많은 사람이 키워드를 고민할 때 마치 데이터 분석이 키워드를 찾는 열쇠인 것처럼 말합니다. 하지만 데이터는 이미 지나간 과거의 흔적에 불과하며, 그것을 그대로 해석해서 키워드를 찾는 것은 결국 앞서 간 누군가를 따라가는 것에 불과합니다. 데이터는 과거의 상황을 보여줄 뿐, 앞으로 다가올 변화를 알려주지 않습니다. 진짜 중요한 것은 데이터 자체가 아니라 데이터 이면에 담긴 사람들의 삶과 생각의 변화를 읽어내고, 그것이 앞으로 어떤 방향으로 흐를지를 예측하고 통찰해서 새롭게 뜰 키워드를 찾아내는 일입니다.

선점자 우위 전략은 시장에 가장 먼저 진입해 경쟁자보다 유리한 위치를 확보하는 것입니다. 새로운 제품이나 서비스를 최초로 선보이면 브랜드 인지도, 유통망, 고객 신뢰에서 자연스럽게 우위를 점하게 됩니다. 예를 들어, 락앤락은 국내에서 '완전 밀폐용기'라는 개념을 처음으로 상용화해 밀폐용기 시장을 개척했습니다. 이후 수많은 유사 제품이 등장했지만, 소비자들은 여전히 '밀폐용기=락앤락'으로 인식합니다. 이처럼 선점자 우위는 단순히 '먼저 나왔다'는 의미를 넘어, 소비자의 머릿속에 특정 제품군의 기준을 먼저 각인시키는 데서 진정한 힘이 발휘됩니다.

12

전문가를 빠르게 팔로우하기

시장 조사로 수요를 예측하는 일은 매우 중요합니다. 하지만 초보 셀러가 직접 시장 조사를 하고 수요를 예측하기는 쉽지 않습니다. 이럴 때는 대형마트나 홈쇼핑과 같은 대기업과 라이브커머스, 해외 기업 등 이미 검증된 전문가들의 기획과 전략을 벤치마킹하여 빠르게 상품 소싱과 판매에 활용하는 것이 효과적입니다.

전통적인 유통회사인 대형마트나 TV 홈쇼핑에는 다수의 고급 인력이 포진해 있습니다. 여기에는 전문적으로 시장 조사를 하고 수요를 예측하는 업계 최고 수준의 MD^Merchandiser는 물론 마케팅 전문가가 있습니다. 이들은 철저한 시장조사와 분석을 통해 상품을 기획하고, 판매 전략을 수립하며, 소비자의 트렌드와 니즈를 정확히 파악하여 상품을 출시합니다. 따라서 수시로 대형마트와 홈쇼핑 방송을 모니터링하면서 새로 출시되는 상품을 빠르게 소싱하여 경쟁 셀러보다 먼저 상품을 등록한다면, 대기업의 뛰어난 기획 능력을 내 것처럼 활용하면서 시장을 선점할 수 있습니다. 특히 TV 홈쇼핑의 경우, 유능한 쇼호스트가 판매 상품의 장점을 체계적으로 정리하고 핵심 가치를 효과적으로 표현합니다. 따라서 홈쇼핑 방송을 참고하면 내가 판매할 상품의 마케팅 전략은 물론, 공략할 키워드를 결정하는 데에도 큰 도움이 됩니다. 쇼호스트의 멘트와 표현 방식, 강조 포인트 등을 분석하면 상품의 주요 장점과 소비자가 어떤 부분에 관심이 있는지를 파악할 수 있습니다.

최근 라이브 커머스는 네이버쇼핑 라이브 외에도 카카오쇼핑 라이브, 그립과 같은 전문 커머스 플랫폼과 유튜브 쇼핑, 인스타그램 라이브 등 소셜 미디어를 기반으로 영역을 확대하고 있습니다. 이들 플랫폼에서 활동하는 인기 크리에이터의 진행 방식, 제품 선정 기준, 시청자 반응 등을 분석해 보는 것도 좋은 벤치마킹이 될 수 있습니다. 특히 TV 홈쇼핑의 쇼호스트와 달리 이들은 짧고 강렬한 멘트, 즉각적인 반응, 라이브 커뮤니티 운영 능력 등 차별화된 전략을 구사합니다. 이를 참고하여 온라인 판매에서도 자기만의 스타일을 개발하는 것도 좋은 방법입니다.

해외 기업이나 전문가의 전략을 벤치마킹하는 것 또한 놓쳐서는 안 됩니다. 글로벌 브랜드나 D2C 스타트업, 이커머스 전문가들이 실행하는 상품 기획, 콘텐츠 운영, 고객 분석 방식은 국내 셀러에게도 신선한 통찰을 줄 수 있습니다. 특히 미국, 유럽, 일본 등의 시장에서는 이미 데이터 기반 마케팅과 스토리텔링 중심 커머스가 정착되어 있어, 이들의 성공 방식을 참고하는 것은 차별화된 전략 수립에 큰 도움이 됩니다.

13

큰돈이 흐르는 곳에 많은 기회가 있다

온라인 사업에서 큰돈을 벌 기회는 대부분 초기 시장에서 만들어집니다. 이미 자리가 잡힌 성숙 시장은 경쟁자가 많아 자연스럽게 가격 경쟁이 격화하면서 높은 마진을 기대하기 어렵지만, 초기 시장은 상황이 다릅니다. 공급자는 적고 아직 도매몰에서 쉽게 제품을 소싱할 수도 없습니다. 대규모 자본을 가진 기업이 공격적인 광고와 마케팅으로 시장을 키워 갑니다. 연예인 모델, 유튜브 광고, 메인 페이지 노출, 인플루언서 협업 등 고비용 마케팅이 집중되면서 소비자 관심과 수요가 빠르게 형성됩니다. 따라서 셀러가 큰 성과를 내려면, 이 흐름을 놓치지 않고 따라잡아야 합니다. 대기업이 막대한 비용을 들여 시장을 열어 갈 때, 그 상품을 빠르게 포착해 소싱·판매에 나섬으로써 초기 성장의 파도를 함께 탈 수 있습니다.

시장이 커질 조짐이 보이면, 눈치 빠른 셀러들이 신속하게 유사 상품을 개발하거나 소싱해 도매 시장에 풀어놓습니다. 이렇게 공급이 늘어나면, 곧 다양한 온라인 채널에서 같은 상품을 판매하게 됩니다. 따라서 시장이 본격적으로 성장하기 전에, 새롭게 출시되는 상품을 누구보다 먼저 찾아내는 것이 중요합니다. 그래야 경쟁이 치열해지기 전에 성장 흐름을 타고 큰 수익을 만들 수 있습니다.

시장이 커질 조짐이 보일 때 기회를 잡을 수 있는 방식은 다양합니다. 그중 대표적인 것이 바로 '패스트 팔로워Fast Follower' 전략입니다. 이 전략은 새로운 시장을 개척한 선도자의 성공 가능성을 확인한 뒤, 빠르게 그 흐름을 따라잡는 방식입니다. 선도자가 막대한 광고비를 투자해 대중의 관심을 모으면, 패스트 팔로워는 시장 반응과 수요 데이터를 기반으로 효율적으로 자원을 배분해 제품을 개발하고 판매할 수 있습니다. 즉, 선도자가 고객에게 새로운 가치를 전달하고 수요를 만들어 가는 동안, 그 반응을 분석해 시행착오를 줄이고 더 나은 가격·품질·포장으로 시장에 진입합니다. 실제로 고비용 광고가 집행되는 상품 중에는 독자적인 기술로 개발된 것이 아니라, 기존 제조업체의 기성 제품에 디자인과 포장만 바꾼 상품이 많습니다. 일부 셀러는 광고가 시작되는 시점에 맞춰 원래 공급처를 파악한 뒤, 동일한 상품을 직접 판매하거나 포장과 상표만 바꿔 자사 브랜드로 유통하기도 합니다.

물론 가장 큰 수익과 시장 장악력을 확보할 수 있는 것은 퍼스트 무버First Mover, 즉 시장을 처음 개척하고 차별화된 가치를 제공하는 혁신적 사업자입니다. 퍼스트 무버는 광고·브랜딩·유통 구조 등 전방위적 투자로 높은 진입 장벽을 쌓고, 초기 시상의 기준을 주도할 수 있습니다. 반면에 보다 신중한 접근을 원하는 이들에게는 패스트 팔로워 전략이 안정적인 수익을 노릴 수 있는 현실적 선택지가 될 수 있습니다. 다만 선도자의 시행착오를 관찰하고, 검증된 성과를 기반으로 실행하는 패스트 팔로워 전략을 위해서는 혁신보다 실행력, 도전보다 분석력이 매우 중요합니다.

결국, 퍼스트 무버와 패스트 팔로워 전략은 각기 다른 장점과 위험 요소가 있으므로 상황에 따라 유연하게 선택해야 합니다. 다만 어떤 전략을 택하든, 단기적 성과에만 매달려서는 장기적인 생존과 성장을 보장받기 어렵습니다. 특히 패스트 팔로워 전략을 쓸 때에도 단순 모방이 아니라, 브랜드의 정체성을 유지하고 독창적인 가치를 제안함으로써 고객의 신뢰를 얻어야 합니다.

14

미디어 시청자가 되지 말고 분석가가 돼라

좋아하는 드라마나 리얼리티 쇼를 즐기면서 동시에 돈을 벌 수 있다면 얼마나 좋을까요? 그저 재미로만 보던 프로그램에서 실제로 사업 아이디어나 판매 기회를 포착할 수 있다면, 그것만큼 반가운 일도 없을 것입니다.

조금만 시선을 바꾸면, 우리가 평소 즐겨보던 콘텐츠 속에도 소비자의 관심 변화와 시장 트렌드를 읽어낼 수 있는 귀중한 단서를 포착할 수 있습니다. TV 프로그램, 영화, 유튜브 영상, 소셜 미디어 콘텐츠 등에서 특히 주목할 만한 것이 바로 광고 분야의 PPL^{Product Placement}(간접 광고)입니다. PPL은 TV 프로그램이나 영화, 유튜브 영상에서 출연자가 직접 상품을 사용하거나 배경에 상품을 노출하는 것으로 광고 효과가 매우 뛰어납니다. 호감형 인기 연예인이나 인플루언서가 특정 상품을 사용하는 장면이 나오면 소비자의 관심이 급상승하고, 검색량이 폭증하며, 결국 매출 증가로 이어집니다.

PPL의 효과가 나타나는 이유는 심리와 밀접한 관련이 있습니다. 일반적으로 사람들은 반복해서 어떤 대상을 접하면 자연스럽게 익숙함과 호감을 느끼게 됩니다. 예능 프로그램이나 드라마에 반복적으로 등장하는 제품은 시청자에게 친근한 이미지로 각인되며, 구매를 고려할 때 긍정적인 영향을 줍니다. 사람들은 선택이 어려울 때 다른 이들의 행동을 참고합니다. 많은 사람이 사용하는 제품은 자연스럽게 '믿을 만한 선택'으로 여겨집니다. 유명 연예인이나 인기 유튜버가 특정 브랜드를 자주 사용하는 모습을 보면, '그만큼 괜찮은 제품이겠지'라는 심리가 작동하면서 구매 욕구로 이어지는 것입니다.

또 하나 주목해야 할 이유는 감정 전이입니다. 콘텐츠를 보며 느낀 즐거움이나 감동이 콘텐츠에 등장한 제품에 전이되어, 제품에 대한 호감으로 연결되는 것입니다. TV와 미디어 콘텐츠 속 제품 노출은 소비자 심리를 복합적으로 자극하며, 단순한 광고를 넘어서 강력한 마케팅 효과를 발휘합니다.

PPL의 심리 효과는 실제 사례에서도 뚜렷하게 나타납니다. 예능 프로그램에서 출연자가 사용하는 상품이 방송 직후 품절되거나 검색 순위에 오르는 사례는 흔합니다. 단 한 번의 노출이 소비자 행동으로 직결되는 현상은 미디어 콘텐츠가 단순한 흥미를 넘어 상품 소비를 유도하는 중요한 매개체가 되고 있음을 보여줍니다. 이러한 변화를 민감하게 분석하고 읽어내는 것이 시장 흐름을 이해하는 데 큰 도움이 됩니다.

같은 현상은 유튜브, 인스타그램, 틱톡에서도 나타납니다. 유튜브, 인스타그램, 틱톡 같은 플랫폼에서 인기 유튜버나 인플루언서가 사용하는 제품은 소비자에게 강한 인상을 남깁니다. 이들이 일상에서 자연스럽게 보여주는 제품은 신뢰를 얻기 쉬워 실제 구매로 이어지는 경우가 많습니다. 여기에 더해, 소비자는 스스로 콘텐츠를 만들어 공유하면서 새로운 트렌드를 형성하기도 합니다. 따라서 해시태그나 인기 게

시물을 분석하면 지금 소비자의 관심이 어디를 향하고 있는지 자연스
럽게 읽어낼 수 있습니다.

15

연예인과 인플루언서

소비자는 더는 전통적 광고에 예전만큼 반응하지 않습니다. 하루 평균 수백 건의 광고에 노출되면서 진정성 없는 메시지에 강한 거부감을 보이며, 광고를 회피하는 경향이 뚜렷해졌습니다. 이런 변화로 광고 방식도 달라지고 있습니다. 그중 단순한 메시지 전달이 아닌, 유명인의 일상 속에 상품을 자연스럽게 녹여내는 방식이 주목받고 있습니다. 유튜브, SNS, 리얼리티쇼 등 사적인 공간에서 상품을 사용하는 모습을 노출하는 전략이 점점 확산되고 있습니다.

예를 들어, 예능 프로그램에서 한 연예인이 들고 있던 작은 가방은 방송 다음 날 전국 매장에서 완판됩니다. 인기 드라마 속 주인공이 바른 립스틱은 방영 직후 검색량이 급증하며 품절이 되고, 유명 인플루언서가 SNS에 올린 커피 브랜드는 단 하루 만에 매출이 3배 이상 뛰기도 합니다. 이처럼 연예인과 인플루언서의 움직임은 시장에 즉각적인 반응을 이끌어 내는 강력한 신호가 됩니다.

광고에 대한 소비자의 인식 변화는 셀러에게도 직접적인 기회가 됩니다. 소비자는 더는 전통적 광고에 반응하지 않지만, 콘텐츠 속에서 우연히 마주친 제품에는 자연스럽게 관심을 갖기 때문입니다. 즉, 연예인의 일상 콘텐츠에 자연스럽게 녹아든 상품은 별 거부감 없이 받아들입니다. 특히 프로그램 맥락과 제품이 어우러질 때 더 긍정적으로 반응합니다. 인플루언서가 자연스럽게 일상 콘텐츠에서 제품을 소개하는 경우에도 신뢰와 구매전환율이 높게 나타납니다. 따라서 연예인이 프로그램에서 사용하거나 인플루언서가 소개하는 상품이 광고로 인식되지 않는다면, 관련 키워드의 검색량과 트래픽이 급증하는 순간을 포착해 동일하거나 유사한 상품을 노출하여 큰 수익으로 연결할 수 있습니다.

하지만 이런 기회를 포착하려면 단순히 상품을 보는 데 그치지 않고 그 이면의 흐름을 읽어내는 눈이 필요합니다. 어떤 상품이 언제, 누구를 통해, 어떤 방식으로 노출되는지 관찰하고, 그 영향이 시장에서 어떻게 확산되는지를 추적해야 합니다. 그럴 때 다음 기회를 남보다 먼저 잡을 수 있습니다.

결국 중요한 것은 단순히 소비자의 관점이 아니라 기회를 포착하는 관찰자의 관점으로 콘텐츠를 분석하는 역량입니다. 연예인이나 인플루언서가 등장하는 콘텐츠 안에 숨겨진 상업적 장치를 누구보다 먼저 감지하고 대응하는 민첩성이 온라인 유통에서 성패를 가르는 중요한 경쟁력 가운데 하나입니다.

즐기는 셀러가 성공한다

시장조사는 방대한 정보의 홍수 속에서 유의미한 데이터를 선별해야 하는 복잡한 작업이며, 전문적인 지식이나 체계적인 방법론 없이 접근하면 막연한 두려움과 부담에 사로잡히기 쉽습니다. 특히 소규모 셀러는 판매와 배송, 고객 응대 등 다양한 실무에 치여 시장조사에 충분한 시간을 투자하기 어렵고, 온라인에 넘쳐나는 부정확하거나 편향된 정보 속에서 신뢰할 만한 데이터를 구별하기조차 어렵습니다.

온라인 콘텐츠에서 종종 보게 되는 "자신이 좋아하는 것을 팔지 말고, 고객이 원하는 것을 팔라."라는 조언은 고객 중심의 사고를 강조하는 듯 보입니다. 그러나 셀러가 자신의 흥미와 전문성을 무시한 채 시장 수요에만 맞춰 움직이다 보면, 시장조사는 점점 더 부담스럽고 소모적인 일이 되어 결국 지속하기 어렵습니다. 흥미 없는 제품을 억지로 팔다 보면, 정보 수집은 곧 의무가 되고 시장 변화에 능동적으로 대응할 힘은 점차 약화됩니다. 시장조사를 단순 노동이나 스트레스로 받아들이게 되면서, 유통 사업의 본질적인 힘인 '시장 흐름을 읽고 고객 심리를 포착하는 감각'은 무뎌질 수밖에 없습니다.

반면, 자신이 좋아하고 흥미를 느끼는 분야의 상품을 판매하는 셀러는 전혀 다른 길을 걷습니다. 정보 습득이 자연스럽고 즐거운 활동이 되며, 새로운 트렌드나 변화를 감지하는 일이 부담이 아닌 일상의 일부로 녹아듭니다. 흥미를 기반으로 시장을 탐색하는 셀러는 스트레스 없이 시장조사를 지속할 수 있고, 더 깊고 정교한 인사이트를 얻어 경쟁자보다 한발 앞서 나갈 수 있습니다.

결국, 시장조사를 효과적으로 지속하기 위해서는 단순히 고객의 욕구만 좇는 것이 아니라, 셀러 자신의 관심사와 열정을 출발점으로 삼아야 합니다. 그래야만 시장 흐름을 민감하게 읽어 내고, 고객의 마음을 진정성 있게 이해하는 힘을 기를 수 있습니다.

이제는 단순히 고객이 원하는 상품을 좇는 것만으로는 더는 시장에서 살아남기 어려운 시대가 되었습니다. 현대 마케팅 트렌드는 소비자의 숨겨진 욕구를 발굴하고, 경쟁자가 미처 채우지 못한 영역을 창조하는 능력을 요구하고 있습니다. 표면적인 수요를 따르기보다는 자신이 몰입할 수 있는 영역에서 더 깊이 시장을 탐색하고 고객 경험 전체를 통찰하는 힘이 중요한 시대에, 즐거움과 전문성은 가장 강력한 무기입니다.

17

시장을 움직이는 다섯 부류의 소비자

인간 문명은 시간이 지나면서 끊임없이 발전하고 변화하고 있습니다. 문화의 진보와 기술의 고도화는 우리의 사고방식과 가치관에도 지속적인 영향을 미치며 소비 패턴에도 반영됩니다. 삶의 방식과 인식이 바뀜에 따라 새롭게 필요한 상품이 등장하고, 한때 유행했던 상품은 점차 수요를 잃고 사라지는 흐름을 반복합니다.

따라서 시대의 흐름을 정확히 읽는 것은 단순히 시장의 트렌드를 따라가는 것을 넘어 변화의 방향성과 확산의 작동 원리를 이해하는 것을 의미합니다. 이러한 흐름을 설명하는 대표적인 이론이 바로 '혁신 확산 이론'입니다. 이 이론은 새로운 아이디어나 상품이 시장에 퍼져 나가는 과정을 다섯 가지 수용자군으로 구분합니다. 가장 먼저 변화를 받아들이는 '혁신가', 그다음으로 흐름을 전파하는 '조기 수용자(얼리어답터)', 이후 본격적인 확산을 이끄는 '초기 다수', 대세를 확인한 후 참여하는 '후기 다수', 마지막으로 가장 늦게 반응하는 '최후 수용자'입니다. 각 수용자군은 고유한 소비 성향과 전략적 대응 포인트를 품고 있어 시장 확산의 구조를 이해하는 데 중요한 단서가 됩니다.

가장 먼저 움직이는 '혁신가'는 실험적 태도로 초기 시장을 개척하고, 조기 수용자는 브랜드 확산의 열쇠가 되며, 초기 다수는 대중적 성장을 견인합니다. 후기 다수는 대세를 확인한 후 따라오고, 최후 수용자는 시장이 성숙하거나 쇠퇴할 무렵에야 반응합니다.

특히 조기 수용자는 주변에 영향력을 미치며 흐름을 전파하는 핵심 집단으로 이들과의 연결은 단순한 피드백을 넘어서 실시간 감각을 기르는 창구가 됩니다. 조기 수용자가 활동하는 커뮤니티, SNS, 기술 전시회 등은 변화의 전조가 감지되는 민감한 접점이며, 이들과의 소통을 통해 아직 수면 위로 드러나지 않은 욕구와 시장의 흐름을 파악할 수 있습니다. 조기 수용자의 반응은 대체로 인플루언서나 오피니언 리더에게도 영향을 미쳐 더 큰 확산의 기폭제가 되기도 합니다.

시장 확산의 구조는 단순한 소비자 분류가 아니라 셀러의 상품 기획과 출시 전략에 직접적인 영향을 미칩니다. 상품의 도입기에는 '왜 지금 이 상품인가'에 대해 설득력 있는 서사가 핵심이며, 조기 수용자는 상품에 대한 이야기 구조에 민감하게 반응합니다. 따라서 조기 수용자와의 소통 채널을 먼저 확보하고 상품에 대한 이야기와 피드백을 적극적으로 소통할 수 있는 구조를 만드는 것은 브랜드의 장기적 성장에 결정적인 영향을 미칩니다.

초기 다수와 후기 다수는 안정성과 검증된 효용을 더욱 중시하며, 최후 수용자는 필요와 가격에 따라 느리게 반응합니다. 따라서 각 수용자군의 특성을 고려한 메시지 설계와 타이밍을 조절해야 합니다. 예를 들어, 도입기에는 혁신가와 조기 수용자에게 제품의 차별성과 비전을 강조하고, 성장기에는 초기 다수에게 신뢰를 줄 수 있는 후기·사례·리뷰를 집중적으로 노출합니다. 성숙기와 쇠퇴기에는 후기 다수와 최후 수용자를 겨냥해 가격, 편의성, 대체 불가성을 명확히 제시해야 합니다.

　실제로 시장에서 상품이 확산되는 방식과 구조를 제대로 이해하지 못한 채, 겉으로 드러난 유행만 좇는 셀러는 실패를 경험할 수 밖에 없습니다. 수용자군의 특성과 시장의 흐름을 무시하고 도입기를 놓친 상품이나 이미 쇠퇴기에 접어든 상품으로 무작장 시장에 진입하면, 수익성은 급격히 떨어지고 투자 대비 성과는 기대에 미치지 못할 수 밖에 없기 때문입니다. 반대로 각 수용자군의 특성과 시장의 흐름을 정확히 읽고 단계별로 맞춤형 전략을 실행하는 셀러는 단순히 트렌드를 따라가는 것이 아니라, 시장 변화를 주도하는 위치에 설 수 있습니다.

18

최소 유효 시장에 집중하라

네이버에서는 이미 판매 실적과 리뷰를 많이 보유한 셀러가 시장을 선점하고 있으므로 초보 셀러는 상대적으로 고객의 신뢰를 얻기 어렵다는 인식이 많습니다. 실제로 소비자는 가격이 다소 높더라도 더 안전하다고 느끼는, 검증된 상품을 선택하는 경향이 있어 새로운 상품이 고객의 선택을 받기 쉽지 않은 것이 현실입니다.

아무리 품질이 뛰어나고 가격이 저렴하더라도 초기 판매가 어려운 것은 인간 본능에 기인한 손실 회피 성향 때문입니다. 소비자는 높은 비용을 감수하더라도 실패 가능성이 낮은 상품을 선택하려 합니다. 그래서 일부 셀러는 불법임을 알면서도 대행업체를 통해 인위적인 구매와 가짜 리뷰를 만들어 검색 순위와 판매량을 끌어올리기도 합니다.

정상적인 방법으로 마케팅과 광고를 집행하더라도 기존 셀러는 이미 높은 인지도를 바탕으로 광고 성과에서도 우위를 짐하기 때문에 신규 셀러는 쉽지 않은 싸움을 해야 합니다. 과연 고인물 셀러에 맞서 고객의 선택을 받기란 애초에 불가능할까요?

시장에 유사한 상품이 넘쳐나는 상황에서는 고객의 선택을 받으려면 명확히 차별화된 전략이 필요합니다. 내가 판매하는 상품이 기존 제품과 뚜렷하게 달라야만 직접적인 경쟁을 피하고 독자적인 위치를 확보할 수 있습니다. 그러나 직접 제품을 개발하여 생산하지 않는 한, 도매로 소싱한 상품에서 차별점을 내세워 고객을 설득하기는 쉽지 않습니다.

따라서 상품 자체의 특징에만 집중하기보다는 내 상품이 고객의 일상에서 어떤 역할을 수행할 수 있는지를 고민해야 합니다. 평범한 상품일지라도 특정한 사람과 특정한 상황에 꼭 맞도록 의미를 부여하고, 고객의 일상에 자연스럽게 스며들 수 있는 스토리를 고민해야 합니다. 내 상품에 대해 고객의 삶과 연결된 이야기를 제시할 수 있어야만 '왜 지금 이 상품을', '왜 이 셀러에게서' 구매해야 하는지 설득할 수 있습니다. 이는 단순한 판매가 아니라 공감과 창의적 해석이 수반되는 브랜딩 과정이라 할 수 있습니다.

고객과의 연결고리는 어디에서 발견할 수 있을까요? 완전히 새로운 창조는 거의 없습니다. 새로운 개념은 대부분 고객의 익숙한 경험과 기존의 생활 방식에서 새롭게 연결되고 재해석되며 등장합니다. 우리의 삶, 직업, 가족 구성, 생활 방식은 서로 다르며, 이 차이를 이해하면 같은 상품도 전혀 다른 맥락에서 새로운 의미를 가질 수 있습니다. 즉, 같은 사과라도 어떤 고객에게는 건강 간식이 되고, 또 다른 고객에게는 아이를 위한 이유식 재료가 됩니다. 이처럼 고객의 상황과 목적, 사용하는 맥락을 정확히 이해하는 안목은 곧 차별화의 출발점이 됩니다.

고객을 세분화하고 다양한 구매 상황을 조합하면, 내 상품이 진정으로 필요한 '지점'을 발견할 수 있습니다. 이렇게 발견한 특정한 지점이 바로 내가 주목해야 할 최소 유효 시장입니다. 범용 시장을 노리면 강력한 경쟁자와 정면으로 부딪쳐야 하지만, 최소 유효 시장에서는 경쟁을 피하면서도 내 브랜드만의 시장을 확보할 수 있습니다.

예를 들어, 막연히 '사과' 혹은 '홍로 사과'를 판매하는 대신 '아기를 키우는 워킹맘을 위한 이유식용 유기농 세척 사과'처럼 구체적인 상황과 대상을 설정하면, 고객의 관심을 끌고 공감을 얻는 데 훨씬 유리해집니다. 명확한 기준으로 시장을 설정할수록 소싱 기준도 분명해지고, 더욱 다양한 마케팅 채널을 활용할 수 있습니다.

온라인 유통 사업의 본질은 단순히 상품을 전달하는 데 있는 것이 아니라, 셀러의 관점과 해석을 통해 고객과의 연결을 창조하는 데 있습니다. 셀러는 단순한 판매자가 아니라 고객의 삶 속에 가치를 더하는 해석자이자 설계자여야 합니다. 나만의 경험과 안목으로 재해석된 상품이 고객의 특정한 상황에 깊이 스며들 때, 단순한 소비를 넘어 '의미 있는 선택'으로 전환됩니다. 바로 그 지점에서 지속 가능한 브랜드로 성장할 수 있는 실질적인 방향성과 전략의 실마리를 얻게 됩니다.

빅데이터에 대한 오해

퍼스널 브랜딩이 잘 되어 있거나 특정 분야에 전문성이 있는 셀러라면 어떤 상품을 소싱해 판매해야 하는지 결정하는 것이 어렵지 않을 수 있습니다. 하지만 판매할 상품을 특별히 정해놓지 않은 셀러는 무엇을 판매해야 할지 결정하기가 매우 어렵습니다.

많은 스마트스토어 전문 서적이나 유튜브, 블로그 등에서는 네이버 쇼핑 광고센터나 아이템 스카우트와 같은 서비스에서 제공하는 검색어 통계를 확인해, 의미 있는 검색량을 가진 키워드를 찾아낸 다음, 그 키워드에 맞는 상품을 소싱하라고 조언합니다. 데이터 기반의 상품 기획, 즉 소싱은 매우 과학적인 방법으로 성공 가능성을 높이고 사업을 안정적으로 성장시킬 수 있는 바람직한 접근으로 여겨집니다.

한때 SNS가 급속히 확산되던 시기에는 '빅데이터'라는 개념이 많이 언급되었고, 빅데이터를 사업 성공의 핵심 요소로 인식하는 분위기가 있었습니다. 빅데이터는 고객 행동을 분석하고, 수요를 예측하며, 트렌드를 읽어내 새로운 사업 기회를 포착하거나 빠르게 변화하는 시장에 능동적으로 대응하는 데 중요한 역할을 합니다.

네이버나 구글 같은 검색 기반 플랫폼에서는 하루에도 수억 건의 검색이 이루어지면서 빅데이터가 쌓입니다. 이렇게 검색으로 생성되는 데이터에는 사용자의 의도와 심리 상태가 담겨 있으므로 검색 플랫폼의 빅데이터를 이해하는 것은 매우 중요합니다. 문제는 단순한 숫자만을 보고 판단하면 오히려 본질을 놓치기 쉽다는 데 있습니다.

이 점을 잘 아는 일부 유튜브 채널과 강의 프로그램은 데이터를 통해 과학적인 판매 기술을 알려주는 것처럼 광고하며 데이터 분석법 강의를 판매합니다. 데이터의 중요성은 알지만 분석 방법이 막막한 온라인 셀러는 이런 홍보에 이끌려 강의를 듣게 되고, 그 결과 강의 업체는 큰 수익을 거둡니다. 그러나 이들이 소개하는 분석법만으로는 실제 소비자 수요나 시장 경쟁 구조를 깊이 파악하는 데 한계가 있습니다. 강의에서는 일반적으로 검색 키워드별 경쟁 강도를 간단한 수치 계산으로 평가하라고 말합니다. 하지만 단순한 공식만으로는 실제 시장의 복잡한 흐름을 제대로 파악하기 어렵습니다. 검색 데이터를 분석할 때 중요한 것은 데이터 자체가 아니라, 검색 키워드가 담고 있는 의미와 그 속에 숨어 있는 소비자 심리와 행동을 읽어내는 것입니다. 나아가 검색 결과 최상단에 노출된 상품들의 품질과 차별성, 그리고 이 상품들이 고객에게 제시하는 가치를 이해하는 것입니다. 그래야만 진짜 경쟁력을 확보할 수 있습니다.

데이터는 객관적인 것처럼 보이지만, 해석 과정에서는 다양한 오류가 개입될 수 있습니다. 표본 자체가 편향될 수 있으며, 자신이 보고 싶은 데이터만 선택적으로 해석하는 확증 편향에 빠지기도 하고, 상관관계와 인과관계를 혼동하기도 합니다. 참고로 상관관계란 두 변수 간에 일정한 관계가 존재한다는 것을 의미하지만, 반드시 한쪽이 다른 쪽에 영향을 미치는 인과관계를 뜻하는 것은 아닙니다. 이러한 구분을 못하면 데이터 해석에서 심각한 오류가 발생할 수 있습니다. 숫자는 단순한 결과를 보여줄 뿐, 그 이면에 숨은 배경과 맥락을 읽지 못하면 오히려 위험한 결정을 내릴 수 있습니다. 따라서 데이터 분석은 출발점일 뿐, 이를 통해 본질적인 시장 흐름과 소비자 심리를 통찰해 내는 것이야말로 진정한 경쟁력입니다.

예를 들어, 데이터를 분석했을 때 검색량이 많지만, 최상위에 노출된 상품의 경쟁력이 약하거나 특별한 가치를 제안하는 독특한 상품이 없는 경우, 경쟁력이 뛰어나고 차별적 요소가 뚜렷한 상품을 소싱해 판매하면 경쟁 우위를 확보할 가능성이 커집니다.

상품 카테고리마다 소비자가 사용하는 키워드의 수와 분포는 매우 다릅니다. 어떤 카테고리는 다양한 키워드로 검색되면서 경쟁이 여러 방향으로 분산되는 반면, 어떤 카테고리는 소수의 핵심 키워드에 검색이 집중되어 있습니다. 전자는 특정 강력한 상품과 직접적으로 경쟁할 확률이 낮지만, 후자는 동일 키워드에 수많은 상품이 몰리면서 개별 상품의 노출 기회는 급격히 줄어들게 됩니다.

상품이 시장에 갓 등장한 경우, 즉 제품 라이프사이클의 초기 단계에는 소비자 사이에서 상품의 명칭이 통일되지 않아 다양한 이름으로 불리기도 합니다. 이때 대중에게 널리 알려지지는 않았지만 향후 수요가 늘어날 가능성이 있는 상품이라면, 상대적으로 경쟁이 덜 치열한 상황에서 시장 선점 효과를 누릴 수 있으므로 남보다 먼저 소싱하여 상품을 판매하는 것이 효과적인 전략이 될 수 있습니다.

데이터는 본질적으로 과거의 기록일 뿐, 미래를 정확히 예측해 주지는 않습니다. 수많은 키워드 데이터의 생성과 소멸, 변화무쌍한 검색량 데이터의 변화 속에서 진정으로 중요한 것은 데이터 이면에 자리한 인간의 욕망, 불안, 그리고 기대의 움직임을 읽어내는 통찰입니다. 데이터를 단지 수치로만 보지 않고, 데이터의 맥락과 소비자 삶 속에서의 의미를 제대로 파악할 수 있을 때, 우리는 단순히 상품을 파는 사람에서 벗어나 시장의 흐름을 만들어 내는 창조자가 될 수 있습니다.

더 알아두기 ▶ 인과관계와 상관관계

인과관계와 상관관계는 마케팅 데이터를 해석할 때 반드시 구분해야 하는 핵심 개념입니다. 인과관계는 한 요인이 결과를 직접 만들어 내는 관계입니다. 예를 들어, '할인 쿠폰을 발행하자 매출이 증가했다'면 쿠폰 발행과 매출 증가는 인과관계라고 할 수 있습니다. 반면, 상관관계는 단순히 두 현상이 함께 변하는 관계일 뿐, 원인과 결과가 명확하지 않습니다. 예를 들어, 'SNS 게시물 수와 매출이 동시에 늘었다'고 해서, 게시물 증가가 반드시 매출 상승을 일으킨 것은 아닐 수도 있습니다. 오히려 제3의 요인 때문일 수도 있습니다. 마케팅에서는 상관관계를 인과관계로 오해하면 잘못된 전략을 세우기 쉽기 때문에, A/B 테스트(두 가지 대안을 비교하는 실험)나 기간 비교 등으로 실제 원인을 꼼꼼하게 검증하는 것이 중요합니다.

공식 매뉴얼에 모든 답이 있다

네이버 데이터랩과 아이템 스카우트

판매할 상품이 이미 정해져 있지만, 막상 어떤 키워드를 사용해야 하는지 결정하기가 어려울 때가 많습니다. 이럴 때 네이버 데이터랩 서비스를 이용하면 많은 도움이 됩니다. 네이버는 2016년부터 데이터랩이라는 서비스를 개설하고, 창업을 계획하거나 이미 창업한 소상공인의 비즈니스에 도움을 주기 위해 검색 및 검색과 관련된 데이터를 개방하여 사용자가 쉽게 이용할 수 있게 했습니다.

데이터랩 서비스 중 쇼핑인사이트는 온라인 셀러를 위해 네이버쇼핑에서 분류한 카테고리별 검색이 일어나는 키워드 목록과 각 키워드별 클릭 수 통계를 제공합니다. 이는 상품을 등록할 때 반드시 참고해야 할 정도로 온라인 판매 사업을 운영하는 데 매우 유용한 자료입니다. 또한 네이버에서 제공하는 방대한 통계 자료를 더 편리하게 사용할 수 있도록 가공해 제공하는 다양한 서비스가 존재합니다. 그중 대표적인 것이 아이템스카우트로, 키워드별 검색 순위 확인 기능이 뛰어나 많은 셀러가 활용하고 있습니다.

아이템스카우트의 '아이템 발굴' 기능을 이용하면 각 키워드별 검색량, 등록 상품 수, 쇼핑 검색광고 통계를 한눈에 파악할 수 있어 데이터 활용이 훨씬 수월해집니다. 데이터랩과 아이템스카우트와 같은 온라인 셀러 지원 서비스를 적극적으로 활용하면, 더욱 효율적으로 스토어를 운영하고 매출을 극대화할 수 있습니다.

다만, 이러한 데이터 역시 맹신해서는 안 됩니다. 셀러가 쉽게 판단할 수 있도록 간단한 계산으로 만들어진 경쟁 강도 분석, 예상 매출액과 같은 가공 데이터는 실제 소비자의 구매 여정을 충분히 고려해 만들어진 것이 아니어서 현실과 큰 차이를 보이는 때가 많습니다.

데이터 분석의 본질은 다수가 주목하기 전에 조용히 움직이는 미세한 징후를 포착하고, 그 안에서 새로운 가능성을 읽어내는 것입니다. 즉, 검색량이 적더라도 변화 추이를 면밀히 관찰함으로써 앞으로의 검색량 증가 가능성을 예측하는 것입니다.

네이버 데이터랩과 아이템스카우트는 기본적인 통계와 시장 흐름을 빠르게 파악할 수 있도록 돕는 유용한 도구이지만, 어떤 지점을 주목하고 어떻게 해석하느냐에 따라 완전히 다른 전략이 도출됩니다. 따라서 진정한 경쟁력은 데이터가 아니라, 데이터를 읽어내는 감각과 생각의 깊이에 달려 있다고 할 수 있습니다.

검색의 생활화

온라인 시장은 살아 움직이는 유기체처럼 끊임없이 변화합니다. 온라인 시장의 변화는 단순히 키워드에 한정되지 않고 경쟁자의 움직임, 외부 환경 변수, 검색 알고리즘 등 여러 차원에서 동시에 일어납니다. 따라서 성공적으로 상품을 소싱하고 시장에 진입하려면, 이러한 복합적인 변화를 일상적으로 관찰할 뿐 아니라 누구보다 먼저 감지하려는 노력이 필요합니다.

이미 강력한 경쟁자가 있어 쉽게 진입하기 어려운 시장이라 하더라도 시간이 지나면 경쟁자의 재무 악화, 상품 단종, 대규모 클레임, 급격한 트렌드 변화, 검색 체계의 변경 등 다양한 외부 변수로 경쟁 상품이 퇴출되는 사례가 자주 발생합니다.

실제로 검색 결과는 하루에도 여러 번 바뀝니다. '고인물'이라 불리던, 즉 오랫동안 상위에 머물던 상품이 뒤로 밀리고 새로운 상품이 빠르게 상위에 노출되는 일이 빈번하게 발생합니다. 하지만 이와 같은 변화는 누군가 알아서 알려주지 않습니다. 직접 검색을 통해 관찰하고 스스로 감지하지 않는 한, 그 기회를 인지하기 어렵습니다.

이런 이유로 강력한 경쟁자가 있다고 관심을 거두고 성급히 포기해 버린다면, 시간이 지나 자연스럽게 생기는 틈새를 전혀 활용하지 못한 채 기회를 상실할 수도 있습니다. 변화는 끊임없이 일어나며, 그 틈을 보는 눈을 가진 사람만이 새로운 흐름을 타고 올라설 수 있습니다.

키워드 검색은 신상품을 발굴할 때뿐만 아니라, 이미 등록한 상품의 경쟁력을 유지하고 개선 방향을 잡는 데에도 중요한 역할을 합니다. 예를 들어, 갑작스럽게 검색 상위에 노출되는 상품이 있다면, 해당 셀러가 어떤 마케팅 전략을 구사했는지 주의 깊게 살펴야 합니다. 혹시 등록정보를 허위로 기재하거나 플랫폼 규정을 위반하는 방식으로 트래픽을 유입시키고 있지는 않은지도 점검할 필요가 있습니다.

상위 노출 상품의 섬네일, 상세페이지 구성, 리뷰의 내용과 패턴 등을 면밀히 분석하면, 경쟁자가 어떤 방식으로 고객의 시선을 끌고 있으며 소비자 반응은 어떤 방향으로 변화하고 있는지를 파악할 수 있습니다. 이러한 분석은 단순한 관찰에 그치지 않고, 자신의 상품 전략을 시의적절하게 조정하여 시장 흐름에 선제적으로 대응하는 데 실질적인 도움을 줍니다.

시중에 없었던 새로운 상품의 판매를 제안받거나, 콘텐츠를 작성하거나, 누군가와 대화하면서 우연히 평소 사용하지 않던 키워드의 단서를 발견한다면, 즉시 해당 키워드의 검색량 변화를 확인하고 네이버에 검색해 봐야 합니다. 네이버 검색을 통해 해당 키워드로 노출되는 상품의 품질, 가격, 리뷰 수, 상세페이지 구성 등 경쟁력을 파악할 수 있으며, 만약 경쟁이 미미하거나 전략적으로 허점이 있다면, 그 키워드를 독점하여 누구보다 먼저 시장에 진입하고 선점 효과를 누릴 수 있기 때문입니다.

대다수 셀러는 반복되는 검색에 피로를 느끼고 검색이 당장의 매출 상승으로 이어지지 않는다고 판단해 검색 활동을 소홀히 여기기 쉽습니다. 그러나 검색 활동을 소홀히 하면 장기적으로 심각한 기회 상실로 이어질 수 있습니다. 시장조사는 모든 사업의 기본입니다. 사업을 시작할 때 한 번만 하는 것이 아니라 사업을 영위하는 기간 내내 지속해서 수행해야 하는 작업입니다.

네이버의 강점은 검색만으로도 경쟁자의 상품 구성, 마케팅 방식, 고객 반응 등 시장의 주요 흐름을 직관적으로 파악할 수 있다는 점에 있습니다. 덕분에 과거 전문가의 직감이나 막연한 추론에 의존했던 오프라인 시대와는 달리, 오늘날 온라인 시장에서는 검색이라는 일상적인 활동만으로도 방대한 데이터 속에서 빠르게 객관적인 정보를 확보할 수 있습니다.

검색 활동이 단발적인 조사로 그치지 않고 생활 속 습관으로 정착하면, 미세한 변화에도 민감하게 반응하며 시장 흐름을 미리 감지하고 남이 간과하기 쉬운 기회를 내 수익으로 만들 수 있습니다.

03

독과점 검색엔진 네이버는 공공재

2023년 온 나라의 관심을 모았던 라인야후 사태는 일본 정부가 주도하여 한국 기업이 운영하던 플랫폼의 지배권을 사실상 탈취하려 한 사건으로, 한국 사회에 큰 반발을 일으켰습니다. 라인야휴 사태는 정보 인프라가 일정 수준 이상으로 사회에 영향을 미치게 되면, 단순히 민산 기업의 자산이 아니라 공공재적 성격을 띠면서 국가가 개입하려는 경향이 있다는 점을 분명하게 보여줍니다.

네이버는 국내 인터넷 시장에서 압도적인 점유율을 가진 검색엔진이자 포털 서비스입니다. 많은 사람이 네이버를 통해 정보를 찾고 제품을 구매하면서, 네이버는 이제 단순히 사기업이 아니라 사실상 우리 사회의 정보 인프라가 되었습니다. 과거 네이버는 쇼핑 검색 결과에서 자사 서비스에 유리한 정보를 우선 노출했다는 이유로 공정거래위원회의 제재를 받은 바 있습니다. 이 사례는 검색 결과의 공정성에 대한 사회적 요구가 얼마나 큰지를 보여줍니다.

사용자가 검색 결과를 불공정하다고 느끼면 플랫폼 신뢰가 무너지고, 이는 광고와 쇼핑 등 핵심 사업 전반에 영향을 미칩니다. 이런 이유로 네이버는 더 투명하고 공정한 기준을 마련하고 자체적인 자율 규제 체계를 운영합니다. 공정한 기준과 규제는 셀러의 상품 노출과 매출에 직접적인 영향을 미칠 뿐 아니라, 시장 질서를 좌우하고 셀러의 성패를 가르는 핵심 기준이 됩니다. 따라서 네이버의 규정이나 알고리즘을 이해하지 못하면, 상품 노출이 줄고 매출 감소나 계정 제재 등 실질적인 불이익을 받을 수 있습니다.

네이버는 유입 수, 클릭률CTR, 구매전환율CVR, 리뷰 수 등 다양한 데이터를 반영한 복합적인 알고리즘을 통해 상품을 평가하는 방식을 채택하고 있습니다. 그 이유는 광고비 지출이나 단순 판매량만으로 상품의 가치를 판단하지 않고 소비자의 실제 반응을 기반으로 상품성과 고객 가치를 평가함으로써, 자금력에 의존하지 않고도 공정하게 경쟁할 수 있는 환경을 조성하기 위함이라고 생각합니다. 다시 말해, 승자 독식 구조를 완화하고 신규 셀러에게도 기회를 제공하려는 의도로 해석할 수 있습니다.

실제로 네이버는 이런 취지에 맞춰 상품 정보 입력 항목을 구체화하고 셀러 행동 기준을 명문화하는 등 실질적인 가이드를 마련하고 있습니다. 또한 내부 규제 기준을 정비하여 소비자 보호와 외부 규제에 유연하게 대처하려는 전략을 취하고 있습니다.

04

사업자 등록과 스토어 개설

스마트스토어가 처음 등장했을 때, 사업자 등록을 하지 않고도 누구나 간단하게 스토어를 만들 수 있고 판매 수수료도 파격적으로 낮다는 점이 큰 장점으로 부각되었습니다. 덕분에 네이버가 다른 쇼핑 플랫폼보다 늦게 시장에 진입했음에도 단숨에 온라인 유통 시장의 강자로 자리 잡을 수 있었습니다.

네이버에 처음 스토어를 개설할 때는 관계가 없지만, 매출이 발생하면 반드시 사업자 등록을 해야 합니다. 매출 발생일로부터 20일 이내에 사업자를 등록하지 않으면 과태료가 부과될 수 있습니다. 그리고 일정 시점 이후에 통신판매업 신고를 완료하지 않으면, 정산 지연이나 거래 제한 등 불이익이 생길 수 있습니다.

스마트스토어센터 가입 페이지에서는 가입 서류, 매뉴얼, 교육 강좌(네이버 비즈니스 스쿨) 등을 제공하므로 꼼꼼히 확인하는 것이 좋습니다. 스토어 개설은 무료이며, 2025년 기준 판매 수수료는 거래액의 2.73%(부가세 별도)입니다.

사업자 회원으로 스토어를 등록하려면 사업자등록증과 통신판매업 신고증이 필요합니다.

- **사업자등록증**: 국세청 홈택스에서 신청·발급
- **통신판매업신고증**: 정부24에서 신청(에스크로 서비스 가입 필수)
- **에스크로 서비스**: 스마트스토어 관리자 페이지 '판매자 정보' 메뉴에서 필요한 서류를 출력해 제출

건강기능식품, 의료기기, 주류 등 정부 규제 품목을 판매할 때는 별도의 허가가 필요합니다.

- **건강기능식품**: 관할 보건소에 '건강기능식품판매업' 신고
- **의료기기**: 시·군·구청에 '의료기기판매업' 신고
- **주류**: 관할 세무서에 '주류 통신판매' 신고

이 절차는 스토어 개설 요건과 별개이며, 품목별로 까다로운 요건이 적용될 수 있습니다. 다만, 경쟁력 있는 공급선을 확보한다면, 진입장벽이 높은 만큼 경쟁이 적은 시장을 공략할 기회가 될 수 있습니다.

참고로 개설할 수 있는 스토어 개수와 운영 정책도 미리 확인해야 합니다. 한 사업자가 개설할 수 있는 스마트스토어는 최대 3개이며 추가 개설은 기존 스토어의 매출·구매 건수가 네이버 기준을 충속해야 신청할 수 있습니다. 추가 스토어는 판매 카테고리가 달라야 하고, 동일 상품을 여러 스토어에 등록하는 것은 금지되며, 적발 시 상품 삭제·불이익을 당할 수 있습니다.

이런 조건을 모두 갖춘 후에는 상품등록, 배송 설정, 고객 응대 시스템 구축 등 운영 준비에 들어가야 합니다.

스토어 이름의 중요성

온라인 스토어의 이름은 단순한 명칭이 아니라 브랜드의 정체성과 메시지를 함축적으로 전달하는 상징입니다. 고객은 스토어 이름을 통해 스토어가 신뢰할 만한지, 전문성이 있는지를 무의식적으로 판단하게 되며, 이는 오프라인 매장의 간판이 첫인상을 결정짓는 것과 유사한 효과를 발휘합니다.

기존에 브랜드 제품을 판매하는 셀러는 브랜드 인지도를 활용할 수 있어 스토어 이름을 정하기가 상대적으로 수월합니다. 반면, 자체 브랜드가 없는 초보 셀러는 어떤 이름이 고객에게 긍정적인 인상을 줄 수 있을지 판단하기 어려워 곤란을 겪을 때가 많습니다. 그래서 즉흥적으로 이름을 정하거나, '호구환영', '싸구려상점'처럼 장난스럽거나 부정적인 인상을 주는 이름을 선택하는 사례도 종종 있습니다. 그러나 이러한 이름은 고객에게 전문성과 신뢰감을 주기 어렵고 브랜드 이미지 구축의 초기 단계에 신뢰 확보에 걸림돌이 될 수 있습니다.

스토어 이름은 판매 상품의 변화 가능성과 향후 사업 확장까지 고려하여 정해야 합니다. 예를 들어, '○○ 옷가게'처럼 특정 품목에 국한된 이름은 이후 다른 품목으로 전환하거나 확장할 때 브랜드 정체성과 충돌할 수 있습니다. 따라서 다양한 상품군을 포괄할 수 있는 범용적이고 유연한 이름을 선택하는 것이 장기적으로 유리합니다.

스토어 이름은 검색최적화 측면에서도 매우 중요한 역할을 합니다. 네이버쇼핑 검색 시스템은 상품명뿐 아니라 스토어 이름도 함께 평가 요소로 활용하며, 스토어 이름에 포함된 키워드는 등록된 상품 키워드와 조합되어 검색 노출에 직접적인 영향을 미칩니다. 상품명에는 네이버 정책상 타사 브랜드명이나 과장 광고성 키워드 사용이 제한되지만, 스토어 이름에는 이러한 제약이 덜하므로 전략적으로 키워드를 자연스럽게 스토어 이름에 포함시키면 노출에 유리합니다.

스토어 이름을 정할 때는 반드시 기존 상표권이나 네이버에서의 중복 여부를 사전에 확인해야 합니다. 특히 상표권 침해로 인한 법적 분쟁이나 동일·유사 이름 사용으로 인한 혼란을 예방하려면, '사용 가능 이름 조회' 기능과 특허정보검색[KIPRIS] 서비스를 적극 활용하는 것이 바람직합니다.

이런 과정을 거쳐 법적 리스크를 피하면서, 동시에 고객에게 긍정적인 인상을 남길 수 있는 이름을 고민해야 합니다. 예를 들어, '바른생활용품', '스마트리빙몰'처럼 전문성과 신뢰감을 동시에 주는 이름은 소비자의 구매전환율을 높이는 데 효과적입니다.

스마트스토어에서는 단 한 차례만 이름을 변경할 수 있으므로 초기 설정이 무엇보다 중요합니다. 만약 초기 이름이 부적절하거나 주력 상품의 핵심 키워드와 스토어명이 잘 연결되지 않아 검색 노출에서 불리하다고 판단된다면, 이름 변경을 검토하되 신중하게 결정하는 것이 바람직합니다.

06

기본적인 기능은 매뉴얼과
네이버 비즈니스 스쿨에서

온라인 비즈니스를 성공적으로 운영하려면 검색 시스템의 '공정성'을 이해하는 것이 매우 중요합니다. 네이버는 무엇보다 공정성을 최우선으로 삼아 정확하고 신뢰할 수 있는 검색 결과를 제공하기 위해 끊임없이 노력하고 있습니다. 따라서 네이버 시스템의 가이드라인을 제대로 이해하지 못한 채 부적절한 방법으로 스토어를 운영하면, 원하는 결과를 얻지 못하거나 상품이 검색 결과에 전혀 노출되지 않는 상황이 발생할 수 있습니다.

흔히 접할 수 있는 스마트스토어 관련 책이나 강의, 유튜브 영상은 대부분 네이버 셀러 가이드의 내용을 토대로 만들어졌지만, 콘텐츠 제작 및 편집 과정에서 본래 의미가 왜곡되거나 잘못 해석되는 예도 적지 않습니다. 때때로 잘못된 정보가 커뮤니티를 통해 빠르게 확산되고, 유튜브 알고리즘을 타고 셀러 사이에 널리 퍼지면서 문제가 더욱 확대되는 사례도 발생합니다. 초보 셀러는 스마트스토어 관련 왜곡된 정보를 접하고 혼란을 겪거나 잘못된 방향으로 나아갈 위험이 크기 때문에 더욱 신중하게 접근해야 합니다.

네이버는 스마트스토어 운영과 관련하여 발생할 수 있는 문제를 방지하고자 검색 알고리즘과 시스템 운영에 관해 상세한 셀러 가이드를 제공하고 있습니다. 기본 매뉴얼은 스마트스토어센터에 로그인을 한 뒤, 메인 화면의 공지사항에서 '매뉴얼' 항목을 선택하면 확인할 수 있습니다.

여기에서 '네이버쇼핑 검색 상품 노출 순서 결정 주요 기준(SEO 가이드)'은 검색 시스템을 이해하고 상품을 효과적으로 노출시키는 데 가장 중요한 자료이므로 꼼꼼히 읽고, 철저히 이해하고, 제대로 숙지해야 합니다. 또한 공지사항에 게시된 규제 사항이나 다른 매뉴얼에도 스토어 운영에 필수적인 정보가 담겨 있습니다. 이러한 내용은 시간이 지나면서 변경되거나 새로운 기준이 추가될 수 있으므로, 한 번 읽고 끝내는 것이 아니라 수시로 공지사항을 확인하고 변경 사항을 숙지해야 합니다. 특히 규제 사항이나 운영 매뉴얼의 변경은 상품 노출, 고객 응대, 광고 운영 등 사업 전반에 직접적인 영향을 미칠 수 있으므로, 지속적으로 최신 내용을 확인하는 것을 습관으로 해야 합니다.

네이버는 셀러 가이드만으로는 이해하기 어려운 사용자를 위해 무료 동영상 강의 서비스인 '네이버 비즈니스 스쿨'을 운영하고 있습니다. 이를 활용하면 시스템 전반을 더욱 쉽게 이해하고 규정에 맞게 스토어를 운영하는 데 실질적인 도움을 받을 수 있습니다.

07

키워드 중심 사고

AI 시대가 도래하고 있다고들 말하지만, 현재의 디지털 환경은 여전히 검색 중심의 시대라고 할 수 있습니다. 검색은 인간의 질문과 욕구를 디지털 정보와 연결하는 핵심 메커니즘으로 그 중심에는 키워드가 있습니다. 키워드는 인간의 의도를 가장 간결하게 표현하는 단위이자 검색엔진이 정보를 구조화하고 제공하는 기반입니다.

마케팅과 브랜딩이 아무리 강조되어도 네이버 생태계에서는 키워드를 중심에 두지 않고서는 어떤 전략도 실질적 효과를 기대하기 어렵습니다. 수십만 명의 셀러가 수십억 개의 상품을 등록하는, 네이버라는 거대한 플랫폼에서는 키워드를 통해서만 검색, 노출, 구매로 이어집니다. 네이버의 검색 시스템은 '검색어 입력 → 의도 분석 → 매칭'이라는 흐름을 따릅니다. 여기에서 셀러가 주도할 수 있는 것은 오직 '키워드'와 '상품 정보의 정확성'뿐입니다.

'키워드'라는 단어는 'Key(열쇠)'와 'Word(단어)'의 결합입니다. 여기서 '키'는 고객이 가진 문제를 해결하기 위한 실마리, 즉 '문제 해결의 열쇠'로 이해할 수 있습니다. 한마디로 키워드는 고객의 욕구와 기대가 담긴 언어이자, 이를 해결하고 싶은 마음을 가장 압축적으로 표현한 단서입니다. 고객은 키워드를 입력하는 순간, 마치 문제 해결의 실마리를 쥐고 문을 열어 새로운 문제 해결의 가능성이 보이는 세계로 들어서는 것처럼 느낍니다.

이때 셀러가 제공하는 상품페이지라는 콘텐츠는 그 문 너머에 존재하는 '기대에 부합하는 공간'이 되어야 합니다. 그래야 고객은 그 공간에 안심하고 머물며 구매로 이어질 수 있습니다. 고객은 검색 과정에서 기대하는 결과를 즉시 찾기를 원합니다. 따라서 키워드 검색 결과가 자신의 기대와 어긋나면, 구매 여정은 곧바로 중단됩니다.

검색엔진은 고객의 구매 여정이 중단되지 않고 최종 결제까지 완전히 마무리되는 비율을 높이도록 설계되어 있기 때문에, 상품명, 섬네일, 상세페이지, 옵션 등 모든 요소는 키워드의 의미를 중심으로 일관성이 있어야 합니다. 예를 들어, '무선 방수 골전도 헤드폰'이라는 키워드에는 주변 환경을 인지하며 자유롭게 운동하고 싶고, 땀이나 물로부터 기기를 보호하고 싶은 고객의 욕구가 담겨 있습니다. 따라서 상품명과 섬네일에서는 무선 기능과 방수 등급, 그리고 귀를 막지 않는 골전도 방식이 명확히 드러나야 하고, 상세페이지와 옵션에서도 IPX 등급(방수 등급), 배터리 지속 시간, 착용감 등이 혼동 없이 잘 전달돼야 합니다.

이처럼 검색엔진이 구매 여정의 완결률을 높이도록 설계된 구조 안에서 셀러가 키워드의 의미를 제대로 해석할 수 있어야 고객은 자신의 기대에 부합하는 정보를 접하게 되고, 고객이 구매 여정에서 이탈하지 않고 결제로 이어지며 구매 후 반품을 하지 않게 됩니다.

네이버 시스템에서 검색 최적화, 구매전환율, 반품률 관리는 물론 SNS와 블로그 같은 외부 랜딩 페이지를 통한 고객 유입에서도 가장 중요한 것은 키워드입니다. 스토어 내부의 구성 요소뿐만 아니라 외부 채널의 콘텐츠와 시각적 자료 역시 키워드 중심으로 통일되어야 고객이 원하는 정보를 신속하게 확인하고, 구매로 자연스럽게 이어질 수 있습니다.

키워드는 비즈니스 성공의 출발점입니다. 검색 기반의 온라인 환경에서는 모든 전략과 실행이 키워드를 중심으로 이루어져야 합니다. 네이버라는 세계에서는 마케팅도 브랜딩도 모두 키워드를 기반으로 전개됩니다. 키워드를 염두에 두지 않고서는 어떤 노력도 의미가 없습니다. 지금 이 순간부터 모든 사고와 행동의 출발점을 키워드로 삼아야 합니다. 키워드는 디지털 환경에서 내 상품이 발견되고 선택받기 위한 유일한 언어입니다.

08

검색 알고리즘의 이해

검색 알고리즘은 네이버라는 검색 기반 플랫폼에서 셀러가 따라야 할 핵심 운영 원칙이라 할 수 있습니다. 네이버의 다양한 운영 매뉴얼은 결국 검색 알고리즘의 작동 원리에 맞춰 구성되어 있으며, 검색 알고리즘을 충분히 이해하지 못한 채 스토어를 운영하면 상품 노출과 매출에 어려움을 겪을 수밖에 없습니다.

특히 중요한 것은 '상품명'입니다. 상품명은 셀러가 직접 설정할 수 있는 항목으로 키워드 분석과 고객 인식을 바탕으로 전략적으로 구성해야 합니다. 적절한 키워드가 누락되면 검색 결과에서 밀릴 수 있으며, 무분별한 등록은 노출 기회를 줄이게 됩니다.

네이버는 상품명, 브랜드/제조사, 카테고리, 속성, 태그 등 등록된 상품 정보를 기반으로 '적합도'를 평가하여 기본 검색 순위를 정합니다. 이때 키워드와 카테고리의 일치도가 가장 중요하며, 잘못된 분류나 키워드 남용은 오히려 검색 순위에 불리하게 작용합니다. 따라서 고객의 검색 의도를 고려한 정확한 데이터 입력이 중요합니다. 참고로 대표적인 키워드 남용 사례를 소개하면 다음과 같습니다.

첫째, 카테고리 오매칭입니다.

예: 강아지 백팩 → 네이버는 이 키워드의 검색 의도가 "강아지를 위한 가방"이라는 것을 파악합니다. 이러한 검색 의도에 가장 적합한 카테고리는 보통 "생활/건강〉애완〉애견용품〉캐리어"입니다. 하지만 검색 수요가 많다는 이유로 상품 카테고리를 "패션잡화〉여성가방〉백팩"으로 잘못 설정했다면, 해당 상품은 네이버쇼핑에서 적합도가 낮게 평가되어 검색 순위에서 밀려나게 됩니다.

둘째, 키워드 남용 및 불필요한 정보입니다.

예: 에어팟 프로 케이스 이어폰 파우치 키링 할인 → '에어팟 프로 케이스'를 찾는 고객의 검색 의도를 흐리게 합니다. '이어폰 파우치'와 '키링', '할인' 같은 불필요한 키워드가 섞여 있어, 오히려 네이버의 검색 시스템이 상품의 정체성을 파악하기 어렵게 만듭니다. "아이폰 에어팟 프로 3세대 전용 가죽 케이스"와 같이 고객의 의도를 정확히 반영한 키워드를 사용해야 합니다.

그러나 적합도만으로는 상위 노출을 기대하기 어렵습니다. '인기도'는 클릭 수, 판매량, 리뷰 점수 등 고객 반응을 반영한 지표로, 검색 순위에 가장 큰 영향을 미칩니다. 이에 따라 셀러는 상품등록 후에도 마케팅 프로모션, 상세페이지 개선, 마케팅 전략 수립, 재구매 유도 등 '인기도'를 높이는 실질적인 활동을 꾸준히 이어가야 합니다.

한편, 네이버쇼핑, 스마트스토어, 검색광고는 각각 독립적으로 운영되므로, 검색광고 클릭이나 네이버쇼핑을 거치지 않은 스마트스토어 직접 유입은 인기도 점수에 직접 반영되지는 않습니다. 오로지 네이버쇼핑 내 자연 검색 유입만이 순위 결정에 기여합니다.

또한, 알고리즘에는 '신뢰도'라는 보조 평가 항목이 있습니다. 배송 지연, 규정 위반, 고객 불만이 누적되면 순위 하락이나 검색 노출 정지로 이어질 수 있습니다. 특히 트래픽 조작 등 비정상적인 방법은 오히려 패널티로 작용할 수 있어 주의가 필요합니다.

적합도와 인기도에 대한 전체 평가는 GBDT[Gradient Boosting Decision Tree] 머신러닝 기반 알고리즘을 통해 이루어지며, 다양한 요소를 종합적으로 분석해 최적의 결과를 도출하고, 고객 행동, 계절성, 카테고리 변화 등에 따라 기준이 지속적으로 조정됩니다. 즉, 검색 알고리즘은 고정된 룰이 아니라 끊임없이 변화하는 살아 있는 구조이기 때문에, 변화에 민감하게 반응하며 상품 '적합도' 요소를 꾸준히 조정하고 '인기도' 점수를 확보하기 위해 체계적으로 마케팅 활동을 전개해야 합니다.

09

'어떻게 하라'가 아니라
'이렇게 하지 마라'가 더 중요

네이버쇼핑의 규제는 매우 까다롭고 광범위합니다. 만약 규제를 정확하게 숙지하지 않고 상품을 등록하면, 상품 노출 중단, 마케팅 비용 손실, 상품 삭제로 인한 리뷰 소멸 등 심각한 피해로 이어질 수 있으며, 반복될 경우 스토어 중단이나 퇴점이라는 치명적인 결과를 초래할 수 있습니다. 따라서 네이버쇼핑 규제를 단순한 제한이 아니라, 네이버의 알고리즘이 어떤 기준에 따라 작동하는지를 이해하는 데 필요한 일종의 '작동 매뉴얼'로 인식해야 합니다.

하지 말아야 할 규제 항목을 명확히 이해한다는 것은 단순히 리스크를 회피하기 위한 행동이 아니라, 검색 알고리즘이 어떤 조건에서 검색 노출을 제한하거나 우선시하는지를 유추하는 출발점이 됩니다. 이러한 관점은 소비자가 어떤 흐름으로 상품을 인식하고 선택하는지를 파악하는 데도 중요하며, 결과적으로 현실적이고 실행 가능한 상위 노출 전략 수립에 중요한 통찰을 제공합니다.

금지 품목 기준을 명확히 이해하면 위반에 따른 손실을 피할 수 있을 뿐만 아니라, 합법적인 범위 내에서 타 셀러가 간과한 틈새 상품을 발굴해 경쟁 없이 시장을 선점할 기회도 얻을 수 있습니다. 자세 교정 밴드는 의료기기와 일반 상품의 경계에 있는 대표적인 사례로, 규제 수준과 경쟁 강도를 고려해 전략적으로 접근할 수 있는 상품으로 잘 알려져 있습니다.

아래는 대표적인 금지 및 제한 품목입니다.

구분	예시	비고
판매 금지	마약류, 총기류, 의약품, 담배, 음란물 등	법령 위반으로 전면 금지
조건부 판매	건강기능식품, 식품, 화장품, 전기용품 등	인증 및 신고 요건 충족 시 판매 가능
소비자 보호 위반	KC 미인증 제품, 유해물질 초과, 가짜 상품, 선정적 콘텐츠 등	기준 미달 시 제재 가능

금지 및 제한 품목

규제는 상품의 종류나 조건뿐 아니라, 상세페이지 구성과 표현 방식에도 동일하게 적용됩니다. 예를 들어, 허위·과장 광고나 소비자 오인을 유도하는 표현이 금지되어 있으며, 의료기기, 건강기능식품, 화장품 등은 더욱 엄격한 기준이 적용됩니다.

규제가 실제로 어떻게 적용되고 위반되는지를 보다 명확히 이해하기 위해 자주 발생하는 대표적인 운영 위반 사례를 소개하면 다음 페이지의 표와 같습니다.

판매 운영 기준은 상품등록, 판매 방식, 고객 응대 등 전반에 적용되며, 위반하면 위반 행위의 경중에 따라 '클린 패널티'가 부과됩니다. 만일 위반이 반복되면 검색 노출 제한, 일정 기간 판매 중지, 스토어 이용 정지 등 단계별 제재가 뒤따릅니다.

위반 유형	예시
정보 기재 오류	상품명과 옵션 정보 불일치, 브랜드·모델명 허위 표기, 재고 허위 표시
소비자 기만	허위·과장 광고, 끼워팔기 강요, 과도한 배송비 부과
부적절한 콘텐츠	폭력적·선정적 이미지 사용, 비윤리적 표현 등
모음전 규정 위반	섬네일과 상품명에 사용한 키워드가 첫 번째 옵션 정보(모델명, 크기, 색상 등)와 불일치

대표적인 운영 위반 사례

판매 운영 기준이 마련된 이유는 소비자가 상품을 선택하는 과정에서 겪는 인지적 왜곡과 혼란을 악용해 상품 자체의 우수함보다 고객의 착각을 유도하여 부당한 이익을 얻는 방식을 제한하려는 것입니다. 예를 들어, 에르메스 ST(스타일)와 같은 키워드를 사용해 고가 상품과 오인하도록 만들거나, 유사한 로고나 패키지를 사용하기도 하고, 검색 노출 가격은 낮게 설정하고 해당 가격으로는 구매할 수 없게 하는 조건을 걸어 높은 가격의 옵션을 선택하도록 유도하는 판매 방식을 막기 위함입니다.

결국 판매 운영 기준은 소비자 구매 판단의 취약 지점을 바로잡기 위한 구조적 장치로 기능합니다. 기준을 면밀히 살펴보면 소비자가 어떤 순간에 판단 실수를 하는지, 고객이 어떤 경로를 따라 상품을 인식하고 기억하는지를 고객 여정의 흐름 속에서 구조적으로 파악할 수 있으며, 이는 검색 최적화 전략뿐 아니라 상세페이지 구성, 이미지 배치, 설명 순서 등 실질적인 설계에도 깊이 있는 통찰을 제공합니다.

지식재산권 침해는 스마트스토어에서 자주 발생하는 문제 중 하나입니다. 지식재산권에는 특허권, 실용신안권, 디자인권, 상표권, 저작권, 초상권, 성명권 등 다양한 권리가 있으며, 지식재산권을 침해하면 법적 책임뿐 아니라 스토어의 신뢰도와 매출에 큰 타격을 입을 수 있습니다. 특히 자동 등록 프로그램을 이용해 대량으로 상품을 업로드하는 과정에서 지식재산권 침해가 의도치 않게 발생하는 예도 많기 때문에 셀러는 각별히 주의해야 합니다.

네이버에서는 자신이 선호하는 브랜드를 검색해 구매하는 고객의 비중이 매우 높습니다. 그리고 검색량이 많은 일반 키워드 영역의 상위 노출은 소비자가 대부분 인지하고 있는 브랜드가 차지하고 있습니다. 이로 인해 브랜드 인지도가 낮은 상품이 일반 키워드에서 판매될 가능성은 매우 낮으며, 일부 셀러는 이러한 한계를 무리하게 돌파하고자 허위로 클릭을 만들어 내는 불법 트래픽 서비스를 이용하거나 유명 브랜드를 무단으로 상품명에 삽입하는 방식으로 지식재산권을 침해하는 사례도 적지 않습니다.

스마트스토어 운영 경력이 긴 베테랑 셀러는 복잡한 규제를 철저히 이해하고 준수할 뿐 아니라, 다른 셀러의 규정 위반 행위까지 주기적으로 모니터링하며 자신의 판매 기회를 방어합니다. 온라인 유통 세계는 누구에게나 열려 있는 만큼 보이지 않는 편법과 불공정 행위도 만연해 있습니다. 초보 셀러의 눈에는 보이지 않는 수많은 '불공정 경쟁'이 존재하며, 이를 인지하지 못한 채 스마트스토어를 운영하는 것은 무방비 상태로 전장에 나서는 것과 다르지 않습니다.

결국 스마트스토어에서의 성공은 '무엇을 더 해야 하는가?'라는 질문보다 '무엇을 하지 말아야 하는가?'를 명확히 아는 데서 출발합니다.

다수의 초보 셀러는 상세한 규제에 관해 제대로 숙지하지 못해 검색 상위 노출이나 유입 급증 시점에 제재를 당하는 경우가 많습니다.

혹시 제재를 받더라도 당황하지 않고 침착하게 복구 과정을 밟는다면, 오히려 단순한 문제 해결을 넘어 검색 알고리즘의 작동 방식과 플랫폼 운영 구조를 체감하는 계기가 될 수 있습니다. 제재의 경험을 단기 손실로만 받아들일 것이 아니라, 플랫폼의 작동 원리를 학습하는 실전 데이터로 전환할 수 있는 기회로 삼아야 합니다. 금지된 길을 피하는 법을 먼저 알아야 허용된 길에서의 속도가 의미를 갖게 됩니다.

10

어뷰징의 이해

스토어를 개설하면 고객 문의보다 광고업체의 홍보 전화가 훨씬 더 많이 옵니다. 주로 검색광고 대행을 제안하거나 검색 순위 상승을 돕겠다는 내용으로 상품의 노출 순위가 높아질수록 전화는 더욱 빈번해집니다. 네이버 톡톡 서비스마저 광고 메시지로 도배되어 고객 상담에 방해가 되는 때도 많습니다.

대다수 셀러는 비정상적인 광고 제안을 거부하지만, 일부는 업체가 사용하는 '트래픽 광고'라는 표현에 속아 검색 순위 조작 서비스를 정상적인 광고로 오해하기도 합니다. 그러나 순위 조작 서비스는 '어뷰징Abusing(남용)', 즉 공정한 경쟁을 해치는 명백한 부정행위입니다.

플랫폼은 구조적으로 완전할 수 없어 어느 정도 미비점이 있을 수밖에 없습니다. 어뷰징은 플랫폼의 구조적인 빈틈을 노려 발생하며, 네이버뿐만 아니라 구글이나 쿠팡 등 대다수 검색 기반 온라인 플랫폼에서 빈복적으로 나타나는 문제입니다. 어뷰징은 개방형 서비스의 구조적 한계, 익명성과 분산성, 그리고 불법 행위를 감수할 만큼 강력한 경제적 유인이 맞물린 복합적인 문제로 쉽게 근절되지 않습니다.

어뷰징은 크게 시스템 남용, 오용, 그리고 악용으로 나눌 수 있습니다. 다음은 각 유형의 대표적인 사례와 주요 메커니즘을 정리한 표입니다.

유형	세부 유형	주요 사례 및 메커니즘
시스템 남용	검색 순위 조작	매크로 프로그램을 활용해 특정 키워드 검색, 클릭 등을 반복 실행하여 알고리즘을 속이는 행위
	찜/알림 설정 조작	비정상적인 알림 설정을 증가시켜 스토어의 인기도를 인위적으로 부풀리는 행위
	가짜 구매 유도	구매전환율을 높이기 위해 허위 구매 데이터를 생성하는 행위
시스템 오용	키워드 오용	상품명이나 상세 설명에 규제 키워드나 타 브랜드 이름을 삽입하여 검색 유입을 노리는 행위
	옵션 구성 꼼수	비정상적으로 낮은 가격을 노출하고, 필수 옵션 가격을 높게 설정하는 행위
	허위 가격 기재	비정상적으로 낮은 가격을 노출하고, 재고 수량 제한 및 과다 배송비 청구로 높은 비용 결제를 유도하는 행위
시스템 악용	광고 클릭 어뷰징	경쟁 셀러의 광고를 반복 클릭해 예산을 고의로 소진시키는 행위
	리뷰 및 평점 테러	다수 계정으로 경쟁 상품에 악성 리뷰나 낮은 평점을 남겨, 구매전환율을 떨어뜨리는 행위
	규정 위반 신고 및 반품	규정 위반 신고 반복, 대량 반품 등으로 경쟁 셀러의 운영을 방해하는 행위

어뷰징의 유형별 예시

온라인 셀러 커뮤니티에서는 로직이 자주 바뀐다는 이야기를 종종 들을 수 있습니다. 그러나 네이버는 2022년에 공식적으로 검색 로직을 변경한 후 지금까지 추가적인 공식 변경은 발표하지 않았습니다. 여기서 로직이란 사용자가 입력한 검색어에 대해 관련성이 높은 정보를 어떤 순서로 보여줄지를 결정하는 알고리즘을 의미합니다. 하지만 일부 셀러나 광고업체가 사용하는 '로직'이라는 표현은 원래의 의미와는 다르게 검색 랭킹 조작에 대한 트래픽 탐지 및 차단 기준을 지칭하는 용어로 쓰입니다. 실제로 네이버가 일부 셀러가 말하는 '로직'을 변경하면, 즉 트래픽 탐지 시스템을 강화하면 상위에 노출되어 있던 많은 상품이 일시에 순위가 하락하고, 이후 수 주 내에 트래픽 대행업체가 새로운 우회 방법을 찾아내는 일이 반복되고 있습니다. 네이버와 트래픽 대행업체 간 트래픽 조작에 대한 대응과 회피가 지속되면서 트래픽 차단 로직은 빈번히 업데이트되고 있습니다.

몇 년 전만 해도 트래픽 조작이 극심해지며 트래픽 없이는 판매가 어렵다는 인식이 있었고, 트래픽 업체들은 경쟁적으로 상품당 하루 수백 건 이상의 방문 유입(상품 페이지 클릭)을 인위적으로 발생시키는 서비스를 제공하기 시작했습니다. 이후 트래픽 경쟁이 더욱 심화되자, 하루 수천 건 규모의 트래픽을 유도하는 '무한타'나 경쟁 상품의 순위를 의도적으로 떨어뜨리는 '순위 보장 서비스'까지 등장하면서 문제는 더욱 심각해졌습니다.

네이버는 트래픽 조작을 막기 위해 검색창 구조를 개편하여 매크로 프로그램을 차단하는 등 강력한 대응으로 과열 양상을 다소 진정시켰지만, 일부 대행업체는 기존에 컴퓨터를 동원하던 방식에서 직접 사람을 동원한 '리워드(보상)' 방식으로 여전히 트래픽을 조작하고 있습니다.

트래픽뿐만 아니라 리뷰 어뷰징도 만연합니다. 리뷰 어뷰징은 리뷰가 없으면 구매를 꺼리는 소비자 심리와 검색 알고리즘에서 리뷰 점수가 차지하는 높은 가중치 때문에 발생합니다. 네이버는 리뷰 어뷰징을 특히 엄격히 규제하고 있으며 실제 적발되어 법적인 처분을 받은 사례도 있습니다. 가족이나 지인이 대신 써주는 리뷰도 문제가 될 수 있지만, 더 심각한 문제는 자금력 있는 셀러가 수천 건의 가짜 리뷰를 조직적으로 작성하는 행위입니다.

트래픽과 리뷰를 조작하는 행위는 네이버 시스템에 과부하를 줄 뿐만 아니라, 정상적으로 마케팅을 운영하는 셀러의 사업 의지를 꺾는 결과를 초래합니다. 이러한 부정행위는 스마트스토어를 새로 시작하려는 동기를 꺾기 때문에, 대다수 스마트스토어 관련 서적이나 강의, 온라인 콘텐츠에서는 깊이 있게 다루지 않으려는 경향이 있습니다. 그러나 일정 수준 이상의 셀러라면 트래픽 조작이 여전히 광범위하게 존재한다는 사실을 알고 있습니다. 실제로 일부 스마트스토어 강사는 수강생에게 트래픽 조작이나 리뷰 대행업체 사용을 권유하기도 하며, 유튜브와 같은 공개 플랫폼에시는 트래픽 소작의 필요성을 주장하는 콘텐츠도 어렵지 않게 찾을 수 있습니다. 심지어 온라인 셀러 커뮤니티에서도 회원(혹은 회원을 가장한 업자)끼리 트래픽 조작 대행업체 정보를 공유하는 사례가 자주 확인되고 있습니다.

어뷰징의 목적은 검색 상위에 노출되게 해서 고객 유입을 늘리고, 다수의 리뷰를 확보함으로써 구매전환율을 인위적으로 끌어올리는 데 있습니다. 하지만 실제로는 셀러 스스로 상품의 본질적 경쟁력과 신뢰 기반의 브랜딩에 집중하는 것이 바람직할 뿐 아니라 더욱 효과적입니다. 충실하게 브랜딩이 구축된 상품은 외부 조작 없이도 지속해서 상위에 노출되며, 고객과의 신뢰 속에서 구매전환율을 자연스럽게 끌어올리는 선순환 구조를 형성합니다.

11

규제는 어떻게 적용되는가

보통 상품 판매를 처음 시작할 때는 별문제가 없지만, 판매량이 늘고 인기 키워드에서 검색 순위가 올라가기 시작하면 점차 규제 위반 신고를 받게 되면서, 상품 노출이 제한되는 등의 문제를 겪게 됩니다. 이때 문제가 된 키워드로 검색을 해 보면, 같은 정보를 등록한 다른 셀러의 상품은 여전히 정상적으로 노출되는 반면, 내 상품만 노출이 중단된 상황을 확인하게 됩니다. 그렇다 보니 실제 셀러 커뮤니티에서는 규제가 불명확하고 규제 처리 또한 투명하지 못하다는 불만을 자주 접하게 됩니다. 하지만 셀러가 자신의 상품만 차별적으로 규제를 받는다고 느끼는 이유는 규제 적용 방식에 대한 이해가 부족하기 때문입니다.

네이버의 상품 관련 규제는 상당히 광범위하고 복잡한 반면, 상품 등록 과정에서 별다른 안내나 입력 제한이 없어서 사전에 규정 위반을 예방하기는 쉽지 않습니다. 이로 인해 상당히 많은 상품이 규정을 위반한 상태로 검색에 노출되고 있습니다. 문제는 네이버가 규정 위반 상품을 사전에 탐지하여 조치하지 않는다는 데 있습니다. 네이버는 AI 기반 자동 감시 시스템을 가동하여 어뷰징 행위를 탐지한다고 공지하고 있으나, 현실적으로는 효과가 없다는 평가를 받고 있습니다. 실제로 규제는 대부분 다른 셀러의 신고에 의해 이루어집니다. 동일한 정보를 입력했음에도 내 상품만 삭제되고 다른 상품은 정상적으로 노출되는 예는 바로 이런 이유 때문입니다.

셀러 간 상호 감시와 견제를 기반으로 하는 네이버의 규제 시스템은 여러 부작용을 초래하고 있습니다. 과거에는 경쟁 상품이 규정을 위반한 사실을 발견하더라도 대체로 무시하거나 소극적으로 대응하는 분위기였습니다. 그러나 최근에는 온라인 셀러 커뮤니티가 활성화되고 정보가 빠르게 공유되면서 상황이 크게 달라졌습니다. 특히 일부 스마트스토어 강사가 트래픽 조작 프로그램을 활용한 유입 조작 방법을 활용하되, 경쟁 상품은 적극적으로 신고해 자신의 상품이 검색 상위에 노출될 수 있도록 하라는 전략을 조언하면서 셀러 간 감시와 신고에 불을 지피고 있습니다. 여기에 더해 최근의 불경기는 이 같은 현상을 더욱 심화시키고 있습니다.

규제가 유난히 까다로운 특정 카테고리에서는 상위 셀러 사이에 서로 신고하지 않겠다는 일종의 암묵적 합의가 형성되어 일부 규정 위반은 묵인되기도 합니다. 이러한 분위기를 알지 못한 채, 강의 등에서 배운 대로 경쟁자의 규정 위반 상품을 무분별하게 신고하는 신규 셀러가 등장하면 도리어 표적이 되어, 그 셀러가 스토어에서 판매 중인 다수의 상품에 대해 보복성 신고가 집중됨으로써, 결국 운영 일시 중단이나 영구 퇴점 같은 치명적인 결과로 이어지는 예도 적지 않습니다.

네이버쇼핑은 가격 비교 기반으로 출발한 플랫폼인 만큼 경쟁을 전제로 설계되어 셀러 간 견제는 어쩌면 자연스러운 현상일 수 있습니다. 따라서 규제는 공정한 경쟁과 소비자 보호를 위해 필요합니다. 하지만 규제를 경쟁자를 공격하는 수단으로 남용한다면 시장 전체에 불신과 비효율을 야기할 수 있습니다. 경쟁자의 어뷰징으로 내 사업에 실질적인 피해가 발생한다면 적절한 조치가 필요하겠지만, 그렇지 않은 상황에서 검색 순위 상승만을 목적으로 경쟁자를 신고하고 견제하는 데 과도한 에너지를 소모하는 것은 바람직하지 않습니다. 이는 업무 효율을 떨어뜨릴 뿐만 아니라 상호 감시와 보복성 신고, 악성 리뷰의 악순환으로 이어져 장기적으로 브랜드 신뢰도 구축에도 악영향을 미칠 수 있습니다.

12

모르겠으면 고객상담실에 물어봐라

규정을 꼼꼼히 확인한다고 해도 사소한 실수는 발생할 수 있고, 네이버 정책 변경으로 인해 기존에 문제없던 상품이 갑자기 규제 대상이 되어 노출이 중단될 수 있습니다. 새로 등록한 상품이 노출 중단 조치를 당한다면 삭제 후 새로 상품을 재등록하면 되므로 큰 부담이 없지만, 구매 건수와 리뷰가 누적된 '가치 있는 상품'이라면 이야기가 달라집니다. 만일 이 상품이 규정 위반으로 노출이 중단되었다면, 반드시 복원 절차를 진행해야 합니다.

노출 중단을 복원하려면 먼저 스마트스토어센터(스마트스토어)의 관리자 페이지에서 문제 정보를 수정한 후, 쇼핑파트너센터(네이버쇼핑 관리자 페이지)에서 삭제된 상품의 복원 신청을 할 수 있습니다. 그러나 복원 신청은 즉시 처리되지 않으며, 영업일 기준 3일이 걸립니다. 복원 신청을 했다고 해서 무조건 복원이 보장되는 것은 아니며, 수정 후에도 다른 규정 위반이 추가로 발견되면 노출 중단 기간이 길어질 수 있습니다.

경험이 많은 셀러라면 웬만한 규정은 잘 알기 때문에 오류를 확인해도 신속하게 조치하면서 노출 중단 기간을 최소화할 수 있지만, 규정에 관해 이해가 부족한 초보 셀러는 네이버에서 규정 위반 사항을 먼저 알려주지 않기 때문에 노출 중단이 장기화될 수도 있습니다.

노출 중단 조치를 바로 해제하지 않는 것은 일종의 규정 위반에 대한 패널티의 의미로, 노출 중단 기간에 검색 유입 수와 구매 건수를 줄게 해서 검색최적화에 의해 검색 순위를 의도적으로 떨어뜨림으로써 불이익을 주기 위함으로 보입니다. 하지만 노출 중단에 대해 즉시 적절한 조치를 하지 않아 기간이 길어지면, 검색 순위는 더 많이 떨어지고 자신의 실수에 비해 더 큰 패널티를 받는 결과가 빚어집니다.

예상하지 못한 노출 중단 문제가 발생했을 때 온라인 커뮤니티나 다른 셀러의 조언에 의존하지만, 정확하지 않은 정보로 인해 오히려 더 큰 혼란이 초래될 수 있습니다. 온라인에서는 부정확한 정보를 더 확신하는 '더닝-크루거 효과'의 영향을 받기 때문에, 일부 제한된 경험을 가진 셀러의 조언이 오히려 잘못된 방향으로 이끌 위험이 있습니다.

노출 중단 문제는 네이버쇼핑 고객센터에 문의하는 것이 가장 신뢰할 수 있는 해결책입니다. 네이버쇼핑 고객센터는 네이버 시스템과 규정을 가장 잘 이해하고 있는 전문가로 구성되어 있어서, 이들의 도움을 받아 문제를 해결하면 불필요한 시행착오를 줄일 수 있습니다. 또한 평소에 운영하면서 궁금했던 사항도 친절하게 그리고 논란의 여지가 없도록 명확하게 설명해 주기 때문에 규정에 관해 정확하게 이해할 수 있습니다.

상담은 톡톡 상담과 전화 상담 방식이 있습니다. 톡톡 상담은 기록이 남기 때문에 이후에 다시 확인하거나 참고하는 데 유용합니다. 상담 전에는 문의 내용을 정리하고 스토어 ID나 상품 ID를 미리 준비하면, 보다 신속하고 정확하게 응답을 받을 수 있습니다. 상담은 평일 오전 9시부터 오후 6시까지 진행되며 점심 시간(12~13시)에는 상담을 받지 않습니다.

네이버 고객센터 상담은 단순한 응대를 넘어서 스토어 운영의 어려움 해결, 규정 위반 예방, 스토어 성장까지 이어질 수 있는 효과적인 지원 수단입니다. 아무리 뛰어난 실력과 전문적인 지식을 가진 셀러, 강사, 인플루언서라 하더라도 네이버 담당자보다 네이버 규정을 더 정확하게 이해하는 사람은 없습니다.

8장

상품등록 I — 카테고리

카테고리가 가지는 의미와 고객의 성향

카테고리는 단순한 상품 분류를 넘어 고객이 상품을 어떻게 인식하고 무엇을 기대하는지를 결정하는 중요한 요소입니다. 고객은 제품을 선택할 때 특정한 기대 심리를 기반으로 구매를 결정하며, 기대 심리는 카테고리마다 다르게 형성됩니다. 따라서 카테고리는 고객의 기대를 형성하고 시장 내 상품의 위치를 결정하는 출발점이며, 가격 정책, 품질 기준, 브랜드 신뢰도 등에도 영향을 미칩니다.

예를 들어, 고객은 건강기능식품을 구매할 때는 안전성을 중시하고, 가전제품을 선택할 때는 내구성을 중시하는 경향이 있습니다. 같은 제품이라도 어떤 카테고리에 속하느냐에 따라 고객이 중요하게 평가하는 요소가 달라지며, 따라서 마케팅 전략도 달라져야 합니다. 내구성 중심 카테고리는 품질 보증 기간과 A/S 캠페인을 강조하고, 가격 민감 카테고리는 심리적 희소성을 활용한 프로모션 전략을 적용해야 합니다. 신뢰성 중시 카테고리는 공인 인증과 전문가 리뷰를 강조하고, 감성 중심 카테고리는 감각적 비주얼과 트렌드 연계를 활용해 감정적 공감을 유도해야 합니다.

카테고리	구분	성향 및 고객 기대	주요 마케팅 요소
디지털/가전> 생활가전> 공기청정기	내구성 중시	제품의 수명과 견고함, A/S 서비스 제공 여부, 브랜드의 신뢰성을 중시	내구성 테스트 결과 제공, 품질 및 안전 인증 강조, 브랜드 역사와 평판 소개
패션의류> 여성의류> 티셔츠	가격 중시	가격 민감도가 높고 가성비를 중시하며, 할인 혜택과 최저가 여부에 민감	심리적 희소성 활용, 타깃 프로모션, 묶음 할인 제공
건강기능식품> 비타민/미네랄	브랜드 신뢰 중시	브랜드 인지도와 신뢰성, 공식 인증 여부, 전문가 추천을 중시	임상시험 및 효능 입증 자료 제공, 정부 인증 마크 표시, 브랜드 전문성 강조, 고객 리뷰 활용
패션잡화> 여성가방> 크로스백	감성 중시	디자인, 색상, 최신 트렌드, 스타일링 활용도를 중시	고퀄리티 제품 사진 활용, 패션 트렌드 스타일링 제안, 인플루언서 협업 콘텐츠 제작, 신제품 출시 및 한정판 제공

카테고리별 고객 기대와 마케팅 요소

카테고리에 따라 유입되는 고객의 성향을 이해하는 것도 중요합니다. 즉, 고객이 가격을 가장 중시하는지, 가성비를 따지는지, 아니면 신뢰성을 최우선으로 보는지를 파악해야 합니다. 그래야 카테고리별 고객의 성향을 명확히 이해할 수 있고, 목표 고객의 구매 동기와 가치관에 부합하는 카테고리를 전략적으로 공략함으로써, 가격 외에도 고객이 중요하게 생각하는 가치를 효과적으로 제공할 수 있습니다.

카테고리	구분	주요 전략
디지털/가전> 컴퓨터> 노트북	가격 경쟁이 심한 카테고리	파격적인 할인 및 프로모션 제공, 번들 상품이나 사은품 제공 등을 통한 경쟁력 확보
생활/건강> 건강관리용품> 마사지기	가성비를 따지는 카테고리	제품 핵심 기능과 장점 상세 설명, 실제 리뷰를 통한 신뢰도 구축, 품질 대비 합리적인 가격 강조
건강기능식품> 비타민/미네랄	신뢰성을 중시하는 카테고리	임상시험 결과 및 인증 자료 제공, 공인 기관 인증 마크 강조, 전문가 추천 활용

카테고리별 주요 전략 예시

카테고리는 단순히 상품등록 방식을 넘어, 고객이 어떤 기준으로 제품을 평가할 것인가를 결정하는 매우 중요한 전략적 요소입니다. 따라서 고객이 중요하게 생각하는 가치를 분석하고 이에 부합하는 카테고리를 선택해야 하며, 내구성, 가격, 브랜드 신뢰도, 감성 등 카테고리별로 달라지는 고객 기대를 정확히 파악해 차별화된 마케팅 전략을 수립해야 합니다.

02

내 상품을 어떻게 정의하느냐에 따라
달라지는 카테고리

네이버쇼핑 구조상 개별 키워드는 하나의 카테고리에만 매칭되도록 설계되어 있습니다. 이런 구조 때문에 카테고리는 단순한 상품 분류 체계가 아닌 키워드의 집합이라고 할 수 있습니다. 따라서 지정한 카테고리에 맞지 않는 키워드를 사용하면, 그 키워드로는 검색되지 않을 뿐만 아니라, 검색최적화의 '적합도' 점수 하락으로 인해 정확한 카테고리로 설정한 키워드의 검색 순위마저 떨어질 수 있습니다. 예를 들어, 휴대폰 충전기를 '휴대폰 액세서리〉 충전기' 카테고리에 등록하면서 '보조배터리'라는 키워드를 넣으면, 보조배터리를 검색하는 고객에게는 노출되지 않습니다. 또한 네이버쇼핑 알고리즘이 카테고리와 맞지 않는 '부적합 상품'으로 분류하여 충전기 키워드 검색 순위마저 떨어질 수 있습니다.

대다수 셀러는 하나의 키워드에만 의존하지 않고 다양한 키워드를 함께 사용합니다. 예를 들어, 무선 이어폰을 판매할 때 가장 많이 사용하는 키워드는 '블루투스 이어폰', '무선 이어폰', '이어버드' 등입니다. 그런데 이 키워드는 결국 '휴대폰 액세서리〉 이어폰/헤드폰' 카테고리로 모입니다. 얼핏 보면 단일 키워드 내에서의 경쟁처럼 보이지만, 실제 경쟁은 키워드가 아니라 카테고리 내에서 이루어집니다.

따라서 상품을 등록할 때 단순히 검색량이 많은 키워드를 넣는 데 집중할 것이 아니라, 상품이 속할 카테고리와 그 안에서의 경쟁 구도를 먼저 고려해야 합니다. 예를 들어, '보조배터리'를 판매한다면 '휴대폰 액세서리>보조배터리' 카테고리에 정확히 등록하고, 그 안에서 경쟁력이 있는 '대용량 보조배터리', '고속충전 보조배터리' 같은 세부 키워드를 활용해야 합니다. 그래야 키워드와 카테고리가 일치해 검색 노출 효율이 높아지고, 동시에 동일 카테고리 내 경쟁에서도 우위를 점할 수 있습니다. 결국, 카테고리 선택은 상품 노출 범위와 경쟁 구도를 좌우하는 전략적 결정임을 알 수 있습니다.

목표 시장과 고객을 어떻게 정의하느냐에 따라 키워드 전략과 노출 범위가 달라지게 됩니다. 또한 동일한 제품이라도 셀러가 어떤 용도와 맥락으로 정의하느냐에 따라 카테고리(키워드)가 달라지고, 공략할 시장과 고객 역시 달라질 수 있습니다. 네이버의 키워드-카테고리 매칭 구조를 정확하게 이해하고 능동적으로 활용하는 것은 매우 중요하며 노출 경쟁에서도 실질적으로 우위를 점할 수 있는 전략의 토대가 될 수 있습니다.

기존에 존재하는 상품을 본래의 용도가 아닌 다른 관점으로 재정의하여 새로운 가치를 창출하는 것은 스마트스토어 셀러가 시장에서 차별화된 입지를 확보할 수 있는 강력한 전략 중 하나입니다. 이는 제품의 본질적 특성(물성, 형태, 작동 방식 등)을 면밀하게 분석하여, 고정관념을 깨고 새로운 문제 해결이나 니즈 충족 수단으로 상품을 새롭게 정의하는 과정입니다.

상품을 새롭게 정의할 때에는 몇 가지 중요한 요소를 함께 고려해야 합니다. 우리는 흔히 어떤 상품을 볼 때 익숙한 용도로만 생각하는 경향이 있습니다. 하지만 정해진 틀에서 벗어나 제품의 재질, 형태, 작동 방식 등 본질적인 특성에 주목하면 기존과는 다른 문제를 해결하는 가능성을 발견할 수 있습니다. 또한 눈에 띄지 않던 특성이 특정한 상황에서는 오히려 중요한 가치로 작용할 수 있다는 점도 염두에 두어야 합니다. 그리고 기존 방식으로는 해결되지 않던 고객의 불편이나 세밀한 요구에 대응하는 방향으로 상품을 재정의하면, 자연스럽게 새로운 수요가 생기고 시장이 확대됩니다. 이렇게 새로운 제품을 개발하지 않고 기존 제품에 숨어 있는 가능성을 발견하는 방식은 비용과 시간 측면에서도 매우 효율적입니다.

예를 들어, 칫솔은 원래 칫솔 카테고리에 속하지만, 미세모와 조작 편의성을 활용해 모공 관리 용도의 세안 도구 카테고리로 등록할 수도 있습니다. 이처럼 제품의 정의를 바꾸면 전혀 다른 니즈를 가진 고객층에게 노출되고 경쟁이 덜한 시장을 선점할 수 있습니다. 또한 시장 가격이 더 높게 형성된 카테고리에 진입함으로써 기존보다 더 높은 마진을 확보할 수도 있습니다.

매일 새로 등장하는 수많은 상품 중에는 서로 다른 기능이나 사용 방식을 융합하여 개발된 것도 많습니다. 이러한 상품 개발 방식을 크로스 폴리네이션Cross-Pollination이라고 합니다. 크로스 폴리네이션으로 개발된, 두 개 이상의 특성이 결합된 상품은 셀러가 어떤 속성을 강조하느냐에 따라 다양한 방식으로 정의할 수 있으며, 정의 방식에 따라 진입할 수 있는 카테고리도 달라집니다. 이는 경쟁이 치열한 영역을 피하면서도 특정 고객층의 니즈에 보다 직접적으로 도달할 수 있는 기회를 제공합니다. 예를 들어, 믹서기와 휴대용 텀블러의 기능을 결합한 '텀블러 믹서기'는 단순히 '믹서기'로 등록하는 대신, 운동 직후 단백질 보충 도구로 정의하고 텀블러 혹은 물병 카테고리에서 운영할 수 있습니다. 이렇게 하면 가전 카테고리의 치열한 경쟁을 피하면서도 실제로 고객이 처한 상황에서 텀블러 믹서기를 필요로 하는 고객에게 더 강하게 어필할 수 있습니다.

　건강과 관련된 상품을 특정 사용자 집단에 맞춰 정의하면 전혀 다른 카테고리 전략을 구사할 수 있습니다. 예를 들어, 유기농 과자는 유아용 과자, 환자용 과자, 당뇨 간식 등 서로 다른 고객 니즈에 맞춰 다양한 방식으로 정의될 수 있으며, 그중 하나를 선택해 특정 카테고리를 공략할 수 있습니다. 마찬가지로 어린이용 KF94 마스크는 일반 '먼지 차단 마스크'와는 구분되어 '유아 마스크' 카테고리로도 등록될 수 있습니다. 제품의 기능은 동일하더라도 타깃 고객의 특성과 사용 맥락에 따라 상품 정의와 카테고리 전략을 달리함으로써 경쟁이 덜한 세분화된 시장에 효과적으로 진입할 수 있습니다.

　이러한 접근 방식은 마케팅의 핵심 전략인 STP 이론에 기반한 것입니다. STP는 시장을 나누고^{Segmentation}, 집중할 고객을 선택한 후^{Targeting}, 고객의 인식 속에 상품의 자리를 잡는^{Positioning} 단계로 이루어집니다. STP 전략은 결국 효과적인 포지셔닝을 하기 위한 과정입니다. 여기서 포지셔닝이란 고객의 마음속에 내 제품이 어떤 의미를 갖는지를 각인시키는 최종 단계입니다. 예를 들어, 같은 '유아용 과자'라도 어떤 제품은 '엄마들이 안심할 수 있는 유기농 원재료 과자'로, 어떤 제품은 '아이들이 좋아하는 캐릭터 과자'로, 어떤 제품은 '당 섭취를 줄여주는 건강 간식'으로 포지셔닝이 달라질 수 있습니다.

따라서 상품을 어떻게 정의하느냐에 따라 어떤 카테고리에 들어갈지가 달라지고, 카테고리 안에서 고객에게 어떤 의미로 자리 잡을지도 결정됩니다. 상품 정의는 단순히 고객 접근을 위한 형식적 배치가 아닙니다. 상품 정의는 카테고리 선택과 포지셔닝 전반에 영향을 미치는 전략적 행위로, 기존에 잘 보지 못했던 맥락을 제시하거나 통념을 벗어난 방식으로 상품을 정의하면 전혀 새로운 수요를 창출할 수 있습니다. 이러한 접근은 자사 제품을 직접 생산하지 않는 위탁 셀러에게도 스마트스토어에서 충분한 수익을 만들 수 있는 실질적인 기회를 제공합니다.

03

카테고리에 따라 경쟁자의 성향도 달라진다

각 산업은 저마다 주어진 환경 속에서 고유한 방식으로 발전해 왔으며, 그 결과 산업별로 사고방식과 업무 방식도 달라졌습니다. 이는 산업 구성원의 전략과 행동에도 영향을 미치며, 산업마다 고유한 문화가 형성되는 이유이기도 합니다. 그리고 산업별 문화적 차이는 산업 종사자의 사고방식과 업무 태도를 규정하는 중요한 배경이 됩니다.

산업마다 문화가 다르듯, 스마트스토어의 상품 카테고리도 단순한 분류가 아니라 하나의 구조화된 시장 단위로서 고유한 '카테고리 문화'를 형성합니다. 카테고리 문화는 상품 특성, 고객 기대, 경쟁 환경 등 다양한 요인에 의해 형성되며, 셀러의 전략과 업무 방식에 큰 영향을 미칩니다. 특히 유사한 구조가 반복되는 환경에서는 전략이 쉽게 획일화되기 쉽습니다. 이를 분석하고 간과된 전략 지점을 찾아내는 일은 치열한 경쟁 속에서도 차별화를 이끌어 낼 수 있는 중요한 작업입니다. 예를 들어, 대형 업체가 주도하는 카테고리가 있는 반면, 개인 셀러 중심으로 경쟁이 이루어지는 카테고리도 있습니다. 따라서 카테고리별 시장 구조를 파악하고 경쟁자가 공통으로 집중하는 영역과 상대적으로 간과하는 지점을 분석한다면, 충분히 새로운 각도에서 공략 기회를 발견할 수 있습니다.

각 카테고리는 셀러가 실제로 어떤 업무에 집중하고 어떤 마케팅 전략을 선택하게 되는지를 결정짓는 요인으로 작용합니다. 거래 단가, 마진 구조, 구매 패턴, 경쟁 강도 등이 대표적인 예입니다. 이들은 해당 카테고리에서 효과적인 전략의 범위를 제한하거나 유도함으로써 결과적으로 특정 '일하는 방식'이 일반화됩니다.

예를 들어, 생활용품이나 패션 잡화처럼 진입 장벽이 낮고 트렌드 변화가 빠른 카테고리에서는 개인 셀러나 소규모 사업자의 비중이 높고 가격 경쟁과 리뷰 마케팅에 민감하게 반응합니다. 따라서 친환경 소재, 디자인 차별화, 키워드 최적화 등을 통해 브랜드 인지도를 쌓는 전략이 자주 사용됩니다.

식품, 의류, 신발 등 소비자의 건강과 감성에 민감한 카테고리에서는 브랜드 신뢰도가 중요하며, 셀러는 브랜드 이미지와 감성적 접근에 집중합니다. 특히 디자인 소품이나 리빙 제품에서는 개성, 감성, 희소성이 구매 결정에 영향을 미치기 때문에, 소셜 미디어 기반의 콘텐츠 마케팅과 스토리텔링에 역량을 집중합니다. 인스타그램, 블로그, 핀터레스트 등 시각적 채널을 활용한 감성적 어필은 이 카테고리의 대표적인 전략입니다.

경쟁이 심한 카테고리에서는 대다수 셀러가 어뷰징 같은 비정상적 수단에 의존하기도 합니다. 이는 개인 윤리의 문제라기보다 카테고리 구조와 밀접한 관련이 있습니다. 전자제품이나 건강기능식품처럼 단가가 높고 구매 전 비교가 많은 카테고리는 상품 찜, 리뷰 조작, 가짜 주문 등의 어뷰징 유혹이 상대적으로 강하게 작용합니다. 이유는 성공 시 매출 상승 효과가 크기 때문입니다. 그러다 보니 일부 카테고리에서는 공정 경쟁의 원칙이 약화되는 경우도 있습니다.

결국, 스마트스토어에서 성공하려면 각 카테고리의 구조적 특성과 요구 역량을 명확히 파악하고 경쟁자의 공통 전략을 고려해 내 상품의 차별화된 포지션을 설정하는 것이 중요합니다. 이는 단지 트렌드를 따르거나 모방하는 것이 아니라, 같은 시장에서도 전혀 다른 방식으로 성공할 수 있는 기회를 여는 전략입니다. 한마디로 카테고리는 단순한 상품 분류가 아니라, 고유한 시장 문화와 경쟁 양식을 지닌 생태계입니다.

'스마트스토어는 경쟁이 치열하다.', '어뷰징이 심하다.' 등과 같은 일반화된 판단은 특정 카테고리 경험을 전체 플랫폼 특성으로 오해한 결과일 가능성이 높습니다. 마찬가지로 특정한 성공 방식을 강요하는 서적이나 강의, 인플루언서의 조언도 카테고리별 특성을 간과한 채, 획일화된 기준을 제시하는 때가 많습니다. 이러한 통념에서 벗어나려면, 각 카테고리의 구조적 특성과 이에 따라 형성된 셀러의 전략적 성향을 깊이 이해해야 합니다.

04

중복 상품은 안돼요

일부 셀러는 동일한 상품을 여러 개 등록하여 매출을 극대화하려는 시도를 하기도 합니다. 하지만 네이버쇼핑은 중복 상품등록을 엄격히 금지하고 있습니다. 중복 상품 금지는 특정 인기 브랜드나 상품이 검색 결과를 독점하는 것을 방지하고, 소비자에게 다양한 선택지를 제공하기 위한 정책적 조치입니다. 따라서 셀러는 카테고리를 선택할 때 더욱 신중해야 하며, 네이버가 정한 중복 상품 관련 규정을 정확히 이해하고 철저히 준수해야 합니다.

중복 상품은 동일한 상품을 여러 개의 상세페이지로 등록하거나 같은 상품을 서로 다른 카테고리에 중복하여 등록하는 경우뿐 아니라, 상품명이나 섬네일이 동일한 상품을 여러 개 등록하거나 상품을 등록할 때 맨 처음 설정하는 대표 옵션(예: 색상, 사이즈, 용량)을 동일하게 등록하는 경우도 포함됩니다. 이외에도 상품 코드, 바코드, 제조사 코드가 동일하거나 가격과 조건이 동일한 상품을 반복적으로 등록하는 경우도 중복 상품으로 간주합니다.

다음 표는 중복 상품을 판단하는 기준을 정리한 것입니다.

판단 기준 항목	주요 내용
섬네일	동일 이미지 사용 시 중복 판단. 일부 수정이나 배경 변경만으로는 회피 불가
첫 번째 옵션	옵션명이 동일하거나 유사한 경우 중복 인정
상품명 및 상세정보	상품명, 설명, 구성 내용 등이 유사하면 중복으로 간주
상품 식별자	상품 코드, 바코드, 제조사 코드가 동일하면 중복
가격 및 판매 조건	가격, 할인, 배송 조건이 동일하면 중복 가능성 있음

중복 상품 판단 기준

중복 등록은 하나의 상품을 여러 개로 쪼개 올리는 방식의 어뷰징입니다. 대표적인 어뷰징에는 기존 상품 ID를 유지한 채, 전혀 다른 상품으로 등록정보를 수정해 사용하는 '상품 ID 재사용' 방식이 있습니다. 상품 ID 재사용은 상품을 검색 상위에 노출하는 것이 쉽지 않다는 점에서 많은 셀러가 유혹을 느끼는 대표적인 어뷰징 행위입니다. 판매하던 상품이 품절되거나 재입고가 어려워지면, 기존 상품에 쌓여 있는 구매 건수와 리뷰, 노출 지표가 일종의 자산처럼 여겨지며 이를 유지하고 싶은 유혹이 생길 수밖에 없습니다. 예를 들어, 10월부터 12월까지 수확되는 노지감귤의 판매가 종료된 뒤, 구매 건수와 리뷰를 그대로 활용하기 위해 노지감귤의 ID를 유지한 채, 12월부터 4월까지 수확되는 한라봉으로 정보를 바꿔 등록하는 것은 전형적인 상품 ID 재사용 어뷰징에 해당합니다.

네이버는 상품명, 이미지, 옵션, 리뷰, 구성 등 소비자가 상품을 인식하는 주요 요소를 기준으로 실제 상품이 변경되었는지를 판단합니다. 따라서 이러한 정보가 바뀌면 ID 재사용으로 간주합니다. 일반적인 규제는 대부분 다른 셀러의 신고를 통해 적용되지만, ID 재사용은 시스템이 자동으로 탐지하며 다른 위반보다 강한 제재가 가해집니다. 이는 리뷰와 노출 지표가 판매 성과에 미치는 영향이 그만큼 크다는 점을 단적으로 보여줍니다.

중복 상품을 피하는 방법

네이버는 중복 상품 판단 기준으로 상품명, 섬네일, 그리고 첫 번째 옵션을 주요 요소로 명시하고 있습니다. 따라서 이 세 가지가 동일하면 중복으로 인식될 가능성이 큽니다. 만약 상품명과 이미지, 옵션 구성이 서로 충분히 다르다면 시스템상 자동 제재 가능성은 낮겠지만, 숙련된 셀러가 신고할 때는 수동 제재가 이루어질 수 있으므로 각별히 주의해야 합니다.

규정을 위반하지 않으면서 상품을 최대한 많이 노출할 수 있는 방법이 있습니다. 그중 가장 효과적인 방법이 바로 '묶음 구성'입니다. 예를 들어, 1+1 구성이나 5팩 구성은 낱개 상품과는 별개의 상품으로 간주되므로, 실제 같은 상품이지만 검색 결과에서 두 상품이 중복 상품으로 처리되지 않고, 각각 독립된 상품으로 노출될 수 있습니다. 단가가 낮고 한 번에 여러 개를 자주 구매하는 식품이나 생필품 카테고리에서는 이 방법이 매우 유효합니다.

묶음 구성 전략은 검색 노출 증가뿐 아니라 경쟁 상품과의 가격 구성에서 차별화될 수 있으며, 묶음의 가치를 부각한 섬네일을 통해 유입률을 높이는 데도 긍정적인 효과를 발휘합니다.

한편, 판매 단가가 높고 복수 구매가 일반적이지 않은 상품이라면 상호 보완적인 성격의 다른 상품과의 묶음 구성이 효과적입니다. 이때 단순히 사은품을 제공하기보다는 함께 사용할 때 성능이 향상되거나 새로운 기능이 더해지는 상품을 묶음 상품으로 구성하는 것이 바람직합니다. 예를 들어, 방향제 본체와 리필, 전자기기와 관련 액세서리를 묶음 상품으로 구성하는 방식입니다. 다만, 이와 같은 구성은 단가가 높아져 소비자에게는 고가 제품이라는 인식을 줄 수 있으므로, 경쟁 상품 대비 가격의 매력도를 충분히 분석하고, 섬네일에서 가치를 얼마나 효과적으로 전달하느냐가 매우 중요합니다.

묶음 구성으로 검색 노출을 늘리면 동일 키워드를 사용하는 단일 구성 상품과 내부 경쟁이 발생할 수 있습니다. 따라서 키워드를 중복 사용하기보다는 각 상품의 특징에 맞는 차별화된 키워드를 실정하여 검색 노출에서 경쟁을 피하는 것이 바람직합니다.

특히 앞에서 다룬 '카테고리를 다르게 접근하는 방법'과 같이 전통적인 주요 카테고리에서 벗어나 새로운 카테고리를 공략하는 전략을 병행할 때에는, 단지 새로운 카테고리에만 집중할 것이 아니라 묶음 구성 전략을 활용하여 전통적인 카테고리에도 복수 등록을 시도하는 것이 효과적입니다. 서로 다른 카테고리에서 동일한 상품을 다양한 형태로 노출시키는 방식은 전체적인 노출 효과를 극대화하는 데 기여합니다.

묶음 구성 전략을 효과적으로 활용하려면 먼저 네이버의 규제를 정확히 이해하는 것이 선행되어야 하며, 경쟁 상품의 구성 방식과 고객의 구매 여정을 면밀히 파악하는 능력이 필요합니다. 단순히 판매 기술만을 익히는 데 그칠 것이 아니라, 그 기술이 어떤 맥락과 원리에 기반하고 있는지를 이해하는 것이 더욱 중요합니다. 즉, 전략의 실행보다 먼저 그 기반이 되는 구조적 요소에 대한 깊이 있는 통찰이 선행되어야 합니다.

9장

상품등록 II — 등록정보

검색에 반영되는 등록정보

네이버는 어떤 항목이 검색에 영향을 미치는지 명확하게 제시하고 있으며, 셀러는 이에 맞춰 정보를 정확하게 입력하면 됩니다. 그럼에도 온라인에서 접하는 스마트스토어 관련 콘텐츠 중에서 많은 비중을 차지하는 주제는 상품등록에 관한 것입니다. 초보 셀러가 상품등록 과정에서 어려움을 겪으면서 제품 등록에 대한 정보 수요가 매우 많기 때문입니다.

온라인에서 유통되는 제품 등록에 관한 콘텐츠는 상품등록 절차와 세부 입력 항목을 구체적으로 설명하면서 일부 항목이 검색 결과에 실제로 영향을 미친다고 강조합니다. 하지만 상당수는 사실과 다르거나 출처가 불분명한 것이 많습니다. 게다가 잘못된 정보는 다른 곳에서도 반복적으로 인용되면서 더욱 확산되기도 합니다.

결국 잘못된 정보에 따라 상품 정보를 등록한 셀러는 기대한 결과를 얻지 못하고 "판매가 안 된다."라고 실망하며 스마트스토어에 대한 부정적인 인식을 갖는 경우가 많습니다. 하지만 정보의 신뢰도를 따질 때는 네이버 공식 매뉴얼이나 네이버쇼핑 고객센터를 기준으로 판단해야지, 비공식 콘텐츠를 기준으로 판단해서는 안 됩니다.

스마트스토어에서 성공적인 판매를 하기 위해 가장 중요한 출발점은 상품 정보 등록입니다. 상품 정보 등록은 단순히 형식을 갖추는 차원을 넘어 검색 노출의 가능성을 높이기 위한 전략적 활동입니다. 네이버의 검색 시스템은 모든 입력값을 키워드로 인식하며, 각 항목이 어떤 키워드를 포함하고 있고 고객의 검색 의도와 얼마나 부합하는지를 분석해 노출 여부를 결정합니다. 이러한 검색 구조는 EP$^{Engine\ Page}$라는 시스템에 기반하고 있으며 상품 ID, 상품명, 가격, 이미지, 브랜드, 옵션 등 다양한 정보가 검색에 활용됩니다.

다음 표는 상품등록 시 각 항목이 검색에 어떻게 반영되는지를 요약한 것입니다.

항목	검색 반영 여부	설명
카테고리	○	키워드가 검색에 직접 반영되며, 필터링 기준으로도 활용됨
상품명	◎	가장 중요한 항목으로 키워드 반영 및 네이버 규제 대상
판매가	○	가격 검색, 정렬 필터 등에 반영됨
옵션	△	일부검색에 반영되며, 상품명에 반드시 첫 번째 옵션명을 반영해야 함
섬네일	△	검색 순위에 영향을 미치며, 파일명에 키워드 입력 시 통합검색 노출 가능
동영상	△	네이버 통합검색 노출, 제목·설명에 키워드 활용
상세페이지	X	직접 반영되지 않음
상품 주요 정보	◎	브랜드·제조사 등은 키워드로 반영되어 매우 중요
상품 정보 고시	X	검색에 반영은 안 되지만, 소비자 분쟁 예방에 중요
검색 설정(태그)	◎	상품명 다음으로 중요하며, 10개까지 입력 가능

| 배송 및 이벤트 정보 | △ | 구매 전환 영향 요소로, EP에 반영되어 시각적 강조 가능 |
| 노출 채널 | ○ | 스마트스토어가 활성화되어야 검색 가능 |

※ (◎ = 매우 중요/O = 반영됨/△ = 간접적 또는 일부 반영/X = 반영되지 않음)

상품등록 시 검색 반영 요소

이 표는 상품등록 시 검색 반영 요소를 네이버쇼핑의 검색 구조와 EP 정보 기준에 따라 정리한 것으로 실제 반영 방식은 네이버의 정책 변화나 기타 변수에 따라 달라질 수 있습니다. 따라서 네이버의 공식 매뉴얼이나 고객센터를 통해 최신 내용을 확인하는 것이 중요합니다.

네이버의 규정은 수시로 변경됩니다. 오늘 정확했던 사실이 내일이 되면 전혀 맞지 않는 일이 빈번하게 발생합니다. 누군가 틀린 정보를 제공했다면, 그것은 무지해서라기보다는 수시로 변화하는 시스템 탓으로 봐야 합니다. 네이버쇼핑에 대해 네이버보다 정확한 정보를 제공하는 데는 어느 곳도 존재하지 않습니다. 따라서 수시로 네이버 공지사항을 살피고 매뉴얼을 꼼꼼하게 점검해 보는 것이 바람직합니다.

키워드 쉽게 찾아내기

셀러가 가장 많이 겪는 어려움 중 하나는 적절한 키워드를 찾아내는 일입니다. 제조사나 브랜드가 지정한 상품의 주요 정보는 그대로 입력하면 되지만, 상품명이나 태그는 스스로 키워드를 선정해야 하기 때문에 막막하게 느낄 수 있습니다.

키워드를 잘 정한다는 것은 단순히 단어를 잘 찾아 나열하는 것이 아니라, 고객의 입장에서 생각하는 사고의 전환을 의미합니다. 고객은 상품명을 직접 입력하기보다는 자신의 문제를 해결하거나 특정 상황에서 얻고자 하는 혜택을 중심으로 검색을 시도합니다. 예를 들어, '의자' 대신 '자세 교정 의자', '허리디스크 컴퓨터 의자'처럼 문제 해결형 키워드나 '캠핑 테이블', '사무실 간식', '집들이 선물'처럼 사용 상황을 드러내는 키워드, '원목 식탁', '무소음 가습기', '레트로 스피커'처럼 상품의 주요 특징을 강조하는 키워드를 자주 사용합니다. 그리고 키워드를 고민할 때는 동일한 상품이라도 세대나 지역에 따라 부르는 용어가 달라질 수 있으므로 다양한 표현도 고려해야 합니다.

고객이 실제로 입력할 법한 키워드를 역으로 추론하는 사고가 가장 이상적이지만, 고객의 언어를 상상하고 구조화해 키워드로 변환하는 과정은 낯설고 까다로워 초보 셀러에게는 쉽지 않은 일입니다. 이런 이유로 많은 셀러가 고객의 언어를 분석하고 검색 수요를 확인할 수 있는 키워드 도구를 활용합니다. 실제로 키워드 검색 도구는 초보자도 실전에서 유효한 키워드를 어렵지 않게 선정할 수 있도록 도와줍니다. 단순히 검색량을 보여주는 데 그치지 않고 카테고리별 사용자 키워드, 키워드-카테고리 매칭 정보, 경쟁 강도, 트렌드 분석 등을 제공하여 실수를 줄이고 검색 가능성을 높이는 데 많은 도움이 됩니다.

다음은 무료로 사용할 수 있는 다양한 키워드 도구입니다.

서비스명	주요 기능	대표 메뉴 구성
네이버 데이터랩 쇼핑인사이트	키워드별 검색량 확인, 트렌드 분석	카테고리별 검색어, 연령/성별 분석, 기간별 트렌드
네이버 광고센터 키워드 도구	월간 검색량, 경쟁 강도, 입찰가 제공	키워드 조회, 경쟁 지수, 연관 키워드 추천
아이템스카우트	키워드/상품 분석, 경쟁사 분석, 상품 추천	키워드-카테고리 매칭, 경쟁 상품 모니터링, 인기 상품 추천
셀링하니	검색량, 트렌드 분석, 수요 예측	인기 키워드 확인, 검색 트렌드, 카테고리 확장
판다랭크	검색 순위 추적, 키워드 분석, 경쟁사 모니터링	키워드 순위 추적, 카테고리별 키워드, 경쟁사 키워드 분석

무료 키워드 도구

각각의 키워드 도구는 키워드 제시에 그치지 않고 키워드-카테고리 매칭과 시장 트렌드 분석, 경쟁사 대비 전략 수립 등 다양한 분석 도구를 제공합니다. 따라서 셀러는 키워드 도구를 활용해 더욱 정확하고 효과적인 키워드 전략을 수립할 수 있습니다.

상품명을 작성할 때는 하나의 명확한 카테고리에 속하는 키워드로 구성하는 것이 중요합니다. 이유는 키워드와 카테고리가 정확히 매칭되어야 네이버 검색 시스템이 상품을 올바르게 인식하고 노출하기 때문입니다. 반대로 서로 다른 카테고리에 속하는 키워드를 섞어쓰면 검색 결과에서 제외되거나 노출 순위가 떨어질 수 있습니다. 예를 들어, '원목 4인용 식탁'처럼 가구 카테고리에 속하는 키워드만 사용하면 검색 효율이 높아지지만, '원목 식탁 캠핑 테이블'처럼 가구와 아웃도어 키워드를 혼합하면 시스템이 상품을 명확히 분류하지 못해 노출에 불리하게 작용할 수 있습니다.

이러한 문제는 특히 자동 등록 프로그램으로 상품을 대량 등록하거나 도매몰과 연동하여 자동으로 상품 정보를 가져올 때 자주 발생합니다. 예를 들어, 쿠팡은 네이버와는 다른 카테고리 구조를 사용하고 있어, 쿠팡에서 사용한 상품명을 그대로 등록하면 키워드-카테고리 매칭이 어긋나 검색 시 노출되지 않을 수 있으니 주의해야 합니다.

03

쉬운 방법에만 의지하지 마라

키워드를 찾아주는 서비스는 셀러가 효율적으로 활동할 수 있도록 도와주는 유용한 도구입니다. 하지만 모든 일에는 장단점이 있듯이, 쉬운 방법에는 함께 따라오는 문제점이 있습니다. 너무 많은 셀러가 동일한 서비스를 사용한다는 점입니다. 그 결과 사용하는 사람이 많을수록 경쟁이 치열해지기 때문에, 검색량이 적정 수준 이상 되는, 내 상품에 해당하는 키워드를 찾아 사용한다 해도 검색 상위에 노출되기가 어렵습니다. 게다가 네이버의 상대평가 알고리즘으로 인해 검색 순위가 계속 뒤로 밀려나면서 결국에는 아예 검색되지 않을 수도 있습니다.

과거에는 실시간 인기 검색어(실검), 연관 검색어, 자동 완성 검색어 등을 직접 확인하며 키워드를 발굴하곤 했습니다. 그러나 지금은 방대한 양의 데이터를 제공하는 키워드 분석 도구가 등장하면서 많은 셀러가 과거보다는 더 빠르고 손쉽게 키워드를 발굴할 수 있습니다. 물론 실검은 네이버에서 데이터를 제공하지 않아서 더는 활용할 수 없지만, 연관 검색어와 자동 완성 키워드를 수집하고 수요를 분석하는 작업은 여전히 유효합니다. 다만, 이 과정이 상당히 번거롭고 시간이 걸리기 때문에 키워드 하나하나를 일일이 조사해 상품명에 반영하는 일은 현실적으로 쉽지 않습니다.

여기서 중요한 사실은 네이버 데이터랩을 포함한 키워드 도구들이 모든 카테고리 키워드를 다 제시하는 것은 아니라는 점입니다. 실제로는 검색량이 많고 시장 규모도 크지만, 경쟁이 적어 상위 노출과 구매 전환에 유리한 키워드가 조회 결과에서 누락되는 때도 있습니다. 게다가 키워드 트렌드는 시시각각 변화하므로 단순히 편리함이나 시간 절약을 이유로 키워드 도구에 지나치게 의존하면 좋은 기회를 놓칠 수 있습니다.

연관 검색어나 자동완성 검색어를 활용하는 방법은 이미 다수의 셀러가 사용하고 있어 차별화가 어렵습니다. 결국 중요한 것은 알려진 경로로는 쉽게 떠오르지 않는 새로운 키워드를 스스로 발굴하는 역량입니다. 문제는 새로운 키워드를 찾는 데 정답이 존재하지 않는다는 것이며, 단순한 연상으로 떠올릴 수 있는 것도 아니라는 점입니다.

키워드 발굴을 위해 제가 권장하는 방법은 랜딩페이지를 운영하는 것입니다. 그리고 랜딩페이지로 가장 효과적인 것은 블로그입니다. 스마트스토어 셀러라면 자신이 판매하는 상품에 관해 블로그에 직접 글을 작성하는 것을 권합니다. 블로그는 단순히 고객 유입을 위한 마케팅 수단을 넘어서 진정한 키워드 발굴의 도구가 될 수 있습니다. 블로그에 판매 상품에 관해 글을 쓰는 과정에서 상품에 관해 이해가 깊이지고 구독자와 소통하며 자연스럽게 상품에 적합한 키워드를 포착하게 됩니다. 이 과정에서 도출된 키워드는 경쟁이 적고 검색량도 충분히 확보된 소위 '황금 키워드'일 가능성이 높습니다. 실제로 블로그를 운영하는 기업은 그렇지 않은 기업에 비해 방문자 수가 평균 55% 증가하고, 제품이나 서비스에 관심을 보이는 잠재 고객 확보가 126% 늘어난다는 연구 결과가 있습니다. 이는 블로그를 통해 고객과 적극적으로 소통하고 숨겨진 키워드를 발굴하는 노력이 실제로 성과로 이어진다는 것을 잘 보여줍니다.

04

상품명은 간결하고 세부 정보는 디테일하게

셀러라면 누구나 자신의 상품이 가능한 한 많은 검색어에 노출되기를 희망합니다. 최대한 많은 고객의 눈에 띄어야 판매 가능성이 높아질 수 있다는 기대 때문입니다. 그래서 다수의 셀러는 상품명을 작성할 때 다양한 키워드를 최대한 많이 넣으려는 경향이 있습니다. 하지만 네이버쇼핑에서는 상품명을 간결하고 명확하게 작성할 것을 강력히 권장하고 있으며, 필요 이상으로 키워드를 남발하면 오히려 검색 순위에 부정적인 영향을 미칠 수 있다고 안내하고 있습니다.

네이버쇼핑의 공식 가이드는 상품명을 작성할 때 브랜드명, 제품명, 모델명, 주요 속성과 같은 핵심 정보를 중심으로 간결하게 구성하고, 불필요한 수식어나 반복된 표현은 피할 것을 강조합니다. 가이드의 설명대로 상품명을 작성하면 네이버의 검색최적화 알고리즘에 의해 높은 적합도 점수를 받을 수 있고, 검색 순위 상승으로 이어질 가능성이 있습니다. 즉, 간결한 상품명은 검색엔진이 상품의 본질을 보다 명확하게 파악하도록 도와주는 것입니다.

여기에서 한 가지 유의할 점이 있습니다. 키워드를 최소화하면 기본 검색 순위는 오를 수 있으나 반드시 첫 페이지에 노출되는 것은 아니라는 점입니다. 경쟁 상품이 많을 뿐만 아니라, 경쟁 상품들이 다른 평가 요소(예: 리뷰 수, 판매 실적 등)에서 높은 점수를 받고 있으면 기본 순위가 높아도 상대적으로 뒤처질 수 있기 때문입니다. 그러나 이는 어디까지나 상대적인 노출 기회의 문제입니다. 간결한 상품명이 검색 적합도 측면에서는 여전히 우위를 가질 수 있다는 점을 염두에 둘 필요가 있습니다. 결국 상품명은 핵심만 간결하게 구성하고 나머지 키워드는 다른 등록정보로 분산하여 설계하는 것이 효과적입니다.

상품상세설명에는 소재, 기능, 활용 방법 등을 설명하며 다양한 연관 키워드를 자연스럽게 삽입하고, 태그에도 키워드를 삽입하여 다각적으로 검색 노출을 유도할 수 있습니다. 또한 상품 카테고리와 속성 정보를 정확히 입력하여 필터 검색이나 정렬 기준에도 최적화되도록 해야 합니다.

검색 순위는 상대평가 방식으로 경쟁 환경에 따라 유동적입니다. 따라서 등록정보는 주기적으로 점검하고 개선할 필요가 있습니다. 시장을 주기적으로 분석하고 키워드를 조정할 때 검색 노출 경쟁에서 우위를 확보할 수 있기 때문입니다. 이를 위해 각 변경 사항을 기록하고, 수정 전후의 검색 노출 변화를 데이터로 추적할 필요가 있습니다. 이때 엑셀 시트를 활용하거나 메모장에 내용을 기록하여 체계적으로 관리하면 편리합니다.

수정 사항이 네이버쇼핑 검색 결과에 반영되기까지는 일정 시간이 소요되므로, 즉각적인 효과를 기대하기보다는 계획적으로 관찰하고 반영 시점을 고려해야 합니다. 잦은 수정은 검색 순위에 부정적인 영향을 주지는 않으나, 수정한 정보 업데이트의 시차로 업무 효율이 떨어질 수 있어서 적절한 주기를 정해 운영하는 것이 좋습니다. 또한 경쟁사의 상품명 구성과 키워드 전략을 분석하고 계절이나 이벤트에 따라 변화하는 검색 트렌드에 민감하게 반응하는 것도 중요합니다.

성공적인 상품 노출은 단순한 기술적 작업이 아니라, 소비자 관점에서 정보를 설계하고 데이터를 기반으로 전략을 수립하는 창의적이고도 반복적인 과정입니다. 상품명과 등록정보를 세심하게 관리하는 태도는 판매 성과에 긍정적인 영향을 미치는 중요한 습관이며, 한 번만 잘하면 끝나는 일회적인 것이 아니라 루틴으로 정착시켜야 할 일상적인 실천 과제입니다.

05

네이버 키워드 사전과 키워드 조합

스마트스토어 초보자가 키워드 전략에서 자주 실패하는 이유는 네이버의 검색 방식이 어떻게 작동하는지 잘 이해하지 못하기 때문입니다. 단순히 키워드를 입력한다고 해서 그대로 검색 결과에 반영되는 것이 아닙니다. 네이버는 내부적으로 '키워드 사전'과 '형태소 분석'이라는 시스템을 통해 입력된 단어가 어떤 의미인지 해석하고, 어떤 방식으로 검색 결과를 보여줄지를 판단합니다.

이때 가장 핵심적인 기준이 바로 '네이버 키워드 사전'입니다. 네이버 키워드 사전은 검색 시스템이 특정 단어를 어떻게 인식하고 처리할지를 결정하는 내부 데이터베이스를 의미합니다. 즉, 각 단어가 검색 시스템 내에서 어떤 방식으로 분리되거나 통합되는지를 규정하는 기준표와 같은 역할을 합니다. 따라서 키워드 사전에 키워드가 어떤 구조로 등록되어 있는지를 정확히 이해하는 일은 실질적인 검색 노출 전략 수립의 출발점이며 판매 성과에 직결되는 핵심 포인트라고 할 수 있습니다.

네이버는 상품명에 입력된 단어가 단일 키워드인지 복합어(조합형 키워드)인지 구분하여 검색에 반영합니다. 복합어라 하더라도 검색량이 많거나 대명사로 사용되면 단일 키워드로 인식합니다.

키워드 예시	구분	설명
불고기	단일 키워드	'불고기' ≠ '불' + '고기'
소불고기	단일 키워드	'소불고기' ≠ '소' + '불고기'
압력솥	단일 키워드	'압력솥' ≠ '압력' + '솥'
압력밥솥	복합어(조합형 키워드)	'압력' + '밥솥' 2개 키워드의 조합
딸기청	복합어(조합형 키워드)	'딸기' + '청' 2개 키워드의 조합
수제청	복합어(조합형 키워드)	'수제' + '청' 2개 키워드의 조합
과일청	단일 키워드	'과일청' ≠ '과일+청'

(어떤 것이 단일 키워드인지 복합어인지 정확히 이해하면, 상품명에 어떤 키워드를 넣어야 할지 판단하는 데 큰 도움이 됩니다.)

단일 키어드와 복합어 예시

네이버는 먼저 단어를 구분하기 위해 사용자가 입력한 문장을 의미 단위로 쪼개는 '형태소 분석'을 수행합니다. 그런 다음 형태소가 네이버의 키워드 사전에 등록되어 있는지를 기준으로 어떤 키워드가 검색에 포함될지를 판단합니다. 한마디로 네이버 검색 시스템은 '형태소 분석 → 키워드 사전 비교 → 검색 결과 구성'이라는 3단계 구조로 작동합니다.

예를 들어, 고객이 '딸기청 과일청'처럼 두 단어 이상의 복합 키워드를 검색창에 입력한다고 가정하면, 네이버는 이 문장을 형태소 단위로 쪼개고 가능한 여러 조합을 생성하여 관련성 있는 상품을 탐색합니다. 이 과정을 통해 다음과 같은 키워드 조합이 생성될 수 있습니다.

- **‘딸기청 과일청’ 입력 시 → 딸기 + 청 + 과일청**(키워드 3개)

  입력 가능 상품명 예시: 딸기청_과일청, 청_딸기_과일청, 딸기_과일청_청 등

  (‘과일딸기청’은 검색되지 않음)

- **‘딸기청 수제청’ 입력 시 → 딸기 + 청 + 수제 + 청**(키워드 4개)

  입력 가능 상품명 예시: 수제_딸기청, 딸기_수제청, 청_수제_딸기, 수제청_

  딸기, 딸기청_수제 등 (‘수제딸기청’은 검색됨)

복합 키워드는 형태소 단위로 분해되어 다양한 방식으로 재조합될 수 있습니다. 형태소 분석은 단어를 의미 단위로 쪼개는 작업이며, 분해된 형태소를 바탕으로 네이버는 여러 키워드 조합을 생성하고, 어떤 조합이 검색 의도에 부합하는지를 판단하는 후속 과정을 수행합니다. 따라서 키워드를 입력할 때는 단어의 조합뿐만 아니라 조합 순서도 고려해야 하며, 해당 단어가 키워드 사전에 어떤 형태소로 등록되어 있는지를 직접 확인하는 작업도 반드시 병행해야 합니다.

상품명 입력란에 동일한 키워드를 3회 반복 입력하면, 네이버는 반복된 단어의 형태소를 붉은 글자로 표시해 주며, 이 단어가 키워드 사전에 어떤 형태소 단위로 등록되어 있는지를 보여줍니다. 예를 들어, ‘딸기청 딸기청 딸기청’을 입력하면 ‘수정해 주세요’, ‘청, 딸기’라는 메시지가 나타나며, 이 키워드는 ‘딸기’와 ‘청’이라는 두 개의 형태소로 나뉘어 등록되어 있음을 확인할 수 있습니다.

상품명을 작성할 때는 검색최적화 점수를 고려해 사용하는 키워드 수를 줄이고 반복을 최소화하는 것이 바람직합니다.

- **딸기청 수제청** (키워드 4개, '청' 키워드 반복)
- **딸기 수제청** (키워드 3개, 반복 없음) → 검색에 더 유리함

핵심 키워드는 상품명에 집중시키고 보조 키워드는 상세 설명, 옵션, 속성 등 EP 정보에 분산하는 것이 좋습니다. 예를 들어, '딸기청'(상품명) + '수제'(상세정보 입력) 조합은 검색 적합도와 확장성을 동시에 확보할 수 있는 구조입니다.

또한 키워드의 순서와 밀착도는 검색 순위에 직접적인 영향을 미치므로 주의해야 합니다. 네이버 검색엔진은 단순히 키워드 존재 여부뿐 아니라, 키워드의 나열 순서와 인접성까지 반영하여 관련성을 판단합니다.

- '딸기 수제청'은 '수제청' 키워드의 순위에는 유리하나 '딸기청' 검색에는 상대적으로 약함.
- '수제 딸기청'은 '딸기청'에는 유리하나 '수제청' 순위에서는 불리할 수 있음.
- '수제청 딸기청'처럼 병렬 배치 시, 두 키워드 모두에서 노출 효과를 얻을 수 있어 실전에서는 더 효과적일 수 있음.

따라서 이론적으로 가장 이상적인 배열이 있더라도 실무에서는 병렬 배치와 반복 실험을 통해 최적의 키워드 구성을 찾아야 합니다. 또한, 상품의 노출 상태에 따라 키워드 전략은 달라져야 합니다. 상품을 처음 등록했을 때에는 검색 유입이 거의 없으므로 경쟁 상품의 구성, 검색 트렌드의 변화, 내 상품의 최적화 수준 등을 참고해 다양한 키워

드 조합을 시도하고 실험하며 최적의 상태를 찾아야 합니다. 판매와 리뷰가 누적되어 상위 노출이 안정되면, 인기도로 인해 검색최적화 점수가 높은 상태이므로 키워드를 확장하는 전략을 쓸 수 있습니다. 적합도에서 부족한 점수를 인기도에서 충분히 커버하기 때문에 더 많은 검색 노출을 시도할 수 있습니다.

네이버의 검색 시스템은 키워드에 대한 인식을 고정적으로 유지하지 않으며, 사용자의 검색량 변화나 반복 노출에 따라 특정 키워드 조합을 하나의 고유 키워드로 전환하여 인식할 수 있다는 점을 주의해야 합니다. 예를 들어, '딸기청'은 초기에는 '딸기'와 '청'의 조합으로 인식되지만, 검색량이 지속적으로 증가하면 단일 키워드로 등록되어 별도의 고유 키워드처럼 처리되어 '딸기청'으로 인식될 수 있습니다.

검색 시스템의 키워드에 대한 인식 변화는 검색 결과와 카테고리 자동 매칭 방식에 미묘한 영향을 줄 수 있습니다. 예를 들어, 상품명이 '딸기 수제청'으로 구성되어 있을 때, 이후 '딸기청'이라는 단어가 단일 키워드로 사전에 등록되면, 시스템은 이를 기존과 다르게 해석하여 관련 카테고리나 노출 우선순위를 다르게 판단할 가능성이 있습니다. 이 과정에서 카테고리 일치율이 낮아지면 적합도가 하락하고 검색 순위에도 부정적인 영향을 줄 수 있습니다. 따라서 셀러는 자신이 사용하는 주요 키워드의 인식 구조가 시간이 지나며 어떻게 바뀌는지, 해당 키워드로 검색할 때 어떤 카테고리의 상품이 상위에 노출되는지를 수시로 확인해야 하며, 시스템의 해석 방식과 실제 상품 속성이 어긋나지 않도록 지속적으로 점검하는 것이 중요합니다.

키워드는 검색 전략의 출발점이자 가장 기본적인 요소입니다. 하지만 네이버 시스템의 구조를 제대로 이해하지 못하면, 키워드의 기본조차 제대로 활용하지 못하는 상황에 직면하게 됩니다. 특히 경험이 부족한 셀러는 키워드가 어떻게 분석되고 반영되는지 이해하기가 쉽지 않습니다. 따라서 이 글에서 설명한 내용을 반복해서 읽고 실전에서 여러 차례 실험하며 몸으로 익혀 자신의 것으로 만들어야 합니다.

06

금지어와 특수문자

상품명을 작성할 때는 엄격한 규정을 적용합니다. 특히 금지어와 특수문자 사용에 대한 제약이 존재합니다. 별 고민 없이 사용하는 키워드가 실제로는 노출 제한의 원인이 되며, 상품명 자체가 등록이 반려되는 일도 생깁니다.

하지만 아무리 규정이 까다로워도 빈틈은 있는 법입니다. 키워드 사전의 개념을 정확히 이해하고 조합 키워드를 능숙하게 다루는 수준에 도달하면, 명백한 규정 위반을 피하면서도 마치 금지어처럼 보이는 허용 키워드나 트렌드를 공략하는 방식으로 규제를 받지 않는 키워드를 잘 활용하거나, 새롭게 생성되는 주요 키워드를 선점함으로써 경쟁 우위를 확보할 수 있습니다.

실제로 숙련된 셀러는 규정의 빈틈을 빠르게 감지하여 경쟁 셀러가 미처 발견하지 못한 키워드에서 독점적인 노출을 만들어 내고, 실제로 많은 수익을 거두는 예를 종종 볼 수 있습니다. 다만, 이 전략을 안전하게 사용하려면 네이버의 최신 규정을 깊이 있게 이해하고, 금지어와 허용어의 구분을 정확하게 판단할 수 있는 능력이 선행되어야 합니다.

금지 키워드를 우회하는 데는 두 가지 주된 목적이 있습니다. 하나는 많은 고객이 여전히 금지된 키워드로 검색하기 때문에 이를 활용해 노출을 확보하려는 것입니다. 다른 하나는 검색과 무관하더라도 혜택이나 주목 정보를 상품명 앞에 배치해 고객의 시선을 끌기 위함입니다. 하지만 금지 키워드를 우회하는 방식은 네이버 규정을 정확히 파악하고 있을 때 비로소 효과를 발휘합니다. 어떤 단어가 금지어로 분류되는지는 '상품명 검색품질 체크' 기능을 통해 확인할 수 있으며, 보다 자세한 규정은 스마트스토어 고객센터의 FAQ나 네이버 가격비교 문의 게시판에서 확인할 수 있습니다.

다음은 대표적인 금지 키워드입니다.

분류	설명	예시 키워드 또는 요소
홍보성 표현	과도한 마케팅 단어는 노출 제한의 대상이 됩니다.	최고, 할인, 무료, 인기, 특가, 신상품, 프리미엄
과장·감정 유도	사실과 다른 주관적 주장이나 감정 유도형 표현은 제한됩니다.	최초, 제일, 유일, 전문가, 정품퀄
사회·정치적 이슈	논란을 일으킬 수 있는 표현은 사용할 수 없습니다.	정치인 이름, 사회적 논쟁어 등
특수문자	의미 없는 기호는 상품명에 사용이 제한됩니다.	*, #, ", <, >, =, %, / 등
개인 정보·셀러 정보	연락처, 이메일, 셀러 고유 식별코드는 기재할 수 없습니다.	전화번호, 이메일, IP01, EZ 등
모델명 구성	영문+숫자 조합만으로 된 단순 모델명은 검색에서 제외될 수 있습니다.	예: ST-01, EZ22 등

대표적인 금지어 키워드

금지어를 우회하는 전략은 단어의 의미를 유지하되, 네이버의 규정을 위반하지 않도록 표현 방식을 창의적으로 조정하는 데 초점이 있습니다. 금지된 단어를 그대로 사용하는 대신, 유사한 의미를 가진 단어로 자연스럽게 대체하거나 사전에 등록된 키워드로 구성 요소를 나누어 재구성하는 방식으로 검색 노출을 확보할 수 있습니다. 이렇게 하면 고객에게 필요한 정보를 효과적으로 전달하면서도 노출 가능성을 유지할 수 있습니다.

특수문자 사용에도 제한이 있지만, 모든 특수문자 사용이 금지되는 것은 아닙니다. 허용된 특수문자를 적절하게 활용하면 오히려 상품명에 시각적인 강조 효과를 줄 수 있으며, 고객의 주목도를 높이는 데 도움이 될 수 있습니다.

키워드 도구를 활용할 때는 단순히 검색량이 높은 키워드를 무작정 사용하는 것이 아니라, 실제로 고객이 어떤 목적과 기대를 가지고 해당 키워드를 검색하는지를 먼저 파악하는 것이 중요합니다. 키워드의 의미와 맥락을 정확히 이해한 다음에 상품명에 반영해야 비로소 검색 노출과 고객 유입이라는 실질적인 효과를 기대할 수 있습니다.

스마트스토어에서 성공적인 상품명을 작성하려면 단순히 규정을 피하는 수준을 넘어 고객의 검색 의도와 언어적 기대를 깊이 이해해야 합니다. 나아가 키워드를 전략적으로 설계하고 표현 방식까지 정교하게 조정할 때 장기적으로 경쟁력이 확보될 수 있습니다. 이는 네이버의 가이드라인을 충분히 숙지하고 '상품명 검색품질 체크' 기능을 활용해 금지어를 점검하는 습관이 기반이 되어야 가능한 일입니다.

07

이상하면 직접 찾아보고 모범생을 참고하라

처음 스마트스토어를 시작하면 시스템 자체가 낯설고 도대체 무엇부터 해야 할지 헷갈리는 때가 많습니다. 이럴 때 가장 먼저 짚고 넘어가야 할 것은 네이버쇼핑의 운영이 '키워드 + 검색'이라는 구조 위에 구축되어 있다는 사실입니다. 키워드는 모든 전략의 출발점이며 성공적인 운영을 위한 중심 축입니다. 따라서 네이비쇼핑은 첫째도, 둘째도, 셋째도 결국 키워드라는 점을 명심해야 합니다.

네이버쇼핑의 검색 시스템은 사용자가 입력한 키워드를 기반으로 결과를 보여주는 방식이므로, 내가 등록한 상품 정보가 정확하다면 해당 키워드를 입력했을 때, 내 상품이 검색 결과에 노출되는 것이 정상입니다. 그러나 실제로는 검색 결과가 예상과 다르게 나타나는 때도 많아서 지속적인 모니터링과 최적화가 필요합니다. 특히, 태그 사전의 키워드는 상품명에 사용되는 네이버 키워드 사전의 키워드와 다를 수 있어서, 검색 노출이 될 것으로 예상했던 키워드가 전혀 노출되지 않을 수도 있습니다. 따라서 특정 키워드에서 상위 노출을 목표로 삼고 그에 맞춰 검색 결과를 관리하고 개선해 나가는 노력이 필요합니다.

검색 최적화를 위해 검색 순위를 모니터링하는 작업은 매우 중요합니다. 그리고 검색 순위 모니터링을 도와주는 아이템스카우트, 셀링하니, 판다랭크 등과 같은 다양한 서비스가 존재합니다. 이 서비스들은 시간을 절약하는 데 큰 도움이 되지만, 그렇다고 셀러가 네이버에서 직접 검색어를 입력해 검색 결과를 확인하는 과정을 소홀히 해서는 안 됩니다. 직접 검색을 통해 확인하는 작업은 단순히 순위를 확인하는 것을 넘어 시장 조사이자 네이버 플랫폼의 변화를 읽어내는 귀중한 경험이 됩니다. 이 과정에서 경쟁 상품의 전반적인 구성 방식과 키워드 활용 방식, 고객 반응을 종합적으로 확인할 수 있습니다. 트렌드 변화나 신규 상품 제안이 있을 때에도 반드시 먼저 검색을 통해 시장을 점검해야 합니다. 이 습관은 목표 키워드에 대해 상위 노출된 상품의 전략과 변화를 면밀히 파악하게 해줍니다.

검색을 반복하다 보면, 예상과는 다른 결과를 자주 접하게 됩니다. 예를 들어, 상품명에 '친환경'이 포함되어 있지 않은데도 '친환경 식판' 검색에서 상위에 위치하는 경우입니다. 이는 경험 많은 셀러가 검색 최적화를 위해 다양한 방법을 사용한 결과일 수 있습니다. 이런 사례를 발견하면 해당 상품의 상품명, 옵션, 태그, 상세 설명, 리뷰, 카테고리 등을 분석해 어떤 키워드 전략이 적용되었는지를 추적하고, 같은 방식을 내 상품에 적용하여 실험해 보는 것이 좋습니다.

나아가 빅파워 및 프리미엄 등급 셀러의 상품을 분석하는 깃에서 많은 힌트를 얻을 수 있습니다. 이들은 대체로 네이버 검색 알고리즘을 효과적으로 활용하고 있으므로, 상품명 구성, 옵션 활용, 태그 설정 등을 분석해 보면 검색 최적화를 위한 전략적 요소를 발견할 수 있습니다. 이들의 상세페이지를 통해서는 구매전환율을 높이는 상세페이지 구조와 스토리텔링 방법을 찾을 수 있고, 리뷰를 통해서는 고객이 중요하게 생각하는 포인트를 엿볼 수 있습니다. 무엇보다 중요한 것은 이들의 상품을 관찰함으로써 시장 트렌드가 어떻게 변화하고 있는지를 감지할 수 있다는 점입니다.

이론을 아는 것과 실제로 구현하는 것 사이에는 깊은 간극이 존재합니다. 책이나 온라인 콘텐츠, 심지어 네이버 공식 매뉴얼에서 제시하는 정보라 할지라도, 실제 시장에서는 정형화된 공식을 벗어난 수많은 변수와 예외가 존재합니다. 따라서 스마트스토어에서 검색 최적화를 제대로 실현하려면 단순히 지식 습득을 넘어 반복적인 실험과 관찰, 그리고 그 과정에서 쌓이는, 시행착오의 경험이 반드시 필요합니다. 무엇보다 중요한 것은 성공적인 결과를 만들어 낸 선도 셀러의 전략을 분석하고, 그 안에 숨어 있는 본질적인 구조를 파악하여 자신의 방식으로 재해석하고 실행에 옮기는 능력입니다. 이때 단순히 모방하기보다는 상황에 맞게 응용하거나 창조적으로 재구성하는 것이 중요합니다.

08

경쟁자에 의해 바뀌는 내 순위

처음에는 상품 정보를 완벽하게 등록했다고 생각할 수 있지만, 시간이 지나면 순위가 점차 하락하고 결국 검색 결과에서 사라지는 예가 적지 않습니다. 이유는 네이버 검색 알고리즘의 특성뿐 아니라, 경쟁자의 지속적인 활동과 소비자 검색 트렌드의 변화가 복합적으로 작용하기 때문입니다.

네이버는 검색최적화 기본 가이드를 제공하지만, 핵심적인 순위 결정 알고리즘 GBDT의 상세 작동 원리는 공개하지 않습니다. GBDT 알고리즘은 다양한 지표를 복합적으로 평가해 순위를 매기지만, 외부에서 정확히 예측하거나 재현하기는 불가능합니다.

네이버가 공식적으로 발표한 기준이 아니므로 100% 정확하다고 단정지을 수는 없지만, 제가 수년간 스마트스토어를 운영하면서 다양한 실험과 시행착오를 거쳐 알아낸 사실이 있습니다. 검색최적화 평가 항목 중 인기도는 절대적인 수치로 고정되는 것이 아니라, 경쟁자들과의 상대적인 비교를 통해 검색 순위에 큰 영향을 미친다는 점입니다. 즉, 경쟁자보다 상대적으로 높은 평가를 받는다면 적은 트래픽으로도 상위 노출을 할 수 있으며, 오히려 내 상품에 유입되는 트래픽이 많더라도 경쟁자의 활동에 의해 검색 순위는 떨어질 수 있습니다. 따라서 스마트스토어 운영자는 상품 정보를 꾸준히 점검하고 수정해야 합니다. 네이버 데이터랩을 통해 검색어 트렌드를 분석하고 인기 있는 키워드나 새롭게 떠오르는 검색어를 상품명과 상세페이지, 태그 등에 반영해야 합니다.

이와 동시에 경쟁 셀러의 활동을 관찰하는 것도 중요합니다. 내 상품과 유사한 제품을 판매하는 상위 노출 셀러가 어떤 상품명을 사용하고 있는지, 가격은 어떤지, 어떤 프로모션을 진행하고 있는지를 분석하여 그 전략을 참고하거나 차별화된 전략을 세워야 합니다. 단순히 상품등록에 그치는 것이 아니라, 고객 리뷰를 살피고 불만 사항이나 문의 내용을 토대로 상품 설명도 보완해야 합니다.

수많은 상품을 등록하는 것보다 단 하나의 상품이라도 지속적으로 관리하고 최적화하는 것이 훨씬 더 나은 결과를 만들어 냅니다. 이는 다수의 셀러가 스마트스토어에서 성공하기 어려운 근본적인 이유이기도 합니다.

상품 정보의 점검과 개선은 일회성으로 끝나는 것이 아니라 스마트스토어를 운영하는 동안 꾸준히 이어져야 합니다. 스마트스토어 운영은 단기적인 활동으로 끝나는 일이 아닙니다. 비행기가 목적지에 도달하기 위해 끊임없이 항로를 조정하듯, 스마트스토어도 끊임없는 수정과 점검을 통해 최적의 상태를 유지해야 합니다.

09

내 키워드의 카테고리가 바뀌면

사업의 지속적인 성장을 위해서는 새로운 개념의 상품을 꾸준히 소싱하고, 그에 적합한 키워드와 카테고리를 발굴하는 노력이 필요합니다. 기존과 차별화된 키워드와 카테고리를 개척하는 전략은 장기적으로 높은 트래픽을 유도할 가능성이 크고, 그 결과 셀러는 경쟁을 피해 자신만의 시장을 형성할 수 있습니다.

보통 차별화된 키워드는 아직 대중의 주목을 받지 못한 신조어나 신상품군에 속하는 경우가 많아 초기에는 검색량은 적을 수밖에 없습니다. 그렇지만 그 키워드가 성장 가능성이 크다면, 외부 환경의 변화나 경쟁자의 개입으로 인해 예상치 못한 문제에 직면할 수도 있어서 각별한 주의가 필요합니다. 특히 기존의 일반적인 카테고리를 벗어나 새로운 영역으로 확장된 키워드일수록 시스템 충돌이 발생할 가능성이 큽니다.

이러한 문제는 주로 네이버의 카테고리 자동 재분류 과정에서 나타납니다. 경쟁 업체가 동일한 키워드를 다른 카테고리 키워드 조합으로 사용하고, 그 조합이 내가 선점한 카테고리가 아닌 다른 카테고리에서 꾸준히 높은 트래픽을 발생시키면, 네이버 시스템은 내 키워드의 대표 카테고리를 자동으로 다른 카테고리로 재분류할 수 있습니다.

　예를 들어, '거북목베개'는 계절베개 카테고리에 속하지만, '거북목교정베개'는 메모리폼베개 카테고리로 분류됩니다. 문제는 상품명에는 '거북목베개'나 '거북목교정베개'처럼 여러 키워드를 함께 사용할 수 있지만, 이 키워드가 모두 동일한 카테고리에 속해야 검색 노출에서 불이익을 받지 않는다는 점입니다. 만약 '거북목베개'에 지속적으로 높은 트래픽이 발생하면, 네이버는 정상적으로 사용하던 '거북목교정베개' 키워드가 계절베개 카테고리에 더 적합한 것으로 인식하게 됩니다. 그렇게 되면 네이버 검색최적화 적합도 평가에서 감점을 받아 키워드 노출이 급격히 줄거나 다른 키워드까지 동시에 순위가 하락할 수 있습니다.

　이런 현상은 단순한 우연이 아니라, 경쟁자가 인위적으로 트래픽을 조작할 때 더욱 자주 나타납니다. 예를 들어, '텀블러믹서기'라는 키워드를 사용해 '디지털/가전' 카테고리에 상품을 등록했다고 가정해 보겠습니다. 그런데 경쟁자가 동일한 상품을 '생활/건강' 카테고리에 등록한 뒤 클릭과 구매를 유도한다면, 네이버는 이 키워드를 '생활/건강' 카테고리에 더 적합한 것으로 인식합니다. 그 결과 원래의 상품은 검색에서 제외되거나 노출 순위가 크게 떨어질 수 있습니다.

　카테고리 왜곡은 경쟁자의 활동뿐 아니라 네이버의 정책 변경, 검색 트렌드 변화, 신상품 등장 등 여러 요인에 의해 발생할 수 있습니다. 네이버는 주기적으로 데이터를 분석해 상품 카테고리를 자동 조정하고 있으며, 셀러가 이를 즉시 감지하지 못하면 상품이 노출되지 않을 위험이 있습니다. 따라서 검색 순위에 변동이 생겼다면, 먼저 사용 중인 키워드가 여전히 원래의 카테고리에서 노출되고 있는지를 점검해야 합니다. 상품명과 상세페이지의 키워드 구성도 현재 카테고리와 일치하는지 확인하고, 경쟁사가 어떤 키워드 조합과 카테고리를 사용하는지도 함께 분석해야 합니다.

결국 수시로 변화하는 온라인 환경 속에서 상품 구성과 키워드 전략을 유연하게 조정할 수 있는 능력이 셀러의 장기 생존을 좌우합니다. 즉, 경쟁 환경과 유입 경로의 미세한 변화를 민감하게 감지하고, 키워드·카테고리·상품 구조를 유기적으로 조정하는 능력이야말로 매출 안정성을 확보하는 핵심 역량입니다.

등록정보 관리 방법

검색 최적화를 하더라도 경쟁사의 활동이나 카테고리 변경 등 외부 요인으로 검색 순위가 변동되거나 노출에 문제가 생기는 상황이 자주 발생합니다. 특히 상품명, 키워드, 태그, 상세정보 등의 상품등록정보는 검색 노출에 직접적인 영향을 미치므로 지속적인 관리가 필요합니다. 무엇보다 핵심 등록정보는 별도로 정리해 두지 않으면 검색 순위 하락의 원인을 파악하기 어렵고, 잘못된 키워드 변경을 되돌리기도 힘들며, 경쟁사의 전략을 분석하는 데도 문제가 생깁니다. 참고로 등록정보는 엑셀 파일로 정리하여 체계적으로 관리하는 것이 좋습니다.

다음은 기록해야 할 핵심 상품등록정보 항목입니다.

항목	설명
상품명	현재 등록된 상품명(검색 최적화된 버전)
핵심 키워드	검색 노출을 위한 주요 키워드
태그	스마트스토어에 등록한 태그 목록
중요 상세정보	고객이 가장 많이 보는 상세 설명(주요 기능, 장점 등)
카테고리	현재 등록된 상품의 카테고리

검색 순위	특정 키워드 검색 시 내 상품의 노출 순위
변경 이력	상품명, 키워드, 태그 등을 수정한 날짜 및 변경 내용

등록 핵심 정보

상품등록정보를 한눈에 알아볼 수 있게 정리해 두면, 검색 순위에 변화가 생겼을 때 영향을 미친 요소를 신속하게 분석하고 대응할 수 있습니다. 특히 키워드와 태그는 검색 트렌드에 따라 유동적으로 변경해야 하므로, 그 이력을 정확히 기록해 두는 것이 중요합니다. 엑셀 파일을 활용해 변경 날짜와 내용을 간단히 정리하는 것만으로도 충분하며, 아이템스카우트나 셀링하니와 같은 유료 도구를 활용하면 보다 정밀하게 관리할 수 있습니다.

체계적인 등록정보 관리는 단순한 검색 최적화를 넘어 전체 업무 효율을 높이는 데 기여합니다. 검색 노출을 극대화하여 매출과 이익을 증가시킬 수 있으며, 문제가 발생했을 때도 빠르게 복구할 수 있습니다. 또한 업무 프로세스를 표준화하면 직원을 새로 채용하거나 업무를 위임할 때도 혼란을 줄일 수 있습니다.

10장

상품등록 III — 판매가격

최저가격에 대한 오해

많은 셀러가 고객이 제품을 구매할 때 '최저가'를 가장 중요하게 생각한다고 믿습니다. 하지만 실제로 고객은 가격뿐 아니라 품질, 후기, 서비스까지 저마다의 기준을 고려해 상품을 선택합니다. 고객의 구매 성향도 영향을 미칩니다. 예를 들어, 가격에 민감한 고객은 검색에 많은 시간을 들여 철저한 비교를 통해 가장 저렴한 상품을 찾아 구매합니다. 가치 중심 고객은 브랜드에 대한 신뢰, 서비스 품질, 차별적 가치 등을 더 중요하게 생각합니다. 충동 구매형 고객은 광고, 리뷰, 상세페이지에 담긴 이야기와 감성적인 요소에 영향을 받아 즉흥적으로 구매를 결정합니다.

고객의 구매 기준이 다양하다는 점을 고려하면 가격에만 집중하는 전략은 너무 단순한 접근일 수 있습니다. 항상 최저가를 찾는 고객은 오랫동안 관계를 맺기 어렵고, 이늘을 잡기 위해 부리하게 가격을 낮추다 보면 다른 중요한 고객을 놓칠 수 있습니다. 그럼에도 많은 셀러가 '비싸면 고객이 외면할 것이다'라는 불안감에 사로잡혀 있습니다. 네이버쇼핑의 가격 비교 시스템은 셀러의 불안을 더욱 키웁니다. 하지만 무조건 가격을 낮추는 전략은 이익을 줄이고, 대기업과의 경쟁에서 밀릴 수 있으며, 브랜드 가치를 형성하는 데도 방해가 됩니다.

따라서 단순히 가격을 낮추는 것보다 제품의 전반적인 가치를 높이기 위한 전략을 고민해야 합니다. 고객이 체감하는 가치는 단순히 제품 가격만이 아니라, 제품이 제공하는 실질적인 이점이나 혜택에 대한 인식에서 기인합니다. 예를 들어, 3만 원짜리 건강식품이 고객에게 건강한 생활습관을 유지하게 해주고 장기적으로 병원비 부담을 줄여줄 수 있다면, 가격 이상의 가치를 느낄 수 있습니다.

그렇다면 가격 경쟁에서 벗어나는 가장 효과적인 전략은 무엇일까요? 그것은 바로 고객의 심리적 이득, 즉 '지각된 가치Perceived Value'를 높이는 데 집중하는 것입니다.

고객의 사용 환경이나 니즈를 고려한 맞춤형 서비스 제공, 감성적 스토리텔링이 담긴 상세페이지 구성, 혹은 셀러의 철학과 가치를 드러내는 진정성 있는 랜딩페이지는 가격 이상의 가치를 전달할 수 있습니다. 더불어 고객 응대 과정에서도 브랜드의 태도와 철학이 일관되게 드러나도록 설계된 대응 방식이나, 고객 불만을 해결하는 방식에서도 고객의 신뢰를 구축할 수 있도록 정교한 운영 체계를 갖추는 것도 고객에게 가치를 느끼게 하는 데 중요합니다.

'가치'는 단순히 가격표에 적힌 숫자로만 결정되지 않습니다. 농산물이 품종과 농법, 포장 상태에 따라 가치가 달라지는 것처럼 맞춤형 의류나 가구와 같은 상품도 가격 외의 요소가 중요합니다. 결국 고객의 경험과 믿음이 모여 진짜 가치가 만들어집니다.

가치와 관련해 한 가지 주의할 점이 있습니다. 모든 고객을 만족시키려는 시도는 현실적으로 어렵고 오히려 사업의 지속 가능성을 해칠 수 있습니다. 예를 들어, 아주 작은 가격 차이를 가치로 여기는 고객을 붙잡으려 가격을 계속 낮추다 보면 중요한 고객을 놓치게 됩니다. 똑똑한 셀러는 모든 고객을 잡으려 하기보다 자신만의 가치를 인정해 줄 고객에 집중합니다. 그러기 위해서는 제품과 서비스의 품질을 높이고, 브랜드의 철학을 일관되게 전달하며, 충성 고객에게 특별한 혜택을 제공하는 등 고객이 체감할 수 있는 가치를 꾸준히 만들어 가야 합니다.

> **더 알아두기 ▶ 지각된 가치**Perceived Value **전략**
>
> 지각된 가치Perceived Value 전략은 소비자가 실제 제품의 기능이나 품질보다 제품에서 느끼는 가치와 만족감을 중심으로 구매 결정을 내린다는 점에 착안한 마케팅 전략입니다. 즉, 동일한 제품이라도 브랜드 이미지, 디자인, 후기, 스토리텔링, 서비스 경험 등에 따라 소비자가 느끼는 가치가 달라집니다. 따라서 지각된 가치 전략의 핵심은 제품의 '객관적 가치'보다 고객이 '주관적으로 인식하는 가치'를 높이는 것입니다. 예를 들어, 10만 원짜리 운동화라도 '자세 교정과 통증 완화'라는 건강상의 해결책을 제공하면, 고객은 신발이 아닌 '병원비를 아껴주는 신발'이라는 지각된 가치를 통해 구매를 결정합니다.

02

똑같이 하는 것은 망하는 지름길

후발 주자인 네이버가 시장에서 빠르게 온라인 쇼핑의 중심 플랫폼으로 자리 잡을 수 있었던 것은 고객에게 저렴하면서도 조건이 뛰어난 상품을 정확하게 제안할 수 있었기 때문입니다. 하지만 이로 인해 셀러는 치열한 가격 경쟁에 빠질 수 있습니다.

온라인 커머스 플랫폼이 셀러를 착취한다는 인식은 단지 수수료나 정산 주기 때문만이 아닙니다. 진짜 문제는 검색 결과가 가격 비교 중심으로 설계되어 있어, 셀러 간의 경쟁이 구조적으로 가격 중심으로 자동 유도된다는 점에 있습니다. 특히 네이버는 다른 플랫폼에 비해 수수료가 낮고 정산도 빠르지만, 검색 기반이라는 구조 자체가 가격 중심의 경쟁을 기본 전제로 하고 있습니다.

하지만 고객의 구매 여정을 세심하게 이해하고 검색 체계와 키워드의 작동 방식을 정확히 파악한다면 가격 경쟁에서 벗어날 수 있습니다. 즉, 상품명과 키워드, 섬네일, 상세페이지 구성 요소 등을 제대로 기획함으로써, 가격만으로 상품이 직접 비교되는 구조에서 벗어나 소비자가 다른 관점에서 제품을 인식하게 할 수 있습니다.

많은 위탁판매 셀러가 공급업체에서 제공받은 상품명과 이미지, 상세페이지를 그대로 업로드합니다. 그렇게 하면 힘들이지 않고 빠르게 상품을 등록할 수 있지만, 동일하거나 유사한 상품을 판매하는 수많은 셀러와 가격을 중심으로 비교되는 결과를 초래합니다. 게다가 네이버 쇼핑의 검색 알고리즘은 상품명뿐 아니라 유사한 섬네일까지도 자동으로 그룹화하여 노출하므로, 고객은 섬네일이 비슷한 상품을 대부분 같은 제품으로 인식하게 되고, 자연스럽게 가격을 비교합니다. 이렇게 가격만 부각되다 보면 배송 속도나 사후 서비스 같은 부가가치는 잘 드러나지 않고, 셀러는 상품의 특성과 서비스 품질을 강조할 기회를 잃은 채 결국 가격을 계속 낮출 수밖에 없는 악순환에 빠지게 되면서 수익성이 급격히 악화됩니다.

따라서 가격 경쟁의 악순환에서 벗어나려면 유사해 보이는 상품 속에서도 고객이 제품의 차이를 직관적으로 느낄 수 있도록 '구분되는 맥락'을 제시해야 합니다. 그 출발점은 상품명과 섬네일, 상세페이지의 차별화입니다. 즉, 공급업체가 제공한 것을 그대로 사용하기보다는 고객의 상세한 검색 의도를 반영한 맞춤형 키워드를 조합하여 고유한 상품명과 섬네일, 상세페이지를 별도로 기획하는 것입니다.

상품명과 키워드는 검색 결과에서 가격으로 비교되는 구조에서 벗어나는 데 매우 중요한 역할을 합니다. 상품명에 흔히 쓰이는 모델명이나 일반적인 키워드만을 사용하면 유사한 상품과 한 화면에 묶여 가격으로 비교되기 쉽습니다. 반면, 상품의 특성이나 사용 목적을 반영한 키워드를 상품명과 함께 조합하면, 검색 결과에서 독립적으로 노출될 가능성이 커져 다른 상품과의 가격 비교에서 벗어날 수 있습니다.

섬네일은 고객이 상품 페이지를 클릭할지 말지를 좌우하는 결정적 요소입니다. 따라서 섬네일의 디자인이나 스타일은 단순히 유행을 따르기보다는 다른 상품과 확연히 달라 보이도록 구성해야 합니다. 동일한 카테고리의 여타 제품과 비교했을 때 잘 구별되고 차별적인 인상을 줄 수 있도록 이미지 속 상품 구성과 연출 방식에 변화를 줘야 합니다.

상세페이지는 동일한 상품을 판매하더라도 경쟁자와 뚜렷한 차이를 만들 수 있는 가장 실질적인 수단입니다. 아무리 같은 상품이라도 다른 셀러가 놓치고 있는 제품의 장점이나 특성을 정확하게 짚어내고 이를 상세페이지에 명확히 표현한다면, 강력한 차별화 효과를 낼 수 있습니다. 고객은 외형상 동일해 보이는 제품일지라도 상세페이지에 충분한 설명과 사용 맥락이 잘 제시된 상품을 더 신뢰하고 선호하는 경향이 있습니다.

결국, 이 모든 전략은 가격이 아닌 '이해'와 '설계'의 문제임을 시사합니다. 고객이 어떤 시선으로 상품을 바라보고 어떤 흐름으로 결정을 내리는지를 깊이 이해한 셀러만이 가격 중심의 직접 비교 구조를 피해 자신만의 고유한 가치를 전달할 수 있습니다. 알고리즘은 무작위가 아니라 원칙에 따라 작동합니다. 검색 알고리즘의 원리를 제대로 이해하고 전략적으로 활용할 수 있는 셀러만이 '가격을 낮춰야 팔린다'는 흔한 통념에서 벗어나, 자신만의 방식으로 고객을 설득해 구매로 이끌 수 있습니다.

적절한 판매가격은?

가격은 고객에게 상품의 본질적 가치를 전달하고 나타내는 중요한 신호입니다. 동일한 기능과 성능을 가진 제품이라도 가격이 어떻게 설정되느냐에 따라 고객은 가치를 전혀 다르게 받아들입니다. 하지만 많은 셀러가 가격 책정을 매우 단순하게 생각합니다. 그러다 보니 매입 원가에 일정 비율의 마진을 더해서 판매가격을 결정하는 셀러를 많이 볼 수 있는데, 고객의 심리를 전혀 고려하지 않은 가격은 고객의 동의를 얻기 어렵고 상품의 가치를 전달하기도 어렵습니다.

무엇보다 판매가격은 경쟁 환경, 소비자 심리, 시장 수요, 알고리즘 등 다양한 요소가 얽힌 복합적인 변수를 고려해 결정해야 합니다. 이러한 요소는 시시각각 변화하며 고객의 구매 심리에 직접적인 영향을 미칩니다. 경쟁 상품이 등장하거나 유행이 변화하거나 시장 내 공급이 과잉되면, 이전과 동일한 가격이라도 제품에 대한 반응이 완전히 달라질 수 있습니다. 따라서 가격은 한 번 결정으로 끝나는 고정값이 아니라, 시장의 흐름에 따라 끊임없이 점검하고 조정하며 유연하게 대응해야 합니다. 즉, 다양한 변수를 고려해 고객이 '이 정도 가격이라면 살 만하다'고 느끼게 해야 합니다.

가격 전략을 설계하려면 먼저 9,900원처럼 심리적 저항선을 활용하는 심리적 가격, 초기 시장 진입을 위해 낮게 책정하는 침투 가격, 브랜드 가치를 높이는 프리미엄 가격 등과 같은 가격 결정 기법을 이해할 필요가 있습니다. 다음은 일반적으로 알려진 가격 결정 기법입니다. 이를 활용하면 상품 특성과 시장 상황에 맞는 가격을 정할 수 있습니다.

기법	설명	장점	단점
원가 기반 가격 책정	상품의 원가(매입가, 물류비, 포장비, 광고비, 수수료 등)에 이윤을 더해 가격을 설정	계산이 명확, 수익 안정성 확보	수요 및 경쟁 상황 반영 부족 시 매출 부진 가능
경쟁 기반 가격 책정	경쟁사의 가격을 기준으로 설정	고객의 가격 저항 완화	차별성 약화 가능성 있음
동적 가격 책정	수요 조건(계절, 시간, 재고 등)에 따라 가격 조정	수익 극대화 가능	잦은 변경 시 신뢰 저하 우려
가치 기반 가격 책정	고객이 인식하는 가치(기능, 감성, 희소성 등)를 기준	고부가가치 제품에 적합	고객 인식 분석 및 가치 전달 필요

가격 결정법

가격 결정 기법뿐 아니라 상황에 따라 다양한 가격 전략을 적절히 선택하고 조합하는 것은 고객의 기대에 부합하면서도 브랜드의 방향성과 수익 구조를 유지하는 데 있어 매우 중요합니다. 예를 들어, 신상품 출시 단계에서는 '체험 가격 전략', 경쟁이 치열할 때는 '묶음 가격 전략', 브랜드 신뢰도를 강화하고 싶을 때는 '프리미엄 유지 전략'을 활용할 수 있습니다. 다음은 이런 전략을 간략하게 정리한 표입니다.

전략명	설명	적합한 상황	유의사항
침투 전략	초기에 낮은 가격으로 고객 유입, 이후 점진적 가격 인상	신제품 론칭, 경쟁 심화 시장	초기 수익성 낮음 감수 필요
스키밍 전략	고가로 출시 후 수요 포화 시 가격 인하	프리미엄 이미지, 희소성 강조 상품	가격 조정 시기 판단 중요
프리미엄 가격 전략	고품질, 독창성, 브랜드 가치 강조	브랜드 중심, 충성고객 확보 목적	가격 민감층 유입 어려움
심리적 가격 전략	고객 인지에 작용하는 전략 (예: 4,900원, 준거 가격, 앵커링 등)	다양한 상품군에서 활용 가능	과도할 경우 신뢰 하락 가능
묶음 구성 전략	세트 구성으로 객단가 및 재구매율 상승 유도	보완상품 다수 보유 시 효과적	구성 설계에 신중 필요

가격 전략

판매가격은 고객에게 '이 제품은 그만한 가치가 있다'는 메시지를 전달합니다. 지나치게 낮은 가격은 품질에 대한 불신을 유발할 수 있으며, 지나치게 높은 가격은 고객의 이탈로 이어질 수 있습니다. 적절한 가격은 제품에 대한 신뢰를 높이고 구매 전환을 이끌어 내는 핵심 요인이라는 점을 명심해야 합니다.

04

그래도 경쟁을 생각하라

일반적으로 온라인 판매에서 상위 셀러는 같은 상품을 더 높은 가격에 판매하는 경향이 있습니다. 그 이유는 단순히 브랜드 인지도 때문만이 아닙니다. 네이버쇼핑 검색 결과 상위에 노출되면서 자연스럽게 유입량이 많고, 리뷰 수도 많아 소비자 신뢰가 충분히 쌓여 있으며, 외부 광고와 마케팅에 지속적인 투자가 병행되고 있기 때문입니다. 이러한 요소가 결합되어 소비자는 상위 셀러의 가격을 하나의 기준점, 즉 준거 가격Reference Price으로 받아들이게 됩니다.

준거 가격을 전략적으로 활용하면 가격 경쟁에서 우위를 확보할 수 있습니다. 즉, 내 제품을 상위 셀러의 제품과 함께 나란히 노출될 수 있도록 하고, 대신 상대적으로 합리적인 가격을 제시하는 것입니다. 그렇게 하면 소비자는 상위 셀러의 높은 가격과 내 제품의 가격을 자연스럽게 비교하게 되면서, 내 제품을 더 저렴하고 알맞은 선택처럼 느끼게 됩니다. 단순한 가격 인하가 아니라 소비자가 먼저 본 고가 상품을 기준으로 삼게 하여 내 상품의 가격이 더욱 합리적으로 보이도록 유도하는 전략입니다. 결과적으로 소비자에게는 '가성비 좋은 선택' 또는 '괜찮은 대안'으로 인식되며, 준거 가격 비교 구도 자체가 경쟁 상황에서 유리한 위치를 만들어 줍니다.

준거 가격 활용 전략은 상위 셀러의 고가 상품을 비교 대상으로 활용하여 자사 상품의 합리성을 강조하는 접근입니다. 이 전략이 효과를 발휘하려면 당연히 가격 외에도 상세페이지 구성, 이미지 품질, 리뷰 수, 사은품 제공 등 실질적인 요소를 통해 소비자가 내 제품을 신뢰할 수 있도록 해야 합니다.

준거 가격 비교 전략을 실행하려면 경쟁 셀러의 가격과 구성 요소를 꼼꼼히 조사하는 과정이 필요합니다. 네이버쇼핑에서 주요 키워드로 검색해 상위에 노출되는 경쟁 셀러의 최종 가격, 배송비 포함 여부, 옵션 구성까지 세심히 살펴보는 것이 좋습니다. 그렇게 조사하다 보면, 상품이 단품인지 세트인지 또 어떤 특장점을 가지고 있는지에 따라 소비자의 가격 수용도가 달라진다는 사실을 알게 됩니다. 그 결과 자사 상품이 어떤 지점에서 차별화될 수 있을지를 판단하는 기준이 생깁니다. 또한 경쟁 셀러 상품의 리뷰에서 소비자가 가격을 어떻게 평가하고 있는지 살펴보는 것도 중요합니다. "가격 대비 만족", "조금 비싼 편이지만 품질은 좋음"과 같은 표현은 시장에서 수용할 수 있는 가격대를 가늠하는 데 중요한 단서가 됩니다.

경쟁 셀러의 가격 변동 패턴과 프로모션 시기를 관찰하다 보면, 반복되는 가격 할인 주기가 보이는 경우가 많습니다. 그럴 때 경쟁 셀러가 성기 할인 프로모션을 할 것으로 예상되면, 그보다 앞선 시점에 적절한 혜택을 제시해 고객의 선택을 유도할 수 있습니다. 이러한 시기적 전략은 단순한 가격 대응이 아니라, 기민한 타이밍 운영을 통해 구매 전환을 이끌어 내는 실전적인 대응 방식이라 할 수 있습니다.

저가 전략이 만연한 시장에서는 오히려 프리미엄 이미지를 강조하고 제품의 고유성과 브랜드 스토리를 일관되게 전달하는 것이 장기적인 경쟁력 확보에 더 효과적일 수 있습니다. 예를 들어, 친환경 원단을 사용하는 브랜드가 자신의 철학과 생산 방식을 상세페이지와 리뷰, 포장 방식에 이르기까지 일관되게 전달한다면, 가격 외의 기준으로 소비자의 신뢰를 얻을 수 있습니다. 이는 지속적인 고객 충성도 확보로 이어지며, 결국 시장 내 독자적인 포지션을 만드는 데 기여합니다.

온라인 시장에서 가격 비교는 피할 수 없는 현실이지만, 경쟁자를 이기기 위한 싸움이 되어서는 안 됩니다. 가격 비교 구도는 차별성을 선명하게 드러내는 하나의 수단일 뿐이며, 진정한 전략은 '다름'을 증명하는 데 있습니다. 소비자는 단순히 더 저렴한 상품이 아니라 자신이 지지하고 싶은 철학과 감정을 함께 구매합니다. 따라서 셀러는 상품의 기능이나 가격을 넘어서 브랜드가 전달하고자 하는 방향성과 존재 이유를 일관되게 설계해야 합니다.

> **더 알아두기 ▶ 준거 가격** Reference Price
>
> 준거 가격은 소비자가 상품의 적정 가격을 판단할 때 비교 기준으로 삼는 심리적 가격을 말합니다. 준거 가격은 소비자의 과거 구매 경험, 경쟁 상품의 가격, 광고나 리뷰 등 다양한 요인에 의해 형성됩니다. 예를 들어, 비슷한 상품이 대부분 2만 원대에 판매된다면, 소비자는 그 가격을 기준으로 비싸거나 싸다고 인식합니다. 고객이 머릿속에 가지고 있는 준거 가격을 이해하면, 효과적인 가격 전략을 세울 수 있습니다.

05

노출 가격 전략

어릴 적 먹었던 과자나 아이스크림을 떠올려 보면, 그때보다 지금이 훨씬 작아졌다는 느낌을 받을 때가 많습니다. 식품뿐만 아니라, 샴푸, 세제, 화장지, 반려동물 사료와 같은 상품도 용량이나 개수가 줄었지만, 겉보기 가격은 그대로 유지되는 사례를 쉽게 발견할 수 있습니다. 이렇게 제품의 가격은 그대로 두면서 양이나 크기를 줄임으로써 사실상 가격 인상 효과를 내는 것을 슈링크플레이션Shrinkflation 이라고 합니다. 노출 가격 전략의 하나로 슈링크플레이션을 사용하는 이유는 소비자가 상품의 용량 감소보다 가격 인상에 훨씬 더 큰 거부감을 보이기 때문입니다. 다시 말해, 처음 마주하는 가격, 즉 '노출 가격'이 고객의 구매 판단에 결정적 영향을 주기 때문입니다.

노출 가격 전략의 대표적인 예는 '판매 단위 조정'입니다. 예를 들어, 기존에 100g에 5,000원이던 상품을 50g 단위로 나누어 3,000원에 판매하면, 단위 가격은 오히려 상승하지만 소비자는 5,000원보다 3,000원이라는 숫자에 심리적으로 더 끌리게 됩니다. 이유는 소비자가 상품을 구매할 때 단위 가격보다 총 지불 금액에 더 민감하게 반응하는 경향이 있기 때문입니다. 즉, 가격 비교를 위한 계산은 인지적으로 부담스럽게 느껴져 종종 무의식적으로 회피되곤 합니다. 판매 단위 조정은 구매 장벽을 낮추는 동시에 입문용이나 체험용 상품일 때 고객 유입과 전환을 촉진하는 데 효과적입니다. 특히 단가가 낮은 상품을 옵션으로 구성하면, 고객이 상대적으로 더 큰 용량을 선택하게 되어 수익률을 높일 수 있습니다.

이와 유사하게 기존에 묶음으로 판매하던 상품을 낱개로 분리하여 저가에 판매하는 것도 노출 가격 전략 중 하나입니다. 예를 들어, 12개 묶음 연필을 6,000원에 판매하던 것을 1개 단위로 나누어 800원에 판매하면 소비자 입장에서는 '단가가 올라갔음에도 총 구매 금액이 낮아진 것'처럼 인식하게 됩니다. 이러한 방식은 진입 장벽을 낮춰 고객 유입을 유도하는 미끼 상품 역할을 하며, 소량만 필요하거나 체험 후 판단하려는 고객에게 특히 효과석입니다. 특히 개별 판매 단가가 낮고 가격에 민감한 생필품일수록 효과적입니다. 배송비가 상대적으로 비싼 상품이라면 고객이 여러 개를 함께 구매하도록 유도해 배송 단가를 낮추는 방식으로 손실을 줄일 수 있습니다. 고객은 복수 구매 시 배송비 부담이 줄어든다고 인식하며, 셀러는 이를 통해 수익성을 높일 수 있습니다.

경쟁자가 단일 가격으로 상품을 판매하고 있을 때는 동일한 구성에서 기본 사양을 옵션으로 분리함으로써 노출 가격을 낮추는 것이 효과적일 수 있습니다. 예를 들어, 경쟁자의 9,900원 상품이 고급 패키지와 기본 액세서리를 포함하고 있다면, 이를 제외한 최소 구성만을 기본형으로 설정해 8,900원에 판매하고, 기존에 포함되었던 요소는 옵션으로 제시할 수 있습니다. 이렇게 하면 상품의 기본 노출 가격이 낮아지며, 고객은 동일한 상품을 더 저렴하게 구매할 수 있다고 인식하게 됩니다. 실제로 구매 과정에서 옵션 선택을 통해 최종 결제 금액이 경쟁자 상품과 비슷하거나 높아지더라도 고객은 스스로 선택한 구성이라고 인식하여 가격에 대한 심리적 저항이 줄어들게 됩니다.

판매가격을 배송비 구조와 결합하여 노출 가격 전략을 사용하면 더 큰 수익을 만들어 낼 수 있습니다. 예를 들어, 10,000원짜리 상품을 '배송비 3,000원' 구성과 '무료 배송' 구성으로 판매하면, 노출 가격은 각각 10,000원과 13,000원으로 달라집니다. 단품 구매 시에는 고객이 지불하는 총액이 같지만, 복수 구매 시에는 실질적으로 지불하는 금액에 차이가 발생하게 됩니다. 전자는 배송비는 주문당 1회만 부과되지만, 후자는 배송비가 상품 가격에 포함되어 있어 복수 구매 시 제품당 배송비를 중복 지불하게 됩니다.

단가가 낮은 상품도 노출 가격 전략을 활용하여 의도적으로 손실을 감수하고, 대신 복수 구매로 수익을 회수할 수 있습니다. 예를 들어, 양말 한 켤레를 2,000원에 무료 배송으로 판매하는 경우, 단품 판매 시에는 배송비와 부대 비용을 감당하지 못해 손실이 발생합니다. 하지만 고객이 5켤레 이상을 한 번에 구매하면, 주문당 비용은 그대로 유지되면서도 상품 판매 수익이 누적되어 총이익이 발생하는 구조를 만들 수 있습니다. 이는 무료 배송이라는 심리적 유인을 활용해 복수 구매를 유도하고 낮은 단가 상품에서 객단가를 끌어올리기 위한 전략입니다. 단, 이 전략은 무턱대고 구사하면 셀러의 손실을 자신의 이득처럼 여기며 단품 구매를 반복하는 일부 고객으로 인해 일정 부분 손실이 발생할 수 있으므로, 적정 수준의 경험이나 데이터를 기반으로 설계해야 합니다.

사실, 앞에서 예를 든 노출 가격 기법은 완전히 새로운 개념이 아닙니다. 오프라인 유통에서도 오래전부터 사용되어 온 고전적인 가격 설계 기법을 온라인에서 응용한 것이라고 할 수 있습니다. 이 외에도 다양한 노출 가격 활용 기법이 존재하며 지금도 고객의 심리를 이용하는 새로운 노출 가격 기법이 계속 생겨나고 있습니다. 결국, 중요한 것은 단순히 가격을 낮추는 것이 아니라 고객이 처음 마주하는 '노출 가격'을 어떻게 설계하느냐입니다. 셀러가 데이터를 바탕으로 자신에게 맞는 방식을 잘 설계한다면, 노출 가격 전략은 단순한 숫자가 아니라 매출과 수익을 좌우하는 가장 강력한 무기가 될 수 있습니다.

11장

상품등록 IV —
섬네일과 상세페이지

섬네일은 내 가게의 쇼윈도

오프라인 매장의 쇼윈도는 브랜드의 첫인상을 좌우합니다. 잘 꾸며진 쇼윈도는 지나가는 이들의 시선을 사로잡고, 관심을 유도하며, 매장 안으로 고객을 이끄는 역할을 합니다. 온라인에서 섬네일은 오프라인 매장의 쇼윈도와 같은 역할을 수행합니다. 검색 결과, 아무리 상위에 노출되더라도 섬네일이 고객의 시선을 사로잡지 못하면, 고객은 망설임 없이 스크롤을 넘겨버립니다.

온라인 쇼핑에서 고객이 상품을 선택하는 데 주어지는 시간은 매우 짧습니다. 흔히 '3초 룰'이라 불리는 이 법칙은 상품 리스트를 스크롤하는 고객의 관심을 즉각적으로 끌지못하면, 고객은 곧바로 다음 상품으로 넘어간다는 사실을 알려줍니다. 따라서 섬네일은 짧은 찰나에 고객의 시선을 사로잡고 상품의 핵심 매력을 명확히 전달해야 합니다.

섬네일은 단순히 정보 전달 수단이 아니라 고객의 감정을 움직이는 마케팅 도구입니다. 특히 섬네일에서의 감정적 어필은 초기 주목도를 확보하고 구매 욕구를 자극하는 데 효과적입니다. 소비자는 상품 자체보다도 상품에서 얻는 행복, 편안함, 안정감과 같은 감정적 만족감에 이끌리는 경우가 많기 때문입니다.

아늑한 조명 아래 놓인 홈 인테리어 제품이나, 활짝 웃는 모델이 옷을 입고 있는 모습은 섬네일이 단순히 상품을 보여주는 이미지를 넘어 상품이 줄 수 있는 '감정적 경험'을 시각적으로 암시합니다. 소비자는 이 같은 연출 이미지를 통해 상품 자체보다 상품을 사용할 때 느낄 수 있는 행복감, 편안함, 안정감을 상상하게 됩니다. 결국 섬네일은 정보 전달보다 감정적 기대를 설계하는 도구로 작동하며, 그 기대가 구매 행동으로 이어집니다.

섬네일에 사람이 등장하거나 신체 일부가 노출된 이미지를 사용하면 고객에게 친근함과 현실감을 전달할 수 있어, 고객의 심리적 부담을 낮추고 긍정적인 첫인상을 형성하는 데 도움이 됩니다. 그 결과 고객의 신뢰가 높아지고 구매 전환으로 이어질 가능성도 커집니다. 특히 얼굴이 클로즈업된 이미지는 고객의 감정적 반응과 친밀감을 더 깅하게 이끌어냅니다. 그 이유는 얼굴이 화면에서 차지하는 비중이 클수록 인간적인 연결감이 강화되기 때문입니다. 이처럼 이미지에서 얼굴의 비중이 인식과 판단에 영향을 미치는 현상을 '얼굴 강조 비율'Face-ism Ratio이라고 합니다.

마찬가지로 사람이 상품을 실제로 사용하는 모습을 보여주는 이미지도 구매 후 만족감을 간접적으로 높여줍니다. 이유는 소비자가 다른 사람이 상품을 사용하는 장면을 보면서 마치 자신이 직접 사용한 것처럼 상상하고 대리 체험함으로써, 자연스럽게 '나도 저런 만족을 얻을 수 있겠다'는 기대감을 갖기 때문입니다.

다만 사람의 모습이 지나치게 강조되면 자칫 상품보다 모델에 시선이 집중되어 브랜드 중심성이 흐려질 수 있습니다. 따라서 모델은 상품의 특성을 보완하는 보조적 요소로 활용하고, 상품이 이미지의 중심에 명확히 드러나도록 구도와 배경을 잘 구성해야 합니다. 또한, 상품이 사용되는 장면을 연출하되, 매장 진열 상태를 그대로 촬영하거나 과도한 소품을 사용하는 방식은 피하는 것이 좋습니다. 그리고 배경과 상품 색상이 유사할 때는 대비를 높여 상품의 형태가 뚜렷하게 인식되도록 설계하는 것이 효과적입니다.

효과적인 섬네일 구도 중 하나는 '비정형 배치'입니다. 비정형 배치는 상품을 화면 정중앙에 똑바로 세우는 전형적인 방식에서 벗어나, 약간 기울이거나 대각선 구도로 배치함으로써 시각적으로 독특하고 생동감 있는 인상을 주는 기법입니다. 예를 들어, '히어로 샷Hero Shot'이라 불리는 저각 촬영은 상품에 웅장함과 위엄을 부여하며, 비정형 배치를 통해 상품의 개성과 감성적인 매력을 더욱 강조할 수 있습니다.

여기에 단조로운 순백색 배경#FFFFFF 대신 미색이나 연한 그라데이션을 활용하는 것도 좋은 방법입니다. 순백색은 상품에 시선을 집중하게 하는 장점이 있지만, 차갑고 밋밋한 느낌을 줄 수 있습니다. 반면, 미색 배경은 눈의 피로도를 낮춰 장시간 쇼핑에도 편안함을 주며, 은은한 그라데이션은 상품 주변에 미묘한 공간감을 형성해 입체적인 인상을 만듭니다.

이러한 미묘한 배경 변화는 상품의 질감을 부각하고 품질에 대한 긍정적인 인식을 심어줍니다. 또한, 브랜드 콘셉트에 맞춰 색상 조합을 선택하면 브랜드의 감성적 매력을 강화할 수 있습니다. 예를 들어, 자연주의 브랜드는 그린과 베이지 톤의 부드러운 전환을 활용하고, 모던한 이미지를 원한다면 블루와 그레이 계열의 그라데이션을 사용할 수 있습니다.

상품을 여럿 함께 배치해 구성이 알차보이게 하거나 실제보다 더 크게 보이도록 강조한 섬네일은 소비자가 '이만큼 받는다면 이 가격은 저렴하다'는 인식을 갖도록 유도할 수 있습니다. 이는 고객의 지각된 가치를 높이고 클릭률과 구매전환율을 끌어올리는 데 효과적인 전략입니다.

섬네일 구성에 대한 심리학적 원리를 이해했다면, 다음은 실제 섬네일 구성을 더 완성도 있게 다듬는 작업이 필요합니다. 방법은 다음과 같습니다.

첫째, 디테일이 명확히 드러나는 이미지를 사용해 상품에 대한 신뢰감을 전달해야 합니다.

둘째, 자연스러운 조명을 활용해 상품의 실제 느낌을 효과적으로 보여주어야 합니다.

셋째, 모바일 환경을 고려해 작은 화면에서도 상품의 형태와 특징이 분명히 드러나도록 구성하고, 상품은 화면 중앙에 배치해 시선을 집중시켜야 합니다.

넷째, 등록 후에는 직접 스마트폰으로 확인해, 3초 안에 상품이 명확히 인지되는지를 반드시 점검해야 합니다.

섬네일을 구성할 때 주의할 점이 있습니다. 유행하는 섬네일 스타일을 그대로 모방하면 오히려 경쟁 상품과 나란히 비교되면서 차별성 없이 그냥 묻혀 버릴 수 있어서, 브랜드의 개성이 드러나지 않고 흔한 이미지로 보일 수 있습니다. 그렇게 되면 가격이나 구매 조건으로만 평가반게 되는 부정적인 효과로 이어질 수 있습니다. 따라서 경쟁자와 뚜렷하게 구분되려면 좀 더 세밀한 접근이 필요합니다. 즉, 경쟁자가 자주 사용하는 스타일을 무작정 따라 하기보다는 어떤 요소가 고객의 시선을 끄는지 분석한 후, 반대 지점을 공략하는 것입니다. 예를 들어, 모두 흰색 배경을 쓰고 있다면 색감이 강한 배경을 활용해 시각적 대비를 주는 것도 좋은 방법이 될 수 있습니다.

이렇게 하려면 먼저 키워드를 검색해 상위 상품의 섬네일을 캡처하고 디자인 요소를 분석해야 합니다. 그리고 경쟁자와 차별화할 방법을 고민하며, 타깃 고객과 상품 특성에 맞는 섬네일 콘셉트를 기획해야 합니다.

섬네일에 적용할 수 있는 기법은 이 외에도 매우 다양하며 시대와 플랫폼, 고객의 반응에 따라 지속적으로 변화하고 있습니다. 특히 상품 카테고리에 따라 고객이 선호하는 섬네일 스타일이 다르기 때문에, 지금까지 소개한 기법을 하나의 공식처럼 받아들이기보다는 다양한 사례를 관찰하고 스스로 실험하며 자신의 상품과 고객에게 가장 잘 맞는 방식을 찾아가야 합니다.

02

섬네일은 AI가 상품을 판단하는 기준

네이버는 AI 기술을 활용하여 상품 이미지를 분석하고 검색 노출을 결정하는 시스템을 계속 발전시키고 있습니다. 이 시스템은 단지 상품명을 분석하는 데 그치지 않고 이미지 자체를 평가하여 상품을 자동 분류하며, 브랜드 상품과 일반 상품을 구별하고, 동일한 제품을 가격 비교 대상으로 묶습니다. 따라서 AI가 이미지를 분석하는 방식을 잘 이해하고 그 방식에 맞는 전략을 수립해야 합니다.

먼저 AI는 섬네일 이미지의 해상도나 색상, 구도 등 기본적인 시각 요소를 분석하여 이미지 품질과 맥락을 종합적으로 분석하고 평가합니다. 그리고 그 결과는 상품의 검색 순위를 조정하거나, 관련 상품을 추천하거나, 규정 위반 가능성이 있는 이미지를 탐지하는 데 활용될 수 있습니다. 실제로 섬네일 이미지를 변경했을 때 검색 순위가 눈에 띄게 바뀌기도 합니다.

또한 AI는 동일하거나 유사한 상품을 인식하여 검색 결과에 함께 노출하거나 가격 비교 페이지에 묶어 셀러 간의 경쟁을 유도합니다. 이 기능은 소비자에게 가격적인 혜택을 제공하는 역할을 하기도 하지만, 셀러 입장에서는 가격 경쟁을 심화시키는 요인이 될 수도 있습니다. 이런 이유로 공급업체가 제공하는 이미지를 그대로 사용하면 자신의 의지와 상관없이 가격 비교 경쟁에 뛰어드는 셈이 되고 맙니다. 따라서 여기에서 벗어나려면 섬네일 이미지를 차별화해 AI가 내 상품을 다른 상품으로 인식하도록 해야 합니다. 다시 말해, AI에 최적화된 이미지를 제공하면서도 가격 비교 경쟁을 회피하려면, 공급업체가 제공하는 이미지를 그대로 사용하기보다는 독창적인 연출과 구도로 직접 촬영한 이미지를 사용하는 것이 바람직합니다. 그렇게 해야 AI의 패턴 인식을 회피할 수 있고, 고객의 관심도 끌 수 있어 클릭률 향상에도 도움이 됩니다.

이때 브랜드 로고나 패키지가 드러나는 이미지를 사용하기보다는 제품 자체나 사용 장면을 강조하는 이미지를 사용하면, AI의 자동 분류 기준을 회피하는 데 유리합니다. 그리고 상품명에 고유한 키워드를 포함하고 제품의 특장점을 강조하는 설명을 추가하면, AI가 내 상품을 경쟁 상품과는 다른 상품으로 인식할 가능성이 높아집니다.

앞으로 AI는 더욱 정교한 이미지 인식과 상품 분류 능력을 갖추게 될 것입니다. 이에 따라 섬네일 이미지에 포함된 요소 하나하나가 검색 결과에 미치는 영향력이 커질 수 있으므로 네이버의 AI 기술 업데이트와 쇼핑 시스템의 변화 흐름을 계속 확인해야 합니다. AI가 상품을 더 세밀하게 분류할 가능성에 대비하여 이미지 품질을 꾸준히 개선하고, 상품 정보의 구체성과 차별성을 강화하는 등 장기적인 대응 전략을 준비해야 합니다.

03

가격 비교에 묶이는 순간 죽는다

'카탈로그'라 불리는 가격 비교 페이지는 서로 다른 셀러가 등록한 동일한 브랜드와 모델의 상품을 하나로 묶어(매칭) 소비자에게 최저가 정보를 제공합니다. 소비자에게는 저렴한 가격에 상품을 구매할 수 있는 장점이 있지만, 셀러에게는 수익성을 위협하는 구조로 작용합니다. 검색 상위 노출이라는 장점으로 인해 유입은 증가할 수 있으나, 동시에 무리한 가격 경쟁에 휘말려 수익성이 급격히 악화되는 부작용도 따릅니다. 특히 경쟁력이 부족한 셀러일수록 손해를 감수하며 경쟁에 끌려 들어갈 가능성이 커, 결국 사업의 지속성까지 위협받을 수 있습니다. 이러한 구조를 정확히 이해하고 상황에 따라 잘 대응하여 아예 카탈로그에 매칭되지 않도록 해야 합니다.

카탈로그 매칭은 AI가 상품 정보를 분석하여 결정합니다. AI는 섬네일, 상품명, 제조사 및 모델명, 핵심 스펙 정보를 중심으로 동일성을 판단합니다. 여기에 브랜드와 모델명의 정확한 일치, 제조사 정보, 옵션 및 사양 일치 여부 등이 영향을 미칩니다. 그리고 상품명이 다르더라도 핵심 키워드나 카테고리 분류가 유사하면 동일 상품으로 간주될 수 있습니다. 이미지 유사성은 보조적인 기준으로 활용되며, 이러한 정보가 모두 일치하더라도 검색 유입이 일정 수준 넘어야 가격 비교 그룹으로 묶이는 예가 많습니다. 일부 셀러는 카달로그 매칭을 유도하려고 의도적으로 불법 트래픽 프로그램을 사용하기도 합니다.

카탈로그에 포함되었을 때 가장 큰 위협은 최저가 경쟁입니다. 화면 구성상 매칭된 상품 중 최저가 상품 한 개에만 판매가 집중되므로 셀러는 경쟁에서 살아남기 위해 계속 가격을 낮출 수밖에 없습니다. 특히 직접 매입 상품이 의도치 않게 카탈로그에 매칭되었을 때는 자금 회전의 압박으로 인해 손실을 감수하며 최저가격에 판매해야 하는 상황이 발생할 수 있습니다.

브랜드 식별이 불분명한 상품은 악의적인 경쟁자에 의해 허위 정보로 등록되어 강제로 매칭되는 사례도 존재합니다. 실제 셀러 커뮤니티에서는 이와 같은 불공정한 매칭으로 인한 매출 손실 사례가 다수 언급되고 있습니다. 이럴 때는 네이버쇼핑 파트너센터를 통해 1:1 문의를 접수하고, '상이 상품'으로 수동으로 신고하는 방법이 있습니다. 신청 후 처리되기까지 보통 3~5일이 소요됩니다.

그럼에도 신청이 거부되거나 처리 기간 동안의 손실이 크다면, 다음과 같이 매칭 해제를 시도할 수 있습니다. 하지만 상황에 따라 성공 여부는 달라질 수 있습니다.

첫째, 상품 정보의 동일성을 깨뜨리는 방법입니다. 기존 그룹과 명확히 다른 상품명으로 구성하거나 브랜드명과 모델명을 수정하고 추가 설명을 덧붙여 다른 상품처럼 보이도록 하는 방법입니다. 다만, 허위 정보 입력은 금지되며, 정보 수정이 과도하게 반복되면 상품 ID 재사용 위반으로 검색 노출이 중단될 수 있어 주의가 필요합니다.

둘째, 상품 옵션을 일부러 추가하거나 변경하여 네이버 시스템이 동일 상품으로 인식하지 않도록 유도하는 방법도 있습니다. 기존에 옵션이 없거나 옵션 내용이 상품명에 반영되지 않은 때에는 이 방법이 적용될 수 있으나, 이 역시 부적절하게 수정하면 ID 재사용 위반에 해당될 수 있으므로 신중하게 접근해야 합니다.

셋째, 가장 잘 알려진 방법인 섬네일을 변경하는 것입니다. 동일한 제품이라도 기존과 완전히 다른 구도, 배경, 스타일로 구성된 이미지를 사용하고 상품명 변경을 병행하면, AI가 동일 상품으로 인식하지 않아 매칭에서 해제될 가능성이 큽니다.

결론적으로 네이버쇼핑의 카탈로그 시스템은 셀러에게 구조적인 위협이 될 수 있습니다. 따라서 AI의 동일 상품 판단 기준을 정확히 이해하고, 그 기준을 반영한 상품 정보 설계와 운영 전략이 필수적입니다.

04

섬네일과 상세페이지에 정답은 없다

잘 팔리는 상품에는 정해진 공식이 없듯, 잘 만든 섬네일과 상세페이지에도 정답은 없습니다. 누구나 그대로 따라 하기만 하면 성공할 수 있는 매뉴얼이 있다면 좋겠지만, 현실은 그렇지 않습니다. 시장은 끊임없이 변하고, 플랫폼의 규칙과 고객의 기대도 시시각각 달라집니다. 따라서 셀러에게 요구되는 것은 하나의 답을 찾는 능력이 아니라 변화에 맞춰 스스로 정답을 만들어 가는 유연한 사고와 실험 정신입니다.

2000년대 섬네일은 텍스트와 강조 요소를 활용해 상품 정보를 시각적으로 전달하는 데 집중했습니다. 할인율, 무료 배송 등 주요 정보를 이미지에 삽입하는 방식이 일반적이었고, 여러 각도에서 촬영한 사진을 한 장에 배치해 상품의 특징을 강조했습니다. 이미지 비율은 PC 화면에 맞춘 4:3이 주로 사용되었고, 당시 오픈마켓이나 쇼핑몰 운영 가이드에서도 '충분한 정보 제공'이 강조되었습니다.

현재는 모바일 쇼핑이 보편화되면서 섬네일은 단순하고 직관적인 이미지 중심의 디자인이 주류를 이루고 있습니다. 불필요한 텍스트는 줄고, 단색 배경 위에 상품 클로즈업 이미지를 사용하는 방식이 일반화되었습니다. 손이나 얼굴 등 사람이 등장해 사용 맥락을 보여주는 섬네일도 증가하고 있으며, 스마트스토어 가이드라인도 '상품을 명확히 보여주는 것'에 초점을 맞추고 있습니다. 상세페이지는 이미지 위주로 구성되며 짧은 영상 클립이나 이미지 슬라이드 형식이 감성적 공감을 유도하는 스토리텔링 요소로 활용되는 사례가 늘고 있습니다.

이러한 변화에는 몇 가지 중요한 배경이 있습니다. 모바일 쇼핑이 일상화되면서 작은 화면에 맞춘 간결한 콘텐츠가 요구되면서 단순한 디자인과 짧은 스크롤로도 핵심 정보를 전달하는 구성이 선호되었습니다. 동시에 SNS와 숏폼 콘텐츠의 확산은 영상 중심의 콘텐츠 소비를 크게 늘렸습니다. 인스타그램, 틱톡, 유튜브 쇼츠 등의 플랫폼은 고객이 짧고 흥미로운 콘텐츠를 기대하게 했고, 상세페이지 구성에도 영향을 주었습니다. 숏폼 콘텐츠 시장은 지난 몇 년간 20% 넘는 성장률을 보이고 있기 때문에 당분간 이 같은 추세가 계속될 것으로 보입니다. 아울러 브랜드의 철학이나 상품 배경을 감성적으로 표현하려는 시도가 많아지면서, 스토리텔링 이미지와 영상 활용도 증가하고 있습니다.

상품 자체의 특성에 따라 스타일이 달라지는 예도 많습니다. 예를 들어, 패션이나 뷰티 제품은 감각적인 연출 사진과 감성적인 스토리텔링이 중요하지만, 전자기기나 생활용품은 사양, 기능, 비교 정보 등 실용적 정보를 명확하게 전달하는 것이 중요합니다. 식품이나 생활용품은 위생적이고 신뢰감 있는 이미지가 중요하고, 문구나 DIY 제품은 사용 방식이나 결과물을 직관적으로 보여주는 구성에 강점을 둡니다. 따라서 상품의 본질과 고객의 기대에 따라 디자인 전략도 달라져야 합니다.

트렌드에 맞는 최적의 디자인을 찾기 위해서는 지속해서 다양한 요소를 실험해 봐야 하며, 배경 색상, 텍스트 포함 여부, 제품 배치 방식 등을 바꿔가면서 클릭률과 구매전환율을 비교해 봐야 합니다. 인스타 그램의 해시태그나 검색량 통계 등을 통해 실시간으로 인기 콘텐츠 스타일과 소비자의 관심사를 파악할 뿐 아니라, 브랜드 고유의 정체성을 유지하면서도 트렌드에 부합하는 유연함을 갖추는 것도 중요합니다.

AI 기술의 등장으로 콘텐츠 제작이 자동화되면서, 섬네일과 상세페이지의 모범 답안 역시 끊임없이 변하고 있습니다. 앞으로는 고객 맞춤형 이미지와 상세페이지를 자동으로 생성하는 기술이 보편화될 것이며, 네이버 등 주요 플랫폼에서도 AI 기반 콘텐츠 최적화 기능을 빠르게 도입할 전망입니다. 하지만 AI가 아무리 발전하더라도, 결국 인사이트를 통해 섬네일과 상세페이지의 정답을 찾아내는 능력이야말로 진짜 경쟁력이 될 것입니다.

05

안목과 디자인 감각을 길러라

섬네일과 상세페이지 제작 방법을 꼼꼼하게 익히고 잘 적용했음에도 유입률이나 구매전환율이 기대에 미치지 못하는 때가 적지 않습니다. 이럴 때 셀러는 고객에게 충분한 매력을 전달하지 못했다는 점은 인식하지만, 구체적인 원인을 명확히 파악하지 못합니다.

다수의 셀러는 공급처로부터 제공받은 섬네일과 상세페이지를 그대로 사용합니다. 때로는 유튜브 강의 등에서 익힌 공식을 적용해 직접 제작해 보기도 하지만, 고객의 눈길과 관심을 끌지 못할 때가 많습니다. 이유는 고객의 반응을 정확히 읽어내고 시각적으로 구현할 수 있는 판단력과 표현 감각이 부족하기 때문입니다.

섬네일과 상세페이지 제작을 전문 업체에 의뢰할 때도 마찬가지입니다. 어떤 요소가 고객에게 매력적으로 보이고 어떤 요소가 적절하지 않은지를 스스로 판단할 수 있는 안목이 있어야 합니다. 그렇지 않으면 아무리 많은 비용을 들여 유명한 외주 업체에 맡기더라도 기대한 수준의 결과물을 얻기 어려울 수 있습니다.

앞서 언급했듯이, 셀러는 단순히 상품을 파는 사람이 아니라 상품을 통해 고객에게 긍정적인 경험과 인상을 전달하는 '크리에이터'라 할 수 있습니다. 다시 말해, 셀러는 이미지를 비롯한 시각 자료와 영상을 중심으로 디지털 콘텐츠를 제작하고 다루는 사람입니다. 따라서 셀러에게는 판매 기술과 함께 사업의 성패를 좌우하는 시각적 감각과 구성 능력이 필요합니다.

예술도 기교나 기술이 필요하지만, 결국 사람을 감동시키는 것은 예술가의 탁월한 안목과 감각입니다. 마찬가지로, 온라인 판매 사업에도 고객의 마음을 사로잡기 위해 가장 중요한 것은 수많은 기술과 도구가 아니라 시각적 요소를 분석하고, 설계하며, 고객 입장에서 매력적으로 구성할 수 있는 실용적인 감각입니다.

과연 이러한 감각은 음악이나 미술, 스포츠처럼 타고난 재능일까요? 물론 타고난 자질이 있는 사람은 빠르게 성장할 수 있습니다. 또한 디자인 전공자나 마케팅 전공자가 그렇지 못한 사람보다 셀러로서 성공할 가능성이 더 큰 것도 사실입니다. 그러나 재능과 전문지식보다 중요한 것은 흥미와 관심입니다.

감각을 기르는 데는 전공을 하거나 많은 이론을 학습하는 것보다 다양한 이미지를 많이 보고, 분석해 보고, 다른 이들과 의견을 나누는 경험이 훨씬 더 효과적일 수 있습니다. 섬네일과 상세페이지를 검색해 분석적으로 바라보는 작업은 꽤 큰 집중력을 요구하며, 그 과정에서 많은 피로감을 느끼게 됩니다. 특히 고객의 시선에서 일일이 확인하다 보면 피로감은 더욱 커집니다. 그렇지만 스트레스를 느끼기보다는 오히려 즐거운 놀이처럼 관찰과 분석을 통해 섬네일과 상세페이지에 다가설 때 경쟁력 있는 콘텐츠를 만들 수 있습니다.

섬네일과 상세페이지는 단지 경쟁자보다 조금 더 잘 만드는 것을 넘어서 새로운 개념으로 접근할 때 비로소 의미 있는 성과를 만들어 낼 수 있습니다. 월등히 차별화된 결과물은 때때로 예상하지 못한, 전혀 다른 분야에서 얻은 아이디어나 영감에서 비롯되곤 합니다. 따라서 내가 판매하는 상품이 속한 분야뿐만 아니라 전혀 다른 분야에서 아이디어를 벤치마크하는 것도 매우 효과적인 방법입니다. 예를 들어, 농산품을 판매하는 셀러라면 모든 셀러가 천편일률적으로 성실한 농부의 스토리메이킹으로 콘셉트를 잡고 있을 때, 홀로 물리학, 화학, 생명공학과 같은 과학적인 분석 방법을 보여주며 '첨단 농산물'이라는 인상을 주는 콘셉트를 제안할 수 있습니다. 만일 이러한 시도가 확실하게 차별화되면, 단숨에 매출을 급성장시킬 수 있습니다. 그러나 새로운 시도 역시 우연히 만들어지는 것이 아니라, 다양한 분야에 대한 흥미와 관심을 바탕으로 쌓인 통찰력과 기획력이 뒷받침되어야 가능한 일입니다.

과거에는 섬네일과 상세페이지는 포토샵을 능숙하게 다루지 못하면 만들 수 없는 전문가의 영역이었지만, 이제는 쉽고 편하게 이미지를 생성할 수 있는 서비스도 많이 등장했으며 AI가 이를 대신해 주기도 합니다. 그러나 무엇보다 중요한 것은 셀러의 독창적인 아이디어와 콘텐츠를 구성하는 감각입니다.

디자인이 다소 투박하더라도 셀러의 진정성이 담긴 상세페이지는 고객에게 깊은 인상을 줄 수 있습니다. 그래서 일부 전문가는 디자인보다 내용의 진실성에 더 집중하라고 조언하기도 합니다. 하지만 고객이 상세페이지를 보려면 먼저 매력적인 섬네일이 눈길을 끌어 클릭을 유도해야 합니다. 문제는 작은 섬네일 안에 셀러의 스토리를 온전히 담는 것이 사실상 어렵다는 점입니다. 따라서 진정성이 담긴 상세페이지가 효과를 발휘하려면, 먼저 섬네일이라는 시각적 관문을 통과해야 하는데, 이때 필요한 것이 바로 디자인 감각입니다.

처음부터 뛰어난 감각을 갖추고 시작하는 셀러는 많지 않습니다. 감이 부족한 초보 셀러라도 꾸준히 노력하면 충분히 좋은 결과를 만들 수 있습니다. 온라인 유통 시장은 점점 더 정교한 시각 콘텐츠와 전략적 기획을 갖춘 셀러가 주도하고 있으며, AI 기술의 발달로 이미지 제작의 진입 장벽도 크게 낮아졌습니다. 결국, 진짜 차이를 만들어 내는 것은 사람만이 발휘할 수 있는 섬세한 판단력과 창의적 표현력입니다.

06

저작권, 초상권, 상표권

공들여 제작한 섬네일과 상세페이지를 다른 셀러가 무단으로 사용하는 사례는 빈번하게 발생합니다. 시장 흐름과 고객의 반응을 면밀히 분석하며 수차례 디자인을 수정해 완성한 결과물을 아무런 거리낌 없이 도용하는 모습을 보면, 깊은 상실감과 분노가 치밀어 오릅니다.

일부 셀러는 파이프라인 다각화를 위해 스마트스토어 외에 쿠팡에도 상품을 등록합니다. 하지만 예상하지 못한 심각한 문제가 발생할 수 있습니다. 쿠팡의 아이템 위너 구조로 인해 내가 만든 섬네일과 상세페이지가 다른 셀러에 의해 무단으로 사용되는 일이 자주 벌어집니다. 이는 단순히 쿠팡에서 상품을 내리고 스마트스토어에 집중한다고 해서 해결될 수 있는 문제가 아닙니다. 아이템 위너로 묶이면 상품을 내리더라도 내가 만든 콘텐츠가 타 판매자의 상품에도 자동 적용되어, 계속해서 네이버쇼핑에 쿠팡 이름으로 동일하게 노출됩니다. 그 결과, 내 상품처럼 보이는 다른 쿠팡 셀러의 상품이 스마트스토어의 내 상품과 직접 경쟁하거나 카탈로그에 함께 묶여 사업에 심각한 문제를 야기할 수 있습니다.

저작권자로서 섬네일과 상세페이지의 무단 사용을 중단시킬 권리는 있지만, 쿠팡 시스템은 하나의 상품 페이지에 여러 셀러를 통합하는 구조여서 침해 사실을 특정하고 대응하기가 매우 어렵습니다. 침해 자를 쿠팡에 신고하거나 법적 조치를 취할 수는 있으나, 처리 과정이 번거롭고 반복적인 침해 가능성도 큽니다. 쿠팡은 침해자의 정보를 제 공하지 않으며 실질적인 권리 보호에도 구조적으로 한계가 있습니다.

섬네일과 상세페이지의 무단 사용은 매출 손실과 브랜드 신뢰도 하 락, 고객 피해, 법적 분쟁으로 이어질 수 있는 심각한 문제입니다. 법적 책임에 대한 인식이 부족해서 일어난 실수일 수도 있지만, 일부 셀러 는 반복적으로 불법 도용을 하기도 합니다. 심지어 일부 온라인 강의 에서는 초보 셀러에게 타인의 상세페이지를 도용하라고 권장하는 때 도 있습니다.

브랜드 소유자가 따로 있는 제품을 사입하거나 위탁판매하는 셀러 는 해당 제품에 대한 저작권이나 상표권을 직접 보유하고 있지 않아 서, 상세페이지나 이미지 등에 대한 권리 침해가 발생했을 때 법적으 로 보호받기 어렵습니다. 침해가 발생한 상황에서도 플랫폼은 실질적 인 개입이나 책임을 지지 않는 때가 많아 셀러는 억울하게 권리를 침 해당했지만, 실질적인 대응 수단이 거의 없는 현실에 직면하게 됩니다.

해외 구매대행이나 도매몰 위탁판매에서도 유사한 문제가 발생합 니다. 공급사로부터 받은 이미지나 설명이 원서작권사의 허락 없이 제 작된 경우, 이를 사용한 셀러가 법적 책임을 지게 됩니다. 위법 여부를 인지하지 못했더라도 처벌을 피하기 어렵고, 실제로 법적 제재를 받은 스토어와 구매대행 셀러도 다수 있습니다.

타인의 저작물을 무단으로 사용하는 것은 명백한 위법 행위이며, 민 사적 배상과 형사적 처벌을 받을 수 있습니다. 권리를 침해당했다면 네이버 권리보호센터를 통해 신고할 수 있으며, 필요한 증빙 자료와 URL을 제출하면 플랫폼 차원에서 조치가 이루어집니다. 반대로 도매몰에서 제공받은 콘텐츠가 타 상품의 권리를 침해하는 경우에도 즉시 수정하고 회신하는 것이 중요합니다.

지식재산권 침해가 반복되는 이유 중 하나는 단기 수익에 대한 유혹입니다. 유명 브랜드의 이름과 이미지는 강력한 구매 유인으로 작용하기 때문에 무단으로 사용하는 사례가 빈번합니다. 일부 셀러 사이에서는 단속을 피할 수 있다면 괜찮다는 인식이 존재하지만, 단기간 수익은 가능하더라도 분쟁에 휘말리게 되면 업무 효율은 급격히 떨어지고 손해배상이나 계정 정지 등의 리스크로 인해 심각한 손실을 초래할 수 있습니다.

지식재산권 따위는 모르겠다?

도매몰에 등록된 상품 중에는 중국 제품이지만 섬네일이나 상세페이지의 품질이 뛰어난 것도 적지 않습니다. 수정 없이 그대로 사용해도 무방할 정도로 완성도가 높아 보이기도 합니다. 그러나 이 이미지는 실제로 도매처에서 직접 제작한 것인지, 아니면 다른 곳에서 가져온 것인지가 분명치 않은 때가 많습니다. 심지어 상세페이지 내용이 중국어로 된 것도 많이 볼 수 있습니다.

중국의 이커머스 시장은 세계적인 수준으로 평가받고 있으며, 한국의 온라인 쇼핑 문화와 유사한 환경을 바탕으로 손쉽게 콘텐츠를 활용할 수 있는 구조를 형성하고 있습니다. 그렇다 보니 한국의 수입업체나 도매업체는 알리바바나 타오바오 등에서 제공하는 이미지를 자주 활용합니다. 이미지 제작에 드는 전문 인력의 인건비와 비용을 절감할 수 있기 때문입니다. 고객의 신뢰감을 높일 수 있도록 상세페이시에 모델이 등장하는 콘텐츠를 직접 제작하는 것이 가장 좋지만, 현실적인 비용 부담으로 인해 중국에서 이미 제작된 콘텐츠를 가져와 그대로 사용하는 것이 일반화되고 있습니다.

중국산 콘텐츠 활용이 확산되는 흐름은 단순한 비용 절감 차원을 넘어 공급 구조의 변화와 밀접하게 연결되어 있습니다. 과거에는 한국 기업이 제품을 기획하고 중국에 OEM 제조를 의뢰하는 것이 일반적이었으나, 최근에는 중국 제조사가 자체적인 기획과 디자인 역량을 바탕으로 완제품을 공급하면서 이들이 제공하는 콘텐츠까지 함께 수입되는 사례가 보편화되고 있습니다. 이에 따라 섬네일과 상세페이지 등 주요 시각 자료도 중국 제조업체의 자료를 기반으로 구성되는 경향이 뚜렷해지고 있습니다.

문제는 중국산 콘텐츠 의존 구조에서는 콘텐츠의 출처나 권리 관계가 불분명해지는 문제가 자주 발생한다는 점입니다. 중국 플랫폼에서 가져온 이미지는 원작자를 파악하기 어려우며, 중국 내에서도 복제 및 재유통이 광범위하게 이루어지고 있어 법적 권리 관계가 모호합니다. 따라서 "중국 이미지니까 괜찮겠지."라고 안일하게 판단해서는 안 됩니다. 이는 지식재산권 침해 가능성을 내포한 위험한 접근입니다. 초상권이나 저작권 침해 사례가 발생하지 않으리라는 보장은 어디에도 없습니다.

더욱 근본적인 문제는 저작권 침해 여부를 넘어서 유통 전반이 콘텐츠에 창의적인 가치를 덧붙이지 못하고 있다는 점입니다. 제품 개발, 수입, 도매, 소매에 이르기까지 유통의 각 단계에서 누구도 고유한 콘텐츠를 창의적으로 더하지 않고 단지 물류만을 수행하고 있습니다. 하지만 이렇게 되면, 자금만 있으면 누구나 그 일을 대신할 수 있으므로 시장에서 살아남기 어렵습니다.

창의적인 콘텐츠 기획을 가로막는 데에는 국내 업체가 KC 인증 제도를 왜곡해서 사용하는 것도 하나의 원인으로 작용하고 있습니다. KC 인증은 소비자 보호를 위한 장치이지만, 한편으로는 무분별한 중국 상품의 수입을 막으려는 의도도 일부 있습니다. 하지만 많은 수입업체가 인증 비용을 중국 공급업체에게 부담시킵니다. 이런 식으로 국내 수입업체가 아닌 중국 공급업체가 KC 인증을 받아 두었다면, 누구든지 같은 상품을 수입해 판매할 수 있습니다. 그로 인해 한 셀러가 마케팅을 통해 수요를 창출했더라도 다른 셀러가 동일 상품을 들여와 유사하게 판매하는 일은 너무나도 쉽습니다. 중국 쇼핑 플랫폼의 이미지 검색 기능을 통해 한국 셀러의 콘텐츠를 캡처하여 동일한 상품의 소스를 찾는 것도 어렵지 않기 때문에, 결과적으로 누군가의 노력으로 형성된 시장이 순식간에 모방되고 대체될 수 있는 구조가 형성됩니다.

문제는 여기서 그치지 않습니다. 최근에는 AI 기반 번역 기술과 상세페이지 자동화 도구가 발전하면서, 중국 공급자가 직접 한국 온라인 시장에 진출하는 일이 현실화되고 있습니다. 실제로 쿠팡에서는 다수의 중국 공급자가 국내 소비자에게 직접 상품을 판매하고 있으며, 쿠팡은 이들을 플랫폼 내로 유치하기 위해 중국 내에서 적극적인 노력을 기울이고 있습니다. 마찬가지로 다른 도매몰에서도 중국 도매업체가 한국에 사업자를 등록하고 물류 거점을 마련한 뒤, 국내 셀러에게 상품을 공급하는 사례가 늘어나고 있습니다.

중국 공급업체의 한국 온라인 시장 진출 흐름은 중국 도매업체가 단순 공급자에 머무르지 않고 스마트스토어와 같은 서비스에 직접 입점해 소비자에게 상품을 판매하는 구조로 발전할 가능성을 높입니다. 국내에서 사업자를 등록하고 활동 중인 중국 업체가 스마트스토어를 직접 운영하지 않을 이유는 없습니다.

이런 상황에서 제조공장에서 소비자에 이르는 유통의 중간 단계에서 유통 주체가 단지 마진만을 추구하고 콘텐츠를 창출하지 못한다면, 머지않아 도매업자나 소매업자, 나아가 수입업자까지도 시장의 주도권을 온전히 중국 업체에 넘겨주게 될 것입니다. 이는 단순히 중국 플랫폼의 한국 진출이라는 차원이 아닌, 국내 유통 산업의 근간을 위협하는 보다 근본적인 변화입니다.

지식재산권 침해 문제를 방지하려면 최소한 섬네일과 상세페이지만큼은 직접 제작하는 노력이 필요합니다. 이는 단지 법적 보호의 차원을 넘어서 가격 경쟁을 피하고 브랜드 가치를 확립하기 위한 출발점입니다. 다소 비용이 들더라도 수입 과정의 인증과 같은 유통 절차 일부를 셀러 본인이 직접 관리할 필요도 있습니다. 가장 이상적인 방식은 중국에서 제품을 생산하더라도 상품 기획 단계부터 참여하여 고유한 브랜드를 개발하고 관련 디자인 및 상표권을 철저히 보호하는 것입니다. 또한 사전에 법적 보호 절차를 준비하는 것도 반드시 고려해야 합니다.

AI 도구를 활용한 섬네일과 상세페이지 제작

과거 온라인 판매 사업은 누구나 시작할 수는 있었지만, 실제로 성과를 내려면 이미지 편집 능력이라는 전문 역량이 필요했습니다. 포토샵과 같은 복잡한 편집 도구를 능숙하게 다루려면 많은 학습과 경험이 필요했습니다. 좋은 상세페이지와 섬네일을 제작하려면 사진 촬영 능력, 즉 조명, 구도, 스타일링에 대한 전문 지식도 요구되었습니다. 무엇보다 소비자의 시각적 기준이 높아지면서 아마추어 같은 이미지로는 상품에 대한 신뢰를 얻기 어렵기 때문에, 외주 제작에 많은 비용을 들이거나 스스로 시간을 들여 전문성을 익혀야 했습니다. 이미지 편집 능력은 온라인 판매에 있어 중요한 진입 장벽이자 성공의 갈림길이었습니다.

하지만 AI가 등장하면서 상황이 많이 달라졌습니다. AI 기반 이미지 편집 도구는 텍스트나 간단한 명령만으로 배경 수정, 분위기 연출, 조명 조절, 스타일 전환 등 다양한 시각 디자인 작업을 자동으로 처리할 수 있습니다. 최근에는 가상의 인물 모델이 실제 상품을 착용하거나 사용하는 장면을 자연스럽게 합성하는 기술도 상용화되었으며, 촬영 없이도 다양한 사용자 상황을 연출할 수 있게 되었습니다.

AI는 완전히 새로운 배경에 상품을 합성하거나 실제 존재하지 않는 공간을 만들어 감성적인 분위기를 표현하는 데도 활용되면서, 메인 상품 사진뿐 아니라 감성적인 배경 이미지, 보조 이미지, 배너, 광고용 이미지, 상세페이지용 시나리오 이미지 등 다양한 시각 자료 제작에 실질적인 도움을 줍니다. 특히 배경 제거, 스타일 전환, 특정 요소 강조, 여러 이미지를 비교해 보여주는 작업 등을 자동화함으로써 이미지 제작에 드는 시간과 어려움을 크게 줄여줍니다.

AI 기반의 텍스트 자동 생성 기능은 상품 설명, 장점 요약, 구매 유도 문구CTA, Call To Action, 자주 묻는 질문FAQ 등의 문장을 빠르게 만들어 줍니다. 사용자가 상품명, 주요 특징, 타깃 고객 정보만 입력해도 전체 구성을 자동으로 완성해 주며, 일부 도구는 상품 정보를 바탕으로 디자인 레이아웃을 추천하거나 구성 요소를 자동으로 배치해 주는 기능도 함께 제공합니다. 그리고 상세페이지 제작에 필요한 반복 작업을 줄여주고 기본적인 품질을 유지하면서도 작업 속도를 높이는 데 기여합니다. 실제 '텍스트 작성 → 이미지 편집 및 생성 → 편집 도구에 조합 및 배치 → 전체 상세페이지 완성'이라는 흐름으로 누구나 쉽게 AI 도구를 단계적으로 적절히 활용할 수 있습니다. 일부 플랫폼은 이 과정을 자동으로 처리하거나 템플릿을 추천해 줄 뿐만 아니라, 이미지나 글의 위치를 자동으로 정리해 주는 기능까지 함께 제공합니다.

이처럼 AI 도구가 상세페이지 제작을 손쉽게 해주지만, 불과 얼마 전까지만 해도 상황은 달랐습니다. 섬네일과 상세페이지를 디자인하는 도구를 다루는 능력이 부족하여, 아무리 스마트스토어 운영 기술을 모두 익혀 적용하더라도 섬네일과 상세페이지가 설득력이 떨어지고, 고객의 신뢰를 얻지 못하면서 실제 구매로 전환되지 못했습니다. 이제

382

는 이미지 편집 기술이라는 높은 진입 장벽은 AI 기술의 발전으로 상당 부분 해소되었습니다.

앞으로 AI 도구는 더욱 정교해지고 이미지 제작의 자동화 수준도 높아지면서 전체 작업 속도와 완성도는 한층 더 높아질 것입니다. 그렇다고 해서 AI 도구만으로 성공이 보장되는 것은 아닙니다. AI 도구가 제공하는 완성도만으로는 고객의 마음을 사로잡을 수 없습니다. 누구나 고품질의 섬네일과 상세페이지를 만들 수 있는 지금, 차별화의 핵심은 브랜드 고유의 감성과 메시지를 창의적이고 일관되게 표현하는 기획력에 있습니다. 셀러는 AI를 효율적으로 활용하되, 콘텐츠 기획 단계에서부터 브랜드 철학과 소비자 감성을 설계하는 데 집중해야 합니다.

09

내가 판매하는 것은 유형의 상품이 아닌
무형의 상세페이지

지금과 같은 온라인 시대에 고객은 상품을 만질 수 없고 화면 속에서만 경험하기 때문에, 결국 우리가 판매하는 것은 유형의 상품이 아니라 무형의 디지털 정보라고 할 수 있습니다. 철학자 한병철은 『사물의 소멸』에서 '우리는 더는 사물과 접촉하지 않는다. 사물은 점점 더 이미지와 정보로 대체되고 있다.'라고 진단합니다. 이러한 현상의 대표적인 사례가 바로 온라인 유통입니다. 고객은 온라인 판매 플랫폼에서 실제 상품이 아니라 섬네일과 상세페이지로 구현된 '디지털 경험'을 마주하게 됩니다.

이제 섬네일과 상세페이지는 단순한 정보 전달 도구가 아니라 감정·신뢰·브랜드 철학을 입혀 완성한, 브랜드 서사를 전달하는 창조적 결과물입니다. 오프라인에서는 손으로 만지고 냄새를 맡으며 제품을 경험할 수 있지만, 온라인에서는 섬네일 한 장, 문구 한 줄이 오감의 자리를 대신해야 합니다. 섬네일이 고객의 감성을 자극하는 입구라면, 상세페이지는 고객의 신뢰를 이끌고 구매를 결정짓는 마지막 무대입니다.

이렇게 볼 때, 스마트스토어 운영은 단순히 '물건을 등록하는 일'이 아니라 '감동을 느끼게 하는 콘텐츠를 창조하는 일'입니다. 따라서 고객에게 감동을 주는 콘텐츠를 만들기 위해서는 섬네일과 상세페이지를 고객과의 단순한 감성 연결 수단으로 바라보는 것이 아니라, 제품과 브랜드가 고객에게 어떤 철학과 메시지를 전달할지를 시각적으로 구현하는 전략적 도구로 인식해야 합니다.

콘텐츠는 상품이 품고 있는 이야기에 기반합니다. 따라서 섬네일과 상세페이지 기획은 제품 개발이나 소싱 단계에서 이미 시작됩니다. 소싱은 상세페이지 기획의 출발점입니다. 상품을 바라볼 때 단순한 판매 가능성보다는 이 상품이 어떤 감성과 메시지를 품고 있는지, 그리고 어떻게 상세페이지에서 설득력 있게 풀어낼 수 있을지를 고려하는 인식 전환이 필요합니다. 예를 들어, 한 수제 캔들 공방이 오프라인 매장에서 스마트스토어로 확장한 뒤, 상세페이지를 개선하면서 매출이 약 두 배 증가한 사례가 있습니다. 이 셀러는 섬네일에 따뜻한 조명과 감성적인 문구를 활용하고, 상세페이지에는 제작 배경과 제품 철학, 사용법 등을 시각적으로 구성하여 고객의 신뢰를 얻고 구매전환율을 높이는 데 성공했습니다.

섬네일과 상세페이지는 고객의 관점에서 출발해서 기획해야 하며 전달하고자 하는 메시지와 감성을 중심으로 구성되어야 합니다. 감성적 문구, 이미지, 리뷰 반영 등 다양한 요소가 모두 고객의 경험을 더욱 설득력 있게 만드는 데 기여합니다. 이 요소들은 무작위로 배치되는 것이 아니라, 브랜드 메시지를 단계적으로 설계한 상세페이지 구조 안에 유기적으로 통합되어야 합니다.

랜딩페이지와 상세페이지는 단절된 콘텐츠가 아니라, 하나의 구매 여정으로 이어지도록 구성해야 합니다. 랜딩페이지에서 시작된 제품

과 브랜드의 콘셉트와 서사가 상세페이지로 자연스럽게 이어지고 감
정과 메시지의 일관성이 고객의 구매 결정까지 유지되도록 기획되어
야 합니다.

잘 설계된 상세페이지는 제품과 브랜드에 대한 첫인상을 결정하고,
전문성을 증명하며, 진정성을 체감하게 만드는 종합적 스토리텔링 도
구입니다. 제품 사용법을 실생활 상황에 맞춰 시각적으로 제시하면
"이 브랜드는 내 문제를 이해하고 있구나!"라는 신뢰가 형성됩니다.
같은 상품이라도 상세페이지에 따라 서로 다른 제품과 브랜드로 여겨
집니다.

대다수 셀러는 여전히 자신이 '물리적인 상품'을 판매하고 있다고
생각합니다. 이는 지극히 자연스럽고 당연합니다. 실제로 소싱, 재고,
포장, 배송 등 모든 운영이 물리적 상품 중심으로 이루어지고, 비용과
수익의 기준도 물리적 원가를 중심으로 구성되기 때문입니다. 이러한
관점에서 보면 상세페이지는 단지 '잘 팔기 위한 부수적 수단'으로 보
입니다. 하지만 관점을 전환하면 상황이 달라집니다. 고객이 얻는 감
동과 경험을 중심에 두는 순간, 우리가 만들어야 할 업무의 방향과 목
표가 선명해집니다. 상세페이지 하나가 신뢰를 만들고 섬네일 한 장이
클릭을 유도하는 지금의 환경에서 섬네일과 상세페이지는 더는 보조
수단이 아니라 상품 그 자체입니다. 온라인에서 판매하는 것은 상품이
아니라 섬네일과 상세페이지를 통해 전달되는 감동입니다. 고객의 삶
을 이해하려는 섬네일과 상세페이지야말로 차별화의 핵심입니다.

10

히어로 섹션

상세페이지에 들어온 고객은 단 몇 초 만에 떠날지 머무를지를 결정합니다. 이 결정은 페이지 맨 위, 흔히 히어로 섹션이라 불리는 공간에서 이루어집니다. 고객은 클릭하는 순간, 머릿속에 '이 상품이 내 고민을 해결해 줄 수 있을까?' 하는 질문을 자연스럽게 떠올립니다. 그 질문에 즉시 답하지 못하면 순식간에 '뒤로 가기'를 누릅니다.

히어로 섹션은 상세페이지에서 고객의 첫 시선을 사로잡는 공간이자 본격적인 설득이 시작되는 지점입니다. 히어로 섹션은 단순히 상품을 소개하는 영역이 아니라 고객의 삶과 연결되는 첫 번째 대화의 장입니다. 고객은 상품에 관심이 있어서가 아니라 자신의 문제를 해결하고 싶은 마음으로 페이지를 엽니다. 따라서 히어로 섹션에는 셀러의 입장이 아닌 고객의 입장에서 메시지를 구성해야 하며, '이 상품이 나에게 어떤 이점을 줄 수 있는가?'에 관해 분명하고 직접적인 대답이 들어 있어야 합니다.

이때 가장 중요한 것은 '셀러의 말'이 아니라 '고객의 마음'을 읽는 일입니다. 고객이 공감할 수 있는 상황과 문제를 제시하고, 문제를 해결할 수 있다는 기대감을 전달하며, 이후 본문에서 해결책의 구체적인 내용을 보여주는 구조로 이어져야 합니다. 그렇게 고객의 눈과 마음을 열어야 비로소 상세페이지의 이야기가 전달될 수 있습니다.

히어로 섹션은 마치 신문 헤드라인처럼 고객의 시선을 즉각 사로잡아야 합니다. 이 짧은 순간이 전체 판매 성패를 좌우할 수 있기 때문입니다. 고객은 '이건 나에게 필요 없어!'라고 판단하며 바로 떠나 버릴 수 있습니다. 아무리 뛰어난 상품이라도 이 단계에서 고객이 이탈하면 고객에게 가치를 전달할 기회를 잃게 됩니다.

공감을 유도할 수 있는 감성적 이미지, 고객의 문제를 해결하는 메시지에 맞는 폰트, 상품에 맞는 색상과 가독성이 높은 글꼴 등은 구매 전환율을 높이는 데 기여하기 때문에 시각적 요소도 중요합니다. 그러나 시각적인 디자인 요소는 어디까지나 메시지를 보조하는 역할에 머물러야 합니다. 고객의 감정을 이끌어 낼 수 있는 스토리텔링 없이 상품 정보만을 시각적으로 나열하는 방식은 설득력을 약화시킬 수 있습니다.

고객이 검색하는 단어에는 고객의 니즈와 욕망이 담겨 있습니다. 따라서 검색어를 분석해 니즈를 파악하고 히어로 섹션의 메시지에 반영한다면, 고객의 시선과 공감을 동시에 끌어낼 수 있습니다. 반면 '할인 쿠폰', '무료 배송', '오늘 출발'과 같은 단순한 혜택 정보만을 강조하거나, 도매몰에서 제공한 제품 이미지나 사양만 나열한다면 고객의 감정을 움직이기 어렵습니다.

히어로 섹션은 고객의 삶을 바꾸는 제안을 고객의 언어로 전하는 첫 대화이며 심리적 설득이 시작되는 공간입니다. 히어로 섹션에 손실 회피, 희소성, 사회적 증거, 프레이밍 효과 등 심리적 원리를 시각적으로 구성함으로써 고객의 반응을 설득의 여정으로 이끌 수 있습니다. 한마디로 고객은 상품 그 자체보다는 상품이 자신에게 어떤 도움을 줄 수 있는지를 묻습니다. 그러므로 히어로 섹션은 고객의 문제를 짚고, 해결책을 제시하며, 긍정적 변화를 상상하게 만들어야 합니다.

11

실패하는 상세페이지

상세페이지가 실패하는 근본적인 이유는 대부분 기획 없이 제작하기 때문입니다. 많은 셀러가 상세페이지 제작을 전문 업체에 의뢰하면서 "예쁘게 잘 만들어 주세요."라는 말 한마디만 남기고, 다른 구체적인 정보는 제공하지 않습니다. 기획 없이 제작된 상세페이지는 템플릿에 의존해 천편일률적으로 되면서 정작 상품에 대한 깊이 있는 이해나 셀러의 고유한 스토리는 빠지게 됩니다. 결과적으로 남는 것은 보기엔 예쁘지만 설득력이 부족한, 겉모습만 그럴듯한 상세페이지일 뿐입니다.

브랜드 파워가 강한 상품이라면 상세페이지 없이도 판매를 할 수 있습니다. 누구나 알고 있는 코카콜라, 신라면 같은 제품은 상세 설명 없이도 고객이 구매를 결정합니다. 이러한 브랜드는 고객 혜택이 가장 중요하므로 히어로 섹션에는 할인과 배송 정보만 정확히 표기되어 있으면 됩니다. 그러나 이름이 알려지지 않은 상품을 판매할 때, 브랜드 파워가 있는 상품의 상세페이지를 무비판적으로 모방하면 고객은 히어로 섹션에서 이탈하고 맙니다. 잘 알지 못하는 상품의 할인과 빠른 배송 정보는 아무런 설득력을 갖지 못하기 때문입니다. 고객은 상품이 자신의 문제를 어떻게 해결할 수 있는지를 알고 싶어합니다. 기대에 부응하지 못하면, 이탈은 당연한 결과입니다.

또한 상세페이지가 고객의 입장을 고려하지 않은 채 지나치게 많은 정보만 나열하면, 고객은 핵심 가치를 파악하지 못하고 혼란을 느끼게 됩니다. 고객은 상품의 장점을 직관적으로 이해하고 싶어 합니다. 따라서 정보는 명확하고 간결해야 합니다. 장황한 설명이나 복잡한 이미지 배치는 오히려 고객의 몰입을 방해하고 구매 결정에서 멀어지게 합니다. 상세페이지가 고객의 문제에 공감하고, 해결책을 제시하며, 신뢰를 형성하는 흐름을 담아야 한다는 점에서 상세페이지의 성공 여부는 디자인이 아니라 기획에 달려 있다고 할 수 있습니다.

기획이란 상세페이지의 목표를 명확히 설정하고, 방향성과 톤앤매너(브랜드가 전달하고자 하는 감정적 분위기와 표현 방식의 일관성)를 정하며, 목표와 톤앤매너를 구체적으로 구현할 수 있는 콘텐츠 구성을 설계하는 일입니다. 즉, 기획을 통해 타깃 고객의 니즈를 분석하고, 상품이 제공하는 핵심 가치와 차별화된 강점을 도출하며, 이 메시지를 상세페이지에 어떤 순서와 방식으로 전달할지 설계해야 합니다. 나아가 고객이 기대하는 정보가 무엇인지, 어떤 콘텐츠가 설득력을 가질지를 명확히 함으로써 불필요한 작업을 줄이고, 시간과 비용을 절감하며, 고객 관점에서 최적화된 상세페이지를 만들어야 합니다.

기획 과정에서는 고객이 가질 수 있는 질문이나 불안 요소를 사전에 예측하고 상세페이지 안에 답변을 미리 준비하는 것도 중요합니다. 이때 기획의 핵심은 단순한 정보 나열이 아니라 고객의 구매 여정을 따라 문제 해결의 흐름을 설계하는 데 있습니다. 이 흐름은 고객의 문제에 공감하고, 상품이 제공하는 효용을 명확히 제시하며, 후기나 데이터를 통해 그 효용을 증명하고, 궁극적으로 고객의 신뢰를 형성하는 구조로 이루어져야 합니다. 이러한 구성을 통해 상세페이지 전반에 걸쳐 고객 관점의 흐름과 메시지 전달 방식이 일관되게 적용되어야 하며, 고객의 관점에서 어떤 정보를 어떤 순서로 접하게 될지를 세밀하게 고려해야 합니다.

디자인은 기획을 시각적으로 보완하고 강화하는 역할을 합니다. 예를 들어, 고객의 문제 인식을 돕는 인상적인 이미지, 상품의 효용을 강조하는 직관적인 레이아웃, 후기와 데이터를 명확히 전달하는 인포그래픽 등은 기획 의도를 효과적으로 시각화함으로써 상세페이지의 설득력을 높일 수 있습니다.

전 페이스북 콘텐츠 전략가 조너선 콜먼Jonathon Colman은 "글은 공감으로 시작해, 효용으로 이어기고, 분석으로 개선한 다음, 사랑으로 완성된다."라고 말했습니다. 상세페이지 또한 이와 같은 서사의 원리를 따르는 것이 효과적입니다. 고객의 관점에서 문제를 제기하며 출발하고, 상품의 핵심 효용을 명확히 전달하며, 신뢰할 수 있는 근거로 뒷받침하고, 변화된 고객의 모습을 상상하도록 하여 브랜드의 진정성을 자연스럽게 녹여내는 흐름을 갖출 때, 상세페이지는 단순한 정보 나열이 아닌 설득력 있는 이야기로 완성될 수 있습니다.

12

고객의 마음을 이해하라

휴리스틱Heuristic은 정보가 불충분하거나 시간이 제한적인 상황에서 빠르고 간편하게 결정을 내리기 위해 사용되는 경험적, 직관적인 추론 방식입니다. 복잡한 선택을 해야 하는 상황에서 소비자는 모든 정보를 세밀하게 비교·분석하기보다 가격, 브랜드, 리뷰 수, 이미지 품질과 같은 제한된 단서를 근거로 빠르고 직관적으로 결정을 내리게 됩니다. "가격이 싸면 더 이득일 거야."라는 가격 휴리스틱, "리뷰가 많은 상품이 더 믿을 만하다."라는 사회적 증거 휴리스틱, "유명 브랜드면 품질이 보장될 것이다."라는 브랜드 휴리스틱 등이 직관적인 판단 방식의 대표적인 예입니다. 실제로 고객은 방대한 상품 정보 속에서 이런 지름길 단서를 활용해 판단을 단순화하고 신속하게 구매 결정을 내리는 경향이 있습니다.

고객은 무의식적으로 휴리스틱에 따라 판단을 내리기 때문에 상세페이지를 설계할 때는 고객이 어떤 단서를 기준으로 제품을 선택하는지를 이해하고, 가장 먼저 고객의 눈에 들어오는 정보를 잘 구성해야 합니다. 특히 감정, 직관, 사회적 요인과 같은 휴리스틱은 구매 결정에 큰 영향을 미치므로, 이를 고려해서 상세페이지를 설계해야 실제 성과로 이어집니다.

다음 표는 온라인 판매에서 자주 나타나는 휴리스틱이 실제 판단에 어떤 식으로 영향을 주는지를 간단히 정리한 것입니다.

휴리스틱	작동 방식 및 판단 오류 사례
가용성 휴리스틱	광고나 검색 상위 노출 등 자주 보이는 정보만으로 해당 상품이 더 좋다고 판단함
대표성 휴리스틱	고급스러운 디자인이나 이미지가 제품 전체의 품질을 대변한다고 착각함
앵커링 휴리스틱	처음 제시된 높은 정가를 기준 삼아 할인 가격이 과도하게 저렴하다고 느껴짐
가격-품질 휴리스틱	가격이 비싸면 무조건 품질도 좋을 것이라 믿고 저렴한 상품은 회피함
사회적 증거 휴리스틱	리뷰 수나 평점만 보고 자신의 상황과 맞는지 고려하지 않고 구매함
감정 휴리스틱	감성적인 이미지나 디자인 분위기에 이끌려 실질적 정보는 간과함
노력 휴리스틱	상세페이지 정보량이 많고 복잡할수록 제품이 더 우수하다고 판단함
친숙성 휴리스틱	자주 노출되어 익숙해진 브랜드를 신뢰하고 구매함
유창성 휴리스틱	페이지가 깔끔하게 보이면 상품도 좋을 것이라 믿음
기본값 휴리스틱	자동 선택된 옵션을 별생각 없이 그대로 구매함

온라인 판매에서 자주 나타나는 휴리스틱

휴리스틱이 고객의 빠른 판단을 이끈다면, 그다음 단계에서는 감정의 흐름이 결정적 역할을 합니다. 구매는 이성이 아니라 감정에서 최종 결정을 내리는 때가 많기 때문입니다. 따라서 단순히 정보를 나열하는 것을 넘어서 상세페이지 전체를 고객이 자연스럽게 몰입할 수 있는 이야기처럼 구성하는 것이 중요합니다. 그렇게 하면 고객은 강렬한 첫인상에서 호기심을 느끼고, 중반에는 제품의 가치와 리뷰에서 신뢰를 얻으며, 마지막에는 한정 혜택이나 감성적인 마무리 문구를 통해 구매 결정을 내립니다.

감정 흐름은 고객이 이야기 속에 몰입하는 '내러티브 트랜스포트 Narrative Transport'와 등장인물의 감정에 공감하는 '감정 이입'을 통해 더욱 강력해집니다. 결국, 상세페이지는 감정을 따라가는 흐름을 통해 구매를 설득하는 하나의 이야기 구조가 되어야 하며, 고객은 정보가 아닌 감정으로 반응하게 됩니다.

하지만 소비자의 심리 구조를 지나치게 이용하면 브랜드에 대한 신뢰를 훼손하는 상황이 발생할 수도 있습니다. 제품의 실제 가치나 효능이 충분하지 않음에도 소비자의 심리적 취약성만을 공략하는 방식으로 판매를 시도하면 초기에는 성과를 낼 수 있겠지만, 결국 신뢰 하락, 부정적 리뷰 확산, 플랫폼 제재, 법적 문제로 이어져 사업의 기반 자체가 무너질 수 있습니다. 설득은 언제나 정당한 가치 위에서 이루어져야 합니다. 그래야만 고객과의 관계도 지속되고 매출도 성장할 수 있습니다.

13

사람이 가장 중요하다

비즈니스는 본질적으로 '사람과 사람이 만나는 과정'입니다. 상품과 정보가 오가는 것처럼 보이지만, 그 이면에는 언제나 사람의 감정, 기대, 신뢰가 작용하고 있습니다. 특히 온라인 환경처럼 인간적인 접촉이 단절되기 쉬운 공간일수록 인간미를 담아내는 설계가 더욱 중요합니다.

기술이 아무리 고도화되더라도 결국 고객과의 연결은 사람의 언어로 이루어집니다. 오히려 기술이 정교해질수록 그 속에서 진정성과 따뜻한 정서가 더욱 돋보이게 됩니다. 온라인이라는 차가운 공간 속에서도 고객은 여전히 사람의 체온이 느껴지는 흔적, 즉 진심이 담긴 말투나 진정성 있는 표현을 통해 사람과의 연결을 갈망하고 있습니다.

온라인 쇼핑 환경은 오프라인처럼 셀러와 직접 대면하거나 상품에 담긴 분위기와 감정을 체감하기 어려운 구조입니다. 온라인 쇼핑에서 비대면의 차가움을 극복하고 고객과 정서적으로 연결되기 위한 공간이 바로 '사람 냄새 나는 상세페이지'입니다. 상세페이지는 단순히 상품 정보를 전달하는 공간이 아니라 셀러의 진심 어린 태도와 인간적인 정서가 녹아든 장치이며, 고객에게 따뜻한 신뢰를 전달하는 중요한 통로입니다.

따라서 상세페이지를 설계할 때는 단순히 기능적 요소를 나열하기보다 셀러인 '나'의 관점에서 어떤 고민과 노력을 거쳐 제품을 만들었는지를 자연스럽게 녹여내는 것이 중요합니다. 고객은 기계적인 설명보다 실제 사람의 목소리가 담긴 이야기에서 더 큰 신뢰를 느낍니다. 정형화된 문장 대신 진심과 실수가 녹아든 언어는 고객의 경계심을 낮추고, '믿을 만한 사람'이라는 인상을 남깁니다.

전문가들 역시 온라인 공간에서 고객의 신뢰를 얻기 위해서는 셀러의 정체성이 강하게, 혹은 최소한 부분적이라도 드러나는 것이 유리하다고 말합니다. 익명성이 강한 환경에서 셀러의 이름, 철학, 진심 어린 말투와 스토리는 고객에게 '사람과 거래하고 있다'는 감각을 주며, 상세페이지의 가장 강력한 설득 요소가 될 수 있습니다.

예를 들어, 발볼이 좁을까 망설이는 고객을 위해 셀러가 직접 착용한 사진을 보여주고 개인적인 착화 경험을 바탕으로 사이즈 추천 팁을 상세하게 안내한다면, 고객은 단순한 정보가 아니라 사람의 조언을 받고 있다는 인상을 받게 됩니다. 셀러의 진심이 묻어나는 대응은 고객의 불안을 해소함과 동시에 진정성과 공감 능력을 효과적으로 전달하며, 고객의 마음을 열고 감정적으로 연결되는 기반이 됩니다.

스토리텔링은 셀러의 목소리를 고객의 이야기 속에 자연스럽게 쉬어 넣는 방식입니다. '문제 → 해결 → 변화'의 흐름을 따라가되, 그 과정에 셀러가 등장함으로써 고객은 제품뿐 아니라 사람과 연결되었다는 감정을 느끼게 됩니다. 기능이나 가격이 비슷한 수많은 상세페이지 속에서 사람의 이야기가 담긴 상세페이지는 강력한 차별화 수단이 됩니다.

실제로 다양한 플랫폼에서 사람 중심의 상세페이지로 성공을 거둔 사례가 많습니다. 아토피를 앓는 자녀를 위해 직접 화장품을 개발한 아버지, 지역 농산물에 애정을 담아 농사 과정을 공유하며 신뢰를 쌓아온 청년 농부, 수작업 공정과 친환경 가치를 스토리로 풀어낸 핸드메이드 작가 등은 단순히 제품을 판매한 것이 아니라 사람과 사람 사이의 관계를 만들어 낸 대표적인 예입니다. 고객은 상품을 구매하는 것이 아니라 이야기를 사고, 정성을 사고, 철학을 사는 것입니다. 제품을 만든 이들의 진정성이 재구매와 입소문으로 이어졌고, 결국 매출 이상의 브랜드 신뢰와 고객 충성도로 연결되었습니다.

비즈니스에서 사람 중심의 접근을 더욱 전략적으로 확장한 개념이 퍼스널 브랜딩입니다. 퍼스널 브랜딩은 단순히 셀러의 얼굴이나 이름을 알리는 것을 넘어 자신의 가치관, 전문성, 상품에 대한 철학과 열정을 브랜드처럼 설계하고 일관되게 소통하는 방식입니다. 고객은 상품을 고를 때 '어떤 상품을 살 것인가'보다 '어떤 사람에게서 살 것인가'를 더 중요하게 여깁니다. 퍼스널 브랜딩은 바로 그 선택의 기준을 셀러 자신이 되도록 만들어 주는 전략입니다.

14

상세페이지 못지않게 중요한 랜딩페이지

그동안 소비자는 제품 이미지를 통해 시각적인 정보를 파악하고 텍스트 설명을 기반으로 제품의 가치를 판단해 왔습니다. 이 같은 소비 행태는 상세페이지의 구성과 완성도가 구매 결정에 직접적인 영향을 미치는 요인으로 작용하게 했습니다.

상세페이지는 단순한 마케팅 수단을 넘어 한국 전자상거래 생태계와 소비자 문화가 오랜 시간에 걸쳐 축적한 독특한 결과물이라 할 수 있습니다. 그 배경에는 오픈마켓 중심의 초기 플랫폼 구조, 시각 정보에 민감하게 반응하는 소비자 성향, 홈쇼핑 방송에서 비롯된 정보 소비 패턴, 모바일 환경에 대한 빠른 적응력 등이 복합적으로 작용했습니다.

초기 오픈마켓 플랫폼은 누구나 쉽게 입점할 수 있었기 때문에, 전문적인 디자인이나 마케팅 역량이 부족한 개인 셀러도 많았습니다. 이들은 부족한 역량을 보완하기 위해 이미지 편집 중심의 상세페이지 제작 방식을 활용하여 자신의 상품을 돋보이게 하려고 했습니다. 이후 경쟁이 심화되면서 상세페이지에 더 많은 정보를 시각적으로 담아내려는 경향이 확산되었고, 곧바로 상세페이지의 길이가 늘어나고 내용이 복잡해지기 시작했습니다. 여기에 한국 소비자 특유의 시각적 직관과 몰입을 중시하는 문화, 빠른 인터넷 인프라와 모바일 쇼핑의 대중화가 결합되면서 긴 상세페이지는 오히려 사용자에게 익숙하고 편리한 정보 탐색 방식으로 자리 잡았습니다. 특히 홈쇼핑 방송의 영향을 받은 '제품 설명 + 사용법 + 후기 + 스토리텔링' 구조는 상세페이지 안에 극적인 서사를 구성하는 방향으로 진화하였습니다.

그러나 2020년 이후 소비자 행동은 급격하게 변화하였고, 이제는 다른 외적인 요소가 구매 결정에 더 큰 영향을 미치고 있습니다. 셀러의 콘텐츠 제작 역량이 높아지고 소비심리학 이론이 본격적으로 도입되면서 상세페이지의 시각적 완성도와 설득력은 눈에 띄게 향상되었습니다. 그러나 소비자가 실제로 받게 되는 상품의 품질이나 사용 경험이 기대를 충족하지 못하는 예가 많아지면서, 시각적으로 세련되고 풍부한 정보를 담았다는 이유만으로 상세페이지를 무작정 신뢰하는 경향은 점점 줄어들고 있습니다.

최근 온라인 쇼핑 환경에서 소비자는 겉으로 드러난 정보보다 실제 사용자의 경험과 진정성 있는 메시지를 더욱 신뢰하는 방향으로 변화하고 있습니다. 이 과정에서 구매 후기 콘텐츠[UGC]의 영향력이 빠르게 부각되고 있으며, 상세페이지보다 리뷰나 다른 고객의 실사용 경험을 우선적으로 참고하는 소비 행태가 뚜렷하게 나타나고 있습니다.

소비자 신뢰 구조의 변화는 일시적 현상이 아니라 제품 후기 콘텐츠의 양적·질적 향상, 소비자의 정보 탐색 능력 고도화, 다양한 채널을 통한 교차 검증 문화의 확산 등 구조적인 요인에 기반하고 있습니다. 특히 사진과 동영상의 활성화는 제품 후기 콘텐츠를 단순한 반응이 아닌 중요한 정보 자원으로 만들었고, 상세페이지보다 우선적으로 참고하는 핵심 콘텐츠가 되게 했습니다. 제품 후기 콘텐츠는 이제 단순한 구매 후 평가가 아니라, 신뢰 형성과 구매 결정을 유도하는 중심 도구로써 상세페이지를 보완하거나 때로는 대체하는 역할까지 수행하고 있습니다.

상세페이지에 대한 소비자의 신뢰가 변화하는 상황에서, 소비자와의 최초 신뢰를 구축하는 접점으로써 랜딩페이지의 역할이 더욱 중요해지고 있습니다. 랜딩페이지(SNS, 블로그, 홈페이지 등)는 상세페이지와 달리 셀러가 자신의 관점과 브랜드 이야기를 먼저 전달할 수 있는 공간입니다. 랜딩페이지를 통해 셀러는 상품의 기능이나 정보보다 자신의 생각, 가치관, 혹은 브랜드의 배경을 소개함으로써 소비자와의 첫 접점을 형성할 수 있습니다. 랜딩페이지에서 셀러의 관점과 이야기를 먼저 접한 소비자는 상세페이지로 이동한 뒤에는 단순한 제품 비교를 넘어, 상품을 만든 사람의 진정성과 신뢰도까지 함께 고려하며 구매를 판단하게 됩니다. 그 결과 랜딩페이지와 연결된 상세페이지의 설득력은 더욱 강화되고 구매전환율 또한 상승하는 효과를 기대할 수 있습니다.

랜딩페이지는 광고나 검색을 통해 소비자가 가장 먼저 접하는 지점입니다. 따라서 구매와 같은 특정 행동을 유도할 수 있도록 정교하게 설계되어야 합니다. 시각적 자극과 간결한 메시지를 통해 고객의 관심을 끌어내는 것이 중요하며, 랜딩페이지에서 제시된 콘셉트와 메시지는 상세페이지에서도 일관되게 유지되어야 합니다. 이러한 흐름은 고객의 여정 전반에 걸쳐 정보 수용의 일관성과 신뢰를 형성하게 하고 궁극적으로는 설득력 있는 메시지 전달을 통해 구매로 이어질 수 있도록 도와줍니다.

15

상세페이지에 필요한 정보는 빠짐없이 넣고 오해를 줄 수 있는 내용에 주의하라

2023년 기준 스마트스토어 등록 수는 57만 개를 넘어섰습니다. 셀러 수는 계속 증가하고 있고, 불경기로 인해 경쟁은 점점 더 과열되고 있습니다. 셀러간 경쟁이 치열해지면서 각종 복잡한 규정을 제대로 이해하지 못하고 미비점을 드러내는 셀러에 대해 경쟁자의 신고 역시 빈번하게 이루어지고 있습니다. 그 결과, 규정을 제대로 검토하지 않은 채 게시한 상세페이지로 인해 리뷰가 충분히 쌓인 상품이삭제되거나 법적 처분을 받을 수 있습니다. 따라서 관련 규제를 정확히 이해하고 상세페이지를 제작해야 소모적인 분쟁과 법적 리스크를 피할 수 있습니다.

전자상거래법 제10조 및 시행령 제14조에 따르면 셀러는 상품의 사용 방법과 주의사항을 반드시 명시해야 합니다. 상품명, 모델명, 규격, 사용기한, 원산지, A/S 안내 등은 전자상거래법상 기본적으로 표기해야 하는 항목입니다. 특히 식품·화장품·전기용품 등 개별 상품군에 따라 표기해야할 항목이 서로 다르므로, 해당 법령이 어떤 내용의 고지를 요구하는지 확인 후 충실히 반영해야 합니다. 상품의 사용법과 주의사항에 대한 표기는 소비자의 안전을 보호하고 법적 분쟁을 예방하는 중요한 장치입니다. 특히 중국 도매몰 상세페이지를 그대로 번역해 사용하는 때에는 국내 소비자 보호 기준이나 상품별 고시가 반영되지 않아 필수 고지 항목이 누락되기 쉽기 때문에, 반드시 국내 법령 기준에 맞춰 내용을 재작성해야 합니다.

제품의 설계 특성상 잘못된 사용이 파손이나 사고로 이어질 수 있을 때는 정확한 사용 방법과 순서, 제한 조건, 사용 환경 등을 구체적으로 고지해야 합니다. 그렇지 않으면 단순 변심이나 품질 불만이 아닌 안전사고와 법적 책임으로 직결될 수 있습니다. 예를 들어, 선반, 운동기구 등은 최대 하중 초과 시 파손과 사고 위험이 있음을 명확히 고지해야 하며, 실내용 제품은 실외 사용 금지, 연속 사용 시간이 제한된 제품은 사용 시간 안내를 반드시 해야 합니다. 제품 사용과 관련한 사전 고지는 단순히 설명을 넘어 제조물 책임법상 '표시상의 결함'을 피하고 셀러의 법적 책임을 예방하는 실질적인 안전 장치로 작용합니다.

건강기능식품이나 의약외품, 의료기기 등 규제 대상 상품은 별도의 광고 가이드라인을 반드시 준수해야 하며, 근거 없는 표현이나 과장은 법적 처벌의 대상이 됩니다. '최고', '최상', '최대', '완벽', '절대', '특효' 등 소비자를 오인하게 할 수 있는 표현은 경쟁자에 의한 신고의 표적이 될 수 있기 때문에 절대 사용해서는 안 됩니다.

개인 정보 관련 항목 역시 간과해서는 안 됩니다. 특히 위탁판매 구조에서는 셀러가 고객 정보를 공급처에 전달하면서도 고객 정보 전달 자체를 '제3자 제공'으로 인식하지 못해 개인정보보호법 위반에 노출되는 예가 많습니다. 때로 고객 정보 전달을 고의적으로 문제 삼아 법적 조치를 취하거나 합의금을 요구하는 사례도 있어 각별한 주의가 필요합니다. 개인정보처리방침에는 반드시 '위탁 업체명, 제공 목적, 제공 항목' 등을 명시해야 하며, 필요한 경우에는 네이버 스마트스토어 등 플랫폼이 제공하는 개인 정보 고지 기능도 적극 활용하는 것이 좋습니다. 관련 가이드라인을 정기적으로 점검하고 시스템 내 동의 절차가 실제로 작동하고 있는지도 확인해야 합니다.

무엇보다 규정과 규제를 소홀히하여 생기는 리스크를 예방하기 위해서는 상세페이지에 다음 표에 정리한 항목을 체계적으로 구성해 고객으로부터의 신뢰와 셀러의 법적 안정성을 확보해야 합니다.

구분	주요 내용	비고(주의사항/활용 팁)
히어로 섹션	섬네일, 핵심 메시지, 최신 공지	과도한 공지보다 간결한 문구로 신뢰 유도
기본 정보	제품명, 모델명, 제조자, 원산지	선자상거래법상 필수 표시 항목
실시간 공지	품절, 입고 예정, 사양 변경 등	날짜 표기 필수, 오래된 내용은 주기적으로 삭제
상세 설명	재질, 구성 성분, 사용법, 특징	과장 표현 금지, 객관적 정보 중심
법적 고지	주의사항, 품질보증 기준, A/S 안내	한국 법 기준에 맞춰 작성, 책임 범위 명확화
개인정보 고지	위탁업체 명시, 수집·활용 내용	개인정보보호법에 따라 고지문 삽입 필요
리뷰 유도	베스트 리뷰 노출, 리뷰 작성 유도 문구	긍정적 리뷰 강조 가능, 허위 리뷰는 금지
Q&A 응대	자주 묻는 질문 정리, 구매 전 불안 해소	고객 신뢰 형성에 효과적
인증 및 배너	"공정위/식약처 기준 준수" 배너 등	과장·오해의 소지가 없는 문구로 구성

신뢰와 법적 안정성 확보를 위해 필요한 상세페이지 항목

이 항목들은 단순한 상품 설명이 아니라 얼마나 책임감 있게 고객과의 신뢰를 잘 설계하고 있는지를 보여주는 '노력의 증거'입니다. 따라서 이 항목들을 반드시 점검표로 정리하고 정기적으로 업데이트하여 상세페이지를 제대로 관리해야 합니다.

리뷰

리뷰가 없으면 악순환의 고리

유튜브와 인스타그램에는 스마트스토어 창업을 꿈꾸는 이들에게 유혹적인 메시지가 넘쳐납니다. "현직 셀러가 알려주는 성공 비법"이라는 강의는 상품등록부터 검색광고 설정까지 친절하게 안내하며, 마치 누구나 손쉽게 수익을 낼 수 있을 것처럼 기대를 심어줍니다. 초보 셀러는 성공 비법 강의 영상을 시청하고 나서 기대를 품고 밤늦게까지 키워드를 입력하고 광고를 설정하며 매출 상승을 노립니다. 그러나 며칠이 지나도 주문은 없고 불안과 자책만 커져갑니다. "무엇이 잘못된 걸까? 강의대로 했는데 왜 아무 일도 일어나지 않을까?" 하는 의문이 남습니다.

강의나 온라인 콘텐츠는 대부분 네이버 비즈니스 스쿨이나 공식 매뉴얼을 충실히 따르지만, 실무에서 가장 중요한 요소인 '리뷰'는 형식적으로 언급하는 경우도 많습니다. 검색광고와 키워드 최적화만 잘하면 상위 노출이 가능하다고 하지만, 리뷰가 없는 상품은 매출로 이어시기 어렵다는 현실은 강조하지 않습니다. 그 이유는 개인 셀러가 리뷰를 확보하는 과정을 부담으로 느끼며 포기할 가능성이 크기 때문일 수도 있습니다.

스마트스토어에서 일반적인 상품 키워드로 검색해 보면, 상위에 위치한 상품은 대부분 수백에서 수천 개의 리뷰를 보유하고 있는 것을 확인할 수 있습니다. 특정 브랜드를 정해 놓고 검색하지 않는 한, 고객은 리뷰가 없는 상품을 신뢰하지 않습니다. 가격이 저렴하고 섬네일이 아무리 매력적이어도 리뷰가 없는 상품을 구매하면 문제가 생기지 않을까 하는 걱정 때문입니다.

이러한 고객 심리는 행동경제학에서 말하는 손실 회피 편향에서 비롯됩니다. 사람들은 이익을 얻는 기쁨보다 손실을 피하려는 본능이 더 강하게 작용합니다. 리뷰가 없는 상품은 "불량품이면 어쩌지?", "반품 때문에 스트레스 받기 싫다."라고 하는 불안을 유발합니다.

여기에 심리학에서 말하는 사회적 증거의 효과가 더해집니다. 사람들은 타인의 행동을 따르는 경향이 있어서, 리뷰는 "다른 사람들이 이미 구매하고 만족한 상품"이라는 간접적 신뢰의 증거로 작용합니다. 예를 들어, '주방세제'의 상위 노출 상품에 "세정력이 뛰어나다.", "자극이 적다.", "향이 좋다."와 같이 긍정 평가 리뷰가 쌓이면 고객의 신뢰도가 높아지고 곧바로 구매전환율도 높아집니다.

리뷰가 없는 상품은 유입 자체가 적고, 유입이 있더라도 구매로 이어지기 어렵습니다. 이로 인해 검색 순위가 낮아지고, 순위 하락은 다시 유입과 매출 저하로 이어지는 악순환을 초래합니다. 이는 초보 셀러가 대부분 공통으로 경험하는 상황입니다. 즉, 대다수 초보 셀러는 리뷰가 없어서 판매가 안 되고, 판매가 안 되니 리뷰가 쌓이지 않는 악순환에 빠져 해법을 찾지 못하고 허우적거리게 됩니다.

리뷰가 없어 생기는 악순환은 특정 상품군에서 더욱 두드러지게 나타납니다. 예를 들어, 맛이나 건강처럼 시각적으로 표현하기 어려운 식품 및 건강 관련 상품은 리뷰가 절대적으로 중요합니다. 건강식품 셀러는 제품 인증서를 첨부했더라도 리뷰가 없다는 이유로 "효능이 있나요?", "부작용은 없나요?"와 같은 문의만 반복해서 받게 되고 실제 구매로는 이어지지 않는 예가 많습니다. 또한, 의류나 농산물처럼 계절성이 강한 상품은 리뷰가 충분히 확보되지 않으면, 적기에 판매하지 못하고 시즌을 놓쳐 심각한 손실로 이어질 수 있기 때문에, 충분한 리뷰를 확보하는 것이 무엇보다 중요합니다.

상세페이지 없이 리뷰만으로도 판매할 수 있다

판매를 하다 보면 이해하기 어려운 상황을 마주할 때가 많습니다. 예를 들어 상세페이지를 만들고 키워드까지 전략적으로 설정해 상품을 등록했지만, 기대만큼 판매되지 않고 오히려 상세페이지가 조악한 상품이 검색 상위에 노출되어 잘 팔리는 모습을 보면 허탈하고 혼란스러울 수밖에 없습니다.

몇 년 전 제가 판매하던 건강 관련 상품이 문구 오류로 인해 법 위반 신고를 받아 상세페이지(광고)를 한 달 넘게 사용할 수 없었던 일이 있었습니다. 상세페이지가 없으면 당연히 매출이 급감할 것으로 예상했지만, 의외로 판매량은 줄지 않았고 오히려 소폭 증가했습니다. 그 이유는 1,000개가 넘는 리뷰가 상세페이지를 대신해 고객의 신뢰를 이끌어 냈기 때문입니다. 상세페이지가 없어도 고객들은 안심하고 구매할 수 있었던 것입니다.

많은 소비자가 셀러가 제공하는 상세페이지를 제품을 팔기 위한 홍보성 정보로 받아들이며, 그 안에 진실이 왜곡되었거나 셀러에게 유리한 정보만 선택적으로 담겼을 것이라 생각합니다. 반면, 다른 고객이 남긴 솔직한 리뷰는 실제 사용자의 입장에서 작성된 객관적인 정보로 간주하며 더 큰 신뢰를 보냅니다. 실제 사용 후 장단점이나 실사 사진은 어떤 세련된 설명보다 더 강한 설득력을 발휘합니다.

이 같은 경향은 아마존과 같은 글로벌 쇼핑 플랫폼에서도 확인할 수 있습니다. 대다수의 상품이 단순한 사양 몇 줄과 이미지 몇 장만으로만 소개되더라도, 리뷰와 평점이 충분하다면 높은 판매 성과를 보입니다. 리뷰가 곧 신뢰를 형성하는 핵심 수단임을 보여주는 대표적인 사례입니다.

실제로 리뷰가 많고 평가가 긍정적일수록 고객은 "이건 검증된 상품이다."라고 확신합니다. 한국소비자원은 '소비자 리뷰 실태조사'에서 온라인 쇼핑몰 이용자 중 97.2%가 상품 구매 시 리뷰를 참고한다고 응답한 결과를 발표한 바 있습니다. 이처럼 리뷰는 소비자의 구매 판단에 필수 정보로 작용하며, 단순한 참고용을 넘어 구매 결정의 핵심 기준으로 자리 잡고 있습니다. 특히 MZ세대는 광고보다 또래 소비자의 리뷰와 사용기를 더 신뢰하고 구매에 적극 반영하는 경향이 강합니다. 실제로 주요 플랫폼들이 리뷰 노출 영역을 확대하는 방향으로 시스템을 개선하는 것도 소비자가 점점 더 리뷰를 중요하게 여기는 흐름과 무관하지 않습니다.

상세페이지가 상품의 특성과 셀러의 전문성을 전달하는 것이라면, 리뷰는 타인의 경험을 통해 객관적인 신뢰를 제공하는 것입니다. 긴 줄을 서야 겨우 들어갈 수 있는 식당이 더 맛있을 것 같고 손님이 없는 식당은 꺼려지는 것처럼, 온라인 쇼핑에서도 리뷰가 많고 긍정적인 상품이 더 신뢰를 얻습니다. 리뷰는 단순한 피드백을 넘어 상품에 대한 신뢰를 보증하는 역할을 하며, 광고와 마케팅의 효율을 높이고, 구매 전환율을 지속적으로 끌어올리는 동력으로 작용합니다.

모든 활동은 오직 리뷰를 위해 한다

최근 한국소비지원은 주요 오픈마켓과 온라인 커뮤니티를 대상으로 '친환경', '무독성', '의학적 효능' 등의 표현이 명확한 근거나 실증 없이 사용된 사례를 다수 적발하고 관련 사업자에게 시정 조치를 요구한 바 있습니다. 한편, 2023년 '온라인 플랫폼 소비자 인식 조사'에 따르면 온라인 플랫폼에 게시된 상품 정보(이미지, 상세 설명 등)를 '신뢰하지 않는다'는 응답이 39.8%에 달해, '신뢰한다'는 응답(19.2%)보다 두 배 이상 높게 나타났습니다.

고객이 셀러의 설명보다 실제 사용자의 경험, 즉 '리뷰'를 더 신뢰하는 현상은 셀러의 인식과 스마트스토어 운영 방식에도 적극 반영되고 있습니다. 다수의 셀러가 리뷰가 네이버 검색 알고리즘에 중요한 영향을 미치며 매출과도 직결된다고 판단하고 있습니다. 실제 검색 결과를 보면 긍정적인 리뷰를 많이 확보한 상품이 상위에 노출되는 경향이 뚜렷합니다. 이는 네이버가 리뷰 중심의 상품을 우선적으로 노출하는 것을 지향하고 있음을 보여줍니다.

따라서 셀러는 모든 활동을 '리뷰'라는 하나의 목표에 맞춰 일관되게 설계하고 실행 단계 전반에 걸쳐 리뷰와 유기적으로 연결해야 합니다. 나아가 각 접점에서 리뷰 작성으로 이어질 수 있는 고객의 경험을 의도적으로 설계해야 합니다. 리뷰 중심의 노출을 지향하는 플랫폼의 흐름을 정확히 이해하고, 이 흐름에 맞는 리뷰 전략을 일관되게 실천하는 것이 성공 가능성을 높이는, 가장 검증된 방식이기 때문입니다.

양질의 리뷰는 그냥 생성되지 않습니다. 상품 기획부터 판매까지의 전 과정이 리뷰라는 목표와 끊김 없이 일관성 있게 이어질 때, 리뷰는 단순한 결과물이 아니라 처음부터 설계된 고객 경험의 산물이 됩니다.

양질의 리뷰를 위해서는 상품 기획 단계에서부터 고객이 어떤 리뷰를 남길지를 미리 예측해야 합니다. 예를 들어, "살림 시간이 줄어서 아이와 더 많은 시간을 보내게 됐다.", "잠을 편하게 자서 출근이 힘들지 않다.", "부모님께 선물했더니 동네 스타가 되셨다."와 같은 실제 리뷰 문장을 떠올려 보고, 그 기대를 충족하거나 초과 달성할 수 있는 요소를 상품에 반영하는 것입니다.

그리고 상품명부터 섬네일, 상세페이지, 랜딩페이지, 외부 마케팅 활동, 실제 사용 경험까지가 리뷰를 목표로 하나의 흐름으로 이어지도록 해야 합니다. 여기에 랜딩페이지나 광고와 같은 외부 마케팅까지 활용하면 고객의 구매 의지가 강화되고, 실제 사용 과정에서 사전에 인지했던 기대가 충족되거나 초과 달성되면 고객은 긍정적인 감정을 더 크게 느끼게 됩니다. 그러면 긍정적인 감정은 다른 사람과 나누고 싶은 욕구로 이어지면서, 고객은 자연스럽게 리뷰를 남기게 됩니다.

인센티브 제공과 별개로 정성스러운 포장이나 손글씨 메시지, 제품 사용을 돕는 콘텐츠 제공, 그리고 랜딩페이지에 고객 참여형 콘텐츠를 적극적으로 공유하는 등 세심한 배려가 더해지면, 고객은 자연스럽게 브랜드에 대한 긍정적 감정을 리뷰로 표현하게 됩니다. 단순히 친절한 서비스를 제공했기 때문이 아니라 고객이 '자신이 존중받고 있다'는 느낌을 받았기 때문입니다. 행동경제학에서 말하는 '호혜성의 원칙'에 따르면, 고객은 자신이 받은 정서적 만족이나 배려에 대해 어떤 방식으로든 보답하려는 심리를 가지며, 이는 리뷰라는 구체적 행동으로 나타나게 됩니다.

리뷰 전략은 단순히 피드백 수집 활동이 아니라, 고객과의 지속적인 관계를 형성하고 브랜드에 대한 신뢰를 축적하는 핵심 마케팅 활동입니다. 리뷰는 고객 여정의 마지막 접점이자 새로운 관계 형성의 출발점입니다. 나아가 리뷰 데이터는 시장 반응을 가늠하고, 제품을 개선하고, 마케팅 메시지를 조정하는 등 전략적 방향을 판단하는 근거가 됩니다.

04

리뷰 만들기

조사에 따르면 리뷰가 10개만 있어도 구매전환율이 45%까지 상승하며, 리뷰가 50개를 넘기면 최대 157%까지 증가할 수 있다고 합니다. 리뷰가 구매전환율을 결정짓는 핵심 요소라는 점은 너무도 분명합니다.

하지만 처음 등록한 상품은 리뷰가 없어 당연히 구매전환율이 낮고, 몇 개의 리뷰를 확보하는 데에도 많은 시간이 소요됩니다. 물론 상품의 차별성이 뚜렷하다면 자발적인 리뷰가 빠르게 증가하고 매출도 함께 상승할 수 있지만, 대부분 판매 초기에는 브랜드 인지도와 충성 고객층이 부족하므로 자발적인 리뷰 증가를 기대하기 어렵습니다. 특히 초보 셀러는 대형 브랜드처럼 단기간에 수십, 수백 개의 리뷰를 확보하는 것이 현실적으로 어렵습니다. 따라서 초기 단계에서는 리뷰를 확보하기 위한 체계적이고 구체적인 노력이 필요합니다.

일반적으로 잘 알려진 방법은 구매 후 리뷰를 남긴 고객에게 네이버페이 포인트를 지급하여 자발적인 참여를 유도하는 것입니다. 네이버 스마트스토어 시스템에서는 리뷰 유형에 따라 기본 포인트가 자동으로 지급되며, 셀러는 기본 포인트에 더해 임의로 별도의 추가 포인트를 제공할 수 있습니다. 많은 셀러가 보통 텍스트 리뷰에는 기본 50원,

포토나 동영상 리뷰에는 150원을 지급한다고 알려져 있습니다. 리뷰 확보가 중요한 시기에는 이보다 훨씬 높은 포인트를 지급하는 방식을 사용하기도 합니다. 예를 들어, 우수한 품질의 정성스러운 리뷰를 선정하여 수천 원에서 많게는 만 원 이상을 제공하는 베스트 리뷰 이벤트를 운영하기도 합니다. 단, 네이버 정책상 리뷰 1건당 지급할 수 있는 포인트는 판매가의 20% 또는 최대 20,000원을 초과할 수 없습니다.

상품등록 초기에는 다소 높은 수준의 포인트를 지급하는 것이 바람직합니다. 어느 정도 리뷰가 확보되지 않으면 광고를 하더라도 구매전환율이 낮을 수밖에 없어 광고 효율이 떨어지기 때문입니다. 예를 들어, 검색광고를 진행한다고 가정할 때, 리뷰를 통해 구매전환율을 높이면 동일 예산 내에서 훨씬 더 나은 광고 효율을 기대할 수 있습니다. 또한, 상품등록 초기에는 구매 후 리뷰를 작성하는 고객의 비율이 그리 높지 않습니다. 따라서 포인트를 높게 설정하더라도 실제 지급 비용은 예상보다 많지 않아 셀러에게 큰 부담이 되지 않습니다. 이런 이유로 초기에는 과감하게 높은 수준의 포인트를 제공하는 전략이 효과적일 수 있습니다. 단기적으로 광고 효율을 개선하는 데 도움이 될 뿐 아니라, 장기적으로는 재구매율과 고객 충성도 향상을 통해 고객생애가치LTV를 높이는 기반이 될 수 있기 때문입니다.

이벤트를 통해 리뷰 작성을 유도하는 것도 좋은 방법입니다. 리뷰 이벤트에서는 네이버페이 포인트 외에도 리뷰 작성을 유도하기 위해 다양한 보상 수단이 활용됩니다. 예를 들어, 리뷰 작성 고객에게 화장품 샘플이나 캠핑용품 등을 사은품으로 증정하거나 스타벅스 커피 쿠폰, 편의점 모바일 상품권 등을 제공하는 방식이 대표적입니다. 이러한 보상은 고객이 현실적인 가치를 체감할 수 있어 만족도가 높고, 특히 포토 리뷰나 정성스러운 리뷰를 유도하는 데 효과적입니다. 리뷰 이벤트를 할 때는 상세페이지 상단에 이벤트 내용을 공지하고 기간과 조건을 명확히 안내하는 것이 좋습니다. 단, 히어로 섹션에 위치한 상품의 핵심 정보가 묻히지 않도록 이벤트 공지는 적절히 잘 배치해야 합니다.

지인의 구매를 통한 리뷰 확보는 초보 셀러가 흔히 사용하는 현실적인 방법입니다. 가족이나 친구에게 상품을 제공하고 리뷰를 부탁함으로써 초기 리뷰를 확보할 수 있습니다. 지인의 리뷰는 비교적 자연스럽고 진정성이 담긴 내용으로 고객의 신뢰를 얻는 데 도움이 될 수 있습니다. 그러나 동일 IP에서 반복된 구매가 발생하거나 동일한 패턴의 리뷰가 반복되면 네이버 시스템에 의해 블라인드 처리될 수 있으며, 관련 규정 위반으로 불이익을 당할 수 있으므로 주의해야 합니다.

체험단 운영도 매우 효과적인 방법 중 하나입니다. 체험단을 모집해 제품을 제공하고 생생한 리뷰를 받는 것은 다양한 연령과 취향을 가진 고객의 목소리를 확보할 수 있어 신뢰도 향상에 기여합니다. 블로그, 인스타그램 등 다양한 채널을 통해 체험단을 운영할 수 있으며, 대행사를 활용하면 체험단을 효율적으로 모집하고 관리할 수 있습니다. 특히 맘카페나 동호회 같은 온라인 커뮤니티처럼 타깃 고객층이 모여 있는 공간을 활용하면, 고객과 직접 소통하며 리뷰 작성을 유도할 수 있어 브랜드 인지도 제고와 고객 신뢰도 향상에 더욱 긍정적인 영향을 미칩니다.

리뷰의 중요성이 커지면서 리뷰 조작과 관련된 문제도 수면 위로 드러나고 있습니다. 대표적으로 쿠팡은 2,297명의 직원이 총 72,614건의 허위 리뷰를 작성한 사실이 적발되어 2024년 1,400억 원의 과징금을 부과받았으며, 한 전자기기 업체는 빈 상자를 배송해 3,700건의 허위 구매 이력을 만든 사실이 밝혀져 1억 5천만 원의 과징금을 부과받았습니다. 이러한 사례는 리뷰 조작 실태와 그에 따른 법적 책임을 보여주는 대표적인 사건입니다.

이런 사건이 언론을 통해 알려지면서 많은 소비자가 리뷰의 조작 가능성에 대해 인지하게 되었고, 좋은 리뷰만 있는 상품은 오히려 조작되었을 가능성이 크다고 의심하는 경향도 생겼습니다. 이제 소비자는 단순히 평점만 보지 않고 리뷰의 진정성을 판단하기 위해 다양한 요소를 종합적으로 살펴봅니다. 리뷰 내용이 구체적인지, 반복되는 표현이 없는지, 사진이나 동영상이 실제로 직접 촬영된 것인지, 여러 리뷰 간에 내용이 일관되는지 등을 분석합니다. 이는 소비자가 리뷰의 '양'보다 '진위 여부'에 더욱 집중하고 있다는 점을 의미합니다.

05

좋은 리뷰를 유도하는 방법

구매 고객이 작성하는 리뷰는 대부분 단순하고 내용이 빈약해서 다른 고객의 구매를 유도하기에는 설득력이 부족합니다. 포인트 지급을 통해 구매 건수를 늘리는 것 또한 방문자 수를 증가시키는 데에는 효과가 있지만, 양질의 리뷰를 확보하는 데에는 한계가 있습니다. 따라서 다양한 방법을 활용해 양질의 리뷰를 확보하려는 노력이 필요합니다.

리뷰는 오직 구매를 완료한 고객만이 작성할 수 있으며, 셀러가 인위적으로 작성하거나 수정할 수 없으므로 리뷰 내용을 직접 통제하기는 어렵다는 생각이 일반적입니다. 하지만 랜딩페이지나 상세페이지, 홍보 콘텐츠에 리뷰의 가이드 역할을 하는 적절한 장치를 마련하면, 고객은 자신의 경험을 어떤 방식으로 표현해야 할지를 보다 명확하게 인식하게 됩니다. 이는 고객이 자연스럽게 리뷰의 형식과 내용을 따라가도록 유도해, 셀러가 의도한 방향의 리뷰를 축적할 수 있게 합니다.

초기 구매자가 남긴 생생하고 구체적인 리뷰는 구매를 망설이던 고객에게 결정적인 신뢰의 근거가 됩니다. 한 고객이 "이 신발은 하루 종일 신어도 편해요."라고 남긴 리뷰를 보고, 또 다른 고객이 이를 참고해 구매한 뒤, "저도 발이 편하다는 리뷰를 보고 샀는데 정말 그렇네요."라고 반응하는 식으로 리뷰 간에 자연스러운 반응과 연결이 일어나면서 고객 간 신뢰와 공감이 확산됩니다. 이 과정에서 리뷰의 품질도 일정 수준 이상으로 유지되는 선순환 구조가 형성됩니다.

사람은 좋은 경험을 하면 주변 사람과 공유하고 싶은 충동을 느낍니다. 그 이유는 단순히 정보를 전달하려는 욕구 때문이라기보다는 '내가 아는 좋은 것을 알려주는 행위' 자체에서 사회적 유대감과 심리적 만족을 얻기 때문입니다. 온라인 쇼핑에서도 좋은 경험을 공유하고 싶은 심리는 리뷰라는 형식으로 자연스럽게 나타나며, 셀러가 고객의 자발적인 참여를 이끌어 낼 수 있는 심리적 기반이 됩니다.

고객이 제품에 만족하더라도 자신의 만족감을 구체적인 문장으로 표현하는 일은 쉽지 않기 때문에 양질의 리뷰를 남기는 것이 어렵습니다. 단순히 '좋다'는 느낌은 있지만, 그것을 "촉감이 부드럽고 착용감이 편안했다."는 식으로 표현하려면 어느 정도 글쓰기 능력과 사진 촬영 노력이 필요합니다. 따라서 누군가 먼저 가이드가 될 콘텐츠를 보여주지 않는다면, 고객 입장에서는 무엇을 중심으로 리뷰를 써야 할지 막막함을 느끼게 됩니다.

따라서 고객이 자발적으로 양질의 리뷰를 남길 수 있도록 하려면, 리뷰 작성 과정에서 고객이 겪는 어려움을 덜어주는 장치를 마련해야 합니다. 즉, 제품의 설명을 고객의 실제 생활과 연결하여 어떤 상황에서 어떻게 도움이 되는지를 구체적으로 보여주는 표현을 제시하고, 나아가 효용 중심의 언어로 제품의 사용 장면을 떠올릴 수 있도록 해야 합니다. 방법은 제품 설명을 경험을 중심으로 구성함으로써 고객이 실제로 제품을 사용한 후 자연스럽게 유사한 언어로 리뷰를 남기게 하는 것입니다. 예를 들어, 보온병을 소개할 때 단순히 용량이나 재질을 설명하는 대신, "지리산 정상에서 꺼낸 따뜻한 커피"처럼 고객이 제품을 사용하며 떠올릴 수 있는 생생한 장면을 제시하는 것입니다.

이미 작성된 진솔한 리뷰를 상세페이지에 적극적으로 노출시키는 것은 흔히 사용하는 전략입니다. 진솔한 고객 리뷰는 새로운 고객에게 신뢰를 제공할 뿐 아니라, 기존 고객에게도 "나도 도움을 줄 수 있겠다."라는 마음을 갖게 하고 자발적인 참여 욕구를 불러일으킵니다. 한마디로 리뷰와 리뷰가 서로 영향을 주고받으며 자연스럽게 연결되는 구조를 만드는 것입니다.

랜딩페이지를 적극적으로 활용하는 것 또한 효과적인 리뷰 전략이 될 수 있습니다. 랜딩페이지에 생생한 사용기와 사진이 함께 제시되면, 고객은 제품의 실제 활용 모습을 상상할 수 있게 됩니다. 그 결과, 상품의 효용과 특징을 명확하게 인식한 상태에서 제품을 구매한 고객은 일반 검색을 통해 구매한 고객보다 더 구체적이고 진솔한 리뷰를 작성할 가능성이 높습니다. 앞선 고객의 구체적이고 진솔한 리뷰는 후속 고객에게 어떤 수준과 깊이로 리뷰를 작성해야 할지에 대한 기준을 제공하게 되며, 리뷰 품질 향상에도 기여합니다.

리뷰 체험단은 리뷰를 늘리고 긍정적인 반응을 이끌어 내는 데에 매우 효과적인 수단입니다. 그러나 단순히 리뷰 체험단을 운영하는 것만으로는 원하는 품질의 리뷰를 얻기 어렵기 때문에 리뷰의 질을 높이기 위한 체계적인 설계가 필요합니다. 리뷰 체험단은 제품에 대한 이해가 부족한 경우가 많아 형식적이고 피상적인 리뷰를 남기기 쉽습니다. 따라서 피상적인 리뷰를 방지하려면 랜딩페이지, 기존 리뷰, 사용 가이드 등을 미리 제공하고, "사용 전후의 변화를 정확하게 설명해 주

세요."와 같은, 작성 시 유의할 점을 정확하게 안내해 주는 것이 좋습
니다. 특히 잘 구성된 랜딩페이지의 콘텐츠를 체험단에게 함께 제공하
면, 리뷰의 형식과 방향을 이해하는 데에 큰 도움이 될 수 있습니다.

06

리뷰에 댓글 달기의 중요성

고객이 남기는 리뷰는 자신의 경험을 담은 소중한 기록입니다. 여기에 진심 어린 댓글을 더하면, 고객과의 자연스러운 소통이 시작되고 신뢰의 기반이 형성됩니다. 예를 들어, "포장 상태가 깔끔해서 기분 좋았어요."라는 리뷰에 "고객님, 꼼꼼한 포장을 좋게 봐주셔서 감사합니다. 앞으로도 만족스러운 경험을 드릴 수 있도록 노력하겠습니다."라고 정성스레 답하는 것은 고객에게 자신의 의견이 존중받고 있다는 느낌을 전달합니다. 리뷰에 대한 댓글 교류는 상품 페이지 전체에 생기를 불어넣고, 관리가 잘 이루어지고 있다는 인상을 심어주어 새로운 방문자에게 신뢰감을 줍니다.

리뷰에 댓글을 다는 것은 고객 심리에 긍정적인 영향을 주며 다양한 효과를 동반합니다. 사람들은 자신의 피드백에 반응이 있을 때 소속감과 지존감을 동시에 느끼게 되고 브랜드에 대한 애착을 갖게 됩니다. 특히 MZ세대는 사회적 연대와 상호작용을 중시하는 성향이 강해서 셀러의 댓글은 정서적 니즈를 만족시켜 재구매로 연결될 가능성을 높여줍니다. 한마디로 활발한 댓글 소통은 단순한 응대를 넘어 고객의 기대에 진정으로 귀 기울이는 '성실한 셀러'라는 브랜드 이미지를 구축하는 데 결정적인 역할을 합니다.

댓글을 작성할 때는 리뷰에 담긴 고객의 의도와 감정을 세심하게 읽고 적절한 반응을 보여주는 것이 중요합니다. 긍정적인 리뷰에는 감사와 공감의 표현을 덧붙임으로써 관계를 한층 강화할 수 있습니다. 질문이 담긴 리뷰에는 신뢰를 줄 수 있는 명확하고 친절한 정보를 제공해야 합니다. 예를 들어, "향이 마음에 들어요!"라는 리뷰에 "향이 고객님 취향에 맞았다니 기쁩니다. 혹시 다음엔 구매 전에 미리 문의 주시면 더 다양한 향도 추천드릴게요 :)"라고 답하는 것은 고객과의 유쾌한 소통을 유도하고 자연스럽게 다음 구매로 이어지는 계기가 될 수 있습니다.

한편, 단순하거나 의미가 명확하지 않은 리뷰에도 재치 있고 유쾌한 댓글을 남기면 리뷰 자체가 새로운 콘텐츠로 재탄생하게 됩니다. 재치 있는 댓글은 SNS나 커뮤니티를 통해 자발적으로 공유되며 브랜드 인지도를 자연스럽게 높이는 결과로 이어지기도 합니다. 특히 '펀슈머fun+consumer' 마케팅의 관점에서 보면, 댓글은 단순한 응답을 넘어 소비자와 유쾌하게 소통하는 브랜드의 태도를 상징하며, 구매 이후의 브랜드 경험을 더욱 풍부하고 매력적으로 느끼게 합니다.

유쾌함과 진정성이 담긴 댓글은 브랜드의 인상을 좌우하는 중요한 요소입니다. 하지만 그만큼 주의해야 할 점도 있습니다. 예를 들어, "추가 구매 부탁드립니다."와 같이 기계적인 구매 유도 문구는 고객에게 피로감을 주거나 오히려 반감을 살 수 있습니다. 또한, 일부 리뷰에는 댓글을 달고 다른 리뷰는 무시하는 것은 특정 고객을 소외시키는 인상을 줄 수 있으므로, 모든 리뷰에 일관된 관심과 정성을 보이는 것이 중요합니다.

댓글은 단순한 업무가 아니라 브랜드의 품격을 보여주는 창이자 고객과의 신뢰를 구축하는 작은 창구입니다. 세심한 배려와 성의 있는 접근이야말로 강력한 브랜드를 만드는 밑거름이 됩니다.

> **더 알아두기 ▸ 펀슈머**
>
> '펀슈머Fun+Consumer'는 '재미Fun'와 '소비자Consumer'의 합성어로, 단순히 제품을 구매하는 데 그치지 않고, 구매 과정과 사용 경험에서 즐거움을 추구하는 소비자를 뜻합니다. 이들은 실용성보다 재미와 감성, 스토리, 참여 요소를 중시하며, 브랜드의 세계관이나 이벤트에 적극적으로 참여합니다. 예를 들어, 한정판 굿즈 수집, 패키지 디자인 투표, 체험형 콘텐츠 소비 등이 대표적입니다. 펀슈머를 대상으로 한 마케팅에서는 제품의 기능뿐 아니라, '놀고 싶어 하는 욕구'를 충족시키는 참여형 마케팅 전략이 효과적입니다. 펀슈머는 MZ세대를 중심으로 확산되고 있으며, 브랜드 충성도와 자발적 홍보 효과를 높이는 핵심 소비층으로 주목받고 있습니다.

07

블랙컨슈머 – 경쟁자의 공격

상품 판매가 본격화되고 리뷰가 쌓이기 시작하면 자연스럽게 부정적인 리뷰가 등장하기 마련입니다. 부정적인 리뷰 중에는 실제 상품이나 서비스에 대한 불만족에서 생긴 정당한 리뷰도 있지만, 리뷰의 영향력을 악용하여 경쟁 셀러를 고의로 공격하는 사례도 많습니다. 특히 네이버쇼핑에서의 리뷰는 구매전환율과 검색 순위에 지대한 영향을 미치기 때문에, 악성 리뷰를 통해 경쟁자의 매출을 떨어뜨리고 자신이 판매하는 상품의 노출 순위를 끌어올리려는 시도가 나타나게 됩니다.

악성 리뷰 전략은 주로 시장 규모가 크고 경쟁이 치열한 카테고리에서 더욱 두드러지는데, 소규모 셀러에게는 심각한 생존 위협이 됩니다. 경쟁자가 작성하는 악성 리뷰는 구매전환율을 낮추고 검색 순위를 하락시키려는 의도로 교묘하게 설계됩니다. 주로 상품을 의도적으로 파손하거나 불량으로 보이도록 연출한 후, 사진을 첨부하고 사용 중 피해가 발생한 것처럼 과장하여 리뷰를 작성합니다. 신체적 불편이나 재물 손해와 같은 내용은 고객의 '손실 회피 성향'을 강하게 자극하여 구매를 망설이게 합니다. 여기에 유사한 리뷰를 반복적으로 게시하면, 고객은 단순한 불만이 아니라 실제로 문제가 있는 상품이라 여길 수밖에 없습니다.

　고객은 모든 리뷰를 꼼꼼히 읽기보다는 네이버가 추천한 순서에 따라 목록 상단에 노출된 리뷰만을 확인하는 때가 많습니다. 특히 네이버 알고리즘은 사진과 내용이 충실한 리뷰를 '고품질 리뷰'로 분류하여 상단에 배치하고 상당 기간 유지되도록 합니다. 따라서 악성 리뷰가 고의적으로 정성스럽게 작성될 때에는 많은 고객에게 반복 노출되어 심각한 매출 하락으로 이어질 수 있습니다.

　실제로 온라인 셀러 커뮤니티에는 악성 리뷰와 관련된 피해 사례가 다수 공유되고 있습니다. 전혀 다른 옷 사진이 담긴 리뷰 하나로 신규 고객 유입이 급감한 의류 셀러, '식중독'이나 '이물질' 등의 단어가 포함된 허위 리뷰로 신뢰를 잃은 식품 셀러, 혹은 "비추요!", "그냥 그래요!"와 같은 무성의한 1점 리뷰가 짧은 시간에 집중적으로 등록된 사례 등이 대표적입니다. 단 몇 건의 리뷰만으로도 검색 순위가 급락하고 스토어 이미지에 결정적인 타격을 입게 되는 것입니다. 이로 인해 셀러는 금전적 손실은 물론 심각한 정신적 스트레스에 시달리게 됩니다.

　악성 리뷰의 부작용을 완화하기 위해 네이버는 경쟁사 또는 관련자가 작성한 것으로 의심되는 리뷰를 블라인드 처리하거나, 반복되는 악의적 리뷰 작성자를 제재하겠다는 정책을 내놓고 있습니다. 그러나 현실적으로는 계정을 여러 개 활용하거나 시간 간격을 두고 작성하는 방식으로 악성 리뷰가 꾸준히 등록되기 때문에, 악성 리뷰를 완전히 차단하거나 처벌하기란 매우 어렵습니다. 법적 대응 역시 확실한 증거 확보가 어렵고, 입증 책임이 셀러에게 있다는 점에서 실효성이 낮습니다.

악성 리뷰가 달렸을 때 셀러가 취할 수 있는 현실적인 대응 방법 중 하나는 악성 리뷰 아래에 진정성 있고 전문적인 답변을 남기는 것입니다. 예를 들어, "고객님께서 누수로 불편을 느끼셨다는 점에 깊이 유감을 표합니다. 저희 제품은 출고 시 3단계 누수 방지 테스트를 모두 거치며, 해당 증상은 현재까지 보고된 바 없는 매우 이례적인 현상입니다. 혹시라도 사용상의 오해가 있으신지 확인하기 위해 번거로우시더라도 저희 고객센터로 연락 부탁드립니다. 전담팀이 해당 건을 면밀히 분석하고, 고객님의 문제 해결을 위해 성심껏 지원하겠습니다. 감사합니다."와 같은 내용은 셀러의 침착하고 책임감 있는 자세를 보여주며, 이 답변을 본 다른 고객의 신뢰를 유지하는 데 도움이 됩니다.

또한 더 많은 고품질 리뷰를 확보하여 악성 리뷰를 목록 하단으로 밀어내는 것도 효과적인 대응 방법입니다. 즉, 고품질 리뷰를 작성해서 올리는 것입니다. 사진을 다수 포함하고 상품의 특징이나 사용 경험을 구체적으로 설명한 내용이 담긴 고품질 리뷰는 네이버 알고리즘에서 상위에 노출될 가능성이 높아, 고품질 리뷰가 누적되면 악성 리뷰를 자연스럽게 뒤로 밀어낼 수 있습니다.

문제는 고품질 리뷰를 자연스럽게 확보하는 데는 시간이 필요하다는 점입니다. 특히 구매전환율이 급격히 하락하는 긴급 상황에서는 리뷰를 자연스럽게 확보하는 것만으로는 대응이 어려워 부득이 인위적으로 개입할 수밖에 없습니다. 이때 한 번에 다수의 리뷰를 확보할 수 있는 리뷰 체험단을 운영하는 방법도 있지만, 체험단 모집부터 리뷰 작성까지의 전체 과정에는 약 한 달 이상 걸리며, 그 사이 매출 하락이 지속된다면 셀러에게는 치명적인 타격이 될 수 있습니다. 따라서 시간

적 여유가 없을 때는 신뢰할 수 있는 지인의 도움을 받아 상품에 대한
실제 사용 리뷰를 요청하는 것도 현실적인 대안이 될 수 있습니다. 이
때 리뷰의 내용이 허위가 되지 않도록 주의해야 하며, 상품의 진정한
장점이 자연스럽게 전달되도록 해야 합니다.

08

안 좋은 리뷰가 오히려 기회

리뷰가 많아질수록 부정적인 내용 또한 늘어나는 것은 자연스러운 현상입니다. 그러나 부정적인 리뷰는 단순히 위협이 아니라, 잘 대응하면 제품과 서비스를 개선하고 고객과의 신뢰를 강화하는 기회가 될 수 있습니다. 모든 리뷰가 긍정적이기만 하면 오히려 조작된 인상을 줄 수 있습니다. 따라서 부정적 리뷰는 진정성과 투명성을 드러내는 중요한 자산이 될 수도 있습니다. 또한 고객의 불만은 셀러가 미처 인식하지 못한 문제를 알려줌으로써 값비싼 시장 조사를 하지 않고도 시장의 반응을 확인할 수 있는 '무료 시장 조사'의 역할을 합니다.

하지만 부정적 리뷰를 기회로 전환하려면 다음과 같은 구체적인 실천이 필요합니다.

- **제품·서비스 개선**: 반복적으로 언급되는 문제를 분석해 상세페이지에 반영하고 포장이나 품질 관리 방식을 개선합니다.
- **진정성 있는 대응**: 형식적인 사과가 아니라 불편 사항을 구체적으로 짚고 재발 방지 대책을 함께 안내합니다.
- **충성 고객 전환**: 교환이나 환불을 신속하게 처리하고 추가적인 보상을 제공해 불만을 만족으로 바꿉니다.

- **투명성 확보**: FAQ나 상세페이지에 개선 과정을 공개해 고객의 불안을 줄입니다.

심리학에서는 고객이 서비스에 불만족을 느낀 후 적절한 대응을 경험했을 때 오히려 만족도와 충성도가 높아지는 현상을 '서비스 회복 패러독스Service Recovery Paradox'라고 합니다. 결국 중요한 것은 '문제가 있었느냐'가 아니라, '그 문제를 어떻게 다뤘는가'입니다. 이 기억이 고객의 마음에 더 오래 남습니다.

> **더 알아두기 ▸ 서비스 회복 패러독스** Service Recovery Paradox
>
> 서비스 회복 패러독스는 고객이 불만을 경험했지만, 이후 기업이 신속하고 진정성 있게 문제를 해결했을 때 오히려 더 높은 만족과 충성도를 보이는 현상을 말합니다. 셀러 입장에서 이 개념은 매우 중요합니다. 상품 불량, 배송 지연, 응대 실수 등은 피할 수 없지만, 문제가 생긴 후의 대응 방식이 고객 관계를 결정하기 때문입니다. 예를 들어, 사과 메시지와 함께 빠른 교환·환불 처리, 소정의 보상 쿠폰 제공, 진심 어린 피드백은 고객에게 '이 셀러는 신뢰할 수 있다'는 인식을 심어줍니다. 즉, 위기 상황을 잘 해결하면 불만 고객이 오히려 재구매를 넘어 주변에 자발적으로 브랜드를 추천하거나, 공식적인 시포디즈 활동을 자처하는 열성적인 지지자로 전환될 수 있습니다.

13장

데이터 분석

데이터 분석 전에 고객의 구매 여정을 알아야 한다

고객은 대부분 상품이나 서비스에 매력을 느끼지 못하더라도 그 이유를 설명하거나 피드백을 하지 않고 그냥 이탈합니다. 만족한 고객의 긍정적인 피드백은 셀러의 확증편향으로 인해 실제보다 더 크게 받아들여져, 실제로 개선해야 할 문제를 놓치게 하고 오판하게 할 위험이 있습니다. 따라서 고객의 말보다는 행동에 주목해야 하며, 고객이 남긴 행동 데이터를 분석함으로써 보이지 않는 니즈와 감정을 유추할 수 있어야 합니다.

고객의 행동 데이터 분석은 단순히 숫자가 아니라, '알고 싶은 것이 무엇인지' 목적을 명확히 하고 그 목적에 부합하는 질문에서 시작해야 합니다. 고객의 구매여정에 대한 이해는 어떤 데이터를 언제, 어떤 맥락에서 해석해야 하는지를 판단하는 나침반이 됩니다.

구매여정은 고객이 상품을 처음 인지하고 구매를 결정한 뒤 재구매로 이어지는 일련의 흐름입니다. 반려동물을 키우는 고객은 인스타그램에서 반려견 관련 콘텐츠를 보다가 '치석 예방 간식'에 관심을 갖게 됩니다. 이어서 네이버에서 관련 키워드를 검색하며 여러 상품을 비교합니다. 이후 상세페이지와 리뷰를 꼼꼼히 확인한 뒤 결제를 완료하고, 제품을 사용한 후 만족했다면 같은 스토어에서 재구매하거나 찜 목록에 등록하는 방식으로 판매자와 계속 관계를 형성합니다.

　고객의 구매여정은 다섯 단계로 나눌 수 있으며, 각 단계별로 고객의 행동과 데이터를 어떻게 해석할 수 있는지를 표로 요약하면 다음과 같습니다.

단계	고객 행동	확인할 수 있는 데이터	해석 및 시사점
인지	필요성 인식, 네이버·SNS 검색	키워드 검색량	수요 변화 확인, 계절성 및 트렌드 파악
정보 탐색	상품 탐색, 섬네일 클릭	키워드 유입량, 클릭률	관심 속성 파악, 섬네일 및 검색최적화 개선
구매 고려	상세페이지 탐색, 가격·리뷰 비교	구매전환율, 페이지 체류 시간	구매 망설임 원인 분석, 상세 페이지·리뷰 개선
구매	결제 완료, 배송 기대	반품율	반품 감소 및 검색 순위 영향 관리
구매 후	리뷰 작성, 재구매 고려	재구매 수, 리뷰 작성 비율	만족도 점검, 재방문 유도 전략 수립

고객의 구매 여정 단계별 고객 행동과 데이터

　고객 행동 분석에서 가장 중요한 점은 구매에 성공한 고객의 데이터 뿐만 아니라 이탈한 고객의 데이터를 함께 분석해야 한다는 것입니다. 성공한 고객의 행동만을 분석하면, 생존자 편향Survivorship Bias에 빠져 정확한 원인 진단이 어려워집니다. 예를 들어, 체류 시간이 짧은 상품은 상세페이지의 첫인상이나 정보 구성이 고객의 기대를 충족하지 못했을 수 있고, 반대로 체류 시간은 길지만 구매전환율이 낮다면 신뢰를 형성하는 데 실패했거나 심리적 장벽이 있었던 것으로 해석할 수 있습니다. 결제 단계에서 이탈이 많다면, 배송비나 추가 비용이 주요 원인일 수 있습니다.

스마트스토어의 데이터 분석 기능은 고객의 구매 여정에 따라 활용 지점이 명확히 나뉘어 있습니다. 예를 들어, 상품에 대한 관심이 처음 형성되는 인지·정보 탐색 단계에서는 '스토어분석' 기능을 통해 노출 수, 방문 수, 탐색 수, 구매 수 등을 전체 흐름 안에서 한눈에 파악할 수 있습니다. 이 지표들은 고객이 어디서 유입되어 어떤 경로를 따라 행동했는지를 추적할 수 있는 기초 자료가 됩니다.

고객이 상세페이지를 탐색하거나 가격·리뷰를 비교하는 구매 고려 단계에서는 '쇼핑행동분석' 기능이 유용합니다. 이 기능을 통해 클릭 심도, 페이지 체류 시간, 장바구니 담기 여부 등 고객의 탐색 과정에서의 심리적 반응과 망설임의 지점을 읽어낼 수 있습니다.

실제 구매로 이어진 이후에는 '판매분석' 기능으로 상품별 판매량, 결제수, 결제금액, 반품률 등을 확인할 수 있으며, 이 데이터를 통해 어떤 상품이 반복 구매로 이어지는지, 어떤 구간에서 문제가 발생하는지를 분석할 수 있습니다.

또한, 유입 채널이나 광고의 효과를 확인하고자 할 때는 '마케팅분석' 기능이 활용됩니다. 이 기능은 유입 채널별 클릭 수, 광고비, 구매 전환율, 광고투자수익률 등 마케팅 효율성을 평가하는 데 적합합니다.

스마트스토어 데이터 분석 기능은 각각 고객의 구매 여정 단계와 연결되어 있습니다. 하지만 단순히 이 기능에서 제공하는 데이터를 나열하기보다는 '고객이 지금 어느 단계에 있는가'를 기준으로 데이터를 해석하는 것이 중요합니다. 고객 분석 관점에서 데이터를 해석하면, 단편적으로 보이던 조회 수, 이탈률, 구매전환율도 각 단계에 따라 전혀 다른 의미로 해석됩니다. 예를 들어, 방문자 수에 비해 클릭 수가 많다는 것은 인지 단계에서는 관심의 표현일 수 있지만, 구매 고려 단계에서는 망설임이나 불신의 신호일 수 있습니다.

스마트스토어센터에서 제공하는 다양한 데이터는 고객의 흐름과 심리를 해석할 수 있는 단서입니다. 다만, 클릭 수, 체류 시간, 구매전환율 같은 지표를 고객의 구매 여정이라는 틀 안에서 해석할 수 있을 때 비로소 숫자를 넘어 고객이 어디서 관심을 보이고, 어디서 머뭇거리는지를 알 수 있게 되며, 말로 표현되지 않은 고객의 니즈를 파악할 수 있는 실질적인 인사이트로 연결됩니다.

> **더 알아두기 ▶ 생존자 편향** Survivorship Bias
>
> 생존자 편향은 성공 사례만을 보고 판단함으로써 실패 사례를 무시하는 인지적 오류입니다. 예를 들어, 2차 세계대전 당시에 미국 공군은 전투 후 돌아온 비행기의 피해 부위를 강화하자는 의견이 나왔지만, 실제로는 격추된 비행기의 데이터가 빠져 있었습니다. 즉, '살아남은' 비행기의 데이터만 보고 비행기의 약점을 보완하는 잘못된 판단을 하게 된 것입니다. 비즈니스에서도 비슷한 오류가 일어납니다. 가령, 월 매출 1억 원을 달성한 셀러가 '무조건 SNS 광고만 집중하라'고 조언했을 때, 우리는 성공하지 못하고 폐업한 수많은 스토어의 데이터(SNS 광고 실패 사례)를 놓치게 됩니다. 따라서 생존자 편향을 피하려면, 성공한 이유뿐 아니라 실패의 원인까지 함께 분석해야 합니다. 그래야 진짜 통찰을 얻을 수 있습니다.

02

유입률(검색 대비 유입 수)

고객은 검색 결과를 본 순간, 섬네일·가격·리뷰 수 등 눈에 띄는 요소를 기준으로 클릭 여부를 판단합니다. 하지만 검색 노출이 실제로 유입으로 이어졌는지를 확인하려면 단순한 노출 수나 검색량만으로는 부족합니다. 검색 대비 유입 수, 유입률, 클릭률과 같은 지표를 단계별로 추적해야 합니다. 그래야만 어떤 지점에서 고객이 관심을 보이고 어디서 이탈하는지를 파악할 수 있습니다. 아래 표는 이러한 분석 항목과 활용 방법을 정리한 것입니다.

분석 항목	경로 및 유의사항	설명 및 활용
키워드별 검색량	itemscout.io 접속 → 키워드 입력 → 키워드 분석 탭 이용	고객이 어떤 키워드를 검색하는지, 검색량과 성별/연령대 통계를 파악할 수 있음(예: "미니 가습기" 검색량 1만 회/일)
키워드별 유입 수	스마트스토어센터 → 데이터 분석 → 통계 → 마케팅 분석 → 검색 채널 탭	특정 키워드를 통해 스토어에 실제 유입된 방문자 수 확인 가능(예: "미니 가습기" 유입 수 500명)
검색량 대비 유입률	계산값은 추정치이며, 상위 노출 여부에 따라 실제와 차이 발생 기능	유입률(%) = (유입 수 ÷ 검색량) × 100% 예: (500 ÷ 10,000) × 100% = 5%
노출 대비 유입률	쇼핑파트너센터 → 상품 리포트 → 상품별 리포트	CTR = (클릭 수 ÷ 노출 수) × 100. 실제로 고객이 클릭한 정확한 비율을 확인하는 정밀 지표

고객 행동 분석 항목과 활용법

검색 대비 유입 수는 단순히 유입된 고객 수를 보여주는 지표가 아니라 클릭하지 않고 이탈한 고객까지 알려주는 중요한 단서입니다. 이 지표를 활용하면 '얼마나 들어왔는가'뿐 아니라, '얼마나 들어오지 않았는가'를 동시에 확인할 수 있습니다. 이탈 고객의 흔적을 통해 원인을 추론하고 리디자인이나 프로모션 개선과 같은 전략을 세울 수 있다는 점에서 매우 유용합니다. 즉, 검색 대비 유입 수는 '놓쳐버린 기회'로 끝내는 것이 아니라 데이터 기반으로 다시 개선할 수 있다는 점에서 큰 의미가 있습니다.

유입률은 검색 결과에서 내 상품이 경쟁 상품보다 얼마나 주목을 받고 있는지를 보여주는 지표입니다. 예를 들어, 유사한 가격대의 '무선 마우스' 상품 중 내 상품의 유입률이 평균 5%인데 특정 기간에 10%로 상승했다면, 당시 진행했던 이벤트나 섬네일 변경이 효과적이었음을 의미합니다. 하지만 적정 유입률에는 절대적인 기준이 없으며 키워드의 특성이나 상품 카테고리에 따라 크게 달라질 수 있습니다. 따라서 단기간의 수치만으로 판단하기보다는 유사 키워드와의 비교, 시즌성 반영, 장기적인 추적을 통해 평균적인 기준선을 마련하는 것이 바람직합니다.

많은 셀러가 유입률을 검색량 대비 유입 수로 확인하지만, 검색량 대비 유입 수는 검색 순위가 반영되지 않은 수치여서 활용 가치가 떨어집니다. 유입률은 검색 노출 순위에 따라 큰 차이가 있으므로, 정확한 유입율은 노출 대비 유입 수라고 볼 수 있습니다. 노출 대비 유입 수는 스마트스토어 관리자 페이지인 스마트스토어센터가 아닌, 네이버쇼핑의 관리자 페이지인 쇼핑파트너센터에서 확인할 수 있습니다.

검색 상위에 노출되는데도 순위가 낮을 때보다 유입률이 더 낮다면, 상품이 고객에게 충분한 매력을 주지 못한다는 의미입니다. 이럴 때는 직접 키워드를 검색해 경쟁 상품의 현황을 살펴보고, 노출 시 드러나는 여섯 가지 정보(섬네일, 가격, 배송 조건, 평점, 리뷰 수, 이벤트 정보) 중 부족한 부분을 찾아 개선해야 합니다. 예를 들어, 경쟁 상품이 모두 흰색 배경 섬네일을 사용한다면, 유색 혹은 인물이 등장하는 배경이나 감각적인 구도를 활용해 시선을 끌 수 있습니다. 참고로 여섯 가지 요소에 대한 개선 전략을 표로 정리하면 다음과 같습니다.

요소	개선 전략
섬네일	경쟁 상품과 차별화된 색상·구도 선택, 트렌드 디자인 조사
가격/배송비	무료배송 vs 유료배송 전략적 선택, 묶음 할인 구성, 경쟁 상품과 차별화된 노출 가격 설계
리뷰 수/평점	리뷰 수 확보를 위한 포인트 지급 또는 체험단 활용, 평점 4.0 이상 유지
기타 요소	할인율 표시, 이벤트 문구(1+1, 사은품 증정 등) 강조로 클릭 유도

여섯 가지 요소에 대한 개선 전략

| 03 |

구매전환율(유입 대비 구매 수)

구매전환율Conversion Rate은 스마트스토어 운영 성과를 판단하는 핵심 지표로, 스토어에 유입된 고객 중 실제로 상품을 구매한 비율을 뜻합니다. 구매전환율은 흔히 '유입 대비 구매 수'라고도 하며 스마트스토어 센터 접속 후 '데이터 분석 → 통계 → 쇼핑 행동 분석 → 상품별 탭'으로 확인할 수 있습니다.

구매전환율은 고객의 반응과 상품의 설득력, 고객 경험의 질을 평가하는 기준이 됩니다. 높은 구매전환율은 고객이 상품을 신뢰하고 만족하며 구매에 이르렀다는 의미이므로, 곧 상품의 경쟁력과 스토어 운영의 효율성을 의미합니다. 따라서 단순히 구매전환율이 몇 %인지 확인하는 데 그쳐서는 안 되고, 그 수치가 발생한 배경과 고객 행동의 흐름을 함께 분석하고 이해해야 매출을 극대화하고 고객과의 관계를 강화할 수 있습니다.

구매전환율과 관련하여 유입은 많은데 구매로 이어지지 않는 경우를 보면, 고객이 상세페이지에서 이탈하거나 옵션 선택 이후 결제 직전 단계에서 포기하는 등 다양한 이탈 패턴이 관찰됩니다. 이는 상품 페이지의 신뢰도나 고객 경험이 부족할 수도 있다는 점을 보여주는 신호입니다. 중요한 것은 단순히 구매전환율이 낮다는 사실보다 그 원인을 파악하고 개선하는 데 있습니다.

일반적으로 3%에서 4% 정도가 평균적인 구매전환율이라는 의견이 많습니다. 이는 곧 100명의 방문자 중 3명에서 4명 정도가 실제 구매로 이어진다는 의미입니다. 이보다 낮은 수치는 상품 자체의 수요가 적거나(즉, 고객이 원하지 않는 상품일 가능성), 상세페이지, 리뷰 등 고객이 구매 결정을 내릴 때 손실을 피하도록 돕는 요소가 충분하지 않을 수 있음을 의미합니다. 따라서 구매전환율을 높이려면 이러한 요소를 하나하나 정밀하게 분석하고 보완하는 노력이 필요합니다. 예를 들어, 구매전환율을 높이기 위해 아래 표와 같은 개선 전략을 고려해 볼 수 있습니다.

요소	개선 전략
히어로 섹션	• 첫 화면에 핵심 메시지를 간결하게 배치 • 고화질 이미지로 시각적 주목도 강화
상세페이지 디자인	• 여백과 시선 흐름을 고려한 디자인 • 모바일 화면 최적화(큰 글자, 단순한 디자인) • 브랜드 색상과 스토리라인 일관성 유지
리뷰	• 사용자의 구체적인 사용 경험 중심으로 작성 유도 • 베스트 리뷰 상단 고성 • 치별회된 강점 강조
옵션 구성	• 선택지를 3~5개 이내로 제한 • 중간 가격대를 자연스럽게 선택하도록 유도(Decoy Effect: 유도 효과)

구매전환율 개선 전략

구매전환율을 효과적으로 분석하려면 고객의 유입 경로를 구분하여 살펴보는 것이 중요합니다. 유입 경로는 주로 검색(메인, 쇼핑), 광고, 외부 유입SNS(랜딩페이지 등)으로 나뉘며, 각 경로에 따라 고객의 상품 페이지 방문 이후 행동 양상이 달라집니다. 이 차이는 결국 구매전환율의 편차로 이어지기 때문에 유입 경로를 기준으로 고객 행동을 세분화해 분석해야 합니다.

스마트스토어 센터의 '마케팅 분석' 메뉴를 활용하면 광고 유입과 검색 유입을 구분해서 볼 수 있으며, 광고투자수익률을 통해 광고의 실제 수익 기여도를 평가할 수 있습니다. 네이버쇼핑에서 광고를 통해 얻는 평균 광고투자수익률은 일반적으로 335% 수준으로 나타납니다. 상품 종류에 따라 편차가가 있지만, 평균 구매 단가와 클릭 비용을 기반으로 환산하면, 약 2.8% 전후의 구매전환율로 해석될 수 있습니다. 브랜드 마케팅이나 외부 채널SNS(이메일 등)을 통해 유입된 고객은 이미 상품에 대한 관심이나 신뢰를 가지고 있는 때가 많아 구매전환율이 일반 광고 유입보다 더 높게 나타나는 경향이 있습니다.

구매전환율은 상품 페이지 구성과 마케팅 전략을 객관적으로 점검하고 방향을 설정하는 데 핵심적인 근거가 되는 지표입니다. 유입된 고객이 실제로 구매에 이르기까지 어떤 과정을 거치고 어떤 요소에서 이탈하는지를 파악하는 데 활용되며, 스마트스토어 운영자가 고객의 흐름을 정밀하게 설계하고 개선할 수 있도록 도와줍니다.

광고투자수익률은 광고비 대비 매출이 얼마나 발생했는지를 보여주는 지표로 공식은 다음과 같습니다.

- 광고투자수익률 = (광고로 발생한 매출 ÷ 광고비) × 100

예를 들어, 광고비로 10만 원을 쓰고 50만 원의 매출이 발생했다면 광고투자수익률은 (50만 ÷ 10만) × 100 = 500%입니다. 즉, 투자한 광고비의 5배 매출이 발생했다는 뜻입니다.

광고투자수익률이 높을수록 광고 효율이 좋고, 낮을수록 광고비 대비 수익성이 떨어진다고 볼 수 있습니다.

04

성수기와 비수기

스마트스토어의 성패는 단기 매출이 아니라 시간의 흐름에 따라 변화하는 고객의 소비 심리를 얼마나 세밀하게 파악하고 적절히 대응하느냐에 달려 있습니다. 특히 시즌성이 강한 상품은 성수기와 비수기의 구분이 뚜렷하게 나타나기 때문에 운영 전략도 확연히 달라져야 합니다. 노트북이나 주방용품처럼 비교적 시즌성이 약한 상품이라고 해서 성수기와 비수기 구분이 전혀 없는 것은 아닙니다. 휴가철과 같은 비시즌에 수요가 감소하거나 특정 계절에 집중 구매하는 패턴이 반드시 존재하기 때문입니다.

성수기와 비수기 운영 전략 수립은 외부 환경을 주의 깊게 살피는 데서 시작됩니다. 소비자 생활 패턴, 날씨, 사회적 이벤트 등 다양한 요인이 복합적으로 작용하여 수요 흐름을 변화시킵니다. 수요의 변화를 제대로 예측하지 못하고 성수기를 놓치면 재고, 광고비, 고객 관계 등 누적된 자원이 낭비될 수 있고, 비수기를 무대응으로 넘기면 반등 기회를 잃게 됩니다. 따라서 계절별 수요 예측을 위해 검색량, 클릭률, 키워드 트렌드 등의 데이터를 수집하고 해석하는 과정이 필수적입니다.

그러나 데이터 수집만으로는 충분하지 않습니다. 데이터를 통해서 나온 결과를 반영하여 실행 계획을 세우고, 시의적절하게 실행하려면 사전 준비가 필요합니다. 검색 노출 최적화, 광고 기획, 리뷰 확보, 재고 운영 등을 늦어도 2개월 전부터 준비해야 합니다. 미리 움직인 셀러만이 성수기의 수익을 선점할 수 있기 때문입니다.

다음은 성수기와 비수기를 대비하여 최소 2개월 전에 준비해야 할 항목을 간략하게 정리한 표입니다.

사전 준비 항목	2개월 전 준비 이유 및 기대 효과
검색 알고리즘 반영 시간 확보	데이터 축적(4~8주)을 통해 검색 상위 노출, 신뢰도 확보 및 매출 전환 흐름 안정화
마케팅 캠페인 최적화	사전 테스트와 분석을 통한 클릭률·구매전환율 향상, 예산 효율성 극대화
재고 및 물류 준비	수요 급증 대비 재고 확보, 품절 방지, 물류 시스템 점검 및 대응 체계 사전 확보
리뷰 및 찜 수 확보	긍정적 리뷰 및 찜 수 확보를 통한 초기 신뢰도 형성, 구매전환율 상승 기여
위기 대응 시간 확보	공급 지연, 이미지 오류 등 돌발 상황 대응 가능, 전략적 일정 여유 확보

성수기와 비수기 준비 항목

성수기에는 급격히 증가하는 수요에 대응하기 위해 더욱 공격적인 마케팅을 진행하고 민첩하게 물류를 운영해야 합니다. 반면에 비수기에는 고객 관계를 강화하고 브랜드 신뢰를 쌓는 데 집중해야 합니다. 결국 스마트스토어의 성패는 성수기와 비수기를 얼마나 정확히 읽고, 그에 맞춰 미리 준비하며 빠르고 유연하게 대응하느냐에 달려 있습니다.

다음 표는 성수기와 비수기의 전략적인 항목과 전략을 정리한 것입니다.

전략 항목	성수기 전략	비수기 전략
광고 및 마케팅	광고투자수익률이 높은 키워드 중심의 광고 집중 운영 및 실시간 성과 분석	이메일, 문자, 리마인더, 생일 쿠폰 등을 활용한 충성 고객 마케팅 강화
프로모션 및 가격 전략	기간 한정 할인, 묶음 판매, 사은품 증정 등 프로모션 집중 기획	재고 정리 할인 판매를 통해 현금 흐름 확보 및 창고 공간 정리
물류 및 재고 운영	배송 파트너와 협력하여 긴급 재고 확보 및 빠른 배송 시스템 강화	고객 피드백을 반영한 상품 개선 및 다음 시즌을 위한 신상품 개발
고객 응대 및 브랜딩	고객 문의 급증에 대비해 파트타이머 채용과 상담 시스템 보강	블로그, SNS 콘텐츠를 활용하여 브랜드 인지도와 친밀도 강화

성수기와 비수기 전략 항목과 전략

아무리 철저하게 데이터를 기반으로 예측하고 준비하더라도 시장에는 항상 변수가 있습니다. 따라서 예상하지 못한 변수에 유연하게 대처하지 못하면 정교한 계획도 무용지물이 될 수 있으며, 스마트스토어 운영 전반에 치명적인 영향을 미칩니다.

다음 표는 예측할 수 없는 외부 변수와 대응 전략을 간략하게 정리한 것입니다.

외부 요인	설명	대응 전략
날씨 변화	계절 상품의 수요 시기를 앞당기거나 늦추며 수요를 급변시킴	기후 데이터 모니터링 및 유연한 재고 운영
공휴일 및 기념일	특정 시점에 단기간 수요가 폭발하거나 급감할 수 있음	사전 마케팅 기획 및 타이밍별 재고 확보
사회적 트렌드	드라마, 인플루언서, SNS 챌린지 등으로 특정 브랜드에 수요가 쏠리거나 시장이 확대될 수 있음	트렌드 감지 및 콘텐츠·상품 기획의 민첩한 반영
정치, 경제 상황	기후변화, 자연재해, 금리 변화, 전쟁 등 통제할 수 없는 요인으로 소비 패턴 변화	가격 전략 재조정 및 대체 상품 포지셔닝

외부 변수와 대응 전략

거듭 강조하지만 셀러에게 성수기와 비수기를 구분하는 역량은 생존과 직결될 만큼 중요합니다. 따라서 성수기와 비수기에 대한 판단과 운영을 절대 감에만 의존해서는 안 됩니다. 그러다 보면 중요한 기회를 놓칠 수 있습니다. 감이 아니라 검색량, 클릭률, 키워드 트렌드 등과 같은 데이터를 꾸준히 읽어 내면서, 성수기와 비수기의 흐름을 더욱 정확히 파악하기 위해 노력해야 합니다. 나아가 데이터 분석 결과를 토대로 실행 계획을 세우고 실제 운영에서 계획을 신속하게 실행으로 옮기는 힘을 갖춰야 합니다. 그래야 성과로 이어집니다.

데이터는 시장의 흐름과 변화를 감지하는 풍향계와 같습니다. 하지만 풍향계만으로는 배가 나아가지 않듯, 데이터만으로 성공적인 항해가 완성되지는 않습니다. 데이터가 알려주는 '바람'의 방향과 강도를 읽고 '상품'과 '전략'이라는 돛을 올리는 것은 오직 셀러의 몫입니다.

이 돛을 단단히 고정하고 바람을 타고 나아가는 '실행'만이 항해의 성패를 좌우합니다. 결국, 성공은 데이터를 풍향계 삼아 돛을 조율하며 끊임없이 항로를 수정하고 검증해 나가는 셀러의 실행력에 달려 있습니다.

05

시즌 이벤트는 미리미리 준비하라

유통 시장에는 계절, 날씨, 공휴일, 방학, 휴가 등 외부 요인에 따라 수요가 달라지는 '계절별 소비 패턴'과 발렌타인데이, 추석, 크리스마스 등 특정 날짜를 중심으로 수요가 집중되는 '이벤트 기반 소비'가 존재합니다. 대형 유통사는 이러한 수요에 대비해 연간 주요 소비 이벤트를 중심으로 유통캘린더를 만들어 시즌별 테마 기획전과 마케팅 캠페인을 사전에 기획합니다. 그리고 월 단위 혹은 분기별로 사전 준비할 이벤트를 체크리스트로 만들고, 실무를 진행할 때 상품 소싱·재고 확보·광고 집행·콘텐츠 제작 일정을 유통캘린더에 맞춰 미리 조율합니다.

스마트스토어 셀러도 규모는 작더라도 대규모 유통사와 마찬가지로 계절별 소비 패턴과 이벤트 기반 소비를 미리 준비해야 합니다. 그렇지 않으면 중요한 기회를 놓치게 됩니다. 특히 명절이나 기념일은 단순히 당일 매출로 끝나는 것이 아니라, 고객의 탐색부터 구매 후 반응까지 이어지는 다양한 흐름을 만들어 내기 때문에 전략적으로 준비해야 합니다. 다음 표는 특정 이벤트 시즌에 고객이 상품에 대한 사전 탐색부터 구매 후 대응까지의 행동을 시간으로 요약한 것입니다.

단계	시기	고객 행동	셀러 전략 포인트
사전 탐색	이벤트 2~3주 전	제품 비교, 리뷰 검색, 콘텐츠 탐색	장바구니·찜 등록 등 구매 대비
집중 구매	이벤트 3~5일 전	배송을 고려한 실질적 구매 시점	프로모션 효과 극대화
사후 활동	이벤트 직후	리뷰 작성 및 후기에 대한 반응	재고 소진, 리뷰 확보 및 CS 정비 필요

이벤트 시즌의 고객 행동

고객은 이미 몇 주 전부터 제품을 탐색하고, 구매 이후에도 리뷰를 남기거나 다른 사람의 후기에 반응하며 계속 활동한다는 것을 확인할 수 있습니다. 특히 실질적인 구매 피크는 이벤트 당일이 아닌 며칠 전이라는 점이 중요합니다. 따라서 고객 수령일을 기준으로 마케팅, 재고 확보, 고객 응대 일정을 역산해서 미리 준비해야 합니다. 즉, 구매 피크 시점을 고객 수령일을 기준으로 역산해서 설정한 다음, 여기에 맞춰 광고·콘텐츠·리뷰를 사전에 준비하고 필요한 재고를 확보해야 합니다. 운영 일정 전체를 고객 수령일을 기준으로 미리 조정할 때 비로소 시즌 이벤트 흐름에 제대로 대응할 수 있습니다.

시즌 이벤트는 선물 수요뿐 아니라 자가 소비, 기능성 소비, 테마 소비까지 포함해서 사전 기획과 검색 데이터 축적, 리뷰 확보가 중요합니다. 또한 감정과 분위기가 집중되는 시기이므로, 시기별·계층별로 차별화된 전략이 필요합니다. 시즌 이벤트의 계층 및 시기별 주요 소비 흐름을 정리하면 다음과 같습니다.

구분	시기	주요 소비 품목
직장인	연말연시	고가 선물 수요(패션, 화장품, 주류, 가전)
	여름 휴가철	휴가용품, 여행가방, 바캉스 의류
	명절 직전	부모님 선물, 차량용품
학생/학부모	입학 시즌	신학기 용품
	방학 시즌	교육 콘텐츠, 실내 놀이, 캠핑용품, 방한용품
	졸업 시즌	졸업 기념품, 디지털 기기
가족 중심	어린이날	장난감, 아동복, 테마파크 이용권
	어버이날	건강식품, 안마용품, 화장품
	스승의 날	꽃, 디저트, 선물세트
기념일 중심	발렌타인데이, 화이트데이	초콜릿, 향수, 사탕
	빼빼로데이	스낵, 소형 완구
	크리스마스	선물 수요 폭증
	부활절	제과, 계란, 선물세트
명절/전통 소비	설날/추석	전통 식품, 건강식품, 선물세트
	정월대보름	견과류 등
	복날	삼계탕 재료, 보양식, 한방 원재료

이벤트의 계층 및 시기별 주요 소비 흐름

연령내	주요 소비 품목
10~20대	캐릭터 굿즈, 감성 소비
30대	가족·육아 중심 소비
40~50대	실용 중심, 명절 소비 집중
60대 이상	건강식품, 전통 선물, 기념일 수요 강세

이벤트에 대한 연령별 주요 소비 품목

　시즌 이벤트 관련 상품은 해마다 유사한 패턴으로 반복되므로, 소비자에게 익숙함을 주기도 하지만 식상함을 유발할 수 있습니다. 상황에 따라 기존과는 다른 기획으로 구성된 상품을 제안한다면, 소비자의 이목을 끌고 시장에서 차별화를 이루며 성공 가능성을 높일 수 있습니다. 그렇게 하려면 구매자와 사용자의 역할, 상황, 목적을 정확하게 이해해야 합니다. 예를 들어, 명절 시즌에는 배송일자를 지정하거나 메시지 카드와 선용 포장 박스를 제공하는 건강식품 선물세트가 좋은 사례입니다. 이름이나 메시지를 새긴 개인화 상품이나 실용성과 감성을 동시에 충족시키는 체험형 키트도 단순한 상품을 넘어 의미 있는 경험을 제공할 수 있습니다. 여기에 사용자의 상황을 고려한 구성과 스토리텔링을 더한다면, 상품에 감동을 더하고 브랜드에 대한 신뢰와 기억을 자연스럽게 남길 수 있습니다. 정교하게 기획된 시즌 상품은 익숙함 속에서 새로움을 제안하며 고객의 기억에 오래 남는 결정적 순간을 만들어 낼 수 있습니다.

사후 관리

품절

직접 재고를 매입하는 경우에는 품절이 상대적으로 적은 편이지만, 위탁판매에서는 품절 문제가 빈번하게 발생합니다. 특히 제조업체가 일방적으로 단종을 통보하거나 대형 업체에 제품을 우선 공급하는 경우, 혹은 도매처의 재고 운영이 불안정한 경우에는 소규모 셀러는 반복되는 품절로 매출 손실은 물론 고객 이탈, 검색 순위 하락으로까지 이어지는 악순환에 빠질 수 있습니다.

소규모 셀러에게 품절은 단순히 운영상 돌발 사고가 아니라 판매 전략과 시스템 전반에 심대한 영향을 미치는 구조적 리스크입니다. 따라서 미리 품절을 감지하고 대응할 수 있는 예측 시스템과 대응 방안을 마련해야 합니다.

다음은 품절이 발생하는 주요 원인을 정리한 표입니다.

판매 방식	주요 품절 원인	설명
위탁 도매몰	실시간 재고 파악 어려움	도매업체 재고 정보가 실시간 반영되지 않아, 판매 후 품절 사실을 인지하는 경우가 많음
	공급처 발주 지연	도매업체가 정해진 최소 발주 수량을 충족하지 못할 경우, 제조사에 생산 요청을 보류하거나 지연하게 됨
	경쟁자 사재기	인기 상품을 특정 셀러가 선점함으로써 품절 유도 및 경쟁 차단 시도
	도매처 판매 중단	도매업체의 전략 변화나 경영 악화로 공급이 예고 없이 중단됨
직접 재고 매입	수요 예측 실패	예상보다 많은 주문 발생 또는 예측 미스로 재고 소진
	경쟁자 사재기	도매처 재고를 경쟁 셀러가 선점함으로써 추가 확보가 어려워짐
	도매처 판매 중단	꾸준히 판매되던 상품도 도매처가 직접 판매 등을 이유로 일방적으로 공급을 종료할 수 있음
타사 브랜드 판매	공급처 발주 지연	브랜드 본사가 수익성 등을 이유로 생산 시점을 미룸
	생산 결정권 외부 존재	재생산 여부를 셀러가 결정할 수 없고, 본사의 판단에 따라 좌우됨
	유통채널 제한	본사 직접 판매 혹은 특정 유통사 독점 판매 계약

품절의 주요 원인

품절은 누구에게나 생길 수 있는 문제지만, 품절로 인한 피해의 크기는 셀러의 대응력에 따라 달라집니다. 물론 품절에는 단종이나 공급 중단처럼 장기적인 경우가 있고, 재고 소진으로 인한 일시적인 경우도 있습니다. 하지만 셀러 입장에서 중요한 것은, 장기적인 품절과 단기적인 품절이 언제든지 발생할 수 있다는 점을 염두에 두고 단순히 재고를 확보하는 데 그치지 않아야 한다는 점입니다. 다음과 같이 단계적으로 수요를 예측하고 준비할 뿐 아니라 고객·공급처와 적극적으로 소통하는 루틴과 체계를 갖춰야 합니다.

• 1단계: 예측 - 데이터를 기반으로 사전 감지하기

판매 추이, 찜 수, 유입 키워드 등을 분석해 수요 상승 신호를 미리 포착합니다. 특히 계절 상품이나 기념일 관련 상품은 판매 급증 시기를 미리 고려해 발주 시점과 재고 확보 계획을 앞당겨 관리해야 합니다. 위탁판매일지라도 시즌 이벤트처럼 수요가 급증하는 시기에는 일시적으로 재고를 직접 매입하거나 도매처에 선결제를 통해 안정적으로 물량을 확보해 두어야 합니다.

• 2단계: 준비 - 품절 상황을 가정한 대응 마련

유사한 기능과 가격대의 대체 상품을 미리 선별하고, 해당 상품이 품절되었을 때 즉시 제안하거나 노출할 수 있도록 시스템을 설정해 두는 것이 좋습니다. 예약 주문할 수 있는 상품은 입고 예정일을 명확히 공지하고, 품절 안내에 따른 고객 응대 문구나 처리 기준을 담은 CS 매뉴얼을 사전에 준비해 두어야 합니다.

• 3단계: 관계 소통 - 공급처와 고객을 함께 설득하고 연결하기

공급처에는 최근 1~2주의 판매량, 현재 재고 수준, 예약 주문 수 등을 정리해 전달하고, 예상 수요에 따라 빠른 발주와 우선 공급을 요청합니다. 동시에 발주 시점, 생산 상황, 기존 발주량 등을 미리 확인하고 일정에 차질이 생기지 않도록 협조 체계를 마련해야 합니다. 그리고 경쟁 셀러가 도매처 재고를 사재기하거나 미리 예약을 넣는 등의 변수에도 대비해야 합니다. 경쟁자의 움직임을 정기적으로 파악하고 도매처의 입고 일정과 수급 계획을 먼저 확보하려는 노력이 필요합니다. 고객에게는 입고 예정일, 대체 상품, 재입고 알림 신청 등 대안을 명확히 제공하고, 정중한 품절 안내 메시지를 통해 고객이 상황을 정확히 이해하고 스스로 선택할 수 있도록 해야 합니다. 이렇게 하면 불필요한 오해나 실망을 줄이고 부정적 리뷰를 방지하며 스토어 신뢰를 지킬 수 있습니다.

온라인 유통에서 품절 문제의 상당 부분은 셀러와 공급자, 도매처가 각각 분리된 상태에서 비대면으로 거래하면서 셀러와 공급처 사이에 '소통'이 단절된 결과라 볼 수 있습니다. 셀러는 이런 점을 고려하여 데이터 분석을 통해 품절 대비 계획을 세우는 것을 넘어, 공급처와의 협력 관계를 다지고 의견을 조율하는 적극적인 '커뮤니케이터'로서의 역할을 해야 합니다.

반품과 교환

온라인 유통 사업은 편리하고 시간과 공간의 제약을 받지 않는 장점이 있지만, 고객이 상품을 직접 보고 확인하지 못한다는 구조적인 한계가 있습니다. 이런 특성으로 인해 상품 수령 후 고객이 기대와 다른 점을 느끼거나 하자를 발견하면 반품이나 교환을 요청합니다. 네이버가 발간한 자료에 따르면 전체 평균 반품률은 약 5~10% 수준이며, 의류와 신발의 반품률은 각각 12.3%, 11.8%로 반품률이 높은 반면, 전자기기와 생활용품의 반품률은 각각 6.8%, 4.5%로 비교적 낮은 것으로 나타났습니다.

온라인에서는 상품을 직접 확인할 수 없으므로 고객은 제한된 이미지와 설명에 의존해 기대를 형성하게 됩니다. 이 과정에서 기대와 실세 상품 간의 괴리가 생기면 실망으로 이어지고, 반품·교환 요청의 주요 원인이 됩니다. 셀러는 "상세 설명에 표기했다."라고 말하지만, 고객은 "내용과 다르다.", "속았다."라고 느끼는, 기대와 현실의 불일치가 가장 흔한 갈등의 출발점이 됩니다.

반품·교환 과정에서 발생하는 갈등은 고객 불만의 원인이 모호하거나 고객과 셀러의 해석이 엇갈리는 데서 시작되는 때가 많습니다. 예를 들어, "색상이 사진과 달라요." 또는 "착용감이 기대와 달라요."라는 피드백은 품질 문제일 수도 있지만, 고객의 단순한 변심에 의한 것일 수도 있습니다. 반품·교환 왕복 배송비를 누가 부담할 것인지를 두고 실랑이를 벌이는 과정에서 갈등이 더 커집니다. 고객은 주관적인 불만을 제품의 하자로 인식하는 반면, 셀러는 객관적 기준에 따라 단순 변심으로 판단하기 때문에 서로 의견 차이가 생기면서 쉽게 감정적 충돌로 이어지곤 합니다.

위탁판매는 리스크의 부담을 줄일 수 있다는 장점이 있지만, 셀러가 아무런 부담을 지지 않는 것은 아닙니다. 셀러는 플랫폼 내에서 반품·교환 절차를 완전히 통제할 수 없고 플랫폼 정책에 따라야 하므로, 반품·교환의 중재 과정에서도 억울한 상황에 놓일 수 있습니다. 공급처의 반품·교환 정책이 플랫폼이나 소비자 보호 법령과 일치하지 않을 때는 셀러가 그 부담을 고스란히 떠안아야 하는 구조적 문제도 있습니다. 고객을 설득하는 과정에서 상당한 스트레스를 겪게 되며, 설득이 과도하거나 반복될 때는 오히려 부정적인 리뷰가 달리면서 매출 감소로 이어질 수 있습니다.

반품 절차가 복잡하거나 셀러의 응대가 지연되면 고객의 불만은 더욱 커집니다. 반복되는 CS 처리, 악성 클레임, 일부 블랙컨슈머의 시스템 악용 사례까지 더해지면 셀러는 상당한 심리적, 금전적 부담을 겪게 됩니다. 기존에 다른 구매처에서 쉽게 반품한 경험이 있는 고객일수록 비슷한 수준의 CS를 기대하게 되며, 이는 상호 갈등을 유발하는 중요한 원인 중 하나로 작용합니다. 셀러에게 반품과 클레임은 단순히 환불에 그치지 않고, 반복해서 운영 비용을 증가시키거나 고객 신뢰도를 하락시키는 등 전반적인 사업 운영에 계속 부담으로 작용합니다.

스마트스토어 운영 시스템에 의하면 소비자가 반품이나 교환을 신청하더라도 무조건 수용해야 하는 것은 아닙니다. 불합리한 요청은 셀러가 거부할 수 있도록 하는 기능이 있습니다. 그러나 공급처의 반품 정책을 고객에게 억지로 설득하거나 일방적으로 전가하면 오히려 부정적인 리뷰로 이어져 영업 손실을 초래할 수 있습니다.

결과적으로 셀러는 일정 부분 손해를 감수하더라도 리뷰 리스크를 줄이기 위해 반품을 수용하는 것이 현명한 판단이 될 수 있습니다. 따라서 셀러는 불합리한 반품 상황을 고려하여 마진 설계를 하고, 공급처와의 협력 체계를 정비하며, 상품 정보와 고객 응대 역량을 강화할 필요가 있습니다.

불합리한 반품이라 하더라도 단순히 손실로만 보기보다 반품을 활용해 마케팅 효과를 창출할 수 있는 기회로 바꿀 수 있습니다. 반품을 이용해 마케팅 콘텐츠를 제작하면 실제 사용감이 반영된 이미지나 영상으로 고객 신뢰를 높일 수 있어서 반품률 감소에도 긍정적으로 작용합니다. 또는 반품을 지인에게 제공해 필드 테스트를 진행하고, 그 경험을 바탕으로 개선점을 도출하거나 랜딩페이지 콘텐츠로 활용하는 것도 좋은 방법입니다.

고객 응대에서 흔히 발생하는 오해 중 하나는 '친절함'의 의미에 대한 착각입니다. 많은 셀러가 친절한 목소리와 말투가 곧 좋은 서비스라고 생각하여 지나치게 낮은 자세로 응대하려는 경향을 보입니다. 그러나 지나친 친절이 반드시 고객 만족으로 이어진다고 볼 수 없습니다. 실제로 고객은 과도한 친절함보다 문제 해결 능력과 전문성을 더 중시하며, 진정으로 원하는 것은 자신의 문제에 귀 기울이고 명확히 해결해 주는 태도입니다.

한국소비자원이 2021년 발표한 '전자상거래 소비자 만족도 조사'에 따르면, 온라인 쇼핑에서 소비자가 가장 중요하게 여기는 것은 '신속한 문제 해결'이었습니다. 이는 단순한 친절함보다 실질적인 대응 능력과 전문성이 더 중요한 기준이라는 점을 보여줍니다. 고객은 셀러가 자신감 있고 단호하게 정책을 설명할 때, '이 업체는 기준이 명확하다'는 신뢰를 느끼며 더 긍정적인 반응을 보이는 경향이 있습니다. 셀러는 고객 감정을 존중하되, 정책을 명확히 전달하고 문제를 실질적으로 해결하는 데 집중하는 태도를 유지해야 합니다.

03

재구매 유도

신규 고객 확보에는 기존 고객을 유지하는 것보다 평균적으로 5~25배나 비용이 더 든다는 분석이 있습니다. 재방문 고객의 구매전환율은 신규 고객보다 최대 10배 이상 높고, 고객 유지율을 5%만 높여도 수익이 25% 이상 증가할 수 있다는 연구 결과도 있습니다. 실제 현장에서도 재구매 고객의 확보가 단순히 마케팅 차원을 넘어, 사업의 지속 가능성과 수익성 구조를 결정짓는 핵심 과제임이 여러 사례를 통해 확인되고 있습니다. 그렇다면 이처럼 중요한 재구매 고객을 어떻게 효과적으로 확보할 수 있을까요? 그것은 바로 상품, 타이밍, 메시지, 채널 네 가지를 유기적으로 구성하는 것입니다.

먼저 고객이 처음 구매한 상품의 특성에 따라 재구매 전략을 달리해야 합니다. 소모성 생활용품이나 건강기능식품처럼 주기적으로 소진되는 품목이라면 해당 시점에 맞춰 필요성을 환기시키는 것이 효과적입니다. 반면, 가방이나 가구처럼 장기간 사용하는 제품은 가방 클리너나 가구 관리 오일과 보호 패드 같은 보완 상품을 제안하는 방식이 적합합니다. 특히 반복 구매가 예상되는 소모성 상품은 스마트스토어의 정기구독 기능을 통해 자동 재주문을 유도할 수 있습니다.

배송 완료 후 3~5일은 제품 사용에 대한 첫인상이 형성되는 시간이므로 리뷰를 유도하거나 만족도를 확인하는 메시지를 보내기에 적절한 타이밍입니다. 일정 시간이 지나면 "잘 사용하고 계신가요?"라는 후속 메시지와 함께 관련 상품을 제안하는 것도 좋습니다. 메시지는 스마트스토어의 자동 발송 기능을 통해 고객별로 설정할 수 있습니다.

이때 개인화된 문구로 작성한 메시지는 고객 반응을 높이는 데 효과적입니다. "지난번에 구매하신 비타민C 제품을 잘 사용하고 계신가요? 면역 관리에 관심이 많으시다면, 이번엔 아연 보충제를 함께 고려해 보시는 것도 좋을 것 같습니다. 비타민C와 아연은 함께 섭취하면 시너지 효과가 기대되는 대표적인 조합입니다."와 같이 이름과 구매 이력을 반영한 문구는 고객에게 자신이 특별한 관심을 받고 있다는 인상을 줍니다. 스마트스토어의 자동 쿠폰 발행 기능을 활용하면 조건별 맞춤 쿠폰을 손쉽게 설정할 수 있어 재구매 유도에 효과적입니다.

개인별 메시지는 문자, 카카오톡 알림톡, 네이버 톡톡, 이메일 등의 채널을 활용하여 보낼 수 있습니다. 그중에서 '톡톡'은 대화형 소통이 가능한 네이버의 기본 기능으로 고객과의 실시간 커뮤니케이션을 통해 재방문을 유도하기에 유리한 채널입니다. 특히 친구 추가 고객에게는 전용 쿠폰이나 재입고 알림을 제공할 수 있어 반복 구매로 이어지게 할 수 있습니다.

무엇보다 재구매 유도를 위해서는 첫 구매에 대한 만족이 전제되어야 합니다. 배송 지연, 상품 불량, 불친절한 응대 등으로 신뢰가 손상된 고객에게 재구매를 유도하는 것은 오히려 부정적인 결과를 초래할 수 있습니다. 따라서 CS 대응, 상품 품질, 배송 시스템 등 기본적인 서비스 품질을 우선 확보해 두어야 합니다.

다음은 실무적으로 활용할 수 있는 재구매 유도 방법에 대한 예시입니다.

- 리뷰 작성 시 포인트 제공
- 조건부 재구매 쿠폰 발행 (예: 첫 구매 후 20일 이내)
- 자동화 메시지를 통한 만족도 확인 및 재구매 유도
- 구매 이력 기반 유사·보완 상품 추천
- 찜 고객 대상 쿠폰 및 알림 발송
- 단골 등급제 운영을 통한 장기적 보상 시스템 구축
- 배송 박스 내 손글씨 메시지, 할인 쿠폰, 샘플 동봉 등 감성적 경험 제공

재구매 유도는 단발성 이벤트가 아니라 고객의 구매 여정을 설계하는 장기 전략입니다. 한 번의 판매보다 중요한 것은 두 번째 구매이고, 진짜 마케팅은 바로 두 번째 구매를 이끌어 내는 능력에 달려 있습니다. 만족한 재구매 고객은 스토어의 팬이자 자발적인 마케터가 되어 긍정적인 경험을 주변에 전파하며 강력한 구전 전파자가 됩니다. 어찌보면 스마트스토어 운영의 성공은 단순한 판매가 아닌 고객과의 관계 구축에 달려 있다고 해도 지나치지 않습니다.

고객과의 관계는 식물에 물을 주는 일처럼 한 번에 많이 주는 것이 아니라 꾸준히 적절히 공급해 줄 때 건강하게 형성됩니다. 정기적인 메시지, 혜택 제공, 유용한 정보 공유는 고객에게 지속적인 관심과 신뢰를 심어주며, 우리 스토어를 다시 찾도록 하는 루틴 형성에 기여합니다. 특히 고객마다 구매 주기가 다르기 때문에 정기적인 소통은 예

측 불가능한 타이밍을 포착할 수 있는 효과적인 방법입니다. 이렇게 축적된 고객 반응 데이터는 더욱 정교하고 개인화된 마케팅으로 발전할 수 있으며, 브랜드에 대한 신뢰와 안정적인 매출 기반 형성에 중요한 역할을 합니다.

측 불가능한 타이밍을 포착할 수 있는 효과적인 방법입니다. 이렇게

04

고객관리

스마트스토어, 쿠팡과 같은 플랫폼은 유통 사업을 시작할 때 매우 유용한 판매 채널입니다. 누구나 손쉽게 판매를 시작할 수 있고, 초기 진입 장벽이 낮다는 점에서 많은 셀러가 이곳에 스토어를 개설합니다.

하지만 문제는 셀러가 플랫폼의 일정한 틀 안에서만 자유롭게 활동할 수 있을 뿐, 실질적인 통제권은 플랫폼이 가지고 있어, 이해 관계에 따라 언제든 규칙이 바뀔 수 있다는 점입니다. 이러한 불안정성은 셀러에게 치명적인 위험 요소로 작용할 수 있습니다. 실제로 검색 알고리즘의 변화, 카테고리 개편, 사소한 기능 업데이트만으로도 매출이 급감하는 사례는 드물지 않습니다.

또한 플랫폼 내 검색이나 광고를 통해 유입된 고객은 대부분 플랫폼의 고객일 뿐, 셀러 입장에서는 플랫폼을 벗어나 이들을 자신의 고객으로 만들기가 어렵습니다. 그 결과 아무리 오랜 시간 스토어를 운영하더라도 셀러는 브랜드 자산이나 고객 관계 자산을 독자적으로 축적하지 못한 채, 검색과 광고에 계속 의존하는 구조에서 벗어나기가 쉽지 않습니다.

결국 시간이 갈수록 플랫폼에 더욱 의존할 수밖에 없는 구조적 한계를 극복하고 장기적인 사업 통제력을 확보하기 위해서 셀러는 고객풀

Customer Pool을 따로 구축할 필요가 있습니다. 고객풀이란 셀러의 활동에 따라 구매로 이어질 가능성이 있는 고객의 집합을 의미하며, 과거 고객뿐 아니라 관심을 보인 잠재 고객도 포함됩니다. 고객풀은 마케팅과 소통을 통해 관계가 형성되며, 집단 단위로 타깃 메시지를 전달하거나 맞춤 혜택을 설계할 수 있는 중요한 전략 자산입니다.

스마트스토어 운영에서 고객풀을 효과적으로 관리하면 상품등록 초기부터 유입, 구매, 리뷰라는 검색최적화 핵심 요소를 동시에 충족시켜 빠르게 검색 상위 노출을 달성할 수 있습니다. 이는 단순히 이론이 아니라, 스마트스토어 운영 과정에서 다수의 사례를 통해 입증된 것입니다. 실제 네이버쇼핑 상위 셀러는 대부분 충성 고객 기반의 탄탄한 고객풀을 보유하고 있습니다. 그리고 이 고객풀은 검색 알고리즘에서 브랜드 신뢰도와 인기도를 판단하는 핵심 기준으로 작용하며 스마트스토어의 상위 노출과도 직결되어 있습니다. 따라서 고객풀은 선택이 아닌, 검색최적화와 매출을 동시에 높이기 위해 반드시 구축해야 할 필수 기반입니다. 한마디로 고객풀은 단순히 유입과 구매를 늘리는 수단을 넘어 장기적인 브랜딩을 지탱하는 토대이며, 매출 안정성을 확보하고 재구매 기반을 마련하기 위한 핵심 자산입니다.

다음 표는 각 플랫폼이 특성과 그에 따른 고객풀 운영 전략 및 활용법을 간단히 요약한 것입니다.

플랫폼	특성 요약	전략 및 활용법 요약
인스타그램	트렌디한 주제에 민감한 사용자, 시각적 콘텐츠 중심	릴스/스토리/해시태그 활용, UGC 유도
페이스북	실용 정보 공유, 커뮤니티 중심	그룹·페이지 운영, 타깃 광고, 라이브 방송
네이버 블로그	검색 유입에 강함, 신뢰 기반 콘텐츠 중심	키워드 최적화 리뷰, 이웃 및 댓글 기반 소통
네이버 카페/밴드	커뮤니티 기반 소통, 정보성 콘텐츠에 적합	게시판·설문·이벤트 활용, 상업성보다 신뢰 강조
카카오톡	실시간 대화 기반, 친근한 메시지 채널	오픈채팅/공식채널 운영, 수신 동의 후 쿠폰·정보 전달
유튜브	영상 기반, 정보와 재미 결합 콘텐츠에 강함	언박싱·사용법 콘텐츠 제작, 구독/댓글 통한 관계 형성

플랫폼 특성과 전략 및 활용법

각 플랫폼은 이용자의 행동 방식, 검색 습관, 콘텐츠 소비 패턴이 서로 다르기 때문에 플랫폼별로 독립된 고객풀을 구축하는 것이 효과적입니다.

고객풀을 직접 관리한다는 것은 곧 검색 데이터의 통제권을 갖는다는 뜻이기도 합니다. 고객풀을 통해 단순 유입 분석을 넘어 고객의 관심사, 문의 패턴, 반응 특성을 세밀하게 파악하고, 이를 바탕으로 초개인화 마케팅을 실행할 수 있기 때문입니다. 하지만 고객풀을 단순히 데이터가 아닌 실제로 반응하는 관계 자산으로 만들려면 고객의 자발적인 참여를 유도하는 장치가 필요합니다. 예를 들어, 리뷰 작성, SNS 언급, 이벤트 참여 등은 사용자 생성 콘텐츠[UGC]로 연결되어 신뢰를 구축하고 구매전환율을 높이는 데 기여하는 대표적인 장치입니다.

참여도가 높은 고객은 일반적으로 재구매 빈도가 높고 구매 금액도 커서, 셀러 입장에서는 동일한 노력에 비해 더 높은 성과를 가져다 주는 핵심 고객입니다. 이들이 만들어 낸 매출은 다시 고객에게 추가적인 혜택과 맞춤형 서비스로 돌아가고, 그 결과 셀러와 고객 모두 윈윈하는 선순환 구조가 형성됩니다.

고객풀을 보다 적극적으로 활용하기 위해서는 스마트스토어에서도 부단히 고객과의 접점을 넓히고, 지속적인 관계를 유지할 수 있는 기반을 마련하기 위해 노력해야 합니다. 하지만 이때 스마트스토어는 셀러가 고객의 개인 정보를 임의로 수집하거나 외부에서 활용할 수 없도록 규정하고 있다는 점을 유의해야 합니다. 개인 정보를 수집하거나 외부에서 활용하는 것은 개인정보보호법과 플랫폼 정책에 의해 규제를 받기 때문입니다.

당연히 셀러의 고객풀 역시 개인정보보호법의 테두리 안에서 이루어져야 합니다. 따라서 고객풀을 운영할 때는 고객 정보를 직접적으로 수집하기보다는 고객의 자발적인 동의를 유도하여 관계 채널을 구축하고 유지·관리하는 것이 바람직합니다. 이를 위한 대표적인 방법에는 스토어찜과 상품찜을 통한 관심 표현, 톡톡 친구 추가를 통한 메시지 채널 확보, 구매 이력 기반의 쿠폰 발송, 택배 박스 내 안내문 삽입, SNS 콘텐츠를 활용한 자연스러운 유입 등이 있습니다.

1. 수집·이용 목적 불명확(제15조)

고객 정보를 '마케팅 등'처럼 모호한 이유로 수집하거나, 동의 없이 재활용하는 경우.

→ 수집 목적을 구체적으로 밝히고, 필요한 최소한의 정보만 받아야 합니다.

2. 목적 외 이용·제공(제17조·18조)

배송 목적 외에 마케팅, 제휴 등에 고객 정보를 사용하면서 별도 동의 없이 진행하는 경우.

→ 새로운 활용 목적이 생기면 반드시 추가 동의를 받아야 합니다.

3. 위탁 계약 미비(제26조)

외주 물류·마케팅 업체에 고객 정보를 넘기면서 위탁계약서나 관리감독 절차를 생략하는 경우.

→ 위탁 범위·보안조치·책임 규정을 계약서에 명시해야 합니다.

4. 보안조치 미흡(제29조)

관리자 계정 공유, 파일 암호화 미비, 유출 통지 지연 등으로 개인 정보가 노출되는 경우.

→ 접근 권한 관리, 암호화, 유출 통보 절차를 반드시 갖춰야 합니다.

5. 고객의 삭제·열람 요청 미처리(제35조)

고객이 정보 삭제를 요청했는데 내부 DB에서 그대로 남겨두는 경우.

→ 정보주체의 권리 요청은 즉시 처리하고, 절차를 방침에 명시해야 합니다.

15장

광고

키워드 검색광고 웬만하면 하지 마라

검색광고는 네이버의 주요 수익원입니다. 네이버의 모든 정책은 검색 광고 수익을 극대화하는 방향으로 설계되어 있으며, 스마트스토어 초보자를 대상으로 한 네이버 비즈니스 스쿨과 각종 외부 교육 프로그램도 검색광고 운영 능력에 초점을 맞추고 있습니다. 유튜브나 블로그에 올라온 스마트스토어 관련 콘텐츠 역시 상품등록과 검색광고 세팅에 집중되어 있어, 검색광고 운영이 곧 스마트스토어 운영의 전부인 것처럼 오해하기 쉽습니다.

하지만 스마트스토어의 검색광고는 엄밀히 따지면 '광고'라기보다 '경쟁 입찰 기반의 입점 시스템'에 가깝습니다. 더 높은 금액을 입찰한 셀러의 상품이 키워드 검색 결과 상단에 노출되는 구조이며, 인기 키워드일수록 입찰가는 가파르게 상승합니다. 특히 구매전환율이 낮거나 상세페이지 설득력이 부족한 상품은 클릭이 발생해도 구매로 이어지지 않아 광고비 손실이 커질 수밖에 없습니다.

검색광고의 효율은 광고투자수익률로 판단합니다. 이는 (매출 ÷ 광고비) × 100으로 계산되며, 구매전환율과 클릭당 비용[CPC]에 크게 좌우됩니다. 문제는 초보 셀러는 검색광고 구조를 정확히 예측하기 어렵고 구매전환율 개선도 쉽지 않다는 점입니다. 그렇다 보니 결국 입찰가, 즉 클릭당 비용이 광고투자수익률을 결정짓게 됩니다. 입찰가는 경쟁 셀러들이 얼마나 공격적으로 입찰하는지, 광고를 어떻게 운영하는지, 해당 키워드를 꼭 잡아야 할지 말지와 같은 심리 요인에 따라 달라집니다.

검색광고의 문제점에 대해 잘 알려진 사례가 꽃배달 서비스입니다. 꽃배달 서비스의 과도한 광고비 입찰 경쟁 문제는 수년 전 국정감사에서도 지적된 적 있습니다. '화환' 키워드는 월 검색량이 약 6만 건이며, 1위 입찰가는 클릭당 약 1만 원에 달하기도 했습니다. 이 경우 클릭률 10%, 구매전환율 7.5%, 화환의 평균 구매 단가를 12만 원으로 가정하여 광고비와 매출액을 계산하면 다음과 같은 결과가 나옵니다.

- **광고비**: 6만 회 × 10% 클릭률 × 1만 원 = 6,000만 원
- **매출**: 6만 회 × 10% 클릭률 × 7.5% 구매전환율 × 12만 원 = 약 540만 원

결과적으로 광고투자수익률은 약 9%에 불과하며 광고비가 매출보다 10배 이상 많은 구조입니다. 이 계산 결과는 검색광고에 의존하는 것이 얼마나 위험한지를 잘 보여줍니다.

입찰가에 의해 광고투자수익률이 결정되는 검색광고 구조는 단기적으로는 매출이 발생하는 것처럼 보일 수 있지만, 장기적으로는 검색광고에 대한 의존도가 지나치게 높아져 손실을 키우는 리스크로 이어질 수 있습니다. 실제로 검색광고는 경쟁이 심화될수록 신규 셀러에게는 진입 장벽이 너무 높고, 자금력이 부족한 셀러는 검색광고를 지속하기 어렵습니다. 결국 일부 상위 셀러만이 검색광고 구조에서 살아남

고 다수 셀러는 수익성 악화로 이탈할 수밖에 없습니다.

검색광고는 경험과 데이터, 자금력이 부족한 셀러가 구조를 정확히 이해하기 힘들 뿐 아니라, 리스크를 감당하는 것도 현실적으로 매우 어렵습니다. 특히 직접 제품을 제조하지 않는 셀러는 마진이 낮고 공급망에 대한 통제권이 없어 검색광고 리스크에 더욱 취약합니다. 공급처 재고 상황에 따라 갑작스러운 품절이 발생할 수도 있고, 구조적으로 브랜드 자산을 축적하기 어려워 광고의 장기 효과를 기대하기도 어렵습니다. 따라서 과도한 입찰 단가로 검색광고를 진행하는 것은 신중하게 결정해야 합니다. 첫 구매에서 손실이 나더라도 이후 재구매를 통해 이익을 회수할 수 있는 반복 구매 구조와 고객 데이터를 기반으로 한 세분화·맞춤형 마케팅과 같은 고도화된 관리 체계가 전제되어야만, 검색광고 대비 이익을 기대할 수 있기 때문입니다.

다음은 검색광고비 지출이 과도해지는 주요 원인을 정리한 표입니다.

원인 구분	요약 설명	주요 특징 및 시사점
치열한 키워드 경쟁	인기 키워드는 입찰 경쟁이 심화되며, 소규모 셀러는 감당이 어려움	대규모 자본과 원가 경쟁력을 갖춘 기업 중심의 게임. 자본이 부족한 소규모 셀러는 수익률 악화와 광고 중독 위험에 노출됨
낮은 구매전환율	상세페이지, 리뷰, 신뢰도가 부족한 경우 전환이 어렵고 광고 효율도 낮음	설득력 없는 콘텐츠는 클릭당 비용만 증가시키며 손실 구조를 가속화함. 콘텐츠 경쟁력 없이 광고에만 의존하는 전략은 위험
비이성적 입찰 경쟁	감정적인 경쟁 입찰로 광고 단가가 비정상적으로 상승	합리적 근거 없는 광고 경쟁은 손익 구조를 무너뜨리며, 일부는 경쟁자를 고사시키기 위한 조작까지 감행함

재고 처분 목적의 광고	유통기한 임박, 단종 상품 등 재고 처분이 목적일 경우	수익보다 손실 최소화가 목표이므로, 일반 셀러의 기준으로 입찰 경쟁 시 손해 발생. 시장 가격 왜곡 가능성 존재
반복 구매 기반 광고	초기 손실을 감내하고 장기 고객 확보를 목표로 광고	고객 데이터와 CRM 역량이 충분한 기업만 실행 가능. 반복 구매 유도 전략이 없다면 따라 해서는 안 됨
인지도 확보 전략	브랜드 론칭 초기나 신제품 홍보 목적의 고비용 광고 집행	대기업 또는 자체 브랜드 보유 기업에 한정된 전략. 브랜드 충성도 유도 시스템 없는 셀러는 실익이 없음
차별화 어려운 상품군	농수산물, 생필품 등 브랜드보다 가격이 중시되는 시장	자연 검색에서도 차별화가 어려워 검색광고 의존도가 높음. 가격 경쟁만으로는 장기 생존이 어려움
부정 클릭 및 트래픽 공격	자동 클릭 도구 등으로 경쟁업체 광고 예산을 강제로 소진시킴	입증 불가로 현실적 대응이 불가능. 구조 자체가 공격에 취약하며, 광고비 낭비는 피해자가 떠안게 됨

검색 광고비가 과도해지는 원인

스마트스토어 검색광고 구조는 단순히 예산의 문제가 아니라 구조적 불균형과 정보 비대칭의 문제로 귀결됩니다. 아이템별 적정 검색광고비와 경쟁 강도는 외부에서 파악하기 어렵기 때문에 경험 많은 셀러는 누적된 데이터를 기반으로 정교하게 집행할 수 있지만, 초보자는 효율이 낮은 키워드에 광고비를 과도하게 쓰거나, 구매전환율을 고려하지 않고 입찰 단가를 높게 설정하는 등 같은 실수를 반복하게 됩니다.

검색광고를 해야 할지 말아야 할지를 판단하는 기준은 단순히 예산의 문제가 아니라, 검색광고를 구조적으로 감당할 수 있는 기반 위에서 설계하고 집행할 수 있느냐입니다. 검색광고는 상당히 큰 비용이 발생할 수 있으므로 반드시 판매 상품의 특성과 시장 구조를 면밀히 분석한 뒤, 콘텐츠 마케팅, 바이럴 마케팅, SNS 광고 등 다른 마케팅 수단과 비교해 어떤 방식이 더 효과적인지를 꼼꼼히 따져서 판단해야 합니다. 검색광고 비용을 감당할 수 없는 구조라면, 매출 확대가 아니라 손실 확대로 이어질 수 있습니다. 특히 수익 구조가 취약하거나 데이터 기반의 의사결정 역량이 부족한 상태에서는 검색광고가 오히려 장기적인 부담으로 작용할 수 있습니다.

02

그래도 검색광고를 해야겠다면 이렇게 하라

한때 놀이공원에서 돈을 더 지불하면 줄을 서지 않고 놀이기구를 우선 탑승할 수 있는 제도가 도입되면서 공정성에 대한 논쟁을 불러일으킨 바 있습니다. 검색광고 역시 비용을 지불한 셀러에게만 특정한 우선권과 혜택이 주어지는, 어떤 면에서 새치기를 허용하는 놀이공원 패스트 트랙과 본질이 동일하다고 할 수 있습니다.

검색광고는 패스트트랙뿐만 아니라 다른 다양한 특혜를 제공합니다. 일반 상품은 동일 상품을 중복해서 등록할 수 없지만, 검색광고에서는 하나의 상품을 여러 개의 광고 소재(즉, 각각의 광고용 상품 노출 단위)로 만들어 중복 노출할 수 있습니다. 하나의 상품을 여러 개의 광고 소재로 등록할 때 개별 상품은 각기 다른 상품명과 섬네일을 적용할 수 있어서, 사실상 비용만 지불하면 일반 상품등록보다 훨씬 유연하게 운영할 수 있습니다.

검색광고를 할 때, 광고주를 우대하는 정책은 키워드와 섬네일, 상품명 작성 방식 등에서도 나타납니다. 광고 상품에 사용할 수 있는 키워드와 섬네일에 일정한 제한이 있기는 하지만, 일반 상품과는 다른 기준이 적용되어 다소 유연하게 운영되는 측면이 있습니다. 특히 광고 노출을 위해 별도로 설정하는 '광고 상품명'의 경우에는, 광고 효과를 극대화하기 위한 마케팅 문구, 키워드 조합, 심지어 일부 특수 문자까지 허용하기도 합니다. 일반 상품명 작성 가이드라인이 명확성과 정보 전달, 자연 검색 최적화에 초점을 두는 반면, 광고 상품명은 '광고 심사' 기준만 충족하면 보다 공격적인 마케팅 언어가 허용되는 것입니다. 이처럼 광고 상품은 같은 상품이라도 더 높은 클릭을 유도할 수 있도록 설계할 수 있어 일반 등록 상품보다 유리한 조건을 갖게 됩니다.

또한, 검색광고는 '확장 소재'라는 기능을 통해 스마트스토어에 등록된 기본 상품 정보(상품명, 가격, 이미지 등) 외에 광고 노출 시에만 표시되는 마케팅 문구도 추가로 설정할 수 있습니다. 확장 소재는 광고 제목이나 설명에 더해지는 부가 정보를 말하며, 광고 상품명과는 별도로 운영되어 광고의 매력을 높여줍니다. 예를 들어, 확장 소재 기능을 사용하여 "봄 신상 최대 30% 할인", "무료배송", "지금 구매 시 사은품 증정" 등과 같은 마케팅 문구를 사용할 수 있습니다. 확장 소재는 광고 그룹이나 캠페인 단위로 설정되며, 고객의 클릭을 유도하고 구매 결정을 유리하게 만드는 데 중요한 역할을 합니다.

검색광고를 효율적으로 운영하려면 세부 키워드를 잘 찾아내는 것이 중요하다고 주장하는 사람이 많지만, 이보다는 하나의 상품을 다양한 광고 소재로 분할하여 운영하는 것이 효과적입니다. 즉, 내 판매 상품에 해당하는 키워드를 최대한 다양하게 발굴하고, 각 키워드별로 고객이 기대하는 바를 세밀하게 파악한 후, 섬네일과 마케팅 문구를 각각 차별화해서 구성해야 합니다. 예를 들어, 같은 유아용 식판이라도 '유아용 식판'이라는 키워드에는 영양 잡힌 요리가 골고루 올라간 식판 섬네일과 '편식 없는 식사 습관을 만들어 주는 유아용 식판'이라는 문구를 적용하고, '친환경 유아 식판'이라는 키워드에는 아이가 식판을 들고 있는 섬네일과 'BPA-FREE, 믿고 쓸 수 있는 안전한 소재'라는 문구를 적용하는 식입니다. 이렇게 키워드와 섬네일을 차별화하면 같은 상품이라도 고객의 검색 의도에 맞는 메시지를 전달할 수 있어 광고 효율을 극대화할 수 있습니다.

검색광고에서 무엇보다 중요한 것은 상품명, 즉 키워드 전략입니다. 상당수의 셀러가 원상품의 상품명을 그대로 활용하거나, 한 상품명에 가능한 한 많은 키워드를 넣으려고 합니다. 하지만 광고 소재의 개수가 적을수록 다양한 키워드와 타깃에 효과적으로 대응하기 어려워져 광고의 비효율이 증가합니다. 따라서 관리가 다소 복잡하더라도 '광고 효율과 관리 용이성'을 균형 있게 고려하면서, 가능한 한 키워드별로 세분화된 광고 소재를 여러 개 구성하는 것이 바람직합니다.

광고 소재를 세분화해 운영해야 하는 또 다른 이유는 입찰 경쟁이 치열한, 검색량이 많고 구매 전환이 잘 되는 키워드에 대해서는 높은 입찰가를 설정하고, 경쟁이 약해 굳이 높은 입찰가를 설정하지 않아도 충분한 유입이 발생하는 키워드에 대해서는 최대한 낮은 입찰가를 설정해 광고 비용을 최소화할 수 있기 때문입니다. 그뿐 아니라, 각각 서로 다른 마케팅 문구와 섬네일을 사용하면 유입률은 더 올라갈 수 있습니다.

검색광고를 효율적으로 운영하는 방법을 안다고 해서 처음부터 무작정 진행하는 것은 바람직하지 않습니다. 그 이유는 크게 두 가지입니다.

첫째, 구매전환율입니다. 검색광고 상품도 일반 상품과 같이 리뷰가 충분히 많아야만 구매전환율이 높습니다. 즉, 리뷰가 많을수록 동일한 광고비를 투입해도 더 많은 매출이 발생합니다. 반대로 리뷰가 없는 상태에서 검색광고를 하면, 광고비만 많이 지출하고 매출은 발생하지 않는 비효율적인 결과로 이어질 수 있습니다.

둘째, 광고품질지수입니다. 품질지수가 높은 상품은 낮은 입찰가에도 더 높은 순위에 노출될 수 있습니다. 품질지수를 결정하는 데 광고 투자수익률이 중요하다고 보는 시각이 많지만, 저는 일반 상품의 검색 유입량이 더 큰 영향을 미친다고 생각합니다. 즉, 강력한 브랜드 파워를 가진 상품이거나 이미 상위 노출로 검색 유입량이 많은 인기 상품일수록 광고 입찰 가격이 더 낮을 가능성이 큽니다.

사업 초기부터 무턱대고 검색광고를 집행하면 광고비 대비 성과가 낮아져 수익성이 악화되고, 결국 사업을 유지하기가 어려워질 수 있습니다. 따라서 일정 수준 이상의 검색과 방문 유입이 확보된 이후, 검색광고를 활용해 검색과 방문수를 한 단계 업그레이드하는 것이 효과적입니다.

불필요한 광고비 지출을 막기 위해 구매전환율이 낮은 키워드를 '제외 키워드'로 설정하는 것 또한 중요합니다. 이때 많은 셀러가 간과하고 있는 것이 있습니다. 바로 '내 고유 브랜드 키워드'를 제외 키워드로 설정해야 한다는 사실입니다. 자신이 상표권을 보유하고 있는 브랜드 이름은 키워드 경쟁이 전혀 발생하지 않기 때문에, 굳이 검색광고로 노출시킬 필요가 없습니다. 이 점을 놓치면, 이미 내 브랜드를 알고 있는 고객이 검색해 들어와 자연스럽게 구매로 이어질 수 있는 상황인데도 불필요한 광고 클릭 비용이 발생합니다. 그리고 검색량이 지나치게 많은 키워드 중에서 '운동화 추천'이나 '노트북 가격 비교'와 같은 정보 탐색 목적이 강한 키워드나 실제 구매로 이어지지 않고 상품 비교만을 위한 일시적 유입 키워드는 제외 대상으로 검토할 수 있습니다.

스마트스토어를 개설하면 광고업체로부터 홍보 전화를 많이 받게 됩니다. 그중 가장 많은 것은 불법 트래픽 서비스 브로커이고, 그다음으로 많은 것이 검색광고 대행업체입니다. 검색광고 대행은 집행된 광고비의 일부를 대행업체가 셀러가 아닌 네이버한테 받아가는 구조여서, 셀러 입장에서는 어차피 집행하는 광고비용이 동일하다고 생각하여 대행업체에 광고를 맡길 수도 있습니다. 하지만 광고 대행업체는 광고가 많이 집행될수록 자신의 수익도 비례해서 늘어나기 때문에, 구조적으로 개별 상품에 집중해서 효과적인 광고를 진행하기가 어렵습니다. 또한, 효율적인 광고 집행을 위해서는 키워드 분석과 광고 소재를 최대한 다양하게 나누어 관리하는 것이 중요한데, 대행업체는 판매 상품에 관해 이해가 부족할 뿐 아니라 세밀하게 관리해 줄 인력이 충분하지 않습니다. 게다가 네이버는 직접 광고를 운영하는 광고주에게는 집행한 광고비의 일부를 돌려주는데, 대행업체를 이용하면 이를 돌려받을 수 없어 결과적으로 대행업체를 이용하는 것은 무료가 아닌 셈입니다.

검색광고는 일반 광고 상품과는 성격이 다르므로 운영 전략 또한 차별화된 접근이 필요합니다. 검색광고의 다양한 기능을 효과적으로 활

용하려면 관련된 지식과 사례에 관해 반드시 학습해야 하며, 체계적인
분석과 실습도 해야 합니다. 처음엔 힘들더라도 앞에서 설명한 기본
체계를 충분히 이해하고 네이버 비즈니스 스쿨이나 검색광고 매뉴얼
을 참고하여 하나씩 실행해 나간다면, 누구든 효율적으로 검색광고를
운영할 수 있습니다.

03

검색광고의 장점 – 비싸도 잘 팔린다

검색광고를 집행하는 목적은 단순히 상단 노출이 아니라, 자연 검색만으로는 노출하기 어려운 상품을 고객에게 보여주기 위해서입니다. 특히 경쟁이 치열하거나 새롭게 출시된 상품은 검색광고를 통해서만 고객 눈에 잘 띄게 할 수 있어서, 검색광고는 매출 증대라는 실질적 목적과 직결됩니다. 그리고 검색광고는 키워드 검색을 통해 구매 의도가 이미 형성된 고객에게 상품을 노출시킬 수 있는 매우 효율적인 수단이기도 합니다.

검색광고를 통해 유입되는 고객 중 일부는 상품을 클릭하자마자 빠르게 결제까지 완료하는 경우가 있습니다. 이는 소비자의 행동경제학적 특성 중 하나인 인지적 편의성Cognitive Ease과 관련이 깊습니다. 즉, 사람들은 많은 정보를 일일이 비교하며 판단하기보다는, 인지적 에너지를 아끼기 위해 눈에 잘 띄고 가장 먼저 보이는 결과를 선택하려는 경향이 있습니다. 그 결과 검색 결과 상단에 있는 상품을 가장 좋거나 추천받은 것처럼 느끼게 됩니다.

다음은 소비자가 검색 결과 상단을 선호하게 되는 주요 심리 요인을 표로 정리한 것입니다:

심리 효과	설명
만족 기준 충족 (Satisficing)	최적의 결과보다는 '충분히 괜찮은' 결과를 빠르게 선택하려는 경향
권위 편향 (Authority Bias)	검색엔진이 정렬한 결과를 '권위 있는 추천'으로 인식하는 경향
시각적 두드러짐 (Visual Salience)	가장 먼저 눈에 띄는 위치에 있는 결과를 더 주목하고 클릭하는 경향
초두 효과 (Primacy Effect)	먼저 본 정보를 더 잘 기억하고 신뢰하는 경향
확증 편향 (Confirmation Bias)	'내 검색 의도에 부합할 것'이라는 기대를 먼저 확인하려는 무의식적인 선택

검색 결과 상단을 선호하게 하는 소비자의 주요 심리 요인

인지적 편의성과 관련된 여러 심리적 요인이 복합적으로 작용하면서, 검색광고 상품은 단순히 화면 상단에 있다는 이유만으로도 소비자에게 '신뢰할 만한 선택지'로 인식되고, 실제 구매로 이어질 가능성도 커집니다.

하지만 상단 노출을 통해 유입되는 모든 고객이 구매를 즉시 결정하는 것은 아니며, 상당수는 상세페이지, 리뷰, 가격 비교 등을 신중히 검토하며 며칠에 걸쳐 여러 번 검색과 탐색을 반복합니다. 따라서 광고 효과를 극대화하려면 단기적인 노출에 그치지 않고, 고객의 구매 결정 여정 전반에 걸쳐 반복적으로 노출될 수 있는 구조를 설계해야 합니다. 즉, 광고 예산은 시간대별로 분산하고, 구매 전환 가능성이 높은 시간대에 집중 배분해야 합니다.

문제는 이 과정에서 검색광고비 구조가 셀러에게 상당한 부담으로 작용한다는 점입니다. 특히 마진이 낮은 상품일수록 검색광고비를 감

당하기 어려워, 검색광고에는 자연스럽게 일정 수준 이상의 가격대를 가진 상품이 집중되는 경향이 있습니다. 그렇다 하더라도 검색광고는 클릭당 비용이 발생하는 구조이며, 입찰 경쟁이 치열할수록 광고 단가는 상승합니다. 따라서 검색광고비를 상품 가격에 반영할 수밖에 없지만, 검색광고비를 가격에 반영하는 것에 부담을 느끼는 셀러도 많습니다. 특히 초보 셀러는 높은 가격에 대한 소비자 저항을 걱정하기도 합니다. 그러나 제품 생산, 수입, 고객 응대 등 보이지 않는 비용과 시간을 가격에 포함시키는 것은 당연한 일입니다. 이렇게 책정된 가격은 원가 이상의 가치를 지닌 것으로 정당하게 받아들여야 합니다. 여기에 유무형의 부가가치를 더해 고객이 체감할 수 있는 차별점을 제공한다면, 그 가격은 충분히 시장에서 수용될 수 있습니다. 결국 검색광고는 단순한 비용 지출이 아니라, 셀러가 설정한 가격과 브랜드 가치를 고객에게 설득력있게 보여주는 수단이라고 할 수 있습니다.

04

부정 트래픽

초보 셀러는 고객풀이 부족해 자연 검색에 의한 상위 노출을 기대하기 어렵습니다. 따라서 초기 유입을 확보하기 위해 수익성이 낮더라도 검색광고에 의존하게 됩니다. 특히 상위 노출보다 상단 노출이 매출로 이어지는 효과가 커서, 높은 광고비 부담을 감수하고서라도 상단 노출을 위해 부득이 검색광고 경쟁에 참여할 수밖에 없는 때도 있습니다.

검색 광고에 의한 상단 노출 경쟁은 단순한 마케팅 경쟁을 넘어 때로는 생존을 위한 전면전으로 확산되며, 그 과정에서 비정상적인 수단을 동원한 상단 노출을 방해하는 행위가 발생하기도 합니다. 대표적인 예가 바로 '부정 트래픽'입니다. 부정 트래픽이란 정상적인 소비자 유입이 아닌, 인위적으로 발생시킨 클릭이나 방문을 뜻합니다. 특히, 검색광고를 통한 상단 노출 경쟁에서는 부정 트래픽이 경쟁자의 광고 노출을 방해하기 위한 수단으로 악용되기도 합니다.

참고로 '상위 노출'은 검색 결과에서 순위가 높게 잡히는 것을 말합니다. 보통 자연 검색 영역에서 흔히 사용하는 상위 노출은 스마트스토어 광고 시 나타나는 '상단 노출'과 비슷해 보이지만 의미가 다릅니다. 상위 노출은 검색 결과 화면에서 비교적 위쪽에 상품이 나타나는 것을 말합니다. 자연 검색 결과든 광고든 관계없이, 고객이 스크롤을 많이 하지 않아도 쉽게 볼 수 있는 위치라면 모두 상위 노출이라고 할 수 있습니다. 반면 '상단 노출'은 화면의 맨 윗부분, 특히 광고 영역에 상품이 노출되는 것을 뜻합니다. 고객이 검색하자마자 가장 먼저 시선을 주는 자리이기 때문에 클릭 가능성이 높습니다. 요약하면 상위 노출은 일반 검색 결과 목록에서 위쪽에 있다는 것을 의미하는 것이고, 상단 노출은 화면 최상단 광고 영역에 있다는 것을 의미합니다.

부정 트래픽 공격은 주로 자동 클릭 매크로 프로그램을 통해 실행됩니다. 공격자는 소비자 구매가 집중되기 전 시간대에 인위적으로 과도한 클릭 유입을 발생시켜 광고비를 조기에 소진시킴으로써 경쟁 상품의 노출을 차단하고, 결과적으로 실구매 유입을 자신의 상품으로 집중시키려 합니다. 또한, 공격 대상이 된 셀러가 진행하는 검색광고에 부정 클릭으로 인한 저품질 트래픽이 계속 유입되면, 광고품질지수가 하락하게 되어 결국 검색광고 입찰 단가가 상승하는 결과가 발생합니다. 그렇게 되면 어느 정도 충분한 예산을 검색광고에 설정해 두었더라도 광고비가 모두 소진되면서 검색광고가 중단되고, 그 틈을 타서 공격자는 상대적으로 낮은 광고비 입찰만으로도 더 높은 순위에 자사 상품을 노출시킬 수 있게 됩니다.

검색광고 순위는 단순히 누가 더 많은 돈을 쓰느냐로만 결정되지 않습니다. 광고의 입찰가와 함께 '광고품질지수'라는 평가 요소가 함께 작용합니다. 품질지수는 광고 클릭 후 구매나 체류 시간과 같은 실제 고객 반응을 기준으로 책정되는데, 이 점수가 높을수록 적은 비용으로도 상단에 노출될 수 있습니다. 문제는 부정 트래픽 공격이 일어나면, 피해 셀러의 광고에 의미 없는 클릭만 늘어나고 실제 구매 전환은 일어나지 않는다는 점입니다. 이렇게 되면 광고품질지수가 떨어지게 되고, 같은 순위를 유지하려면 더 높은 입찰가를 제시해야만 합니다. 반면 공격자는 자신의 광고에는 부정 트래픽을 만들지 않으므로 품질지수가 정상적으로 유지됩니다. 따라서 공격자는 상대적으로 낮은 입찰가만으로도 피해자보다 높은 순위를 차지할 수 있게 됩니다. 결국 공격자는 광고비를 늘리지 않고도 상대방의 광고 효율을 떨어뜨려, 오히려 자신이 유리한 위치를 선점할 수 있는 것입니다.

문제는 부정 트래픽이 단순한 개별적 행위가 아니라, 전문화된 방식으로 운영된다는 점입니다. 예를 들어, 동일한 IP를 사용하여 트래픽 공격을 하면 네이버 시스템에 의해 차단되므로, VPN이나 프록시 서비스를 이용해 수천 개의 가상 IP로 우회하며 네이버의 무효 클릭 필터링을 회피합니다. 부정 트래픽 서비스를 전문으로 하는 업체는 '클릭팜click farm'이라 불리는데, 기업화된 형태로 운영되는 경우가 많고 대부분 법적 처벌을 피하기 위해 사무실을 해외에 둡니다. 부정 트래픽은 수요가 큰 만큼 상당히 큰 블랙마켓을 형성하고 있으며, IT 전문가들이 부정 트래픽 차단을 우회하는 최신 기술을 총동원해 작업을 하므로, 플랫폼에서 완벽하게 차단하기는 사실상 불가능하다고 할 수 있습니다.

네이버는 무효 클릭 방지 알고리즘을 적용해 반복 클릭이나 특정 행동 패턴을 감지해 처리한다고 밝히고 있지만, 실제 무효로 인정되려면 반복성, IP 이상, 체류 시간 등 다양한 조건을 동시에 충족해야 합니다. 게다가 무효 처리는 대부분 사후에 조치가 이루어지기 때문에 실질적으로 부정트래픽을 방어하기는 어렵습니다. 특히, 부정 트래픽을 적발하고 대응하는 주체가 전문성을 갖춘 네이버가 아니라 개별 셀러라는 점이 불합리하다는 지적이 제기되고 있습니다. 심지어 네이버가 자사의 광고 수익을 고려해 부정 트래픽 차단에 소극적인 태도를 보이는 것 아니냐는 의혹도 일부 셀러 사이에서 나오고 있습니다.

실제로 검색광고를 운영하는 셀러 사이에서는 부정 트래픽에 따른 피해 경험이 빈번하게 공유됩니다. 일부 셀러는 특정 시간대에 갑작스럽게 광고 예산이 모두 소진되거나, 클릭 수는 급증했지만 구매나 문의는 전혀 발생하지 않는 이상 패턴을 발견하기도 합니다. 클릭 로그(기록)를 분석하거나 외부 보안 솔루션을 적용해도, 프록시 IP를 활용하거나 사람처럼 행동하는 매크로 공격을 완전히 차단하는 데는 한계가 있다는 의견이 많습니다.

부정 트래픽 문제는 네이버만의 현상이 아닙니다. 구글, 쿠팡 등 주요 온라인 플랫폼에서도 유사한 사례가 반복되고 있으며, 완벽한 방어는 현실적으로 어렵습니다. 따라서 광고 운영자는 일정 수준의 리스크를 고려한 광고 집행 계획을 수립하고 대응 체계를 갖추는 것이 중요합니다.

마진 구조가 좋은 제조업체나 자금력이 뒷받침되는 대기업은 일정 수준의 광고비 손실도 마케팅 비용으로 감내하며 장기적인 투자로 간주할 수 있습니다. 브랜드 인지도 향상과 반복 구매 유도 측면에서도 광고 집행의 의미가 크기 때문입니다. 이에 반해, 위탁판매와 같은 일반 유통 기반 셀러는 일정 마진에 의존하기 때문에, 클릭당 비용이 높아지거나 부정 클릭으로 광고 예산이 낭비되면 수익에 치명적인 영향을 받을 수 있어서, 광고에 과도하게 의존하는 전략은 매우 위험합니

다. 따라서 검색광고 리스크를 피하려면 경쟁이 과열된 키워드는 되도
록 피하고, 유입량과 전환 데이터를 꾸준히 모니터링해야 합니다. 그
리고 검색광고에만 의존하기보다는 외부 마케팅을 병행하고, 장기적
으로는 브랜드를 구축해 유입 채널을 다양화하는 것이 바람직합니다.

05

검색광고는 데이터 싸움

검색광고에는 다양한 데이터 분석 기법과 전략이 존재하지만, 핵심은 내 광고가 1~4위 중 어느 위치에 노출되는지, 몇 명의 고객이 유입되어 몇 퍼센트가 실제 구매로 이어지는지, 그리고 그 전환 과정에 얼마나 많은 광고비가 투입되었는지를 파악하는 것입니다. 이를 위해 실무에서 가장 많이 활용되는 지표는 다음 표와 같습니다.

지표명	의미	활용 포인트
CTR	노출 대비 클릭 비율	광고 문구, 키워드, 섬네일의 매력도 판단 기준(높을수록 유리)
CPC	클릭당 평균 비용 (총비용 ÷ 총클릭 수)	낮을수록 효율적인 광고 집행 가능
CVR	클릭 대비 전환 비율	랜딩페이지 설계, 타깃팅 효율 파악 지표(높을수록 좋음)
ROAS	광고투자수익률 ((전환 가치 ÷ 비용) × 100)	마진율과 연동하여 손익분기점 판단 (예: 마진율 20% → 광고투자수익률 500% 이상 필요)
CPA	전환당 비용 (비용 ÷ 전환 수)	낮을수록 효율적, 성과 기반 입찰 전략 수립에 중요

검색 광고의 주요 지표

이 지표들은 검색광고 성과를 측정하는 데 매우 유용하지만, 단점도 있습니다. 많은 셀러가 광고투자수익률만을 기준으로 검색광고 성과를 판단하는데, 단기 매출 중심 지표인 광고투자수익률에만 집중하다 보면 장기적인 수익성과 고객 확보 전략을 놓칠 수 있습니다.

이때 중요한 개념이 바로 고객생애가치^{LTV, Lifetime Value}입니다. 고객생애가치는 한 명의 고객이 내 스토어에서 평생 동안 발생시키는 총수익을 뜻합니다. 꽃배달과 같은 업종에서 검색광고비 경쟁이 치열한 이유는 단순히 검색광고를 광고투자수익률이 아니라 고객생애가치를 기준으로 운영하기 때문입니다.

고객생애가치는 크게 세 가지 요소로 결정됩니다.

- **재구매 빈도**(Frequency)
- **평균 구매 금액**(Average Order Value)
- **고객 유지 기간**(Duration)

예를 들어, 어떤 고객이 1년에 3번, 한 번에 5만 원씩 3년간 반복 구매한다면 총 45만 원의 수익을 만들어 내므로, 10만 원 정도의 검색광고비를 투자하더라도 이익이 남습니다. 반면 5만 원짜리 상품을 한 번만 구매하고 이탈하는 고객에게 동일한 검색광고비를 쓴다면 오히려 손실이 발생합니다.

업력이 길지 않거나 고객 관리 체계가 없는 셀러는 LTV 데이터를 확보하지 못해, 클릭률이나 구매전환율과 같은 단기 지표에만 의존하는 경향이 있습니다. 결국 장기 전략 부재로 검색광고 효율이 떨어지고, 지속적인 운영이 어려워집니다. 검색광고 전략의 핵심은 '지금 당장 구매할 고객'을 찾는 것이 아니라, '오래도록 우리 브랜드와 관계를 맺을 고객'을 확보하는 데 있습니다. 검색광고를 집행하기에 앞서 LTV 개념을 충분히 이해하고, 이를 기반으로 고객풀 관리 체계를 갖춰야 합니다. 그래야 LTV가 높은 고객층을 선별하고, 이들에게 맞는 콘텐츠 제작과 리타깃팅 전략을 수립할 수 있으며, 검색광고 운영도 장기적으로 지속할 수 있습니다.

물론 고객생애가치만으로 검색광고를 평가할 수는 없습니다. 실전에서는 노출 대비 클릭 비율, 클릭당 평균 비용, 클릭 대비 전환 비율 같은 단기 지표와 고객생애가치와 같은 장기 지표를 함께 살펴야 검색광고 효과를 정확히 파악할 수 있습니다. 이를 위해서는 데이터를 어디서, 어떻게 수집하고 분석하는지가 중요합니다. 네이버 검색광고 관리자 시스템에서는 '보고서'나 '통계' 메뉴를 통해 캠페인, 광고그룹, 키워드, 상품 단위별 세부 데이터를 일별·주별·기기별로 확인할 수 있습니다. 특히, '검색어 보고서Search Query Report'는 광고 최적화에 있어 핵심적인 도구입니다. 고객이 실제 입력한 검색어와 클릭 수, 구매전환율, 전환 가치를 확인할 수 있어, 효율적인 키워드를 선별하고 예산 낭비를 막는 데 큰 도움이 됩니다.

이러한 분석을 바탕으로 광고 최적화를 실행하려면 몇 가지 핵심 영역에 주목해야 합니다.

첫째, 광고투자수익률이나 전환당 비용이 높은 키워드는 입찰가를 상향해 상위 노출을 유지하고, 반대로 성과가 낮은 키워드는 입찰가를 낮추거나 제외해 예산을 절감해야 합니다.

둘째, 구매전환율이 높은 키워드는 지속적으로 발굴하고, 효율이 낮은 키워드는 목록에서 제거하는 방식으로 키워드 관리를 강화해야 합니다.

셋째, 광고그룹이나 상품별 성과를 분석해 예산을 재배분함으로써 자원을 효율적으로 활용해야 합니다.

검색광고는 예산만 충분하다면 비교적 쉽게 상품을 고객에게 노출할 수 있는 수단입니다. 그러나 검색광고를 효과적으로 운영하려면 철저한 데이터 분석과 함께 고객의 성향과 구매 여정에 대한 깊이 있는 이해가 필요합니다. 결국, 검색광고는 단순히 단기 매출을 만드는 비용이 아니라, 장기적인 고객 관계를 설계하는 투자임을 명심해야 합니다.

06

성과형 디스플레이를 주목하라

이제 소비자들은 검색창을 열기 전에 이미 '쇼핑'을 시작하고 있습니다. 유튜브 쇼츠, 인스타그램 릴스, 네이버 웹툰, 블로그, 카페 등에서 콘텐츠를 소비하다 자연스럽게 접한 이미지나 영상이 구매로 이어지는 사례가 늘고 있습니다.

성과형 디스플레이(구 GFA)는 '발견 기반 소비' 시대에 맞춰 설계된 광고 방식으로, 네이버의 뉴스, 블로그, 웹툰, 카페 등 다양한 콘텐츠 지면에 시각적으로 노출되는 광고입니다. 콘텐츠를 탐색할 때 검색 알고리즘을 통해 사용자의 관심사에 부합하는 상품을 먼저 보여 주는 검색광고와 달리, 콘텐츠를 소비하는 흐름 속에서 고객이 자연스럽게 상품을 '발견하게 하는 방식'입니다. 따라서 브랜드를 고객의 일상 속 콘텐츠 경험과 연결시키고, 이 과정에서 생기는 감정적 몰입을 구매 행동으로 이어지게 하는 데 효과적입니다.

성과형 디스플레이 광고는 특정 검색어를 입력하지 않아도, 사용자가 머무는 화면과 상황에 맞춰 자동으로 타깃팅됩니다. 네이버 뉴스, 블로그, 웹툰 등 주요 콘텐츠 지면에 이미지형·영상형·네이티브형 등 최적화된 형태로 노출되며, 광고를 억지로 보게 하기보다 콘텐츠 맥락에 자연스럽게 스며들어 브랜드 메시지를 전달합니다. 또한 키워드 입찰 경쟁 대신 네이버의 다양한 콘텐츠 지면을 활용하는 방식이어서, 구매 의도가 생기기 전 단계의 고객에게도 브랜드를 자연스럽게 노출할 수 있습니다. 따라서 검색광고가 강한 구매 의도를 전제로 한 '수요 포착형 광고'라면, 성과형 디스플레이는 고객이 인식하기도 전에 브랜드가 먼저 다가가는 '수요 발굴형 광고'라고 할 수 있습니다. 예를 들어, 고객이 '고양이 사료 추천'이라는 키워드로 검색하면 검색광고가 노출되지만, 성과형 디스플레이 방식은 고양이 건강관리나 반려묘 관련 콘텐츠를 탐색 중인 고객에게 사료 광고를 노출시켜 검색 이전 단계에서 수요를 자극합니다.

성과형 디스플레이는 과거 '기업의 브랜딩 전용 광고'로 오해받으며 저평가되기도 했으나, 최근에는 단순한 노출 중심에서 벗어나 클릭과 실제 구매를 기준으로 성과를 측정하고 최적화할 수 있는 '성과형 광고'로 진화하고 있습니다. 그리고 성과형 디스플레이는 고객이 브랜드를 처음 인식하는 단계(구매 전 초기 관심 단계)에서 인지도를 효과적으로 높일 수 있도록 설계되어 있습니다. 이런 이유로 성과형 디스플레이 광고는 검색광고와 달리 단기 전환에만 초점을 맞추기보다, 자연스럽게 고객과 감정적으로 연결되고 관계를 형성하는 구조로 발전하게 되었습니다. 그 결과 고객 충성도를 높이고, 고객과 탄탄한 관계를 구축할 수 있는 전략적 수단으로 주목받고 있습니다.

검색광고는 고객이 명확한 문제 의식을 갖고 검색창에 키워드를 입력하는 '긴장된 상태'에서 노출됩니다. 이때 고객의 심리 상태가 서로 다른 만큼, 가격에 대한 반응 또한 달라집니다. 따라서 검색광고는 상대적으로 가격 비교에 민감한 고객에게 효과적이라는 분석이 있습니다. 반면, 성과형 디스플레이는 고객이 콘텐츠를 즐기거나 정보를 탐색하는 흐름 속에서 상품을 '발견'하는 방식으로 노출되기 때문에, 고객은 가격보다는 감성적 연결, 브랜드 이미지, 가치관에 더 쉽게 반응합니다. 따라서 가격 민감도가 낮은 고객에게 브랜드 중심의 설득 전략을 펼치기에 유리한 방식입니다.

광고가 노출되는 상황 또한 중요합니다. 성과형 디스플레이는 웹툰을 보거나 블로그를 탐색하는 '편안한 상태'에서 노출되므로, 감정적 설득에 훨씬 유리한 조건을 제공합니다. 고객이 방어적인 정보 탐색 모드가 아니라 여유롭게 콘텐츠를 소비하고 있을 때, 브랜드 스토리는 훨씬 자연스럽고 강하게 기억에 남습니다. 따라서 광고 클릭 이후 고객이 도달하는 상세페이지에 광고에서 전달한 메시지가 일관되게 반영되어 있다면, 브랜드에 대한 신뢰와 몰입도를 더욱 높일 수 있습니다. 이렇게 되면 체류 시간이 늘어나고 실제 구매로 이어질 가능성이 커집니다.

성과형 디스플레이와 검색광고는 서로 전혀 다른 특성 때문에 각각에 대한 평가는 서로 다를 수밖에 없습니다. 검색광고는 당장의 구매를 유도하는 데 효과적이지만, 가격에 민감한 고객 유입이 많은 탓에 장기적인 관계 형성에는 한계가 있습니다. 반면, 성과형 디스플레이는 브랜드에 대한 호감과 감성적 연결을 기반으로 고객과의 관계를 형성할 수가 있어서, 반복 구매나 추천 등으로 이어지는 긍정적 반응을 기대할 수 있습니다. 따라서 지금처럼 브랜드 기반의 신뢰 형성이 중요한 시대에는 검색광고보다는 전략적 가치가 더욱 부각된다고 할 수 있습니다.

504

성과형 디스플레이가 확대되는 데는 AI 기술의 발전도 관계가 있습니다. 과거에는 고비용과 고도의 전문성이 요구되었던 이미지나 영상 제작을 AI 기술이 발전하면서 누구나 손쉽게 할 수 있게 되었습니다. 이제는 광고 카피뿐 아니라 섬네일 제작, 장면 연출, 스토리보드 작업도 AI 도구를 통해 간단히 만들 수 있어, 개인 셀러도 성과형 디스플레이 이미지나 영상을 쉽게 제작하고 활용할 수 있게 된 것입니다.

성과형 디스플레이는 단순히 상품을 노출하는 광고가 아니라, 브랜드 스토리를 감각적으로 설계하고, 고객의 관심과 감정을 끌어당기는 설득 방식이라 할 수 있습니다. 검색 이전에 발견되고, 가격보다 브랜드의 철학과 이미지로 공감과 신뢰를 쌓아가는 방식은 지금의 소비 환경에서 브랜드를 기억에 남게 만들 수 있는 강력한 도구입니다.

네이버의 광고 정책과 온라인 판매 시장의 트렌드는 점점 더 브랜드 중심으로 이동하고 있습니다. 이런 흐름 속에서 성과형 디스플레이는 지금 이 시대의 전략과 가장 잘 맞는 광고 방식이자, 앞으로 더욱 주목받게 될 핵심 채널이라 할 수 있습니다.

07

이왕 하는 거 숏클립도 함께하라

소비자들은 점점 긴 글보다 짧고 빠르며 직관적인 콘텐츠를 선호하고 있습니다. 15초 또는 30초 안에 핵심 메시지를 전달하는 숏폼 콘텐츠는 디지털 마케팅의 중심 전략으로 자리 잡고 있습니다. 특히 MZ세대는 짧은 영상 콘텐츠를 통해 단순히 정보를 소비하는 것을 넘어, 제품을 탐색하고 실제 구매를 하기도 합니다.

틱톡은 쇼핑 기능을 플랫폼에 직접 탑재했으며, 인스타그램에서는 릴스가 피드보다 우선순위로 노출됩니다. 유튜브에서도 쇼츠 역시 롱폼 영상보다 먼저 사용자 유입을 유도할 만큼 주요한 도구로 활용되고 있습니다. 이러한 흐름은 숏폼이 단순한 유행이 아니라 마케팅 전략의 필수 요소가 되었음을 보여줍니다.

TikTok Marketing Science[Fairing, 2022] 보고서에 따르면, 사용자 중 61%가 틱톡에서 본 콘텐츠를 계기로 제품을 구매한 경험이 있다고 응답했습니다. 또한, 구글과 다양한 마케팅 분석에 따르면 유튜브 쇼츠를 포함한 숏폼 영상 콘텐츠는 일반 텍스트 기반 콘텐츠에 비해 사용자 주목도와 반응 유도 측면에서 더 효과적인 경향을 보이며, 일부 조사에서는 숏폼 영상 콘텐츠가 쇼핑 검색이나 구매 행동으로 이어질 가능성이 높다는 분석도 제시되고 있습니다. 이 결과는 숏폼 콘텐츠가 단순한 노출을 넘어 실질적인 구매 전환에 영향을 줄 수 있는 잠재력이 크다는 점을 시사합니다.

네이버쇼핑은 쇼핑라이브의 성공을 통해 라이브커머스 성장 가능성을 확인한 뒤, 짧은 영상 콘텐츠의 중요성을 반영하여 '네이버 숏클립' 서비스를 출시했습니다. 숏클립은 검색 결과 중간에 상품을 자연스럽게 노출해, 사용자가 검색하지 않아도 상품 정보를 접할 수 있게 하고, 검색한 사용자에게는 제품 신뢰도를 높이는 보조 역할도 수행합니다.

특히 숏클립은 영상 시청 중 곧바로 상품 상세페이지로 연결되기 때문에, 네이버 앱 안에서 별도의 로그인이나 결제 절차 없이 쇼핑이 완료됩니다. 외부 플랫폼에 비해 이탈이 적고 구매전환율 손실이 낮은 장점이 있습니다. 일부 사례에 따르면 숏클립 활용 시 구매전환율이 기존 대비 약 1.2배 상승한 것으로 분석되고, 네이버 역시 내부 통계에서 긍정적인 효과를 언급하고 있습니다. 네이버는 숏클립을 강화하기 위해 검색 결과 상위 고정 배너 노출, 노출 비중 확대 등 여러 정책을 시행하고 있습니다. 이는 단순히 기능 변화가 아닌, 네이버가 숏폼 콘텐츠를 검색 시스템의 중심 콘텐츠로 재편하고 있다는 뜻입니다.

기존의 검색광고나 쇼핑 검색광고는 섬네일에 텍스트를 넣을 수 없고, 구성 상품 표시에도 제한이 많아 표현력이 떨어집니다. 반면 숏클립은 이미지와 문구 표현에 대한 제약이 적어, 감성적이면서도 직관적인 메시지를 자유롭게 담을 수 있습니다. 이는 소비자가 텍스트 기반 정보보다 짧은 영상 콘텐츠를 선호하는 흐름과도 맞물려, 상세페이지나 긴 리뷰 대신 짧은 영상 하나로 상품의 특장점을 명확히 전달할 수 있는 강점으로 작용합니다.

과거에는 영상 광고를 제작하려면 장비와 전문 인력이 필요했지만, 지금은 다양한 모바일 영상 편집 앱만으로도 누구나 손쉽게 숏폼 콘텐츠를 만들 수 있습니다. 여기에 AI 기술까지 더해져, 텍스트 입력만으로도 자동 영상 생성, 음성 합성, 배경 제거, 자막 삽입 등을 할 수 있어, 기획만 잘하면 누구든 영상을 제작할 수 있는 시대가 되었습니다. AI 기술과 편집 도구를 손쉽게 사용할 수 있는 환경이 된 지금, 고객의 마음을 움직이는 영상은 누구든 만들 수 있습니다. 이제 진짜 중요한 것은 '기술력'이 아니라 '기획력과 메시지'입니다.

그렇다면 효과적인 숏폼 영상은 어떻게 기획해야 할까요? 숏폼 영상은 15초에서 30초가 적당하며, 시작 3초 안에 핵심 메시지를 전달해야 이탈률을 줄일 수 있습니다. 제품 사용 장면, 문제 해결 포인트, 고객 리뷰 등은 몰입도를 높이는 데 효과적입니다.

이러한 원칙을 적용해서 기획할 수 있는 대표적인 숏클립을 유형별로 정리하면 다음 표와 같습니다.

유형	설명
사용후기형	고객의 생생한 경험을 전달해 신뢰도 확보
문제해결형	불편을 해결해 주는 방식으로 제품 효용을 강조
비교형	유사 제품과의 차별점을 부각시켜 설득력 강화
하우투형	사용법, 활용법 등 실용 정보 제공

대표적인 숏클립 유형

숏클립용으로 제작한 숏폼 콘텐츠는 유튜브 쇼츠, 틱톡, 인스타그램 릴스 등 다른 숏폼 채널에도 재활용할 수 있습니다. 영상 형식과 편집 스타일이 비슷하기 때문에, 콘텐츠를 큰 부담 없이 멀티채널로 확장하여 내부 전환뿐 아니라 외부 유입까지 유도함으로써 매출을 극대화할 수 있습니다. 하지만 채널 확장만큼 중요한 것이 바로 업로드의 '지속성'입니다. 단발성 콘텐츠보다 일정한 주기(예: 주 2~3회 이상)로 꾸준히 영상 콘텐츠를 올리는 것이 알고리즘상 노출에 유리하며, 브랜드 인지도와 검색최적화 향상에도 긍정적인 영향을 줄 수 있습니다.

숏클립이 서비스 초기에는 많은 셀러의 관심을 받았으나, 시간이 지나면서 영상 업로드 빈도가 줄어든 모습도 보입니다. 인기 키워드로 검색해 보면 동일한 영상이 반복 노출되는 것을 볼 때, 숏클립 영역의 경쟁이 아직 본격화되지 않았다는 신호를 읽을 수 있습니다. 이유는 많은 셀러가 숏클립의 구매전환율에만 주목한 나머지, 해당 콘텐츠가 검색 알고리즘과 검색최적화에 어떤 영향을 미치는지를 분석하지 못한 것일 수도 있습니다.

영상으로 전환을 끌어내는 일은 상세페이지와는 또 다른 연출 역량을 요구하므로 부담스러운 수 있지만, 반복 시도를 통해 개선하는 것이 콘텐츠 운영의 본실입니다. 단기적인 수치에만 매몰되어 숏클립을 포기하기보다는, 반복적인 영상 업로드와 함께 검색최적화 효과를 모니터링하고, 점진적으로 구매 전환까지 끌어올리는 노력이 필요합니다.

08

네이버쇼핑 라이브

한때 TV 홈쇼핑은 약 15조 원 규모의 시장을 형성하며 유통 산업의 중심에 있었습니다. 방송을 보다 보면 어느새 전화기를 들고 주문하고 있었다는 말이 나올 만큼 몰입도가 높았습니다. 쇼호스트의 리듬감 있는 진행과 유려한 말솜씨는 소비자의 감정을 자극하기에 충분했습니다. 그러나 지금은 그 위상을 유지하지 못하고 있습니다. 스마트폰 확산과 모바일 콘텐츠 소비의 증가로 일방향 소통이 중심인 홈쇼핑은 점점 경쟁력을 잃고 있으며, 시청률과 수익성 모두 하락세를 보이고 있습니다.

이런 변화 속에서 등장한 것이 바로 라이브커머스입니다. 라이브커머스는 TV 홈쇼핑 방식에 모바일 환경과 실시간 참여형 소통 기능을 결합한 새로운 형태의 커머스입니다. 말하자면 '손안의 홈쇼핑'이라 할 수 있습니다. 기존에는 방송 시간이 정해지고 소비자는 수동적으로 시청해야 했지만, 라이브커머스는 언제 어디서든 방송이 가능하며 소비자도 실시간 채팅으로 참여할 수 있어 더욱 즉각적이고 몰입도 높은 쇼핑 경험을 제공합니다.

2020년경 시작된 모바일 기반 라이브커머스는 빠르게 성장하며, 2023년 약 3조 원, 2024년 약 3.5조 원 규모로 확대되었습니다. 방송당 평균 거래액도 50% 이상 증가해 높은 성장성을 입증하고 있습니다. 특히 네이버쇼핑 라이브는 2023년 약 8천억 원의 거래액으로 국내 시장의 4분의 1 가까이를 점유했습니다. 유입된 고객 중 상당수가 네이버 검색과 스마트스토어를 통해 제품을 구매하는 구조를 갖추고 있어, 구매전환율이 높게 나타나는 특징이 있습니다. 국내 라이브커머스 시장은 2030년까지 약 32조 원 규모로 확대될 것으로 보이며, 이는 전자상거래 평균을 훨씬 웃도는 수치입니다.

국내뿐 아니라 글로벌 플랫폼도 같은 흐름을 보이고 있습니다. 유튜브는 쇼핑 링크와 실시간 방송 기능을 결합했고, 인스타그램과 틱톡은 숏폼 영상 기반의 쇼핑 환경을 확장하고 있습니다. 이는 고정된 방송 시간과 일방향 커뮤니케이션 중심의 전통적 홈쇼핑 방식이 점점 경쟁력을 잃고 있으며, 소비자가 더 즉각적이고 쌍방향적인 쇼핑 경험을 선호하는 방향으로 시장이 재편되고 있음을 보여줍니다.

라이브커머스는 영상 콘텐츠와 실시간 소통이 결합된 참여형 쇼핑 형태로, 기존의 텍스트·이미지 중심 쇼핑과는 전혀 다른 경험을 제공합니다. 소비자는 실시간 방송에 참여하며 질문하고 피드백을 주고받을 수 있고, 셀러는 직접 소통을 통해 상품을 설명하며 구매를 유도합니다. 무엇보다 라이브커머스의 핵심은 실시간 소통을 통한 몰입감입니다. 라이브커머스를 통해 셀러는 고객의 질문에 즉각적으로 반응하고, 상품에 대한 궁금증을 바로 해소하여 신뢰를 빠르게 쌓을 수 있습니다. 셀러는 상품 정보 외에도 자신의 경험이나 일상, 고객과의 대화를 공유하며 친근한 분위기를 형성합니다. 소비자와 셀러의 활발한 상호작용은 자발적인 재방문과 재구매로 이어지는 충성 고객층의 기반이 됩니다.

라이브커머스는 스튜디오나 전문 장비가 없어도 스마트폰과 인터넷만 있으면 누구나 시작할 수 있습니다. 그리고 비용보다 콘텐츠 기획력과 소통 능력이 더 중요한 경쟁 요소가 되므로 중소 셀러에게 매우 유리합니다.

라이브커머스는 사전 준비, 방송 중 전략, 방송 후 관리라는 세 단계로 체계적으로 운영하는 것이 이상적입니다. 다음은 각 단계별 주요 전략을 정리한 표입니다.

단계	주요 전략
방송 전 준비	• 타깃 고객 분석 및 방송 기획 • 검색 데이터 기반 상품 선정 • 방송 시간 설정 및 알림 홍보 • 시나리오 구성 • 장비·인터넷 점검
방송 중 전략	• 실시간 채팅 대응 • 진정성 있는 말투 유지 • 퀴즈·쿠폰 활용 • 사례 중심 스토리텔링 강조
방송 후 관리	• 숏폼/블로그 콘텐츠 재가공 • 방송 데이터 분석 • 감사 메시지·재방문 유도 • 리뷰 이벤트 운영

라이브커머스 단계별 전략

많은 셀러가 라이브커머스를 시작할 때 완벽한 준비를 마친 후 도전하려 합니다. 하지만 중요한 것은 완벽한 출발이 아니라, 부족한 상태에서 먼저 실행하고, 반복하며 개선해 나가는 과정을 통해 자신만의 콘텐츠 스타일을 만들어 가는 일입니다. 고객과의 대화 속 농담, 개인사 언급, 진솔한 사연 공유, 실생활에 도움이 되는 팁 소개 등은 고객의 공감과 호감을 얻는 데 효과적이며, 재구매와 브랜드 지지로 이어지는 충성 고객층 형성에 기여합니다.

처음에는 말이 어색하고 진행이 서툴 수 있지만, 방송을 반복하다 보면 자신만의 구성 방식이 정립되고 고객과의 신뢰도 자연스럽게 쌓입니다. 라이브커머스는 단순한 매출 창구가 아니라, 고객과 브랜드가 함께 성장하는 무대입니다. 실시간 소통과 반복적인 콘텐츠 노출은 셀러의 개성과 철학을 드러내며, 장기적인 브랜드 자산으로 축적될 수 있습니다.

16장

스마트스토어의 미래

AI 쇼핑 시대의 도래

지금까지 이 책에서는 네이버쇼핑이라는 플랫폼을 중심으로 검색에 잘 노출되고, 고객의 이성과 감정을 자극하여 구매로 이어지게 하는 설득의 기술에 관해 설명했습니다. 이 책에서 다룬 설득의 기술은 스마트스토어를 포함하여 모든 온라인 커머스 플랫폼에 공통으로 적용되는 전략이지만, 머지않아 무의미해질 수도 있습니다.

그동안 우리는 상품을 찾기 위해 검색창에 키워드를 입력하고, 검색 결과를 비교하고, 리뷰를 읽고, 가격을 확인한 뒤 구매 결정을 했습니다. 검색 – 비교 – 리뷰 확인 – 가격 확인 과정은 쇼핑의 '기본 절차'로 여겨졌고, 그 결과 온라인 상거래는 검색 플랫폼을 중심으로 성장해 왔습니다.

그러나 최근 생성형 AI는 텍스트 생성 수준을 넘어 맥락을 이해하고 감정을 추론하며, 개인 상황에 맞춘 제안을 할 수 있는 수준에 도달했습니다. AI 전문가 강정수 박사는 "소비자는 더는 쇼핑을 위해 검색하지 않는다."라며, "검색최적화 전략은 AI 시대에는 무용지물이 될 수 있다."라고 경고합니다. 검색어에 의존한 기존의 전략은 점점 효과를 잃고 있으며, 앞으로의 전략은 고객의 맥락과 감정을 이해한 콘텐츠 설계를 중심으로 재편될 것입니다.

많은 전문가와 산업 분석 기관은 커머스가 AI 기술의 가장 중요한 응용 분야가 될 것으로 전망합니다. 가장 많은 돈이 오가고, 사용자 데이터를 가장 많이 보유한 영역이기 때문입니다. 실제로 주요 플랫폼은 사용자가 굳이 검색하지 않아도 자연어로 질문하면 AI가 실시간으로 답변을 제공하는 쇼핑 환경을 구축하고 있습니다.

기존 쇼핑 구조는 셀러가 정해진 형식에 맞춰 상품 정보를 등록하고, 소비자가 특정 검색어를 입력해야만 상품이 노출되는 방식입니다. 이 과정은 고객의 감정, 상황, 맥락을 반영하지 못했고, 고객도 검색 구조를 이해해야만 원하는 상품에 도달할 수 있었습니다. 하지만 요즘 소비자는 검색창에 키워드를 입력하기보다는 콘텐츠를 즐기다가 우연히 상품을 발견하고, 자연스럽게 감정적으로 반응하며 구매로 이어지는 흐름에 더욱 익숙해졌습니다. 쇼핑이 의도된 탐색 행위가 아니라, 유입과 반응 중심의 경험으로 재편되고 있는 것입니다.

AI는 대화를 분석할 때 단어의 의미뿐 아니라 문맥, 시간, 감정 신호 등을 함께 고려해 사용자의 현재 필요를 추론합니다. AI는 유사한 소비자들의 과거 반응을 학습한 추천 알고리즘을 통해 명시적 검색 없이도 자연스러운 구매 흐름을 만들어 냅니다. 이러한 변화는 검색 구조뿐 아니라, AI 기반 자동 제안 시스템을 이해하고 활용할 수 있는 셀리에게 확실한 경쟁 우위를 제공할 것입니다.

결국, 중요한 것은 정형화된 데이터가 아니라, 감정과 관점, 사용 경험이 담긴 콘텐츠입니다. 리뷰, 블로그, 유튜브 영상, 커뮤니티 글, 라이브 방송 등은 AI 추천의 핵심 자원이 됩니다. 네이버 CUE 기술 블로그에서도 "AI는 사용자 문맥을 파악하고, 블로그나 커뮤니티 글을 추천 판단의 근거로 삼는다."라고 밝힌 바 있습니다.

콘텐츠를 꾸준히 만들어 내는 일은 결코 쉽지 않습니다. 특히 1인 셀러나 소상공인은 콘텐츠를 만드는 데 기획뿐 아니라 사진·글쓰기·영상 편집 등 여러 역량이 요구되기 때문에, 심리적, 시간적 부담이 클 수밖에 없습니다. 이러한 어려움을 해결해 주는 AI 에이전트가 잇달아 등장하고 있습니다. AI 에이전트는 상세페이지, 블로그, 쇼핑 영상, 이미지 등 다양한 콘텐츠를 자동으로 제작해 주는 기능을 제공하고 있습니다. 나아가 콘텐츠의 효율성과 품질을 일정 수준까지 끌어올릴 수 있는, 다양하고 편리한 AI 서비스도 빠르게 등장하고 있습니다. 그 결과 이런 기능과 서비스를 이용하면 누구나 쉽게 콘텐츠를 제작할 수 있게 되면서 온라상에 콘텐츠가 넘쳐나고 있습니다. 따라서 이제 중요한 것은 콘텐츠 자체가 아니라 콘텐츠가 고객에게 얼마나 공감을 줄 수 있느냐입니다. 고객에게 공감을 주고 감정적으로 연결되지 않는 콘텐츠는 아무리 노출이 많이 되더라도 구매 전환으로 이어지지 않습니다.

AI가 시대에 역설적으로 AI가 추천하는 콘텐츠의 핵심은 공감입니다. 문제는 인간 특유의 정서적 요소인 공감은 AI 에이전트 기술로 흉내 낼 수는 있어도, 완전히 대체할 수 없다는 사실입니다. 공감은 인긴의 서사와 감정을 통해서만 전달할 수 있기 때문입니다. 이런 이유로 많은 전문가기 AI 시대에 감정과 관계를 다루는 인간의 역할이 더욱 중요하다고 말합니다.

이제 콘텐츠는 단순히 정보를 전달하는 데 그쳐서는 안 됩니다. 사람의 감정과 서사를 담아 공감을 불러일으키고, 관계를 형성하는 힘이 있어야 합니다. 공감을 통해서 형성된 반응은 AI한테 사람들이 그 콘텐츠를 신뢰한다는 신호로 작용하여 더 많은 추천 기회를 만들어 냅니다.

AI 시대, 그동안 키워드 전략, 가격 경쟁력, 상세페이지 구성 중심의 스마트스토어 운영자의 역할도 다음과 같이 재정의 되어야 합니다.

- **감정과 가치를 설계하는 콘텐츠 기획자**
- **상품에 맥락을 부여하는 스토리텔러**
- **고객과 브랜드의 연결을 설계하는 감성 디자이너**
- **AI 피드에 최적화된 이야기 구조를 짜는 서사 설계자**

네이버는 국내에서 가장 방대한 한국어 기반 콘텐츠 생태계를 보유하고 있으며, 스마트스토어와 연계해 한국어 기반 콘텐츠를 커머스로 전환할 수 있는 독보적인 구조를 갖추고 있습니다. AI가 텍스트와 영상 속 언어를 해석해 상품과 사용자의 관심사를 연결하는 시대에는, 네이버의 한국어 콘텐츠 생태계 자체가 곧 언어 기반 마케팅 자산이 됩니다. 따라서 셀러는 단순히 통계나 검색최적화에 의존하기보다, 상품의 이야기를 스토리텔링 콘텐츠로 만들어 고객과 소통해야 합니다. 더 적극적으로 블로그에서 독자와 관계를 맺고, 카페에서 관심사를 공유하며, 짧은 영상 클립으로 상품의 맥락을 전하는 활동을 강화해야 합니다.

특히 블로그에서는 AI가 가장 정확히 이해할 수 있는 텍스트 기반 콘텐츠로 독자에게 감정적 맥락과 정성적 정보를 왜곡 없이 전달할 수 있습니다. 숏폼 영상이나 이미지 중심 콘텐츠는 짧은 순간에 주목을 끌어야 하기 때문에 감정을 단편적으로만 보여주는 경우가 많습니다. 예를 들어, 15초짜리 영상에서 제품을 사용하며 웃는 장면은 '즐겁다'라는 메시지를 줄 수 있지만, 왜 즐거운지 어떤 맥락에서 그런 감정이 생겼는지는 충분히 전달하기 어렵습니다. 반면, 블로그에서는 텍스트로 경험과 감정을 자세히 서술할 수 있습니다. 제품을 사용하게 된 배경, 구체적인 상황, 사용 과정에서 느낀 생각과 감정까지 풀어낼 수 있어, 독자는 그 감정을 더 온전히 이해하게 됩니다. 이렇듯 블로그 글쓰기는 단순한 마케팅 수단을 넘어 고객의 마음을 이해하고, 셀러 자신의 철학을 정립하며, 고객과 감정적으로 연결되는 수단입니다.

그뿐 아니라 AI 또한 텍스트 기반 데이터를 가장 정확하게 해석하기 때문에 블로그는 추천 시스템이 신뢰하는 자산으로 기능합니다. 다시 말해 블로그는 AI가 쉽게 모방할 수 없는 셀러 고유의 스토리를 담을 수 있는 공간이며, 셀러 고유의 스토리는 AI 추천 시스템이 신뢰하는 핵심 자산이 됩니다.

AI 시대의 스마트스토어 성공은 알고리즘 최적화가 아닌 콘텐츠 설계 능력에 달려 있습니다. 우리는 데이터를 입력하는 셀러가 아니라, 감정을 설계하고 이야기를 전하는 콘텐츠 제작자로서 기술 너머의 인간성을 구현해야 합니다. AI는 인간의 언어를 학습하지만, 인간의 마음까지는 복제하지 못합니다. 셀러의 이야기가 누군가의 감정을 움직일 때, AI는 그것을 신뢰의 신호로 인식합니다. AI 시대의 성공은 기술이 아니라, 사람의 이야기를 설계하는 힘에 달려 있습니다.

02

셀러는 왜 존재해야 하는가?

인공지능이 고객에게 필요한 적절한 상품을 추천하고, 고객의 문의에 응답하며, 콘텐츠까지 자동으로 제작하는 시대가 되었습니다. 벌써부터 시장 조사뿐 아니라, 검색으로도 찾기 어려운 상품을 발굴하고 소싱을 제안하는 일까지 AI가 대신한다는 말이 나옵니다. 빠르게 변화하는 기술 환경 속에서 인간인 나는 어떤 역할을 할 수 있을까요?

기술은 점점 더 많은 것을 자동화하고 최적화합니다. 반면, 나는 여전히 실수를 하고, 감정에 흔들리며, 때로는 지치기도 합니다. 자동화된 AI보다 나은 점을 찾기 어려운 나는 과연 어떤 경쟁력이 있을까요? 이대로 플랫폼의 AI 서비스에 대체되는 것은 아닐까요?

우리는 지금 철저한 비교와 최적화가 중심이 되는 시대에 살고 있으며, AI는 상품의 기능, 가격, 리뷰를 분석해 고객에게 가장 효율적인 선택을 제안합니다. 누구나 '더 싸고 더 좋은 상품'을 쉽게 찾을 수 있게 되었지만, 그럴수록 더 근본적인 질문을 해야 답을 찾을 수 있습니다.

AI는 기능, 가격, 리뷰를 근거로 가장 효율적인 선택을 제안하는 데 뛰어납니다. 그러나 효율만으로는 고객이 느끼는 의미와 감정을 설명할 수 없습니다. 바로 이 지점에서 인간만의 역할이 드러납니다. 셀러는 이제 '무엇을 팔아야 할까?'보다 '좋은 상품이란 무엇인가?', '나는 왜 이 일을 하는가?', '나는 어떤 존재인가?'라는 더 근본적인 질문을 먼저 던져야 합니다. 이런 질문은 단순히 철학적 성찰에 그치지 않습니다.

'좋은 상품이란 무엇인가?'라는 물음은 단순히 기능이 뛰어나고 가격이 저렴한 제품을 넘어, 고객의 삶에 어떤 의미와 가치를 더할 수 있는지를 고민하게 합니다.

'나는 왜 이 일을 하는가?'라는 물음은 셀러의 동기와 가치관을 드러내어 고객이 공감할 수 있는 지점을 만들어 줍니다.

'나는 어떤 존재인가'라는 물음은 셀러의 태도와 정체성을 일관되게 보여줌으로써 고객의 신뢰를 형성합니다.

결국 이러한 물음을 통해 만들어진 철학과 스토리가 고객의 감정과 연결되는 순간, AI가 제시할 수 없는 차별화된 경쟁력이 탄생합니다.

지금까지 셀러에게는 플랫폼의 규칙에 맞춰 상품 정보를 등록하고, 키워드와 광고로 고객을 유입시키는 것이 가장 중요한 일이었습니다. 하지만 이제 고객의 삶을 이해하고 감정을 담아 상품을 제안하는 셀러만이 생존할 수 있는 환경으로 바뀌고 있습니다. 변화된 환경에서 고객의 삶에 대한 이해와 공감은 소규모 셀러가 충분히 대응할 수 있는 주제입니다. 오히려 자본이나 기술이 아닌 진심으로 운영되는 스토어일수록 더 강한 끌림을 만들어 낼 수 있기 때문입니다.

사이먼 시넥은 『Start With Why』에서 "사람들은 당신이 무엇을 하는지가 아니라, 왜 그것을 하는지를 구매한다."라고 말합니다. 고객은 상품의 스펙과 기능보다 그 안에 담긴 태도와 의미에 더 깊이 반응합니다. 예를 들어, 한 육아용품 셀러는 '아이의 첫 식탁'을 주제로 이유식기를 판매하며, 제품에 담긴 메시지를 강조합니다. 상세페이지에는 이렇게 적혀 있습니다. "이건 단순히 예쁘고 실용적인 그릇이 아니라, 부모가 아이에게 첫 식사를 차려주는, 그 마음을 담은 그릇입니다. 그 마음을 함께 표현하는 브랜드가 되고 싶었습니다."

셀러의 진심과 관점이 콘텐츠에 스며드는 순간, 고객은 단순한 상품 정보를 넘어 자신의 삶을 비추는 거울을 발견하게 됩니다. 이때 고객은 정보가 아니라 공감을 느끼며, 그 감정적 연결이 반복 구매와 충성도로 이어집니다. 사람들은 편의성보다 자신의 감정과 상황을 이해해 주는 제안에 더 깊이 반응하기 때문입니다. 결국 고객이 진짜 원하는 것은 상품 그 자체가 아니라, 상품을 제안한 사람과의 관계입니다. 따라서 셀러는 단순히 제품을 전달하는 판매자가 아니라, 고객의 삶을 함께 설계하는 제안자로서 자신의 역할을 다시 정의해야 합니다.

셀러의 역할에 대한 질문은 고객의 감정에 다가가고 실제 삶의 맥락과 연결되는 콘텐츠를 만드는 실마리가 됩니다. 이는 단지 마케팅의 기법 문제가 아니라, 우리가 살아가는 이 시대의 가치 기준과도 깊이 맞닿아 있습니다. 철학이 사라지고 모든 가치가 이해득실로만 평가되는 사회에서 인간다움은 점차 퇴색되고 있습니다. 그럼에도 고객의 마음을 움직이는 것은 여전히 진심 어린 이야기입니다. 자신의 이유와 신념을 담아 콘텐츠를 만들어 내는 셀러는 브랜드를 상품 이상의 의미로 성장시킵니다.

또한, 같은 철학을 공유하는 셀러는 서로 협력함으로써, 혼자서는 만들 수 없는 더 큰 가치를 창출할 수 있습니다. 브랜드는 결코 개인의 힘만으로 완성되지 않으며, 태도와 신념을 함께 나누는 연결이야말로 브랜드의 지속 가능성을 높이는 핵심 요소입니다. 협업을 통해 개인의 이야기는 공동의 이야기로 확장되고, 공동의 경험과 서사로 형성된 신뢰의 네트워크가 장기적인 성공을 이끌어 냅니다.

03

퍼스널 브랜딩 시대의 브랜딩

과거 마케팅은 대중매체를 활용하여 일방적으로 메시지를 전달하고, 단기적인 판매 성과를 만들어 내는 '광고의 시대'였습니다. 그러나 지금은 상황이 완전히 달라졌습니다. 정보가 넘쳐나는 오늘날, 광고는 소비자에게 쉽게 외면당하고, 고객은 브랜드가 전달하는 정체성과 철학, 신뢰에 더욱 민감하게 반응합니다. 브랜드의 철학과 메시지, 고객과의 관계가 마케팅의 중심축이 된 것입니다.

이 변화는 단순한 유행이 아니라 고객의 행동 방식이 실질적으로 바뀐 결과입니다. 광고에 대한 반응은 점점 낮아지고 리뷰와 콘텐츠 기반의 탐색 활동이 증가하면서, 고객은 브랜드를 선택할 때 정보보다 신뢰와 맥락을 더 중시하게 되었습니다. 고객은 기업의 광고보다 진정성 있는 개인의 이야기, 리뷰, 콘텐츠를 더 신뢰하며, 브랜드가 어떤 가치를 추구하고, 어떤 철학을 전달하는지를 기준으로 제품을 선택합니다. 즉, '무엇을 파는가'보다 '누가 파는가'가 훨씬 중요한 경쟁력이 되고 있습니다. 소비자의 선택 기준이 '무엇을 파는가'에서 '누가 파는가'로 이동한 지금, 상품이 아닌 셀러 자신을 브랜드화하는 퍼스널 브랜딩은 매우 효과적인 차별화 수단입니다.

인간의 뇌는 무미건조한 사실보다 맥락이 있는 이야기에 더 깊이 반응합니다. 스토리는 감정, 기억, 공감 능력을 동시에 자극하며, 브랜드와 고객 간에 감정적 유대를 형성하는 데 가장 본능적이고 효과적이기 때문입니다. 스토리는 인류가 글자보다 먼저 사용한 지식 전달 방식이며, 지금도 인간은 본능적으로 스토리에 집중하고 몰입합니다. 이런 점에서 퍼스널 브랜딩은 인류의 원초적 감각을 활용해 고객과의 신뢰와 연결을 만들어 내는 효과적인 전략이라고 할 수 있습니다.

퍼스널 브랜딩에서 셀러가 가진 스토리는 감동을 주는 서사일 뿐 아니라, 경쟁자가 단기간에 모방할 수 없는 고유한 무기입니다. 셀러의 경험, 고객 변화 사례, 브랜드 철학이 담긴 서사는 기능이나 디자인보다 훨씬 깊은 차별화를 이끌어 냅니다. 결국 고객은 '이 사람의 이야기와 철학'에 반응하며 브랜드를 기억하고 선택합니다.

퍼스널 브랜딩은 개인만의 전략이 아니라, 오늘날 브랜딩이 어떻게 신뢰를 만들고 관계를 확장해야 하는지를 분명하게 보여줍니다. 성공적인 브랜딩은 퍼스널 브랜딩처럼 고객과의 감정적 연결을 통해 단골과 팬을 만들어 내고, 브랜드 자산을 축적하며, 위기 상황에서도 흔들리지 않는 신뢰를 구축합니다. 고객은 상품 자체보다 상품을 제안하는 사람의 안목과 철학에 반응하며, 반복 구매를 넘어 브랜드의 성장을 자발적으로 지지하게 됩니다. 브랜드에 대한 신뢰와 지지는 고객과의 모든 접점에서 일관되게 감정과 이야기를 전달할 때 형성되며, 유사한 상품 속에서도 감정을 담은 브랜드는 더 오래 기억되고 선택받습니다.

우리는 이미 광고의 시대를 지나, 브랜딩의 시대에 살고 있습니다. 이제 브랜드는 단지 상품을 알리는 수준을 넘어서, 퍼스널 브랜딩처럼 고객과의 관계를 통해 자신의 스토리 속에서 정체성을 증명해야 합니다. 브랜드가 고객과 공유하는 가치와 철학, 삶의 태도를 기반으로 공동체를 형성해 나가는 방향으로 진화하고 있기 때문입니다. 브랜드는 점점 더 '나'의 것이 아닌, '우리'의 것으로 확장되고 있으며, 진정성을 바탕으로 한 연결과 공감이야말로 브랜드의 핵심 자산이 될 것입니다.

브랜딩의 미래 또한 퍼스널 브랜딩처럼 기술이 아닌 사람의 정체성과 진정성, 관계 설계 능력에 달려 있습니다. AI가 기능과 효율을 높이는 도구라면, 브랜딩은 감정과 의미를 설계하는 예술이 되어야 합니다. 기술이 닿지 못하는 영역은 결국 '사람이 만든 이야기'이며, 브랜딩의 본질도 '사람의 이야기' 속에 있기 때문입니다.

대량 노출과 일방적 메시지 전달에 머무는 마케팅은 더는 효과가 없습니다. 이제는 고객이 참여하고 교감할 수 있는 쌍방향 커뮤니티, 그리고 직접 경험을 통해 브랜드를 체감하는 구조로 변화하고 있습니다. 이 과정에서 브랜드는 고객 한 사람 한 사람의 감정에 정밀하게 접근하며, 단순히 제품의 기능을 설명하기보다 그 이면에 담긴 목적과 철학을 이야기해야 합니다. 브랜딩은 관계를 기반으로 한 감정의 설계이자, 공동체를 중심으로 성장하는 연대의 방식으로 진화하고 있습니다.

다음은 브랜딩 전략 점검표입니다. 점검표를 통해서 자신의 브랜딩이 어느 단계에 있고, 어떤 점을 더 고민해야 하는지 점검해 보기 바랍니다.

구분	핵심 요소	핵심 질문
구성	정체성Identity	나는 누구인가? 왜 이 일을 하는가?
	표현Expression	어떤 콘텐츠로, 어떤 방식으로 나를 드러낼 것인가?
	반복Repetition	고객과 만나는 모든 접점에서 어떻게 일관성을 유지할 것인가?
전략	고유한 가치 제안	고객이 나를 선택할 이유는 무엇인가?
	진정성과 일관성	내 메시지는 일관성을 유지하고 있는가?
	스토리텔링과 콘텐츠	내 철학은 감정적인 서사로 전달되고 있는가?
	관계 형성과 소통	고객과 지속적으로 반응하며 신뢰를 쌓고 있는가?
	지속적 노출	내가 고객이 있는 곳에 꾸준히 등장하고 있는가?

브랜딩 점검표

누구나 마주하게 될 현실

온라인 유통 산업에서 셀러가 맞닥뜨리는 진짜 문제는 경쟁과 외부 사업 환경이라는 강력한 변수입니다. 충분한 학습과 철저한 준비로 시작하더라도, 예측이 불가한 요소로 인해 때때로 치명적인 실패를 겪을 수 있으며, 개인의 힘만으로는 감당하기 어려운 경우가 많습니다. 특히 유통 산업은 기본적인 작동 원리가 단순한 편이어서 경쟁에 매우 취약하며, 피나는 노력과 아이디어로 어렵게 구축한 시장조차도 쉽게 침해당할 수 있습니다.

내가 경쟁자의 아이디어를 빠르게 읽어내고 신속하게 움직여 수익을 만들어 낼 수 있듯이, 경쟁자가 내 아이디어를 빠르게 모방하는 것 또한 너무 당연합니다. 특히 내 아이디어가 알고리즘 기반의 상위 노출 전략이라면 더욱 그렇습니다. 온라인이라는 공개된 장소에서는 여러 가지 단서를 통해 사업에 필요한 거의 모든 정보를 수집하고, 현상의 원인을 추론하는 것이 그렇게 어려운 일이 아니기 때문입니다.

자금력과 시스템을 갖춘 경쟁자는 전문 대행사를 동원해 가구매와 리뷰 조작으로 검색 상위에 노출되고, 전담 인력을 통해 상세페이지 오류를 지속적으로 신고해 경쟁 상품이 삭제되도록 합니다. 일부 카테고리에서는 형사 고발과 민원 제기를 반복하며, 사업을 이어가려는 의지를 꺾는 방식으로 압박하기도 합니다. 경쟁자의 다양한 방해 행위는 플랫폼에서도 규제를 강화하고 있지만, 아이디어와 정보만으로도 수익을 창출할 수 있고 거래 규모가 큰 유통 산업의 특성상 어뷰징 기법 역시 규제 속도보다 더 빠르게 진화합니다.

상품성이 가장 중요한 요소라 판단하여 빼어난 안목과 참신한 아이디어로 독특한 상품을 발굴해 시장에서 초기 성공을 거두더라도, 수요가 늘면 자금력이 있는 경쟁자가 제조사와 접촉해 독점 계약을 맺는 경우도 흔합니다. 결국 누군가의 창의적 시도와 노력으로 일군 시장은 단기간에 강자의 손에 넘어가고, 최초 시장 개척자는 아무런 보호도 받지 못한 채 손실만 안게 되는 상황이 빈번하게 벌어지고 있습니다.

직접 제조를 통해 상품의 기획과 생산까지 주도하는 경우에도 결과는 크게 다르지 않습니다. 남보다 빠르게 트렌드를 읽거나 제품을 만들어 초기 시장을 선점하는 전략은 시장의 초기 단계나 틈새시장에서 일시적으로 효과를 발휘할 수 있습니다. 그러나 시간이 지나 시장이 성숙기에 접어들면, 자본력과 정보력, 조직력을 갖춘 대기업이나 중견 유통사가 본격적으로 진입합니다. 이들은 강력한 유통망과 대량 구매를 무기로 시장 지배력을 확보하게 됩니다. 정작 시장을 처음 열었던 개인 셀러나 소규모 창업자는 점점 설 자리를 잃게 되며, 결국 시상에서 밀려나는 현실을 마주하게 됩니다.

기술 장벽이 낮아 누구나 도전할 수 있는 유통 산업은 그만큼 진입도 퇴출도 쉬운 매우 가혹한 환경입니다. 경쟁의 밀도가 높고 적자생존의 논리가 지배하는 구조 속에서, 개인 셀러는 노력과 성과가 충분히 드러나기도 전에 정당한 평가나 기회를 얻지 못한 채 사라지는 일이 빈번합니다. 이런 분위기에서는 성과를 빼앗긴 이조차 '내 노력이 부족했던 것 아닐까?'라며 자신을 탓하게 되며, 개인 셀러는 깊은 고립 감과 무력감을 느낍니다.

과연 치열한 경쟁은 누구를 위한 것일까요?

『팔꿈치 사회』라는 책에는 다음과 같은 내용이 있습니다. "시장 경 쟁에 참여하는 순간, 승패와 무관하게 경쟁의 희생자가 된다." 이 책은 가혹한 경쟁이 단지 승자와 패자를 가르는 것이 아니라, 경쟁에 뛰어 든 이들을 모두 자본의 지배 아래 놓이게 만든다고 경고합니다.

우리가 유통 시장에서 겪는 좌절과 억울함은 단지 실력 부족 때문 이 아니라, 애초에 개인이 감당할 수 없도록 설계된 시스템 안에 들어 왔기 때문일지도 모릅니다. 어쩌면 지금 우리에게 필요한 것은 눈앞 의 치열한 경쟁에서 승리하는 것이 아니라, 함께 힘을 모아 더 나은 방 향을 모색하는 지혜일지도 모릅니다. 각자의 작은 노력이 모여 하나의 큰 흐름을 만들어 낼 수 있다면, 지금과는 다른, 새로운 가능성을 열어 갈 수 있을 것입니다.

연대와 협업이 답이다

우리는 모두 경쟁 속에서 살아갑니다. 우리 사회의 과도한 경쟁 문화는 너무 당연한 일상이 되었습니다. 입시, 취업, 승진을 넘어 창업과 육아, 심지어 SNS 속 타인의 삶과 비교하며 끝없이 경쟁합니다. 하지만 무한 경쟁은 필연적으로 타인을 협력의 대상이 아닌 경계해야 할 경쟁 상대로 인식하게 하고, '남을 이겨야 내가 산다'는 사고방식을 내면화시킵니다. 그 결과, 우리 사회는 점점 더 깊은 고립과 단절 속으로 빠져들고 있습니다.

가히 '경쟁의 중독'이라 부를 만한 끝없는 경쟁은 좀처럼 멈출 기미가 보이지 않습니다. 우리는 비교와 순위에 익숙해 있고, 경쟁에서 밀리면 곧장 도태된다는 적자생존의 논리를 당연하게 생각합니다. 여기에 극심한 불경기가 겹치며, 수단과 방법을 가리지 않는 경쟁 우선의 문화는 더욱 심화되고 있습니다. '살기 위해 남을 이겨야 한다'는 외로운 생존 싸움에 내몰리는 셀러는 점점 더 깊은 고립감에 빠져듭니다.

최근 한국 경제는 심각한 위기에 직면해 있습니다. 자영업 폐업률의 증가, 전 세대를 아우르는 취업난, 고물가·고금리로 인한 실질 구매력 감소는 소비 위축과 내수 침체로 이어지면서 소상공인의 생존 기반을 위협하고 있습니다. 특히 과도한 가계부채와 고금리는 소비 여력을 더욱 악화시키고 있습니다.

전문가들은 현재의 구조적 위기가 1930년대 미국 경제 대공황 직전과 놀라울 만큼 유사하다고 지적합니다. 당시 대공황은 주식시장 붕괴를 시작으로 은행의 연쇄 도산, 실업률의 폭등, 소비의 급격한 위축, 국제 무역의 붕괴로 이어지는 전방위적 충격이었습니다. 실업률은 25%를 넘었고, 수많은 이가 집을 잃고 노숙자가 되었으며, 줄어든 소비로 기업은 문을 닫았습니다. 불안과 절망이 사회 전반을 지배했고, 약자가 도태되는 경쟁 중심 구조가 심화되면서 사회적 신뢰는 붕괴되었습니다. 협력보다는 생존을 위한 각자도생이 일상화되었던 그 시대는 오늘날 우리가 마주한 현실과 겹치며 깊은 경각심을 일으킵니다.

당시 '베가본즈The Vagabonds'는 경제 대공황 도래 시기의 불확실성을 함께 이겨낸 협력 사례로, 대공황 이후의 경제 위기 속에서도 협력이 중요한 전략이 될 수 있음을 보여줍니다. 헨리 포드, 토머스 에디슨, 하비 파이어스톤 등은 서로 아이디어를 교환하고 자원을 공유하며, 기술 개발과 공급망 개선과 같은 실질적인 성과를 함께 만들어 냈습니다. 이들은 위기 상황에서 살아남고 성공하기 위해 협력이 얼마나 효과적인 전략이 될 수 있는지를 몸소 보여주었습니다.

협력의 힘을 보여주는 또 다른 대표 사례로는 '페이팔 마피아PayPal Mafia'가 있습니다. 페이팔의 초기 핵심 멤버였던 일론 머스크, 피터 틸, 리드 호프먼 등은 서로 자금과 인재, 네트워크로 창업을 적극 지원하며 테슬라, 링크드인, 옐프, 팔란티어 등의 세계적인 기업을 탄생시키거나 성장시키는 데 기여했습니다. 이들의 협력은 단순한 동료애를 넘어, 실리콘밸리 창업 생태계 전반에 강력한 연대 문화를 형성하는 기반이 되었습니다. 페이팔 마피아의 사례는 개인의 능력만으로는 넘기 힘든 높은 벽을, 신뢰와 협력을 통해 함께 넘어설 수 있다는 점을 잘 보여줍니다.

해외에서는 이 외에도 다양한 협업 모델을 통해 경쟁보다는 협력, 지배보다는 상생의 문화를 구축한 성공 사례가 다수 존재합니다. 서로 자원과 경험을 전략적으로 연계하는 실천적 협업이 지금 이 시대에도 충분히 작동할 수 있다는 것을 입증하고 있는 것입니다. 그러나 한국에서는 협업 방식이 여전히 낯설게 여겨지는 경향이 있습니다. 위계 중심 문화, 폐쇄적 네트워크, 정보 공유에 대한 불신, 단기 성과 중심의 분위기, 창의성 억제 등 구조적 제약이 여전하기 때문입니다. 협력을 가로막는 구조적인 제약이 강한 환경에서는 협력이 비효율이나 위험으로 간주되며 좀처럼 시도조차 되지 못합니다.

하지만 집단 지성과 상호 지원을 통해 위기를 극복한 여러 성공 사례는 위기 상황에서 협력이 새로운 돌파구가 될 수 있다는 것을 보여줍니다. 지금의 한국 현실에서도 협력은 충분히 실천 가능한 해법으로더는 도덕적 이상이 아니라, 생존과 성장을 위한 현실적인 대안이 될 수 있습니다. 특히 자본과 조직력의 힘이 절대적인 유통 산업 구조 속에서 소상공인과 중소기업이 경쟁에서 살아남기란 쉽지 않은 일이기에, 연대와 협력을 통해 규모의 경제를 실현하고 정보 비대칭을 해소하는 것은 지속 가능한 경영을 위한 효과적인 방법입니다.

극단적 경쟁 구조에서 벗어나 서로 경험과 자원을 공유하며 지속 가능한 성장을 모색해야 합니다. 온라인 판매 환경은 플랫폼 정책 변화나 시장 구조의 변화가 잦기 때문에, 비슷한 어려움을 겪는 셀러 간 정보와 노하우 공유는 시행착오를 줄이고 사업 성장을 가속화하는 실질적인 해결책이 될 수 있습니다. 셀러 간 경험과 자원을 공유하는 상호 작용은 단순한 정보 교류를 넘어, 문제를 함께 해결하는 집단적 협업 구조로 발전할 수 있습니다.

협업은 생산, 물류, 마케팅, CS 등 다양한 영역에서 셀러가 감당하기 어려운 부담을 줄여주는 현실적인 전략입니다. 고객을 공유하며 교차 판매하거나, 공동 기획 상품을 개발하는 등의 협력 방식은 새로운 수익 모델로도 기능합니다. 다양한 역량이 만나면서 창의적인 아이디어와 비즈니스 모델이 탄생하기도 합니다.

협업과 연대는 단기 성과를 넘어, 정서적 지지와 지속 가능한 사업 운영의 기반이 될 수 있습니다. 서로 경험을 나누며 문제 해결 속도를 높이고, 위기 상황에서도 다시 일어설 수 있는 에너지를 얻는 방식입니다. 브랜드를 구축하고 핵심 가치를 지켜나가는 데에도 협업은 중요한 동력으로 작용합니다.

AI 쇼핑 시대가 열리면서 셀러 간의 연대가 점점 더 중요해지고 있습니다. 대중의 평판 데이터를 바탕으로 상품을 추천하는 AI 시스템에서는, 기존처럼 경쟁력만을 앞세우는 방식보다 협력과 연결을 통해 신뢰를 구축하는 전략이 훨씬 더 효과적일 수 있습니다. 지금처럼 경쟁만을 중시한다면 소수만이 생존할 수 있는 위험이 크지만, 연대와 협력을 통해서 다양한 역량을 연결하고 기회를 함께 만들어 간다면 지속 가능한 성장을 실현할 수 있습니다.

1995년 PBS 다큐멘터리 〈The Lost Interview〉에서 스티브 잡스는 21세의 젊은 나이에 세계적 기업을 창업하고 경영하는 과정에서 가장 먼저 부딪힌 현실을 이야기했습니다. 그는 '왜 꼭 그렇게 해야 하느냐?' 하는 질문에 '원래 그렇게 하는 거야.'라는 대답만 돌아오는 상황을 보며, 당연하게 여겨지는 방식을 의심하는 태도의 중요성을 절감했다고 말했습니다.

저 또한 애플과의 협업 과정에서 업계의 전문가들이 당연히 안 되는 일이라 주장했던 것이 현실화되는 장면을 직접 목격하며, 우리가 '원래 그런 것'이라 여기는 관념을 언제나 의심해야 한다는 사실을 깊이 깨달았습니다. 온라인 커머스 사업에서도 서로 죽고 죽이는 무한 경쟁은 결코 '원래 그런 것'이 아닙니다. 공정과 신뢰가 지켜지지 않는 것이 오히려 당연시되는 이 시장에서도, 연대와 협력을 통해 여유 있는 삶과 충분한 경제적 혜택을 동시에 누릴 수 있다는 가능성을 우리는 함께 증명해 나갈 수 있습니다.

셀러에서 투자자로

여러분이 이 책을 읽는 이유는 스마트스토어에서 단순히 상품을 등록하는 것만으로는 매출이 발생하지 않는다는 현실을 이미 경험했거나 직감했기 때문일 것입니다. 이 책을 통해 네이버쇼핑이라는 플랫폼의 구조, 그리고 성공에 필요한 전략과 사고방식을 이해하셨다면, 이미 중요한 첫걸음을 내디딘 셈입니다.

이 책은 단순한 실무 매뉴얼을 넘어, 온라인 사업의 본질을 깊이 이해하고자 하는 분을 위한 전략서로 기획했습니다. 처음에 '부업 삼아 시작해볼까?' 하는 가벼운 마음으로 책을 펼친 분들이라면, 방대한 정보와 낯설고 현실적인 문제에 부담을 느꼈을 수도 있습니다. 어쩌면 '내가 이걸 다 해낼 수 있을까?' 하는 질문은 이 여정을 따라오며 누구나 한 번쯤 마주하게 되는 자연스러운 감정일지도 모릅니다.

책을 써 내려가며 분량이 독자에게 부담으로 다가올 수 있다는 걱정도 있었습니다. 하지만 온라인 커머스라는 세계는 단편적인 지식이나 직관만으로는 결코 뚫을 수 없는, 매우 복합적이고 정교한 생태계입니다. 고객 심리, 플랫폼 알고리즘, 콘텐츠 전략, 브랜드 철학이 맞물려야 비로소 성과가 나올 수 있기에, 방대한 내용을 담을 수밖에 없었습니다.

온라인 판매 사업은 누구나 쉽게 시작할 수 있지만, 누구나 쉽게 성공할 수 있는 시장은 결코 아닙니다. '누구나 뛰어든다'는 말은 단지 초보자만이 아닌, 광고 기획자, 마케팅 전문가, 전문 디자이너, 그리고 기존에 이미 온라인 커머스에서 성과를 낸 전문가까지도 끊임없이 이 시장에 진입할 수 있음을 의미합니다.

국세청 조사에 따르면 1년 혹은 3년 이내 생존율이 가장 낮은 업종은 통신판매업이라고 합니다. 시작하는 데 큰 자본이나 리스크가 없다는 이유로, 셀러가 기본으로 갖추어야 하는 사업 이해, 산업 이해, 플랫폼 시스템 이해, 그리고 고객 심리에 관해 충분한 학습 없이 무작정 뛰어든 결과가 고스란히 드러나는 셈입니다.

복잡한 온라인 판매 시장 환경에서는 단순한 접근만으로는 성과를 기대하기 어렵습니다. 고객의 욕망과 문제를 정확히 짚고, 설득력 있는 콘텐츠로 표현하며, 신뢰를 바탕으로 장기적인 고객 관계를 구축해야만 지속적인 성과를 기대할 수 있습니다. 이 과정은 반복 학습과 시행착오를 통해 실행력을 축적하고, 느리더라도 포기하지 않고 꾸준히 나아가는 인내력을 요구합니다.

무엇보다 강조하고 싶은 점은 이 책의 메시지는 스마트스토어에만 국한된 것이 아니라는 사실입니다. 글로벌 대기업이든, 작은 동네 가게든, 온라인이든 오프라인이든, 규모나 형식의 차이는 있을지라도 누군가를 설득하고 가치를 인정받는 과정은 본질적으로 동일합니다. 누군가를 설득하고 가치를 제대로 인정받아야 한다는 것은 우리가 경제

주체로서 갖추어야 할 기본 자세이자, 브랜드에 가치를 더하고 고객의 행동을 이끌어 내는 데 핵심적인 원리이기도 합니다.

대니얼 핑크는 『파는 것이 인간이다To Sell Is Human』에서 다음과 같이 말했습니다. "이 시대의 가장 중요한 진실이 있다. 우리는 이제 모두 세일즈맨이다. 다른 사람의 마음을 움직이는 일은 더는 '영업 부서'만의 전유물이 아니다. 그건 우리 모두의 일이다. 동료를 설득하고, 고객을 끌어들이고, 배우자를 납득시키려는 모든 사람이 하는 일이다."

모바일 혁명과 SNS의 일상화는 설득과 소통 방식을 근본적으로 바꾸어 놓았습니다. 이제 누구나 고객과 직접 연결되고, 자신만의 브랜드를 알릴 수 있는 시대가 되었습니다. 식당, 도배사, B2B 기업 등 업종을 막론하고 SNS 콘텐츠 제작과 브랜딩 감각 없이는 고객을 유치하기 어려운 현실이며, 알고리즘에 대한 이해 없이는 오프라인 매장조차 생존하기 힘든 환경입니다. AI 기술의 발전은 이러한 흐름을 더욱 가속화하고 있습니다.

스마트스토어 사업을 운영하면서 마주치는 과제는 반드시 해결해야 하지만, 익숙하지 않은 작업을 마주하는 과정에서 심리적 저항과 두려움을 느끼는 것은 자연스러운 일입니다. 그러나 이 사업에 대한 분명한 동기와 목적이 있다면, 우리는 심리적 저항과 두려움을 딛고 한 걸음씩 앞으로 나아가며 배운 내용을 실천으로 옮길 수 있습니다.

당연함을 의심하고 함께 나아가기

AI와 디지털 전환의 가속화, 경제 불확실성, 전통적 일자리의 붕괴, 그리고 100세 시대라는 장기 생존 과제가 겹치면서, 이제는 대학과 같은 정규 교육에서 학습한 지식만으로는 살아남기조차 어려운 시대가 되었습니다. 급격한 변화와 불확실성으로 개개인은 말 그대로 '살아남기 위한 경쟁력'을 요구받고 있으며, 이직과 창업, 부업 등 새로운 생존 방식에 대한 관심이 증가하고 있습니다. 동시에 은퇴 이후의 삶을 준비하고자 하는 사람의 수요가 맞물리며 평생 학습과 자기 계발의 중요성에 대한 사회적 인식 또한 크게 확산되고 있습니다.

이런 분위기에 편승하여 온라인에서는 성공한 듯 보이는 사람이 단기간에 수십억, 수백억의 매출을 올렸다고 강조하며 자신만의 전략을 전수하겠다고 외치는 콘텐츠가 넘쳐납니다. 그리고 많은 이가 보다 빠른 성공을 위해 많은 시간과 비용을 들여 성공을 내세우는 사람의 방법을 모방하고 추종합니다.

하지만 많은 전문가가 "부자가 되고 싶다면, 소비보다는 투자를 해야 한다."라고 말합니다. 여기서 말하는 투자는 단순히 금융 자산을 사고파는 행위가 아닙니다. 진정한 투자는 자기 자신, 관계 자본, 시스템, 시간, 그리고 비전에 이르기까지 더 큰 가치를 창출하기 위한 전략적 선택을 하는 것입니다. 지식과 기술을 배우고, 신뢰를 쌓고, 지속 가능한 구조를 만들며, 한정된 시간을 어디에 쓸지를 고민하는 모든 행위가 진짜 투자입니다.

학습 역시 단기적인 목표에만 집중하면 소비에 그칠 수 있습니다.

시험 점수나 입시를 위해 급하게 듣는 속성 과외처럼, 스마트스토어 운영에서도 단기 매출에만 매달려 강의나 콘텐츠를 소비하듯 따라가는 방식은 실질적인 실력이나 지속 가능한 경쟁력으로 이어지기 어렵습니다. 반면, 자신의 사업을 깊이 이해하고, 고객이 진정으로 원하는 가치를 고민하며, 협력과 개선을 위해 시간과 자원을 아끼지 않는 태도는 장기적인 관점의 투자라 할 수 있습니다. 페이팔 마피아처럼 서로 성장을 돕고 협력하며 장기적인 성과를 만들어 낸 팀과 기업의 사례는, 장기적인 투자 중심의 태도가 실질적인 성공으로 이어질 수 있음을 잘 보여줍니다.

성공한 사람의 이야기를 따라가는 것은 자연스러운 일입니다. 그러나 주의해야 할 것은 그 이야기를 받아들이는 태도입니다. 많은 이가 성공한 사람의 내면적인 통찰이나 시행착오의 과정은 무시한 채, 눈에 보이는 '성공의 공식'만을 좇아 단기간에 원하는 결과를 얻을 수 있으리라 기대합니다. 그러나 다른 사람 또한 나와 똑같이 성공의 공식을 따라 하면서 서로 과도한 경쟁이 벌어지고, 원하는 성과가 나타나지 않으면 실망과 포기로 이어집니다. 이처럼 표면적인 방식에만 의존하는 접근은 장기적인 성장과 역량 개발이 아닌, 즉각적인 만족을 위한 소비 행위에 가깝습니다. 진정한 변화는 단발적인 시도가 아니라 실패를 감수하고 끊임없이 실험하며, 자기만의 철학과 방향을 정립해 나가는 오랜 여정에서 비롯됩니다.

혹시 단기적인 만족을 좇느라 정작 중요한 것을 놓치고 있지는 않으신가요? 진정한 투자의 결과는 눈에 띄지 않는 곳에서 조용히 자라납니다. 뿌리는 겉으로 보이지 않지만 커다란 나무를 지탱하듯, 조용한 시간 속에서 실패를 딛고 단단해지며, 마침내 자기만의 방향을 찾아갑니다. 지금 나의 선택이 시간이 흐른 후 내가 어떤 사람이 되어 있을지를 결정합니다. 이 책에 담긴 전략과 기술은 눈앞의 이익을 위한 단순한 요령이 아니라, 내 사업과 삶이 지속할 수 있고 의미 있는 방향으로 성장할 수 있도록 돕는 씨앗입니다. 장기적인 관점에서 이해하고, 꾸준히 실천하며, 고객과의 관계와 신뢰를 하나씩 쌓아가는 시간과 노력이야말로 진정한 투자라 할 수 있습니다.

장기적인 목표만 바라보다 보면, 눈앞의 결과가 보이지 않아 실천을 이어갈 동기나 자신감을 잃기 쉽습니다. 그래서 이 책은 산업과 브랜드와 같은 거시 전략부터, 스마트스토어 알고리즘과 소비자 심리와 같은 같은 실무 전략까지 함께 담아, 독자가 실제 매출과 성취를 경험하며 자기만의 방식으로 조정해 갈 수 있도록 구성했습니다. 하지만 단기적인 성과만을 목적으로 이 책의 기술적인 내용에만 집중한다면, '투자'가 아닌 '소비'가 될 위험이 있습니다. 그리고 트래픽 어뷰징, 시스템 미비점 공략, 경쟁자 공격과 같은 편법에만 몰입하면, 결국 금세 지치고 포기하게 되는 수많은 셀러와 다르지 않은 결과에 도달하게 됩니다.

이 책은 단기 성과만을 좇는 것이 아니라, 자신만의 방향성과 철학을 정립하며 꾸준히 나아가기 위한 여정에 함께하는 동반자를 지향합니다. 지금 당신은 단기 성과에 몰입해 소비하듯 움직이고 있나요, 아니면 장기적인 성장을 바라보며 투자하고 있나요? 그 선택이 사업과 삶의 방향을 결정하게 될 것입니다.

이 책이 세상에 나오기까지 보이지 않는 곳에서 빛나는 통찰력과 세심한 시선으로 원고를 다듬어 준 저의 편집 조력자이자 가장 든든한 동반자, 사랑하는 아내 롱파님께 진심으로 감사드립니다.

당신의 변함없는 격려와 따뜻한 응원, 그리고 헌신적인 믿음이 없었나면 이 긴 여정을 완주하기 어려웠을 것입니다. 항상 제 옆에서 큰 힘이 되어 주셔서 고맙습니다. 이 책은 당신의 노고와 사랑의 결실이기도 합니다.

온라인 셀러 간의 지속 가능한 성장을 도모하기 위해 '착한 셀러 길드'라는 커뮤니티를 만들었습니다. 이 길드는 단순한 정보 교류의 공간을 넘어, 신뢰와 협력을 기반으로 공동의 가치를 실현하려는 실천 공동체입니다. 여기서 말하는 '착하다'는 고객과 사회에 발전적인 영향을 미치고자 하는 책임 있는 셀러의 태도를 의미합니다. '길드'는 함께 배우고 성장하며 상생을 추구하는 현대적 연대의 모델을 뜻합니다. 책만으로는 실행에 옮기기 어렵게 느껴진다면, 비슷한 고민을 나누는 이들과 함께 방향을 다듬고 실천해 나가며 원하는 목표에 도달할 수 있을 것입니다.

그냥 팔지 말라 스마트스토어

초판 1쇄 발행 2026년 1월 19일

지은이   맥작가
발행인   강재영
발행처   애플씨드
출판사   등록일 2021년 8월 31일(제2022-000065호)
이메일   appleseedbook@naver.com

기획 편집   이승욱
표지 디자인   육일구 디자인
본문 디자인   코스모스
마케팅   이인철
CTP출력 인쇄 제본 (주)성신미디어
ISBN   979-11-24121-06-1 (03320)

블로그   https://blog.naver.com/appleseed_
페이스북   https://www.facebook.com/AppleSeedBook
인스타그램   https://www.instagram.com/appleseed_book/